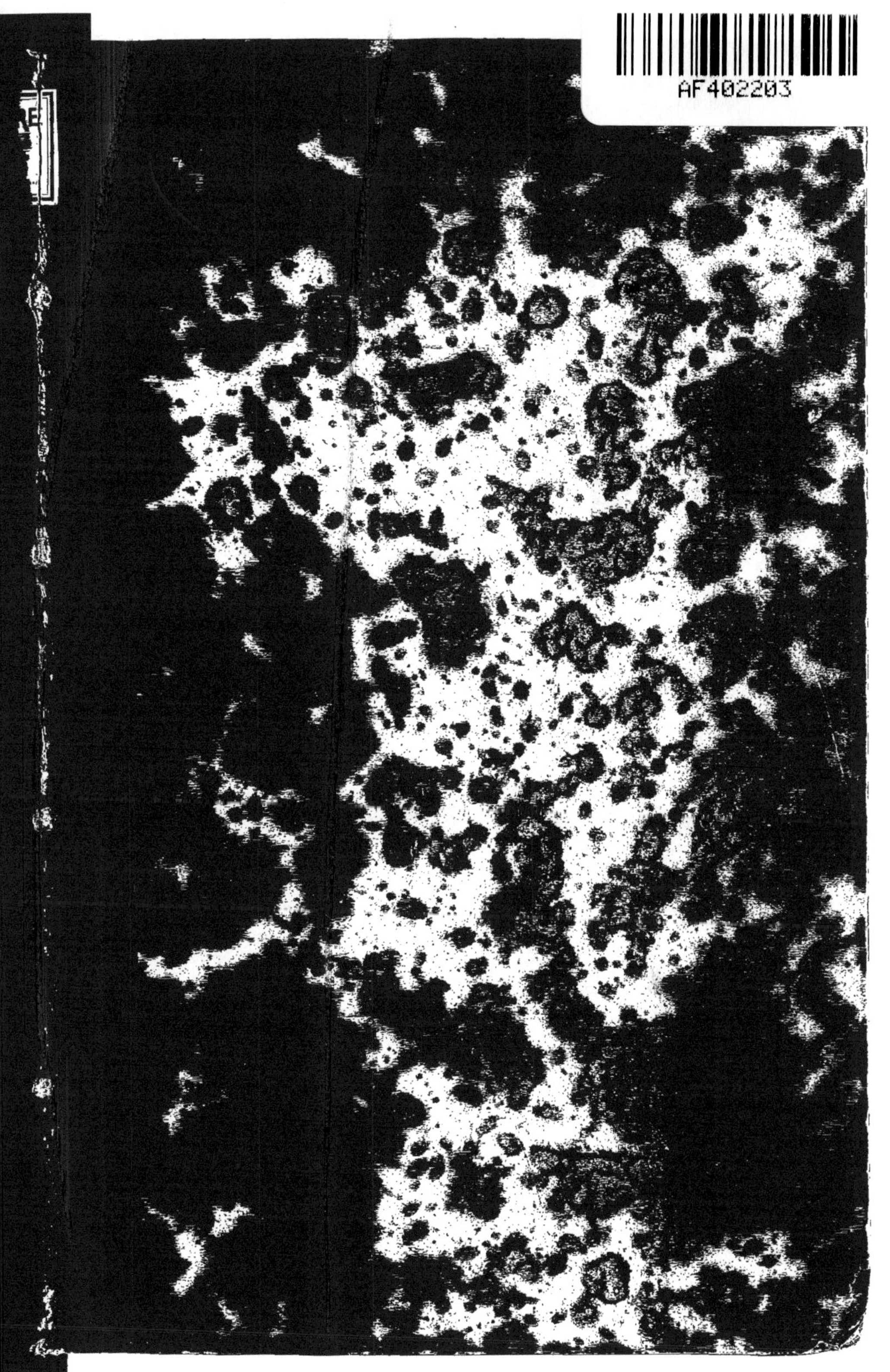
AF402203

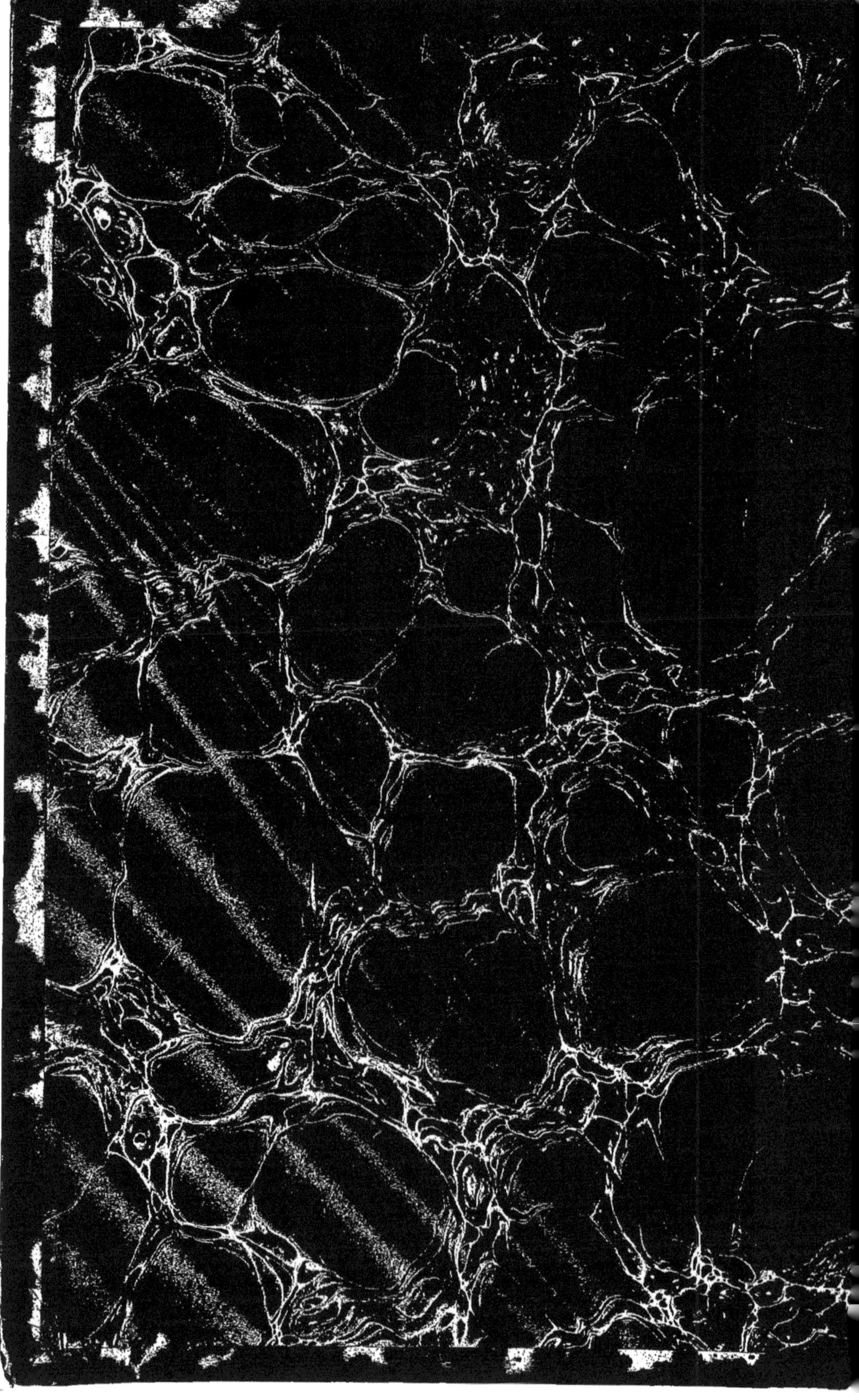

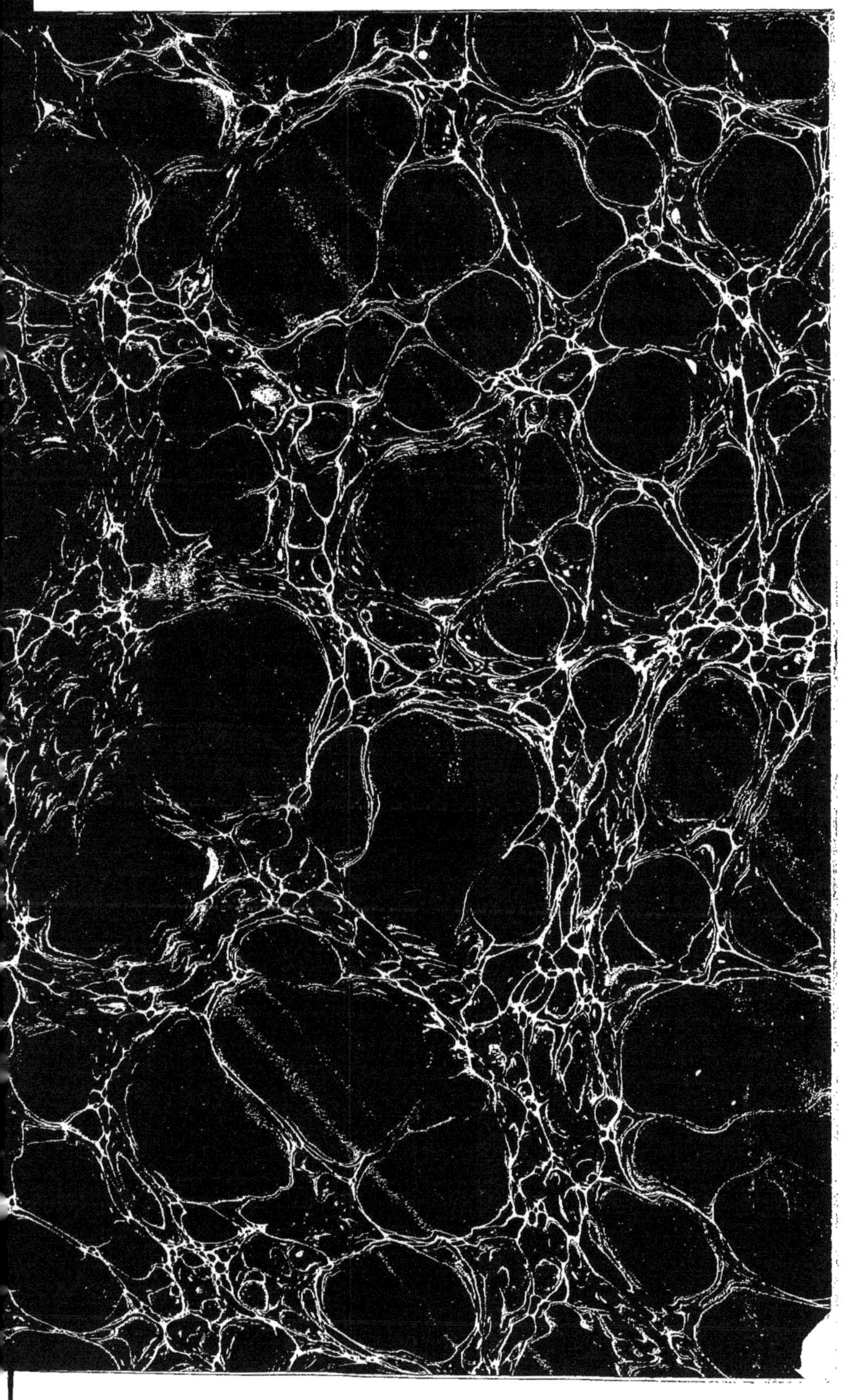

LE PETIT FLAMBEAU DE LA MER,

Ou le véritable Guide des Pilotes Côtiers,

Où il est clairement enseigné la manière de naviguer le long de toutes les côtes de France, d'Angleterre, d'Irlande, d'Espagne, de Portugal, d'Italie, de Sicile, de Malte, de Corse et de Sardaigne, et autres isles du Détroit et des côtes de Barbarie, depuis le Cap Bon jusqu'au Cap Verd.

Comme aussi toutes les démonstrations des côtes, de la manière qu'elles paroissent de la Mer; avec l'heure des Marées en chaque Port, et de la chute des Courants; de plus les Sondes et Profondeurs qui se rencontrent, tant dedans que dehors le Canal; la qualité des Fonds, avec tous les dangers qui y sont.

Les Plans et Baies des principaux Ports et Havres y sont démontrés d'une manière fort intelligible : comme aussi tous les Amers, et plusieurs autres Plans et Baies qui se rencontrent en allant aux Indes Orientales, et une Table des Variations qui se trouvent tant en allant que revenant des Indes.

Par BOUGARD, Lieutenant sur les Vaisseaux du Roi.

DERNIÈRE ÉDITION,

Augmentée du gisement de la Basse de l'Yroise, reconnue en 1816, et d'une Instruction sur la Barre de Bayonne.

SAINT-MALO,

Chez L. HOVIUS, Imprimeur-Libraire.

1817.

A AJOUTER AUX ENVIRONS DE BREST, pag. 42 et 43.

Basse de l'Yroise, découverte le 29 Juillet 1816.

CETTE Roche est à trois lieues un quart, environ, au Nord du grand Stevenet, au Sud quart Sud-Ouest du clocher de Saint-Matthieu, à trois petites lieues de distance, et au Sud-Ouest cinq degrés Sud environ de la Porquette, à une lieue et demie de distance.

TABLE des Caps, Ports, Havres, Anses, Baies, Rades, Isles, etc. contenus en ce Livre, pour trouver promptement chaque lieu dont un Pilote ou Navigateur aura besoin, et même pour savoir à quel Gouvernement il appartient.

F I N.

LE
PETIT FLAMBEAU
DE LA MER,

CABOTAGE, OU LE VÉRITABLE GUIDE
DES PILOTES CÔTIERS.

CHAPITRE PREMIER.

Du Pas de Calais.

L É cap de Calais, nommé par les Hollandais *Calis clif*, est une falaise fort blanche ; et pour ce sujet, les Français le nomment Blanc-nez : c'est une terre assez haute, laquelle se peut voir de 6 ou 7 lieues ; cette terre est distante de Zuidforlant, autrement nommé le cap de Douvres, qui fait aussi l'entrée du Sud de la rade des Dunes, de 7 lieues Sud-Est et Nord-Ouest, c'est-à-dire, que le cap de Douvres est distant du cap de Calais de 7 lieues au Nord-Ouest : le passage entre ces deux terres se nomme le Pas de Calais : les profondeurs en ce canal sont de 18, 20 et jusqu'à 24 brasses ; le long de la côte de France, à une lieue de terre, l'on y trouve 18 ou 19 brasses d'eau, et à mi-canal 23 ou 24 brasses, mais en approchant la côte d'Angle-terre, il est moins profond.

Les marées en ce canal sont Nord-Est quart d'Est, et Sud-Ouest quart d'Ouest ; les flots portent au Nord-Est et à l'Est-Nord-Est, et les èbes ou jusants au Sud-Ouest et au Ouest-Sud-Ouest ; le fond en ces endroits est de sable fin : à une petite portée d'arme de Blanc-nez est une roche sous l'eau, de laquelle on se doit bien donner de garde.

De Blanc-nez au cap de Gris-nez, et par les Hollandais *Stuart-ténées*, la route est au Nord-Est et Sud-Ouest une lieue et demie, la terre entre les deux est assez haute et montagneuse : un peu au Sud

A

de Gris-nez il paroît un moulin avec quelques maisons, et toute cette terre au bord de la mer paroît noire, blanche et grise, avec plusieurs rochers le long de cette côte ; depuis Blanc-nez jusqu'à Gris-nez l'on y peut mouiller pour attendre la marée, quand le vent est contraire, le fond y est très-bon par-tout. *Les marées y sont Nord-Est quart d'Est et Sud-Ouest quart d'Ouest.*

Calbarde.

A l'Ouest-Nord-Ouest de Gris-nez 4 lieues, et au Sud demi-quart Sud-Est du cap de Douvres 5 grandes lieues, est la pointe du Nord-Est du banc nommé Calbarde, sur lequel, de basse mer et de marée journalière, il ne reste que 14 à 15 pieds d'eau : ce banc s'étend Nord-Est et Sud-Ouest 2 grandes lieues, et large environ de demi-lieue. Plus on va au Sud-Ouest sur ledit banc, plus on trouve de profondeur ; car sur le bout du Sud-Ouest, on y trouve 7 ou 8 brasses d'eau, et au dehors dudit banc des deux côtés, il y est profond de 20, 22, 23 brasses. *Les marées y sont comme dans le Pas*, et le fond sur ledit banc est de sable et de gros cailloux.

Rade de Saint-Jean.

Du cap de Gris-nez à Ambleteuse, la côte s'étend Nord et Sud environ 5 quarts de lieue : toute cette côte est très-méchante à cause de la quantité de rochers qui y sont, ce qui fait que l'on n'y peut pas mouiller, le fond y étant très-mauvais. Mais dans l'anse qui est devant Ambleteuse, c'est une fort bonne rade, que l'on nomme la rade de Saint-Jean ; l'on y est à l'abri des vents de Nord-Est, Sud-Est, et jusqu'au Sud-Sud-Est : mais venant à venter depuis le Sud jusqu'au Nord du côté de l'Ouest, il y fait très-mauvais, car il n'y a nul abri, ce qui fait que la mer y est extrêmement grosse. Il y a une petite rivière à Ambleteuse, mais elle n'est que pour des bateaux pêcheurs.

L'on mouille à la rade S. Jean, depuis 9 brasses d'eau jusqu'à 15 brasses. Il faut amener la tour d'Ambleteuse par le milieu des maisons, et n'approcher pas trop proche de terre, à cause de quelques roches qui en sont éloignées d'environ une grande longueur de câble.

Boulogne.

De la rade S. Jean à Boulogne, la côte court au Sud 2 petites lieues. Sur la pointe du Nord de Boulogne est une fort grosse tour nommée Tour d'ordre : entre cette tour et la rade de S. Jean sont plusieurs rochers sous l'eau éloignés de terre de 2 grandes longueurs de câble, de quoi on se doit donner de garde. Boulogne est un havre de marée et qui assèche entièrement, c'est pourquoi on n'y doit entrer que de pleine mer.

Depuis le havre de Boulogne, il y a un banc qui le couvre presqu'entièrement, mais l'on peut passer des deux côtés; savoir, par le Nord et par le Sud à 2 brasses et demie ou 3 brasses d'eau. Il y a une muraille au côté du Nord de ce havre, sur laquelle il y a une balise, laquelle il faut ranger de proche quand vous entrez par le Nord ; et quand vous entrez par le Sud dudit banc, il faut vous donner de garde de la pointe du Sud de l'entrée de ce havre, à cause qu'il y a une pointe de roche qui avance en mer, c'est pourquoi aussitôt que vous êtes doublé la pointe du banc, il faut courir sur la balise et la ranger de proche. *Les marées sont en ce port Sud-Sud-Est et Nord-Nord-Ouest; les flots portent au Nord et Nord-Nord-Est, et les jusants au Sud et Sud Sud-Ouest.*

Ainsi paroît la terre depuis Blanc-nez jusqu'à Boulogne, quand on la côtoie.

Étaples.

De Boulogne à la rivière d'Etaples, la côte court au Sud-Sud-Est 5 lieues ; entre les deux ce sont terres fort hautes, lesquelles paroissent blanches de la mer. La rivière d'Etaples assèche toutes les marées, et il y a quantité de bancs à l'entrée, lesquels pour la plupart changent, ce qui fait que l'on n'en peut pas bien écrire, joint qu'il n'y peut entrer que quelques petites balandes qui vont jusqu'à Montreuil ; le bourg d'Etaples est du côté du Nord de la rivière. *Les marées en cette rivière sont Sud-Sud-Est et Nord-Nord-Ouest, c'est-à-dire,* 10 *heur.* 30 *minut. à pleine mer le jour de la pleine et nouvelle Lune. Les premiers flots portent à terre ; et le reste au Nord-Est, et les èbes ou jusants au contraire.*

D'Etaples à la rivière de Somme, la côte court au Sud 6 grandes lieues. C'est une rivière dans laquelle il peut entrer des navires de moyenne grandeur; mais l'entrée en est très-difficile, car droit devant cette rivière il y a un banc qui la barre, et qui met au moins 3 quarts de lieue en mer, ce qui la rend d'un difficile accès : elle a néanmoins deux passages, savoir, l'un au Nord le long de la terre du Nord, et l'autre au Sud le long de la terre du Sud. Pour passer par le Nord, il faut approcher la terre et prendre connoissance d'une tonne qui est à l'entrée des bancs, et quand vous êtes passé ladite tonne, vous gouvernez sur S. Valery, qui est du côté du Sud de ladite rivière, et courre ainsi jusqu'à ce que vous soyez proche de la terre du Sud. A la pointe du Nord de l'entrée de cette rivière le long de la terre, il y a encore quelques petits platons de sable qui mettent un peu au large, c'est pourquoi il ne faut point épargner la sonde, et quand vous pouvez avoir un pilote de terre, c'est encore le meilleur, car les entrées de cette rivière sont sujettes à changer, ce qui fait que l'on n'en peut pas bien écrire, joint que dans la rivière il y a plusieurs bancs qui sont de sable mouvant et fort sujets à changer.

Quand on vient de l'Ouest, et que l'on veut entrer dans la rivière de Somme, il faut mettre le Crotoi en dedans de la pointe de la rivière, la longueur d'un câble, et gouvernez ainsi jusqu'à ce que vous ayez connoissance de la première tonne : vous suivez ainsi les tonnes qui sont au nombre de 3 ou 4, que vous laissez toutes à stribord, c'est-à-dire, à terre de vous ; et quand vous êtes-au-dedans desdites tonnes, de la pointe du Sud et de l'entrée de ladite rivière, alors vous gouvernez à l'Est dans la rivière, puis étant un peu dedans, vous gouvernez sur S. Valery le long de la côte du Sud. Au-dedans de la rivière il y a beaucoup de balises qui facilitent la connoissance du canal allant à S. Valery.

Tout le long de cette côte depuis Etaples, et même depuis Boulogne jusqu'à la rivière de Somme, le fond y est fort plat, car à 4 et 5 lieues de terre l'on ne trouve que 7, 8 et 9 brasses d'eau, fond de sable. *Les marées y sont Sud-Sud-Est et Nord-Nord-Ouest ; les premiers flots portent à terre environ deux heures, et le reste au Nord et Nord-Nord-Est, et les èbes ou jusans tout au contraire.*

Ainsi se montre la terre entre Etaples et Somme, quand la haute terre d'Etaples est au Nord-Nord-Est de vous.

Tréport.

DE la rivière de Somme au Tréport, la côte court au Sud-Ouest 5 grandes lieues, entre deux ce sont toutes dunes de sable et terre de moyenne hauteur. Le Tréport est une petite rivière peu fréquentée que des gens du même lieu, joint qu'il n'y peut entrer que des petites barques : il y a des deux côtés de cette rivière des pointes de sable qui mettent bien une demi-lieue en

mer, et où la mer roule incessamment ; ce qui fait que l'entrée
en est fort étroite et très-difficile. *Les marées y sont comme à*
la rivière de Somme, c'est-à-dire, que la Lune au Sud-Sud-Est
et au Nord-Nord-Ouest y fait pleine mer.

Du Tréport jusqu'à Dieppe, la côte court au Sud-Ouest quart
d'Ouest 3 lieues et demie ; ce sont presque toutes falaises blanches.
A une lieue et demie du Tréport, à l'Ouest de lui et 3 quarts de
lieue de terre, il y a deux roches sous l'eau, sur lesquelles il ne
demeure de basse mer que 7 ou 8 pieds d'eau. *Les marées le*
long de cette côte sont de 10 heures 30 minutes, les flots portent le
long de la terre au Nord-Est, et les èbes au contraire.

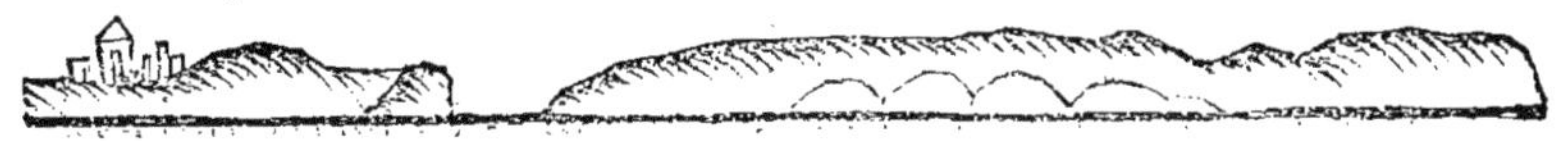

Ainsi paroît la terre depuis Somme jusqu'à Dieppe.

Dieppe.

DIEPPE est dans un grand fond entre deux côteaux ; quand vous
venez de la mer, il vous paroît deux hauts clochers avec un gros
château qui est à l'Ouest-Sud-Ouest de la ville, proche le bord
de la mer, et du côté du Nord-Est de la ville est le fort du Polet
(le havre de Dieppe est fort difficile à entrer à cause du grand courant qui entre et sort dans ledit havre). Il y a du côté du Nord-Est
une longue digue de bois qui fait l'entrée du havre, laquelle il
faut ranger de près la laissant à bâbord. Lorsque vous êtes mouillé
à la rade de Dieppe, il vous vient des pilotes de terre à bord, et
même avant que vous soyez mouillé, et ceux de terre vous font
signal pour entrer lorsqu'il est pleine mer ; car si on attendoit que
le jusant ou èbe fut renvoyé, l'on ne pourroit y entrer, à cause de
la grande force du courant qui en sort, ce qui fait que ceux qui sont
à la rade filent leur câble par le bout aussitôt qu'ils voient le signal
que les pilotes de terre leur font. Quand on est entré dans ledit
havre, on s'amarre au quai sous la ville, où l'on est à l'abri de
toutes sortes de vents. La rade de Dieppe est à l'Ouest de la ville,
droit sous une petite église qui est sur la falaise, qu'on nomme
S. Nicolas de Cotecôte ; c'est un clocher rompu, et l'on n'en voit
point d'autre sur ladite falaise ; le fond y est très-bon, et les ancres
n'y chassent point quelque vent qu'il fasse, et on y est à l'abri
depuis les vents de Sud-Ouest jusqu'à l'Est, du côté du Sud ; car
de vent d'Ouest-Nord-Ouest et Nord-Est, la mer y est fort grosse
et impétueuse ; l'on y mouille l'ancre à 9 ou 10 brasses d'eau. *Les*

marées y sont de 10 heures et demie, tant au havre de Dieppe qu'à la rade ; c'est-à-dire, que quand la Lune est au Sud-Est il y fait pleine mer ; les flots portent au Nord-Est, et les èbes au Sud-Ouest et à l'Ouest-Sud-Ouest le long de la terre ; le havre de Dieppe assèche toutes les marées.

De Dieppe à S. Valery en Caux, la côte s'étend Sud-Ouest quart d'Ouest et Nord-Est quart d'Est, en distance d'environ 4 lieues, c'est une continuation de haute falaise blanche, à la réserve de deux petits fonds qui se rencontrent entre les deux ; le premier se nomme, Pourville, et le second Veulle, où il y a un village de pêcheurs : quand voulez aller de Dieppe à S. Valery, il faut un peu tirer au large à cause des roches de Lailly et de celles de l'Egable qui mettent bien une grande demi-lieue en mer.

S. Valery est dans le 3.me fond, c'est un petit havre qui assèche toutes les marées ; il n'y peut entrer que de petits navires : il est peu fréquenté des étrangers, ceux qui désirent entrer dans ledit havre, il faut qu'ils prennent un homme du lieu, car il est fort difficile. *Les marées y sont Sud-Sud-Est et Nord-Nord-Ouest.*

De S. Valery à Fécamp, la côte court à l'Ouest-Sud-Ouest, en distance d'environ 6 lieues ; entre les deux sont toutes falaises blanches, au-dessus desquelles vous voyez plusieurs bois de haute futaie, plusieurs clochers et maisons ; il se rencontre néanmoins entre les deux, trois vallées, proches l'une de l'autre, c'est pourquoi on nomme cet endroit les Trois Vallées, quoique pourtant elles ne descendent pas entièrement jusqu'au bord de la mer. Fécamp est dans un grand fond ; au Nord-Est d'icelui, sur l'extrémité de la côte, vous y voyez une église de pierres, que l'on nomme N. Dame de Baudouin des Bocs, ce qui rend Fécamp facile à connoître ; le havre de Fécamp est difficile et sujet à se boucher de cailloux ; c'est pourquoi il n'y peut entrer que de petits navires : quand on entre dans Fécamp, on range une petite digue de bois qui est au Nord-Est dudit havre, que les habitants nomment *le Cafagnet :* ce havre assèche toutes les marées, et la Lune au Sud-Sud-Est et au Nord-Nord-Ouest y fait pleine mer.

De Fécamp au cap de Caux, autrement nommé *Antifer,* la côte court encore à l'Ouest-Sud-Ouest ; en distance d'environ 3 lieues, sont toutes falaises blanches, escarpées et fort hautes : au bout du cap de Caux, sont plusieurs hauts rochers blancs et fort pointus que l'on nomme les Aiguilles d'Etretat. *Les marées, tout le long de cette côte, depuis le Tréport jusqu'au cap de Seine ou cap de la Héve, sont Nord-Nord-Ouest et Sud-Sud-Est.*

Depuis le cap de Caux jusqu'au cap de la Héve, il y a au Sud quart Sud-Ouest 3 bonnes lieues ; c'est encore toutes falaises blanches et fort escarpées, où les habitans ne peuvent descendre que par de petits chemins fort rapides, et quoiqu'il y ait quelques petites vallées entre les deux, elles ne descendent point jusqu'au bord de la mer : tout le long de cette côte, depuis le Tréport jusqu'au cap de Seine, à 2 et 3 lieues de terre, on trouve ordinairement 16, 17 et 18 brasses d'eau, fond de sable avec une marne ou craie blanche, et plus vous approchez de terre, et moins vous trouvez de profondeur ; et au contraire, plus vous allez au large, et plus vous trouvez de profondeur. A l'Ouest-Nord-Ouest de la Héve est un petit banc de roche, nommé l'*Eclat*, distant de terre une petite demi-lieue de basse mer : de marée journalière il n'y reste que 7 à 8 pieds d'eau sur le plus haut.

Havre de Grâce.

POUR passer en terre dudit banc, on prend la jettée ou tête de l'entrée du Havre par la falaise qui est à l'Ouest de Honfleur, et quand vous avez la côte du Nord de la Héve fermée, en sorte que vous ne la voyez plus, alors on court au Sud, jusqu'à ce qu'on soit environ à moitié chemin du Havre à la Héve, où l'on mouille l'ancre à 8 à 9 brasses d'eau de pleine mer, et 4 brasses et demie de basse mer ; la tenue y est fort bonne, mais il se rencontre quelques cailloux et huîtres qui gâtent les câbles, la côte entre la Héve et le Havre est fort basse, et il y a de l'un à l'autre environ trois quarts de lieue au Sud-Sud-Est ; un quart de lieue au-dessus de l'Éclat, il y a encore une rangée de bancs d'environ une lieue de long, qui gisent Nord et Sud : de basse mer, il n'y reste que 5 à 6 pieds d'eau dessus, de sorte qu'il est impossible d'y passer qu'à demi-flot, avec un navire qui tire seulement 12 à 13 pieds d'eau : quand on arrive à la rade du Havre de basse mer, il faut passer à terre de l'Eclat de la manière qu'il est dit ci-devant, ou bien entre l'Eclat et ledit banc : pour passer cette passée, il faut prendre une petite église qui est dans les marais du Havre, nommée S. Roch, par le château d'Orcher, laissant au Sud de ladite église la grosseur d'une voile, et courir ainsi sur ces marques jusqu'à ce que vous ayez la terre du Nord de la Héve, cachée par ladite Héve, en sorte que vous ne la voyez plus ; alors vous courez Sud, et mouillez l'ancre à 8 et 9 brasses d'eau de pleine mer, ainsi que nous avons dit ci-devant : ce château d'Orcher est distant du Havre de 3 lieues sur le bord de la Seine du côté du Nord, sur une falaise escarpée ; il n'y a point d'autre château que l'on puisse voir que celui-là : l'église de S. Roch est celle qui est la plus proche de la mer dans les marais du Havre.

Je dis ceci, afin que l'on ne prenne point une église pour l'autre, car il en paroît encore trois autres ; mais elles sont toutes plus avant dans la terre, je dis plus éloignées du bord de la mer.

De la Héve à l'entrée du Havre, la côte est Sud-Est et Nord-Ouest environ une petite lieue, c'est une basse terre pleine de moulins qui sont au bord de la mer : on ne peut entrer dans le port que de pleine mer, d'autant que c'est un havre qui assèche toutes les marées, mais il tient fort long-temps son plein, de sorte que pour une seule marée, il y peut bien entrer 50 navires, la mer y monte 20 à 25 pieds d'eau de grande mer, et de morte eau 12 à 14 pieds.

Pour entrer dans le Havre, on prend un pilote de terre, il y en a toujours dehors dans leurs chaloupes, si ce n'est de mauvais temps qu'ils ne peuvent sortir, mais ils vont sur la tête du Nord dudit Havre pour vous faire signal ; ainsi quand on vient de mauvais temps, et qu'il est pleine mer, l'on peut fort bien entrer dans le Havre, il faut toujours le tenir ouvert, et découvrir tous les navires qui sont dans ledit Havre par entre les deux tours, et gouverner ainsi jusques dedans, il faut ranger de plus près la grosse tour qui est à bâbord, que la petite qui est à stribord sur la jetée du Sud-Est dudit Havre. *Les marées y sont Sud-Est et Nord-Ouest.*

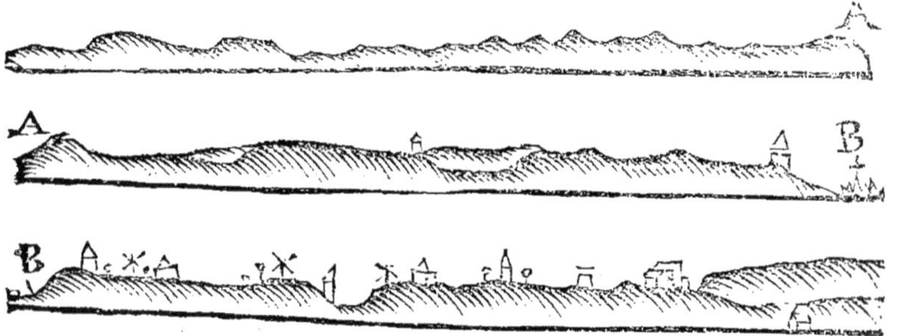

Ces trois figures se doivent joindre ensemble par les lettres AAB, lesquelles représentent les terres depuis Dieppe jusqu'au cap de Seine, ou autrement le cap de la Héve.

Honfleur.

Du Havre à Honfleur, qui est de l'autre côté de la rivière de Seine, la route est le Sud-Est 3 lieues ; mais entre les deux il y a beaucoup de bancs, dont quelques-uns changent, et les autres ne changent pas : le premier est *Anfart*, qui assèche toutes les marées ;

il est au Sud quart Sud-Est, et Sud-Est du Havre environ une
petite lieue , et les autres sont plus près de la terre du Sud : le
premier, qui est à environ une lieue et demie d'Honfleur à l'Ouest
quart Nord-Ouest, s'appelle *le Ratier*, il assèche aussi toutes les
marées ; il y en a encore plusieurs autres le long de la côte ,
allant devers la petite rivière de Touques , qui assèchent aussi
toutes les marées ; il y a passage entre ces bancs et la terre , et
entre iceux et Anfart, mais il ne convient point à personne d'y
passer sans pilotes lamaneurs , tant à cause des bancs que des
grands courans qui entrent et sortent avec violence en cette
rivière, les navires du Havre ni d'Honfleur, ni ceux qui vont
à Rouen, n'entrent jamais en cette rivière sans avoir des Pilotes
du lieu ; il y a un bourg dans la rivière de Rouen , que l'on
nomme Quillebeuf, qui en fournit à tous les navires, et pour
ce sujet ils ont de grands bateaux pontés , qui sont toujours
à la mer pour en donner aux navires qui viennent de dehors.
Les marées sont en tous ces endroits Sud-Est et Nord-Ouest.

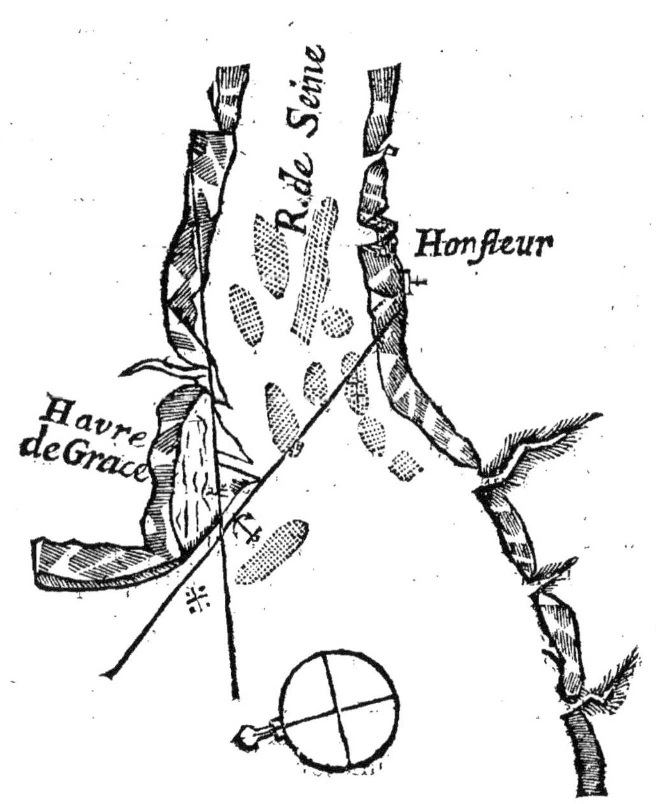

Touques.

Environ trois lieues et demie à l'Ouest d'Honfleur, est la petite rivière de Touques, où il n'entre que de grands bateaux qui chargent des cidres, des pommes et du bois pour porter à Rouen, au Havre, à Dieppe et autres lieux, il y a plusieurs petits bancs; l'entrée de cette petite rivière, sur laquelle il y a des balises des deux côtés, est une rivière qui n'est hantée que des gens des environs : comme les bancs de l'entrée changent quelquefois, on n'en peut parler pertinemment.

Dives.

De Touques au cap de Dives, il y a environ trois lieues, la côte court à l'Ouest-Sud-Ouest : au pied de ce cap, du côté de l'Ouest de lui, est la petite rivière du même nom, qui est semblable à celle de Touques, et où l'on y charge les mêmes choses. Il y a aussi plusieurs bancs à l'entrée de cette rivière, qui sont sujets à changer, c'est pourquoi l'on n'en peut pas bien écrire, joint qu'en ces deux rivières il n'y peut entrer que de fort petits bâtimens, tirant au-dessous de 7 ou 8 pieds d'eau. *Les marées y sont de 10 heures, lors de la nouvelle et pleine Lune.*

'Ainsi paroît la terre depuis l'entrée de la rivière de Seine jusqu'à la baie de Caen, quand on la côtoie étant au Nord et au Nord-Nord-Ouest d'elle 3 ou 4 lieues.

Baie de Caen.

A neuf lieues au Sud-Ouest du Havre, et trois grandes lieues à l'Ouest Sud-Ouest de Dives, est la rivière de Caen, dans laquelle il ne peut entrer que de petits navires, tirant seulement 8 à 9 pieds d'eau : devant ladite rivière il y a plusieurs bancs qui en rendent l'entrée difficile, et l'on n'y entre que par le côté de l'Est avec les marques qui suivent.

A l'Ouest de la rivière de Caen il y a une église, laquelle a un haut clocher de pierre auquel on voit deux fenêtres, savoir, une de chaque côté opposites l'une de l'autre; il faut voir au travers des deux dites fenêtres, et gouverner sur ces marques, jusqu'à ce que l'on ait connoissance d'une tonne qui est sur le bout des bancs, et aussi d'une balise qui est sur la pointe de la terre, l'on passe entre les deux, laissant la tonne à stribord et la balise à bâbord, il ne faut pas épargner la sonde en ce passage, et aussi on n'y doit passer que de pleine mer, car il est peu profond : quoique je donne ici les marques pour y entrer, je conseille à tous ceux qui pourront avoir des pilotes de terre, d'en prendre. Quand on est au dedans desdites balises clos des pointes de la rivière, l'on mouille l'ancre dans une fosse où on demeure à flot. *Les marées y sont de 10 heures.*

Les terres depuis Honfleur jusqu'à Dives sont fort hautes, et il y a trois vallées entre les deux, ce qui les rend faciles à connoître ; mais depuis Dives jusqu'à Savenel, qui est à l'Ouest de Caen, c'est toutes dunes de sable, l'on y voit à l'extrémité de ces basses terres trois hauts clochers qui la rendent aussi fort facile à connoître.

A 2 lieues à l'Ouest de la rivière de Caen, à une bonne lieue de terre, il y a deux bancs fort dangereux, nommés *les Echars de Bernière*, et trois lieues à l'Ouest d'iceux, à 3 quarts de lieue de la terre, le travers d'une vallée que l'on nomme *Marmanche* est encore un banc de cailloux nommé *Calvados*, ce banc est aussi fort dangereux, quand on navigue le long de cette côte : il ne faut pas approcher la terre plus proche que les 14 ou 16 brasses d'eau, autrement on courroit risque d'aller sur lesdits bancs ; au pied desquels, il a 10 ou 12 brasses d'eau. *Les marées y sont de 9 heures le long de la terre, mais au large de 10 heures 30 minutes : les flots vont le long de terre, mais quand on est 3 ou 4 lieues au large, ils portent à l'Est-Nord-Est.*

Isles de Saint-Marcou.

Depuis la rivière de Caen jusqu'aux isles de S. Marcou, la côte court à l'Ouest-Nord-Ouest environ 10 lieues ; ce sont trois petites isles de moyenne hauteur, alentour desquelles on peut naviguer, et même mouiller l'ancre, si l'on veut ; ces isles sont inhabitées.

Isigny.

De terre de ces isles est la rivière d'Isigny : c'est une rivière dans laquelle il ne peut entrer que des petits vaisseaux, tirant seulement 8 ou 9 pieds d'eau. A la pointe de l'Est de l'entrée de cette rivière, est une longue pointe de roche qui met bien une bonne demi-lieue en mer, droit au Nord-Ouest, à quoi il faut donner tour, et entrer le long du côté de l'Ouest : quand on est dans cette rivière, l'on est à l'abri de tous les vents, mais l'on y assèche toutes les marées : un peu à l'Ouest de cette rivière, le long de la terre, est un banc qui est long de 2 lieues, nommé *le banc de la Madelaine.* Tout le long de cette côte *les marées sont de 10 heures 30 minutes; les flots portent avec violence dans la rivière d'Isigny.* Depuis 2 lieues à l'Ouest de la rivière de Caen et jusqu'à la rivière d'Isigny, les terres sont passablement hautes, et se peuvent voir de 6 à 7 lieues. A moitié chemin de ces deux rivières est un bourg de pêcheurs, nommé *Port-en-Bessin,* il y a quantité de bateaux que l'on monte sur la grève avec des cabestans. Au-dessus de ce bourg, un peu loin en terre, on voit deux bois de haute futaie qui paroissent comme deux petites montagnes, ce qui rend cette terre facile à connoître.

'Ainsi paroît la terre depuis la baie de Caen jusqu'auprès d'Isigny.'

Pointe de Barfleur.

Des isles de S. Marcou à la pointe de Barfleur, la route est le Nord, prenant un peu d'Ouest; 4 lieues entre les deux, c'est une fort grande anse qui rentre fort en dedans du côté de l'Ouest, dans laquelle on peut mouiller l'ancre, et l'on y est à couvert des vents du Sud-Sud-Ouest, Ouest et même jusqu'au Nord; mais des vents de Sud-Est, Est et Nord-Est, la mer y est fort impétueuse. Environ à moitié chemin des isles de S. Marcou, à la pointe de Barfleur, est le havre de la Hougue, c'est un havre fort ouvert où il peut entrer des navires, tirant 10 à 12 pieds d'eau, on y entre le long de la terre du côté du Nord, et l'on range toujours ce côté-là plutôt que celui du Sud, à cause de plusieurs rochers qui y sont : l'on assèche toutes les marées dans ce havre. A la réserve des vents d'Est et Sud-Est, qui y battent à plomb, l'on y est à l'abri de tous les autres vents. A moitié chemin de la pointe de Barfleur aux isles de S. Marcou, il y a un petit banc droit en route, que l'on nomme *le Banc de Fer;* de grande Marée à basse mer, il n'y reste que deux brasses d'eau dessus. Entre la Hougue et la pointe de Barfleur, il y a plusieurs rochers qui mettent plus d'un quart de lieue en mer, dont on doit se donner garde. *Les marées y sont Nord-Nord-Ouest et Sud-Sud-Est en rade et au large ; mais au proche de terre elles sont de 7 heures et demie à 8 heures.*

Les terres entre la rivière d'Isigny et la pointe de Barfleur sont fort basses au bord de la mer ; mais sur le pays environ une lieue, ce sont toutes terres hautes : droit au-dessus de la Hougue, sur le plus haut des montagnes, est une grande église, nommée *la Pernelle*, ce qui rend cette côte facile à connoître.

Ainsi paroît la terre depuis la rivière d'Isigny jusqu'à la pointe de Barfleur, quand on est à deux ou trois lieues de terre au Nord-Est ou à l'Est.

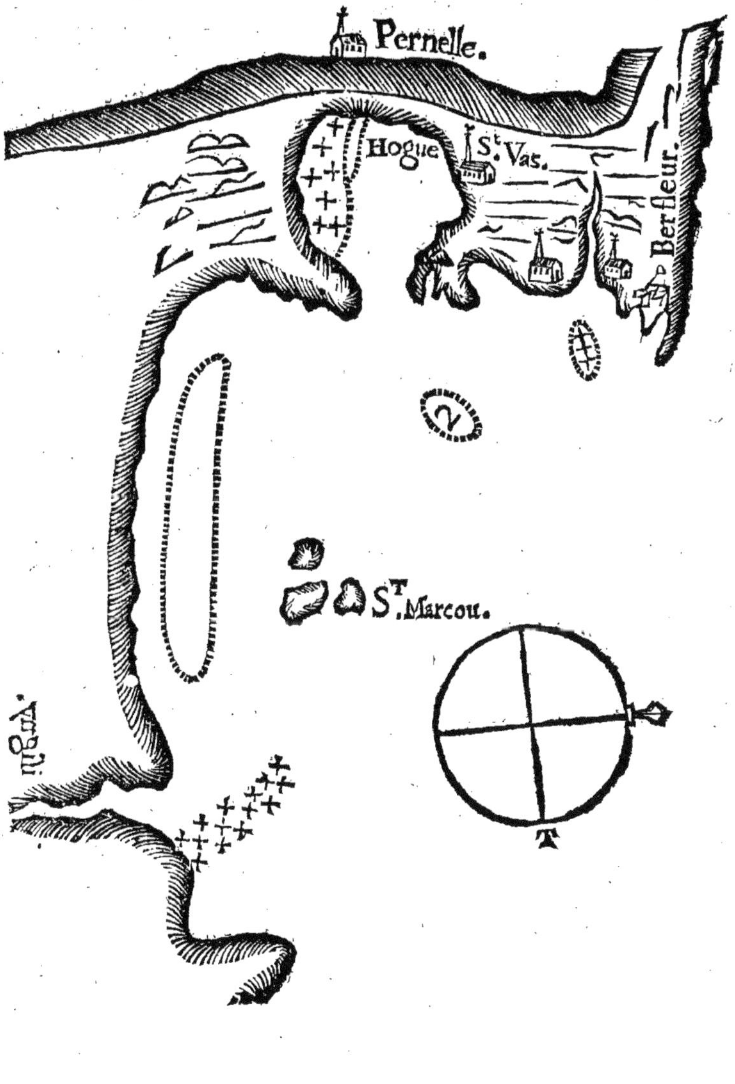

Du cap de la Héve à la pointe de Barfleur.

Du cap de la Héve à la pointe de Barfleur, la route est Ouest quart Nord-Ouest environ 20 lieues. Quand on part du Havre de Grâce pour aller en mer, on doit faire l'Ouest-Nord-Ouest, et même prendre davantage du Nord, si c'est de nuit, tant à cause des rochers qui mettent au large de la pointe de Barfleur, que des flots qui chargent à terre quand vous en êtes proche ; et quand l'on vient de la pointe de Barfleur au Havre de Grâce, de nuit ou de brume, on ne doit pas faire moins que l'Est-Sud-Est en sondant souvent, et gardant toujours les 16 à 18 brasses d'eau, s'il se peut : le fond en toute cette route est de sable et de petites pierres rouges et grises comme de petites fèves.

La pointe de Barfleur est une terre fort basse et longue, sur laquelle il y a un bourg du même nom, qui a un petit havre du côté du Sud-Est, dans lequel il peut entrer des navires tirant 9 à 10 pieds d'eau ; il est facile d'y entrer, car il ne faut suivre que le mi-canal : on assèche toutes les marées dans ce havre, la Lune au Sud-Est y fait pleine mer ; mais plus au large au Sud-Sud-Est, quand on vient de l'Ouest, il ne faut pas ranger de trop proche la pointe de Barfleur, à cause d'une pointe de roche qui s'avance en mer environ une bonne lieue. Au Nord-Est de cette pointe est une roche sous l'eau que l'on nomme *la Roche de Grandeille*, sur laquelle un navire ne peut passer sans danger : car de basse mer il ne reste que 7 à 8 pieds d'eau dessus. *Les marées sont fort rapides sur cette pointe et courent avec violence, ce qui fait de si grands bouillons, qu'il semble quelquefois que ce sont des roches qui brisent.*

Cap Lévy.

De Barfleur au cap Lévy, la terre court au Nord-Ouest quart d'Ouest environ 2 lieues et demie ; entre les deux sont quantité de rochers sous l'eau, dont quelques-uns mettent bien trois quarts de lieue au large, c'est pourquoi il ne faut pas approcher trop la terre : environ vis-à-vis le cap de Lévy, un peu plus à l'Est, sont les trois Pierres, qui sont une bonne lieue au large. Pour naviguer sûrement le long de cette côte, il faut tenir la grosse montagne qui est au-dessus de Cherbourg en dehors de la pointe du cap de Lévy ; en ce faisant on passe au large de toutes ces roches. Le cap de Lévy fait une grande anse du côté de l'Ouest, dans laquelle on peut mouiller ; l'on y est à l'abri des vents d'Est, Sud-Est, Sud et Sud-Ouest, l'on y mouille à 5 et 6 brasses d'eau fond le sable. *Les marées y sont de 7 heures et demie à 8 heures ; mais plus au large de 10 heures 30 minutes, comme aussi tout le long de la côte jusqu'à S. Germain ou cap de la Hague.*

Cherbourg.

Du cap Lévy à Cherbourg le cours est Ouest-Nord-Ouest environ une lieue et demie : proche de Cherbourg, au Nord-Est de la ville, environ une demi-lieue, est une rangée de roches qui vont le long de la terre bien trois longueurs de câble, que l'on nomme l'isle *Pelée ;* elles sont presque toujours sur l'eau, si ce n'est de grande mer, et même il y a deux têtes qui ne couvrent jamais, c'est pourquoi on les peut fort bien éviter ; elles sont fort saines du côté de la mer, mais on ne peut passer en terre d'elles, si ce n'est de pleine mer avec des petites barques, et non avec un navire. La rade de Cherbourg est à l'Ouest de ces roches, droit devant la ville, à 6, ou 8 brasses d'eau ; le fond y est de sable, et la tenue y est fort bonne : l'on y est à l'abri depuis l'Est-Sud-Est jusqu'au Nord-Ouest ; mais les vents d'Est, Nord-Est et Nord y donnent à plomb. A la pointe du Nord-Ouest de la rade de Cherbourg, est une pointe de roche sous l'eau qui met une grande longueur de câble en mer ; cette pointe se nomme *le Houmet.*

Il y a une petite rivière à Cherbourg, dans laquelle il peut entrer des navires tirant 10 à 11 pieds d'eau ; l'entrée est à l'Est de la ville, et la rivière court tout le long des murailles ; l'on n'y entre que de pleine mer : il y a des balises à l'entrée de cette rivière qui vous marquent le canal ; les navires y assèchent toutes les marées. *La Lune à l'Est-Sud-Est et à l'Ouest-Nord-Ouest y fait pleine mer ; mais au large Nord-Nord-Ouest et Sud-Sud-Est.*

De la pointe du Houmet, qui est à l'extrémité de la rade de Cherbourg, du côté de l'Ouest jusqu'au cap de la Hague, la côte court à l'Ouest-Nord-Ouest environ 4 lieues : ce cap s'appelle aussi pointe S. Germain, à cause de l'église S. Germain qui est au haut ; c'est toute basse terre au bord de la mer, mais à une demi-lieue dans le pays, est une haute terre sur laquelle paroissent plusieurs églises et maisons. A moitié chemin de Cherbourg, au cap de la Hague, il y a une grande anse nommée *la Fosse d'Omont-ville,* où un navire peut rader et y être à l'abri presque de tous les vents, car il y a des rochers vers l'eau sur lesquels on s'amarre, et on porte les ancres du côté de la terre ; cette rade n'est bonne que pour deux ou trois moyens navires, et encore les câbles sont fort sujets à s'y couper, à cause des rochers qui s'y trouvent au fond, ce qui fait qu'il n'y va presque point de navires. *Les marées y sont comme à Cherbourg, et les flots portent le long de la terre à l'Est-Sud-Est, et les èbes au contraire.*

Ainsi se montre la terre depuis la pointe de Barfleur jusqu'au cap de la Hague, quand on la côtoie.

Cap de la Hague.

Sous le cap de la Hague, il y a plusieurs rochers sous l'eau qui mettent bien un grand quart de lieue en mer, droit au Nord-Ouest ; c'est pourquoi il n'est pas bon d'approcher cette pointe de plus proche que d'une bonne demi-lieue : cette pointe fait le côté oriental du ras Blanchart, et le bout de l'isle d'Origny le côté occidental ; il y a de l'une à l'autre une grande lieue et demie. A la pointe orientale de l'isle d'Origny sont plusieurs rochers sous l'eau, mais ils ne mettent pas si loin en mer que ceux du cap de la Hague, c'est pourquoi ceux qui passent par le ras de Blanchart, rangent de plus près l'isle d'Origny que le cap de la Hague. *Les marées sont extrêmement fortes en ce passage, et la Lune au Nord quart Nord-Est et Sud quart Sud-Ouest y fait pleine mer 12 heures 45 minutes : les flots portent au Nord-Est, et les èbes ou jusants au Sud-Ouest.*

Origny.

L'isle d'Origny est longue d'environ 2 lieues et demie, Est et Ouest, et sa largeur une lieue Nord et Sud : cette isle n'est pas facile à aborder, à cause de la quantité des rochers qui sont tout autour : la rade ordinaire est du côté du Sud-Est de l'isle, au-dedans du ras : il y a aussi du côté du Sud un petit havre pour des barques seulement, qui y assèchent toutes les marées. Cette isle est passablement haute ; quand on est du côté du Nord, l'on y voit un moulin avec quelques dunes blanches et mal unies. Au bout Ouest d'Origny, à trois quarts de lieue au Sud-Ouest de lui, est une roche sous l'eau, de laquelle on se doit donner de garde.

Ainsi paroît Origny, quand on le côtoie étant à trois ou quatre lieues de terre du côté du Nord de lui.

Ainsi

Ainsi paroissent Origny et les Casquets, quand ils sont au Sud-Est de vous trois ou quatre lieues.

Ainsi paroissent Origny et les Casquets, quand Origny est au Sud-Est quart Sud de vous deux ou trois lieues.

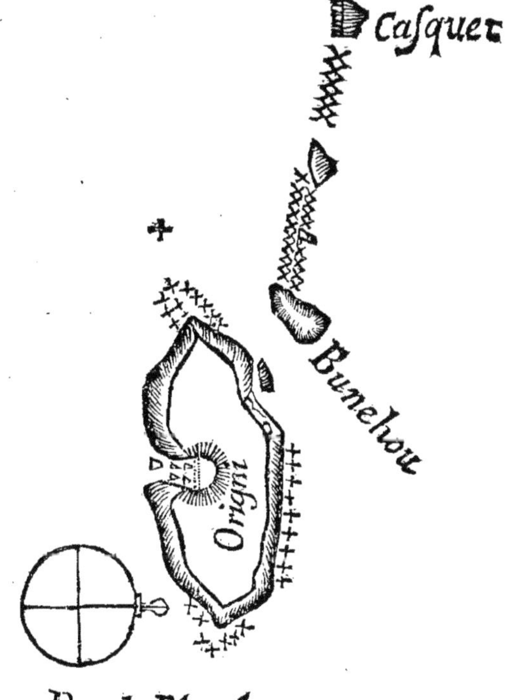

Ras de Blancharr.

B

Des Casquets.

A l'Ouest-Nord-Ouest d'Origny, 3 lieues et demie, est le haut rocher nommé *Casquet;* ce rocher est craint de tous les navigateurs qui entrent et sortent de la Manche ; car entre lui et l'isle d'Origny, sont quantité de rochers sous l'eau : il y a néanmoins quelque passage entre , ainsi qu'il est représenté en la Figure précédente. Se trouvant au Sud de Casquet, et ne pouvant gagner à passer au Nord de lui, on le doit ranger de proche, à une petite portée de fusil au Sud de lui, et non pas plus loin, à cause d'une longue rangée de rochers sous l'eau, qui sont entre Casquet et le Nid de l'Aigle, et ne laissent que deux petits passages; savoir : un du côté de Casquet, et l'autre proche du Nid à l'Aigle, au Nord de lui, qu'il faut aussi ranger de proche. Le Nid de l'Aigle est un haut rocher rond, qui est à moitié chemin de Casquet à Origny. Entre le Nid à l'Aigle et Origny, est la petite isle de Bunnehou : entre elle et le Nid à l'Aigle , il n'y a nul passage, à cause de la quantité de rochers qui sont entre deux ; mais entre Bunnehou et Origny, l'on y peut bien passer, en rangeant Bunnehou de plus près qu'Origny. On doit éviter tous ces passages autant que l'on pourra, et n'y passer que par une force majeure : ce que j'en dis, n'est que pour servir en la dernière nécessité entre ces rochers. *Les marées y sont Sud-Est et Nord-Ouest; les flots portent au Nord-Est, et les èbes au Sud-Ouest avec violence.*

Grande Anse.

Une grande lieue au Sud du cap de la Hague, est une fort bonne rade, que l'on nomme *la grande Anse,* où l'on peut mouiller l'ancre à 8 et 6 brasses d'eau : l'on y est à l'abri des vents de Nord-Est, Est et Sud-Est.

Dielette.

Nous avons dans cette partie de la côte du département de la Manche, qui va du cap de la Hague vers le mont S.-Michel, un nouveau port situé entre la grande Anse et Carteret, qui a été achevé en 1732, après y avoir travaillé 13 ou 14 ans. Ce port est à 3 lieues du cap de la Hague, dans une petite anse au-devant de la vallée de Treauville, entre l'anse de Vauville, dite de Blanc-Sablon, et le cap de Flamenville. Il est à couvert du côté de terre par de hauts côteaux : le mont S.-Gilles est vers le Nord, et il part du bas de l'autre côteau, qui est de l'autre côté

de la petite rivière de Dielette, une jetée qui a plus de 60 toises
de long, et qui, avançant vers le Nord-Est, met les navires à
couvert des vents d'Ouest, et fait qu'il n'y aura toujours aucune
levée dàns ce port. Il y est pleine mer le jour de la nouvelle et
pleine Lune à 6 heures 45 minutes. L'eau monte dans les plus

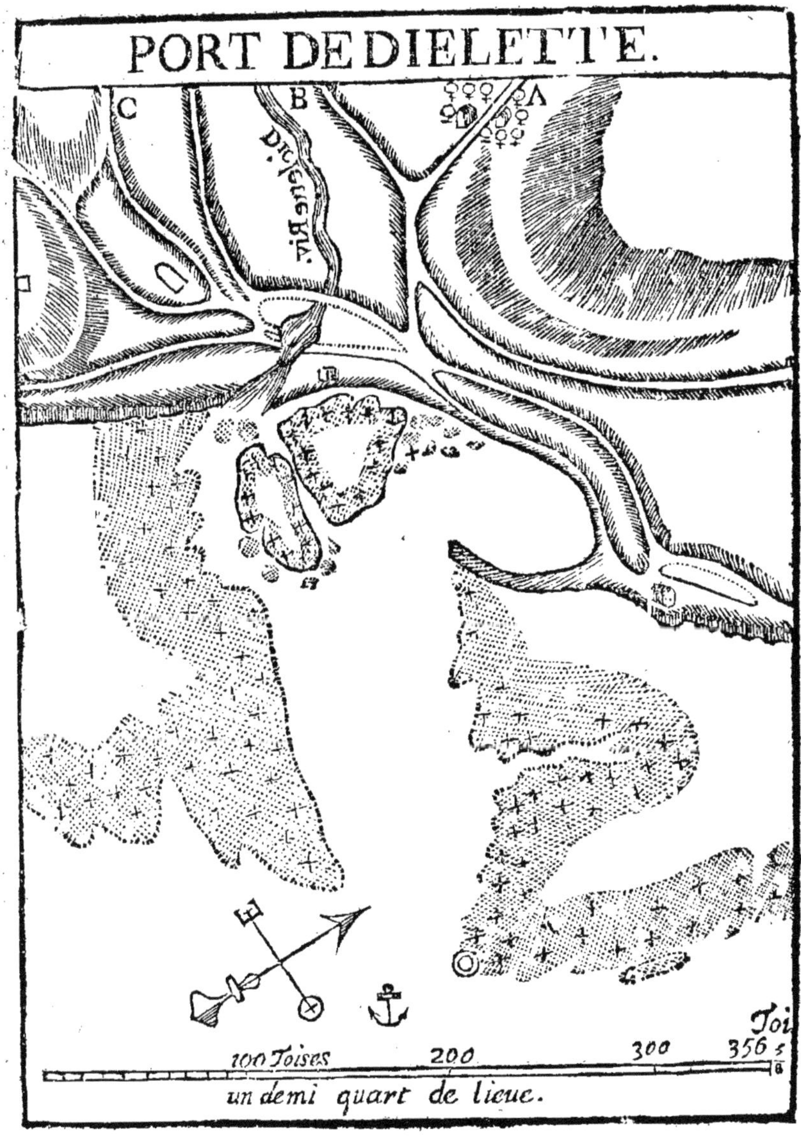

petites marées de 11 à 12 pieds; de vive eau ordinaire de 17 à 18, et aux plus grandes marées, de 21 à 22 pieds; l'entrée est plus profonde que le dedans d'environ 12 pieds, ce qui est cause que depuis que la jetée est achevée, le port se creuse naturellement et deviendra encore meilleur dans la suite, la mer entraînant avec elle, toutes les fois qu'elle se retire, quelques parties du fond.

Le chenal, dont le fond est de sable, se trouve entre deux bancs de rochers qui avancent en mer d'environ deux longueurs de câble, et qui laissent à leur extrémité une ouverture d'environ 70 brasses. Le chenal s'élargit un peu après cela, et se rétrécit ensuite. Le banc de rochers qui est du côté du Sud venant se rendre à la tête de la jetée, et le banc qui forme l'autre côté du chenal en étant éloigné de 50 ou 55 brasses. Lorsqu'on vient du côté de Granville, on sait qu'on a doublé la pointe des rochers qui sont du côté du Sud, aussitôt que les maisons marquées **A** dans le plan, lesquelles ont 3 cheminées et sont situées dans la vallée, se détachent de la colline qui est en deçà, et paroissent au Nord de la joue de ce côteau. On évite toujours aisément de cette sorte le rocher (dit la Rougnouse) qui fait le côté Sud de l'entrée. Mais il seroit à souhaiter, pour la commodité des Pilotes, qu'on fit bâtir, comme on l'a projetté, une tour sur l'extrémité de ce rocher, ce qui fait que nous l'avons toujours placé d'avance sur le plan.

Lorsqu'on vient au contraire du ras blanchart ou du cap de la Hague, on reconnoît quand on a doublé la pointe des rochers qui sont le bord de l'entrée du côté du Nord, aussitôt que le sentier marqué **C**, paroît au Sud des ruines de l'ancienne église de Flamenville, qui est au bas du mont Saint-Gilles, et à peu de distance de Diclette. En observant ces doubles amers, on n'a rien à craindre de l'un ni de l'autre banc de rochers; et pour conserver le milieu du chenal, il n'y a qu'à faire en sorte que le chemin marqué **B**, qui est dans le milieu de la vallée, paroisse par-dessus un corps-de-garde qui est au bord de la mer sur le galet, et qui est tout proche et au Sud de Diclette. L'emplacement de ce corps-de-garde est marqué dans le plan par une petite maison. On gouvernera au Sud-Est quart Est, et l'on viendra ranger la pointe de la jetée en la laissant à stribord.

Enfin, il faut savoir qu'il y a deux rades au-devant de ce port, la grande et la petite; la petite est marquée dans le plan, elle est vis-à-vis de l'entrée du chenal à une demi longueur de câble; elle s'étend Nord et Sud, son fond est de sable ferme et de bonne tenue. On mouille ici, lorsque le vent est depuis le Nord

Nord-Est, jusqu'au Sud Sud-Est, et on est par 7 ou 8 brasses d'eau lorsque la mer est basse. La grande rade, dont le fond est également bon, est beaucoup plus en dehors, elle est à une demi-lieue ou trois quarts de lieue au large vis-à-vis de l'entrée, et on y trouve 10 à 11 brasses d'eau. On y mouille lorsque les vents sont depuis le Nord Nord-Ouest, jusqu'au Sud Sud-Ouest, et on est également en état de profiter du flot pour doubler le cap de la Hague, ou du jusant pour doubler le cap de Flamenville. Ces deux rades sont séparées par un rocher qui a une demi-lieue de longueur Nord et Sud ; mais qui n'a de largeur qu'une simple longueur de câble. Comme il a toujours assez d'eau, on peut passer sur ce rocher dans les plus grands vaisseaux, on doit seulement y prendre garde lorsqu'on veut mouiller.

Nous avons d'autant plus d'obligation à M. de Flamenville, d'avoir fait faire un port dans cet endroit, que ce parage est fort dangereux par la force des marées, que plusieurs vaisseaux y ont fait naufrage, ne trouvant point de havre pour se retirer.

Carteret.

Du cap de la Hague à Carteret, nommé par les Hollandais *le cap de Vorha,* la terre court au Sud quart Sud-Est, environ sept lieues. Cette terre est fort saine, et l'on peut mouiller tout du long à 10, 15 ou 16 brasses d'eau, et l'on y est à couvert des vents de Nord-Est, Est et Sud-Est : ce sont toutes hautes terres et doubles, sur lesquelles on voit plusieurs églises et moulins.

Port – Bail.

Au Sud Sud-Est de Carteret, environ une lieue, est encore une fort bonne rade nommée *Port-Bail ;* l'on y est à l'abri des vents de Nord-Est et Sud-Est, on y mouille l'ancre à 15 et 16 brasses d'eau.

Les Bœufs, rochers.

A l'Ouest Sud-Ouest de Port-Bail, et au Sud Sud-Ouest de Carteret, sont plusieurs rochers sous l'eau, que l'on nomme *les Bœufs ;* lesquels sont environnés d'autres rochers, dont la plupart sont sous l'eau ; ils sont longs de deux lieues Sud-Est et Nord-Ouest, et larges d'une lieue : on peut passer entre eux et la côte de Normandie, en rangeant la terre de proche, comme aussi entre Jersey et lesdits rochers, en rangeant aussi Jersey de proche.

Écrehou.

Environ une lieue au Sud Sud-Est des Bœufs, est Écrehou

C'est un grand nombre de bancs et de rochers, qui sont presque toujours sous l'eau : ils sont depuis Jersey jusqu'à deux grandes lieues au large, courant à l'Est Sud-Est ; il est fort difficile de passer entre Jersey et lesdits rochers, ni même entre les susdits rochers et les Bœufs.

Les Bufquins.

Au Sud Sud-Est des Bœufs trois lieues et demie, et aussi au Sud Sud-Est d'Écrehou une lieue et demie, il y a encore plusieurs rochers sous l'eau qui se nomment *les Bufquins,* desquels s'étend un banc de roches sous l'eau qui court à l'Ouest une grande lieue. *Les marées sont fort grandes entre toutes ces roches, et on ne peut pas bien parler de leur chûte, car elles se séparent entre tous ces rochers ; la Lune à l'Est Nord-Est y fait pleine mer, et de grande marée la mer y baisse de 12 brasses en pic ; c'est pourquoi il est fort dangereux d'y naviguer, à moins d'y être bien expérimenté.*

Morte-Fain.

Sept lieues et demie de Carteret au Sud Sud-Est, et deux lieues au Nord quart Nord-Ouest de Granville, comme aussi une lieue à l'Est des Bufquins, est le banc nommé *Morte-Fain :* ce banc tient à terre, et met bien une lieue en mer ; on passe entre ce banc et le Bufquin pour aller à Granville. Ce banc assèche toutes les marées.

Granville.

Dix lieues au Sud Sud-Est de Carteret, est le havre de Granville, c'est un havre qui assèche toutes les marées : à la pointe du Sud de ce havre, il y a plusieurs roches que l'on doit laisser à stribord en entrant, et aller mouiller derrière la Digue : la Lune à l'Ouest et à l'Est y fait pleine mer : comme aussi tout le long de la côte jusqu'à Cancale, et même jusqu'à Saint-Malo, la mer y monte fort vite.

Toutes les terres entre Carteret et Granville sont fort hautes, et l'on voit au-dessus quantité de maisons et moulins avec des arbres de haute futaie.

Isle de Chausey.

A l'Ouest de Granville, environ trois lieues, est la petite isle de Chausey ; elle est dans le milieu d'un banc de roches qui contient bien trois lieues le long Est et Ouest : l'on y mouille au Sud de l'isle, les habitants de S.-Malo y font charger des pierres à bâtir leurs maisons. Cette isle est inhabitée.

Mont Saint-Michel.

CINQ lieues au Sud Sud-Est de Granville, est le mont S.-Michel: c'est un gros islet ou rocher, bien à deux lieues de terre, il y a un gros bourg dessus qui est fortifié, avec une abbaye : ce lieu n'est fréquenté que des Pélerins, et il n'y peut pas aller de navires : il va seulement des barques dans la rivière d'Avranches qui passent proche de ce mont. Cette isle assèche toutes les marées, et ceux qui y vont n'y peuvent aller que de basse mer, avec des guides qui les conduisent à cause des sables mouvans, comme aussi de la marée qui y monte si vîte, que si on étoit en chemin de cet islet à la terre ferme, quand le flot vient, il seroit impossible d'en échapper.

Minquets.

A l'Ouest quart Nord-Ouest de l'isle de Chausey trois lieues, et cinq lieues au Nord-Est quart Nord du cap Fréhel, sont les Minquets ; c'est une longue et large chaîne ou banc de rochers qui a bien à sa longueur trois lieues Est et Ouest, et en sa largeur Nord et Sud une grande lieue et demie : ils sont fort dangereux, car les flots portent droit par le travers d'eux quand vous allez à S.-Malo, venant de la mer ou de l'Ouest ; ces rochers sont en partie sur l'eau ; mais la plus grande partie sont dessous : ceux qui ne couvrent point s'appellent *les grosses maisons ;* ils s'approchent fort proche de l'isle de Jersey ; et quoique les livres marquent beau passage entre eux et ladite isle, je ne conseille à personne d'y passer sans y bien connoître, tant à cause des Minquets que des autres rochers qui sont au bout du Sud-Ouest de Jersey, ce qui est cause que le passage y est fort étroit.

Jersey.

QUATRE lieues au Sud-Ouest de Carteret, et 9 grandes lieues au Sud quart Sud-Ouest du cap de la Hague, est le bout de l'Est de l'isle de Jersey ; c'est une belle isle qui a en sa longueur 4 lieues Ouest Sud-Ouest et Est Nord-Est, et en sa largeur Nord Nord-Ouest et Est Sud-Est 2 lieues ; le petit havre de ladite isle est du côté du Sud ; on y mouille aussi en plusieurs endroits, particulièrement du côté du Nord, comme aussi du côté de l'Est, entre les Bœufs et ladite isle ; du côté de l'Ouest Sud-Ouest, il y a aussi mouillage ; mais tous ces mouillages ci-devant nommés ne sont que pour la passade ou nécessité, et non pas pour y tarder long-temps : du côté du Sud-Ouest s'étend en mer plusieurs rochers dont partie sont sur l'eau et partie dessous, du côté de l'Ouest il y a aussi quelques rochers sur l'eau.

Au Nord de ladite isle, environ le tiers de sa longueur venant de l'Ouest sont plusieurs gros rochers sur l'eau bien une lieue en mer, qui s'appellent *les Pater noster*, entre eux et la pointe de l'Est, environ moitié chemin, est une roche sous l'eau, mais elle est fort proche de terre ; à toutes les rades de cette isle on y est mouillé par les 10, 12 ou 15 brasses, selon que l'on est près ou loin de terre.

Cers.

Au Nord Nord-Ouest de Jersey, 3 lieues et demie, est l'isle de Cers, qui est une belle isle plate et unie, où il y a un mouillage du côté de l'Est et du côté du Sud par les 12 ou 15 brasses ; à la pointe du Nord-Est de ladite isle, il y a plusieurs rochers dessous et dessus l'eau, loin d'environ demi-lieue de terre, et du côté du Sud-Ouest il y en a aussi, mais non pas si hors ; cette isle est longue d'environ 2 lieues Est Nord-Est et Ouest Sud-Ouest, et large d'une bonne lieue.

Guernesey.

Dix lieues à l'Ouest Sud-Ouest du cap de la Hague, et cinq lieues au Sud-Ouest quart Ouest de la pointe du Sud-Ouest de l'isle d'Origny, est la pointe de l'Est de l'isle de Guernesey ; c'est une haute isle fort unie, et escarpée presque tout autour ; elle a de longueur environ trois lieues et demie Est Nord-Est et Ouest Sud-Ouest, et de largeur environ 2 lieues ; le côté du Nord de cette isle est plein de rochers dessus et dessous l'eau qui mettent bien loin en mer ; c'est pourquoi il ne fait pas bon l'approcher de près, et à l'Ouest Nord-Ouest d'elle, il y a aussi une chaussée de grosses roches qui mettent bien deux bonnes lieues en mer, dont quelques-unes sont sur l'eau et les autres dessous. La terre du côté du Sud est assez saine et on la peut approcher.

Environ moitié chemin de l'isle allant au cap de Grave, qui est le cap de l'Ouest au cap de l'Est, qui est celui qui fait l'entrée de la véritable rade de Guernesey, est une rade que l'on nomme *S.-Samson*, on y mouille par les 15 ou 18 brasses d'eau.

Et pour aller sous le château, venant de l'Ouest, il faut se garder de la pointe du Sud de l'isle ; car il y a un banc de roches qui met un peu hors, quelques-unes sont sur l'eau et les autres

dessous, et quand vous êtes doublé ladite pointe, vous gouvernez au Nord pour mouiller en râde sous la ville, en dehors du
Château, par les 12 ou 14 brasses, ou dedans par les 5 ou 6
brasses.

En venant de Casquet, on peut venir aussi mouiller sous le
Château, en passant sous la pointe du Nord de l'isle d'Aren et
celle du Nord-Est de Guernesey; mais ce passage est fort dangereux à ceux qui n'y connoissent point, à cause des rochers qui
sont au bout de l'isle d'Aren, et de ceux qui sont aussi au bout
du Nord-Est de Guernesey; néanmoins quand on est forcé, et
que l'on ne peut mieux faire, il vous faut ouvrir le Château
entièrement, et mettre la pointe du Sud-Est de Guernesey au
Sud quart Sud-Ouest de vous, et gouverner ainsi jusques
devant la ville, et mouiller comme nous avons dit ci-dessus.
Le Château de Guernesey est sur un islet ou gros rocher séparé
de l'isle.

Guernesey etant au Nord-Est de vous, paroît ainsi.

Ainsi se montre Guernesey, quand il est par le travers de
vous trois ou quatre lieues.

Isle d'Aren.

UNE grande lieue à l'Est de Guernesey est l'isle d'Aren qui
est inhabitée à cause qu'elle est fort petite; elle a beaucoup de
rochers du côté de Guernesey et aussi du côté du Nord, mais
aux autres côtés elle est nette.

Isle d'Arc.

ENVIRON moitié chemin d'Aren à Cers est la petite Isle d'Arc
fort nette tout autour, et ainsi on peut passer entre les trois isles
fort facilement; mais les marées y sont fort rapides, particuliè-
ment aux pleines et nouvelles Lunes, et la mer descend en tous
ces endroits de 7 ou 8 brasses en pic.

Cancale.

DE Granville à la pointe de Cancale le cours est Sud-Ouest. Environ 5 lieues à l'Est de ladite pointe de Cancale, il y a trois gros
rochers sur lesquels on peut ancrer, si l'on veut, à 8 ou 10

brasses d'eau ; et au Nord-Est de la ville, il y a encore deux autres rochers, au-dedans desquels on mouille à 5 ou 6 brasses d'eau : quand on vient de la mer et que l'on veut aller à Cancale, on passe entre les trois premiers rochers et la pointe, et l'on ne trouve point moins entre les deux que 8 ou 9 brasses d'eau. *Les marées sont Est et Ouest.*

De la pointe de Cancale, la côte s'étend à l'Ouest deux lieues, alors on trouve une pointe sur laquelle il y a beaucoup de rochers, tant dessus que dessous l'eau ; cette pointe est au Nord-Est de Saint-Malo environ une lieue et demie.

Saint-Malo.

SAINT-MALO est un havre fort ansé, ou pour mieux dire ;

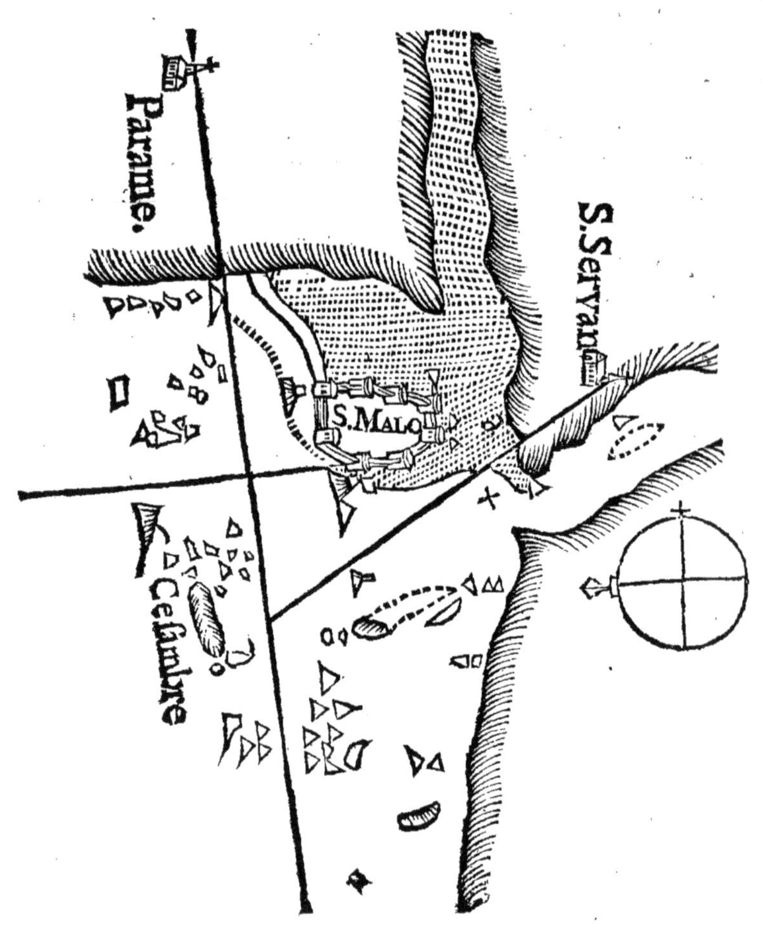

ans un cul de sac fort profond et rempli de rochers dessus et
dessous l'eau , bien trois quarts de lieue en mer de tous les bords
qu'on le puisse prendre , comme aussi plusieurs isles qui en
touchent presque l'entrée , il y a néanmoins quatre passages
pour y entrer avec les marques suivantes.

Conchée.

PREMIÈREMENT , il y a le passage nommé *la Conchée* , qui est
le plus à l'Est de tous ; il est reconnu par un grand rocher fort
haut et blanc qui vous sert de marque , et que vous laissez à
tribord de vous en entrant. Pour entrer en ce passage , vous
gouvernerez sur le coin de la ville le plus proche du *grand Bé* ,
qui est un gros islet proche de la ville à l'Ouest d'icelle et plus
à l'Ouest d'icelui : vers l'eau il y en a un autre nommé *le petit
Bé* , et quand vous êtes à une ou deux longueurs de câble , loin
de la ville , alors vous gouvernerez au Sud-Ouest , donnant tour
aux deux Bés , et venez mouiller sous la ville Ce gros rocher
nommé *la Conchée* , sur lequel est un fort , est à l'Est de
Césambre , ainsi qu'il est marqué dans cette démonstration.

Petite Porte.

CÉSAMBRE est une isle assez haute qui n'est plus habitée ; il y
a des débris de maisons au Sud de l'isle dans un fond , et ils ne
peuvent s'apercevoir de la mer ; à l'Ouest de cette isle sont
deux passages , savoir la grande Porte et la petite Porte : la
dernière est la plus proche de Césambre. Pour entrer en ce
passage , vous amenez le bout de Césambre environ au Sud Sud-
Est de vous un bon quart de lieue , et alors vous gouvernez au
Sud en laissant Césambre à bâbord de vous une longueur de
câble , et quand vous êtes passé en dedans du bout de l'isle de
Césambre , vous voyez un mât ou balise sur un rocher sous l'eau
que vous laissez à bâbord de vous : aussitôt que vous êtes passé
cette balise , vous gouvernez sur le petit Bé jusqu'à ce que vous
ameniez la pointe de la Cité , ou une petite tour qui est à l'extrémité de ladite pointe par le clocher de S.-Servan : vous naviguez
ainsi jusques sous la ville , où vous mouillez à 6 ou 7 brasses
d'eau : en allant chercher cette rade sur les marques susdites ,
vous laissez la roche *le Buron* , sur laquelle il y a un mât à
stribord de vous , en passant entre elle et le petit Bé.

Grande Porte.

QUAND vous venez de l'Ouest ou du cap Fréhel , et que vous
voulez entrer à Saint-Malo par la grande Porte , il vous faut gou-

verner sur Césambre, en le laissant un peu au Nord de vous, jusqu'à ce que vous ayez les marques suivantes, qu'il vous faut prendre un grand quart de lieue avant que d'être à Césambre, à cause des roches qui sont au-dehors ; vous prenez un gros rocher noir qui est au Nord de la ville (il n'y en a aucun semblable), par un clocher qui est loin en terre, que l'on nomme *Paramé* ; vous gouvernez sur ces marques qui sont environ l'Est quart Nord-Est, prenant un peu de l'Est jusqu'à ce que vous soyez au-dedans de la balise du Jardin, qui est un rocher sous l'eau au bout de Césambre ou de la petite Porte, duquel nous avons déja parlé, que vous laissez à bâbord ; alors vous prenez la petite tour qui est au bout de la Cité par le clocher de S. Servan, et gouvernez sur ces marques, jusqu'à ce que vous soyez au-dedans des Bés sous la ville, où vous mouillez comme il est dit ci-dessus, en laissant toujours le Buron à stribord de vous, passant entre le petit Bé et lui.

Les Décollés.

Il y a encore une autre entrée le long de la terre, nommé *les Décollés* ; mais elle est fort difficile, et aussi il n'y entre que de petits bâtiments ; c'est pourquoi je n'en parlerai point, joint que j'en ai peu de connoissance.

La Pierre de Rance.

Entre la Rade de S. Malo, nommée *Rance*, et la rivière de Dinan, est un pierre sous l'eau, nommé *la Pierre de Rance*, elle est environ à mi-canal, et on peut passer à stribord ou à bâbord, comme l'on veut ; mais si l'on veut aller à Solidor, ou sous la ville, il est bon qu'on prenne des Pilotes de terre : on assèche entièrement sous la ville sur du sable, où l'on est à l'abri de tous les vents. *Les marées sont Est et Ouest.*

Cap Fréhel.

Environ 4 lieues à l'Ouest quart Nord-Ouest de Saint-Malo, est le cap Fréhel, c'est un cap qui est fort haut et escarpé, au bout duquel il y a un gros rocher ou islet qui en est séparé à peu près d'une portée de fusil ; au dedans de ce cap, environ un quart de lieue du côté du Sud-Est, est un autre cap qui fait l'entrée de la baie de la Fresnaye ; ce cap s'appelle *le cap de la Latte*, à cause d'un château du même nom qui est sur son extrémité.

Baie de la Fresnaye.

QUAND vous venez du cap Fréhel, et que vous désirez aller à la baie de la Fresnaye, soit pour attendre la marée pour aller à S. Malo, ou pour prendre un Pilote, il vous faut ranger la terre, la laissant à stribord de vous loin de deux longueurs de câble ; et ainsi vous courez jusqu'à ce que vous soyez au-dedans du château de la Latte ; et que vous en ayez le pont tout couvert ; alors il vous demeure environ au Nord Nord-Ouest : c'est une fort bonne rade, l'on y mouille à 8 ou 9 brasses d'eau fond de gros gravier. *Les marées y sont Est et Ouest, comme en toutes les côtes jusqu'à Granville.* Entre cette baie et S.-Malo la terre fait plusieurs anses, devant lesquelles on pourroit mouiller par nécessité.

A trois grandes lieues au Nord-Ouest de Saint-Malo, et au Nord-Est quart Nord du cap Fréhel, est un banc nommé *le Banc aux Huîtres* ou *Loster-Banc*, sur lequel on peut passer par les 6 ou 7 brasses d'eau.

Isle-de-Brehat.

Du cap Fréhel jusqu'au bout du Nord de l'Isle-de-Brehat, la route est l'Ouest quart Nord-Ouest environ neuf lieues ; mais il faut aller plus au Nord, à cause des légions qui sont à trois lieues du cap Fréhel, et éloignées de terre environ deux lieues : ce sont des rochers, lesquels, la plupart, sont sur l'eau : on peut aussi passer de terre des susdits rochers.

Entre le cap Fréhel et Bréhat, sont les rivières et havres de Saint-Bricuc et Benic.

L'Isle de Brehat a environ trois lieues de long Nord Nord-Est et Sud Sud-Ouest. quand on vient de l'Est, on voit sur ladite isle deux moulins et une maison entre les deux, qui sont situés sur une montagne ; on peut mouiller presque tout au tour de ladite isle, quoique pourtant il y a en plusieurs endroits des rochers dessus l'eau. Le havre de Brehat, que l'on appelle *la Chambre*, est du côté du Sud de l'isle, il est fort difficile à entrer, à cause de la quantité de rochers qui s'y rencontrent, et quiconque n'y sera pas bien expérimenté, je ne lui conseille pas d'y aller : à la pointe du Nord-Est, un peu loin de l'isle, sont plusieurs rochers sous l'eau qui vont bien une bonne lieue en mer : au Nord-Est quart Nord environ deux lieues, est une roche sous l'eau nommée *la Horienne*, et par les Hollandais *Caning*.

Environ une grande lieue à l'Ouest de l'Isle-de-Brehat, et deux

grandes lieues au large de la terre ferme , sont les rochers
nommés par les Hollandais *les Piquels*, et par les Français *les
Épées*, ce sont des rochers dont une grande partie sont sur l'eau ;
l'on peut y aller tout autour , mais entre la terre ferme et eux ,
sont beaucoup de roches sous l'eau , par conséquent dangereux.

Douves et Barnouy , roches.

Six lieues au Sud Sud-Ouest de Guernesey , et cinq lieues et
demie de Bréhat au Nord Nord-Est, sont les hauts rochers nommés *Roches Douves* ; ils sont presque tous sur l'eau : et à moitié
chemin de ces rochers à Bréhat , est encore une roche sous l'eau ,
et qui ne paroît jamais , que l'on nomme *Barnouy* ; de pleine
mer on peut passer par-dessus , mais non pas quand elle est basse.

Rivière de Lantriguet.

A quatre lieues à l'Ouest de Bréhat est la rivière de Lantriguet ;
à l'Est de l'entrée de cette rivière sont quantité de rochers , tant
dessus que dessous l'eau, comme aussi à l'entrée du côté de l'Ouest
ou de Port-blanc , il y a quelques roches dessus et dessous l'eau.

Isles de Tommées.

Deux petites lieues à l'Ouest de Port-blanc est l'isle de Tommées , nommée par les Hollandais *Groen-yland*, autour de
laquelle on peut ancrer : c'est une fort bonne rade : il y a aussi
beau passage entre cette isle et les Sept-Isles.

Les Sept-Isles.

Au Nord de l'isle de Tommées , une grande lieue , et six
lieues à l'Ouest quart Nord-Ouest de Bréhat , sont les Sept-
Isles , au travers desquelles on ne peut naviguer : de l'isle la plus
à l'Est s'étend un banc de roches sous l'eau du côté du Sud ,
sur l'extrémité duquel il y a un rocher sur l'eau qui est une bonne
marque pour éviter ledit banc ; du côté de l'Ouest desdites isles ,
s'étend encore quantité de roches dessus et dessous l'eau , ce
qui fait qu'il ne les faut pas approcher de trop près.

Les Triagots.

A une lieue à l'Ouest des Sept-Isles , et 3 lieues au Nord-Ouest
et quart Nord de la rivière de Lannion , est un grand banc de
roches, nommé *les Triagots* ou *Triaguels-Porten;* une partie est

sur l'eau, mais la plus grande partie est dessous : ce banc est long de 2 lieues Sud-Est et Nord-Ouest, et large d'une bonne lieue.

Rivière de Lannion.

De la rivière de Lantriguet à la pointe de la rivière de Lannion, la côte est Est et Ouest 3 lieues, et l'on passe du côté de terre de l'isle de Tommées ; à la pointe du Nord-Est de cette rivière, sont plusieurs rochers qu'il faut éviter, puis on monte au Sud vers la rivière de Lannion.

À terre des Sept-Isles, sur la côte, est un haut clocher pointu, nommé *Notre-Dame de Clarté ;* c'est une fort bonne marque pour connoître les Sept-Isles.

A terre des Triagots, il y a une haute tour qui facilite à connoître que l'on est proche d'eux, mais on ne la peut voir que quand il fait un temps clair.

Celui qui vient de nuit ou de brume d'Ouessant ou du Four pour aller à Saint-Malo, qu'il n'aille pas plus à l'Est que l'Est Nord-Est ou Nord-Est quart Est, jusqu'à ce qu'il ait les Triagots à stribord de lui, car les flots portent fort au Sud-Est sur les Triagots et les Sept-Isles ; mais de jour et de temps clair, il n'y a point de danger de côtoyer la terre de plus près, car on voit tout ce qui nuit.

Rivière de Morlaix.

Trois lieues à l'Ouest de la rivière de Lannion, est la pointe de l'Est de la rivière de Morlaix ; entre les deux est le petit havre de Saint-Jean de Doy, qui assèche toutes les marées : on peut passer au travers des rochers pour aller à Morlaix, et mouiller par les 6 ou 7 brasses.

A l'Ouest des Triagots est un grand rocher fort haut, et au Sud-Est quart Sud de lui est un passage qui fait l'entrée de Morlions ou Morlaix du côté de l'Est, et est distant du Sud-Ouest quart Sud deux lieues, mais l'entrée occidentale Ouest Sud-Ouest et Ouest quart de Sud trois ou quatre lieues, et s'étend l'entrée le long d'un grand rocher dentelé et mal uni comme une scie, et vous pouvez faire le Sud quart Sud-Ouest jusqu'au château de Morlaix, et ayant doublé ledit château, vous pouvez aller par le milieu des rochers, et retourner en mer par l'entrée de l'Est, faisant le Nord Nord-Est et Nord quart Nord-Est vers la mer, selon que la marée vous sert. *Les flots viennent du Nord-Ouest.*

Si on désire aller du château de Morlaix à la rivière de

Morlaix ou Morlions, on peut passer en dedans desdits rochers faisant l'Est ; c'est toute terre entre-coupée, où de basse mer vous avez 5 brasses d'eau.

Saint-Paul-de-Léon.

MAIS si vous désirez aller à S.t-Paul-de-Léon, allez droit vers le grand rocher à deux cornes ou Selle à cheval, et le côtoyez, et quand vous serez près de lui, allez vers la terre : sur le rivage il y a un bourg nommé *Plainpoul*, lequel vous côtoyerez ; à l'Est est l'entrée de la rivière, ce sont tous havres de marée ; mais entre les rochers de Morlions et l'Isle-de-Bas, il y a assez d'eau de basse mer pour mettre un navire à couvert : la terre de S.-Paul-de-Léon est une terre double : sur l'église de Saint-Paul il y a deux hauts clochers pointus : l'Isle-de-Bas est là par le travers, sur laquelle il y a deux perches qui semblent deux moulins à les voir de loin : au bout de l'Est de cette isle il y a un haut rocher dentelé, et lorsque l'on est à l'Est dudit rocher, on voit deux clochers pointus assez loin l'un de l'autre, qui sont les clochers de Plainpoul : on voit aussi le château de Morlaix au Sud-Est de vous, lequel est sur un haut rocher.

Le susdit rocher extérieur et dentelé de Morlaix est distant de la pointe de l'Isle-de-Bas à l'Est et Est quart Sud-Est trois bonnes lieues : on peut aller le long de la terre ferme aux travers de ces rochers jusqu'aux Sept-Isles ; il y a un bon fond pour ancrer par-tout ; ce sont toutes grandes baies.

Roche Blanche.

AU Nord et Nord quart Nord-Est de l'Isle-de-Bas 5 lieues, il y a une roche sous l'eau, nommée *Roche Blanche* : les livres hollandais disent que de basse mer le sommet de cette roche paroît à fleur d'eau ; mais les pêcheurs de l'Isle-de-Bas m'ont dit le contraire, et qu'il y a toujours de l'eau pour y passer toutes sortes de grands navires par-dessus, bien que de mauvais temps la mer y rompe beaucoup plus fort qu'aux autres endroits : cette roche est distante de Casquet 27 lieues au Nord-Est quart Est, et des Sept-Isles 9 lieues à l'Est Sud-Est : je dis que les Sept-Isles sont neuf lieues à l'Est Sud-Est, et Casquet vingt-sept lieues au Nord-Est quart Est d'elle.

Isle-de-Bas.

L'ISLE-DE-BAS est par le travers de Roscoff : cette isle a une lieue et demie de long Est et Ouest, éloignée de terre d'environ
demi-

demi-lieue. On peut entrer à Roscoff par les deux bouts de l'isle ; à savoir, par l'Est et par l'Ouest : mais à terre de ladite isle il y a quantité de rochers, qui couvrent et découvrent toutes les marées, ce qui rend l'abord du havre de Roscoff fort difficile.

Pour entrer à l'Isle-de-Bas par le côté de l'Est, il faut, lorsque vous êtes passé le haut rocher à deux cornes ou la Selle, autrement nommé *le Taureau*, venir vers terre entre la pointe de la terre ferme, et aller par le milieu de l'eau ; il y est profond de 7 à 8 brasses de haute mer : mais de basse mer il n'y a point de passage, à cause de quantité de rochers qui y sont ; même de pleine mer il est fort dangereux, et il est bon de prendre un pilote du lieu. Le Livre hollandais fait ce passage fort facile, mais l'expérience m'a fait voir le contraire : entre le havre de Roscoff et le bout de l'Isle-de-Bas, il est tout plein de gros rochers le long de la côte jusqu'à moitié trajet de l'Isle-de-Bas.

Le passage de l'Ouest est plus facile que celui de l'Est ; pour y entrer, il faut approcher le bout de l'isle à une portée de canon, alors vous apercevez une roche toute seule qui est environ au tiers du chemin du bout de l'isle à terre, il la faut ranger et la pousser avec un long aviron, elle est fort saine ; cette roche s'appelle *la Lavandière* : et à deux longueurs de navire d'elle, du côté de l'isle, est une autre roche sous l'eau, nommée *le Couillon* ; on passe entre cette dernière roche et la Lavandière, en laissant la Lavandière à stribord et le Couillon à bâbord. Quand vous êtes passé au dedans de ces roches, vous approchez un peu de l'isle, en vous donnant de garde de deux roches qui sont sous l'eau au proche de l'isle ; c'est pourquoi il est bon d'avoir un homme sur la vergue de misaine pour y faire le quart : elles se voient facilement, car les eaux y sont fort claires. Quand vous êtes environ à la moitié de l'isle, vous voyez une grande anse, dans laquelle il y a plusieurs maisons, vis-à-vis desquelles on mouille à quatre brasses d'eau de basse mer. *Les marées y sont Ouest quart Sud-Ouest et Est quart Nord-Est.*

Du Bout de l'Isle-de-Bas au Four la côte est Est Nord-Est et Ouest Sud-Ouest environ 12 lieues : tout le long de cette côte, jusqu'à une demi-lieue vers l'eau, ce sont tous gros rochers qui paroissent comme des maisons ; cette terre n'est pas des plus hautes, elle se peut voir de cinq ou six lieues. On aperçoit aussi sur cette terre, quand on la côtoie, plusieurs clochers et maisons.

Baie d'Abrevrack.

ENVIRON 5 à 6 lieues à l'Ouest de l'Isle-de-Bas, est Abrevrack ;

c'est une fort grande et bonne baie, mais très-difficile à entrer ; et comme je n'ai point une entière connoissance des marques qu'il faut observer pour y entrer, je n'en parlerai pas davantage.

Rochers du Porsail.

Une lieue et demie ou deux lieues d'Abrevrack, sont les rochers du Porsail ; ils sont presque toujours sous l'eau, et éloignés de terre d'environ une lieue. Il y a aussi bon mouillage de terre d'eux, mais les entrées en sont fort difficiles.

Du Porsail jusqu'au Four, la côte court à l'Ouest Sud-Ouest environ quatre lieues. Ce sont encore des terres de moyenne hauteur, accompagnées de quantité de rochers bien un bon quart de lieue au large ; ceux qui louvoient de nuit le long de cette côte, ne doivent pas approcher la terre de plus proche que 45 à 50 brasses d'eau. Le fond, le long de cette côte, est de sable gris, avec des petits cailloux comme de petites noix de diverses couleurs. *La Lune à l'Ouest quart Sud-Ouest et à l'Ouest Sud-Ouest y fait pleine mer, comme aussi à l'Isle-de-Bas, Morlaix et Saint-Paul-de-Léon ; un peu au large, les flots portent à l'Est Nord-Est, et les èbes à l'Ouest Sud-Ouest le long de la terre.*

Ainsi paroît la terre de Saint-Paul-de-Léon jusqu'au Four, quand on la côtoie à deux ou trois lieues au large.

Le Four.

Le Four est sur l'extrémité de la côte de Bretagne la plus à l'Ouest : c'est un gros rocher noir qui ne couvre jamais, et qui est de la forme d'un four, c'est pourquoi il en porte le nom. Ce rocher est éloigné de terre d'un bon quart de lieue, et c'est la première marque que l'on prend, quand on veut passer à terre d'Ouessant pour aller à Brest ou au ras de Fontenay : ce rocher est éloigné d'Ouessant de trois à quatre lieues Est Nord-Est et Ouest Sud-Ouest.

Pour passer en terre d'Ouessant.

Du Four à la pointe du Conquet, la terre court au Sud quatre bonnes lieues. Il y a quantité de rochers dessus et dessous l'eau tout le long de cette côte ; mais il y a plusieurs rochers sur l'eau qui sont au large de tous les autres, et que l'on doit ranger tout du long à une ou deux longueurs de câble , gouvernant au Sud et au Sud quart Sud-Est, jusqu'à la pointe du Conquet, que vous rangez aussi à une ou deux longueurs de câble , et non plus au large , à cause d'une roche sous l'eau que l'on nomme *Vinotière,* qui est droit à l'Ouest de la pointe du Conquet. Quand vous êtes doublé cette pointe, et que vous commencez à ouvrir le port du Conquet , il vous faut tirer plus au large , à cause des rochers qui sont au Sud du Conquet , et qui mettent bien hors en mer. Ces rochers s'appellent *les Mulées.*

Les Plateresses.

Au Sud-Ouest quart Sud du Four deux lieues, et au Nord-Ouest quart Ouest de la pointe du Conquet deux lieues et demie , et environ moitié chemin des isles qui sont au Sud d'Ouessant à la terre ferme , sont les Plateresses qui sont une rangée de rochers sous l'eau, lesquels sont fort dangereux quand on louvoie en ce passage ; les marques que l'on doit garder sont celles-ci quand vous louvoyez, soit en entrant ou en sortant , à la pointe du Conquet, il y a deux vallées, savoir, la plus à l'Ouest est la plus grande , et la plus à l'Est la plus petite ; quand le cloître de Saint-Matthieu est par la vallée la plus petite , ou un peu plus à l'Est , vous êtes alors fort proche de terre, et il faut revirer à l'autre bord gouvernant à l'Ouest, et quand le cloître de Saint-Matthieu vient quelque peu en dehors de la pointe du Conquet , il faut aussitôt revirer à terre ; car quand ledit cloître de Saint-Matthieu vient deux longueurs de navire à l'Ouest de la pointe du Conquet, vous êtes tout proche les Plateresses. Les marques pour connoître quand vous êtes doublé les Plateresses , sont celles-ci : il y a un moulin qui est directement à l'Est quart Sud-Est d'elles , quand ce moulin est au Sud-Est de vous , alors vous êtes au Nord des Plateresses ; et quand ce moulin est à l'Est de vous , vous êtes au Sud desdites Plateresses.

Ces deux figures montrent comme il se faut gouverner en louvoyant en ce passage , entre les Plateresses et la terre du Four jusqu'à la pointe du Conquet ; les lettres D , D , montrent le cloître de Saint-Matthieu.

Entre les Plateresses et la terre sont encore deux roches sous l'eau, et sur lesquelles il reste au moins 15 à 18 pieds de basse mer de grande marée : ces roches ont été trouvées par les navires de l'Etat, qui ont touché dessus. Les marques pour savoir quand on est le travers de ces roches sont celles-ci; savoir : sur la terre il y a un moulin, et au bord de la mer une petite tour qui sert de marque; quand vous les tenez l'un par l'autre, vous êtes droit par le travers de la roche la plus au Nord, que l'on nomme *la Valbelle*.

Et quand vous tenez le même moulin par un haut rocher, qui est le plus au Sud de tous ceux qui paroissent sous l'eau, alors vous êtes aussi par le travers de la roche la plus au Sud que l'on nomme *le Tandoué*. A l'Ouest des Plateresses, environ à moitié desdites Plateresses aux isles, qui sont au Sud d'Ouessant, est un haut rocher qui paroît comme un navire à la voile : ce rocher s'appelle *la Haïle;* depuis ce rocher jusqu'aux isles il n'y a nul passage, à cause des rochers qui sont entre deux.

Les isles qui sont au Sud d'Ouessant sont au nombre de sept, dont la dernière qui est la plus au Sud, s'appelle *Beniguet;* elle est distante d'Ouessant au Sud-Est de quatre lieues : il est dangereux de naviguer autour de toutes ces isles, tant du côté de l'Est que du côte de l'Ouest, à cause de la quantité de rochers qui sont autour d'elles. Il y a pourtant plusieurs passages, mais ce n'est que pour les gens qui les habitent, et qui y sont bien expérimentés. A l'Ouest de ces isles, près d'une lieue en mer, il y a deux bancs de roches sous l'eau desquels on se doit garder quand on vient de la mer par ce côté-là.

Au Sud Sud-Est d'Ouessant 4 lieues, et à l'Ouest Sud-Ouest du bout du Sud de Beniguet environ 2 lieues, est encore un banc de roches sous l'eau. Entre cedit banc et *les Noires* qui sont deux gros rochers sous l'eau, lesquels sont au Sud de l'isle Beniguet environ une lieue, il y a plusieurs roches, tant dessus que dessous l'eau, desquelles on se doit donner de garde ; il est fort dangereux d'y passer.

Au Sud des Noires, est encore un grand banc de roches, qui est contigu à elles, et va près d'une demi-lieue au Sud; et à l'Est de celle qui est la plus à l'Est, il y a plusieurs petits bancs qui en sont éloignés d'environ deux longueurs de câble. Ces deux rochers que je nomme *les Noires,* parce qu'ils sont plus connus par ce nom-là, que par leur nom propre, les habitants des environs les nomment *les Bessecins;* ils sont à l'Ouest prenant un peu du Sud de la pointe de Saint-Matthieu d'environ une lieue, et Beniguet est à l'Ouest de l'Eglise d'Ochriste environ trois quarts de lieue : cette église est à moitié chemin du Conquet à Saint-Matthieu.

Au Nord de l'isle de Beniguet, il y a un grand banc de roches qui va près d'une demi-lieue au Nord.

Blanc Sablon.

Au Nord de la pointe du Conquet, est la baie de Blanc-Sablon, où l'on peut mouiller l'ancre à 8, 9 ou 10 brasses d'eau fond de sable ; entre cette baie et la pointe du Conquet, fort proche de terre, est une roche sous l'eau nommé *la petite Vinotière* ; on ne doit pas approcher cette terre plus près qu'une longueur de câble, ni s'en éloigner plus de deux, à cause de *la grande Vinotière* qui est à l'Ouest de la pointe du Conquet. *Les marées sont extrêmement fortes en ce passage ; les flots portent au Nord, et les èbes au Sud ; et la Lune à l'Ouest Sud-Ouest et l'Est Nord-Est y fait pleine mer.*

Pointe de Saint-Matthieu.

De la pointe du Conquet à la pointe de S. Matthieu, la terre court au Sud Sud-Est une petite lieue. A la pointe de S. Matthieu il y a plusieurs rochers sur l'eau que l'on nomme *les Moines ;* et au large desquels, au Sud-Ouest, il y en a sous l'eau qui sont bien un petit quart de lieue en mer : et au large de la pointe de S. Matthieu il y a passage entre les premiers et la terre, mais il est fort étroit. Au Sud du havre du Conquet, il y a une rangée de rochers qui mettent bien deux à trois longueurs de câble en mer droit à l'Ouest ; c'est pourquoi, quand on vient du Four, et que l'on est doublé à la pointe du Conquet, on doit aussitôt décliner du côté de l'Ouest pour les éviter, ainsi qu'il a déjà été dit.

Ouessant.

Ouessant est éloigné de la terre de Bretagne, à l'Ouest, d'environ trois lieues et demie ou quatre lieues, ainsi que nous avons déjà dit : c'est une isle qui est escarpée presque tout autour, elle est longue d'une lieue et demie Nord-Est et Sud-Ouest, et large d'une petite lieue. Cette isle a un havre du côté Sud-Ouest, mais l'entrée en est difficile, c'est pourquoi il n'est fréquenté que des gens du même lieu. Le reste de l'isle est presque entouré de rochers, si ce n'est du côté du Nord où il y a encore un mouillage, entre cette isle et une autre petite isle qui en est tout proche, laquelle est nommée *Quelerne ;* on y est à l'abri de tous vents, à la réserve des vents de Nord-Est, ainsi qu'on peut voir par la démonstration suivante.

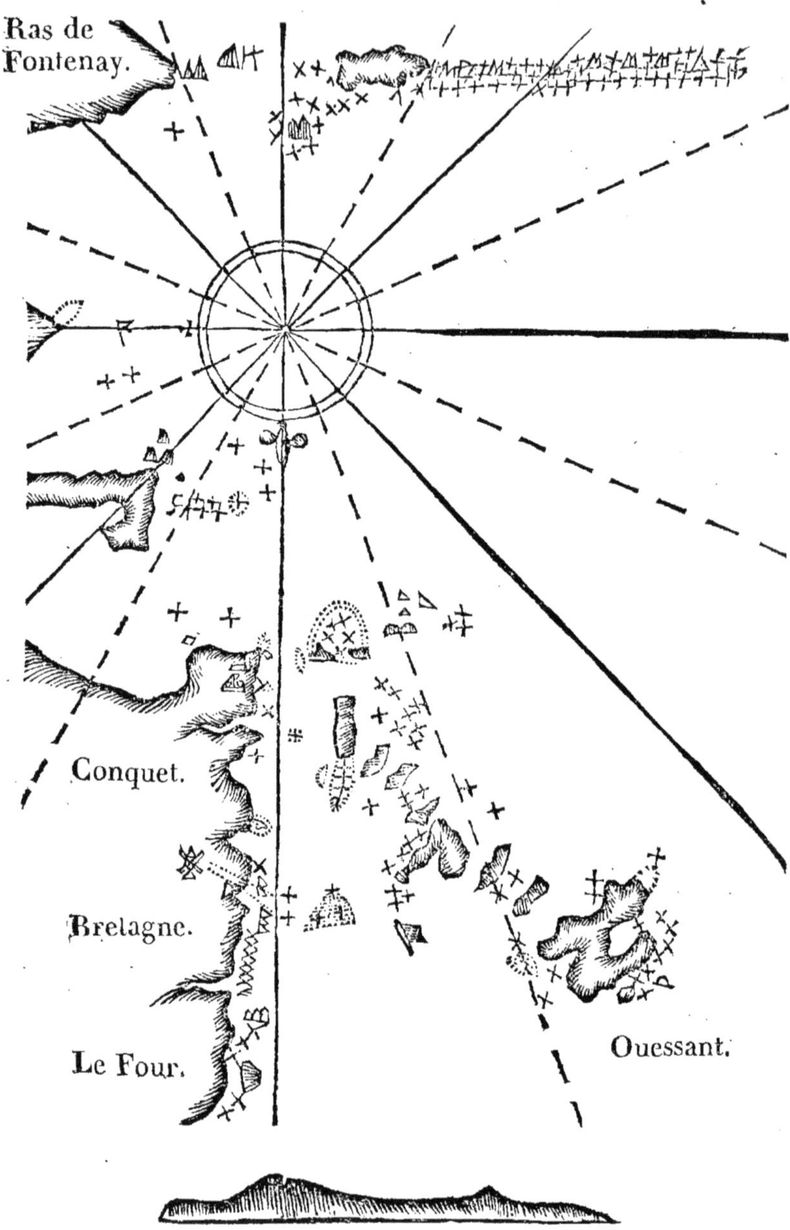

Quand Ouessant est au Sud quart Sud - Ouest de vous, il paroît ainsi.

Quand Ouessant est au Sud quart Sud-Est de vous, deux ou trois lieues, il paroît ainsi.

Ainsi paroît Ouessant étant au Sud-Est de vous trois ou quatre lieues.

Ouessant étant à deux lieues à l'Est de vous, paroît ainsi.

Quand Ouessant est à l'Est Sud-Est et à l'Est quart Sud-Est de vous à trois ou quatre lieues, il paroît ainsi.

Ainsi se montre Ouessant, quand il est à l'Est quart Sud-Est de vous quatre ou cinq lieues.

Quand Ouessant est quatre ou cinq lieues à l'Est de vous, il paroît ainsi.

Quand Ouessant est à quatre ou cinq lieues à l'Est-Nord-Est de vous, il paroît ainsi.

Quand Ouessant est au Nord-Est quart Est de vous, à la vue de dessus le pont du navire, il paroît ainsi.

Quand Ouessant est à l'Est Nord-Est de vous, deux ou trois lieues, il paroît ainsi.

Quand Ouessant est au Nord-Est de vous, il paroît ainsi.

Quand Ouessant est au Nord-Est quart Est de vous, deux ou trois lieues, il paroît ainsi.

Le Coq, roche.

DE la pointe de S. Matthieu à la pointe de Bertheaume, la terre court à l'Est environ une lieue entre les deux : et bien un grand quart de lieue au large, est la roche nommée *le Coq ;* cette roche est directement au Nord de la Porquette, il y a passage entre elle et la terre, à dix ou douze brasses d'eau, en rangeant la terre de proche pour passer au large d'elle : quand on va à Brest, il faut tenir l'isle de Beniguet découverte de la pointe de Saint-Matthieu, en sorte que vous la puissiez voir entièrement, et aller ainsi jusqu'à ce que vous ayez la pointe de Bertheaume au Nord de vous, après vous pouvez gouverner à l'Est.

Le Busec, roche.

DROIT au Sud de la pointe de Bertheaume, à une grande demi-lieue, est la roche de *Busec ;* cette roche est à craindre pour de grands navires, lorsqu'il est basse mer. Les marques pour connoître cette roche, sont celles qui suivent ; savoir : sur un islet qui est à la pointe de l'Ouest de Bertheaume, il y a une petite tour ou marque ; quand vous la mettez par une autre tour semblable qui est sur le bord de la terre, dans l'anse de Bertheaume, droit au Nord de la première marque, et que vous tenez deux autres petites tours qui sont sur la pointe de l'Est de la grande anse de Bertheaume aussi l'une par l'autre, vous êtes alors sur ladite roche le Busec ; mais si vous ne mettez pas les marques l'une par l'autre en un même temps, vous passez au Nord ou au Sud de ladite roche : il y a encore une autre marque, mais elle ne sert que de temps clair ; c'est une tour qui est sur la terre du Sud de la baie de Pol-Davit, que l'on met par un haut clocher nommé *Busec*, du même nom que la roche. On mouille l'ancre à la rade de Bertheaume par les huit, dix ou douze brasses, fond de sable et vase, et l'on y est à couvert des vents de Nord Nord-Est et Nord-Ouest.

Baie de Brest.

Ceux qui désirent entrer dans la baie de Brest, peuvent ranger l'un des deux côtés de la terre, sans rien craindre ; mais non par le mi-canal, à cause des roches nommées *les Fillettes*, qui ne découvrent point, si ce n'est de grande marée, de même que de celle nommée *le Mingant*, qui ne couvre que de grande marée, et le reste du temps elle est toujours sur l'eau.

Ceux qui passent au Nord doivent ranger la terre du Nord à discrétion, sans rien craindre, et ceux qui passent au Sud doivent aussi ranger la terre du Sud, en tenant le château de Brest entièrement découvert. En dehors de la pointe de Penaleuch, qui est au Nord de la baie de Brest, quand vous tenez les deux pointes escarpées qui sont sur la terre qui est à l'Est de Camaret l'une par l'autre, et que vous avez aussi le château de Brest à couvert par la pointe de Penaleuch, alors vous êtes sur les Fillettes : entre le Mingant et les Fillettes il est fort dangereux d'y passer, car il y a encore des roches cachées sous l'eau fort dangereuses. Quand vous êtes dans la baie de Brest, vous mouillez l'ancre où il vous plaît, à huit, dix, quinze ou seize brasses d'eau, le fond est de vase. *Les marées y sont de 4 heures 30 minutes, et la mer y monte d'environ cinq brasses en pic.*

Camaret.

Au dehors de la baie de Brest, du côté du Sud, est la rade de Camaret, dans une grande anse, où l'on mouille à huit ou dix brasses d'eau, fond de vase ; l'on y est à l'abri des vents d'Est Sud-Est, Sud et Sud-Ouest : il y a un petit havre dans cette anse, où il peut entrer de petits navires qui sont à l'abri de tous les vents ; mais il assèche toutes les marées.

Toulinguet, rocher.

ENVIRON une demi-lieue de la rade de Camaret, à l'Ouest, est la pointe du même nom : à l'extrémité d'elle il y a plusieurs rochers sous l'eau qui mettent plus d'une longueur de câble au Sud-Ouest de la pointe ; et au dehors de ces rochers, il y a encore un haut et gros rocher, qu'on nomme *Toulinguet*, l'on peut passer entre ce rocher et la pointe de Camaret, en rangeant Toulinguet de près, et de-là faire voile vers le ras de Saint ou ras de Fontenay : on peut aussi passer à l'Ouest de Toulinguet, en le rangeant à deux ou trois longueurs de navire : mais quand vous êtes passé la pointe du Sud dudit Toulinguet, il faut aller au Sud-Est la longueur de deux ou trois câbles pour éviter la roche *le Bellen*, après on fait route pour le ras.

La Porquette, roche.

A l'Ouest Sud-Ouest de la pointe de Camaret, environ deux grandes lieues et demie, et au Sud Sud-Est de la pointe de Saint-Matthieu deux petites lieues, est la roche *la Porquette* ; cette roche est la plus grande partie du temps sur l'eau, et quand elle est couverte, la mer rompt toujours dessus, si ce n'est de mer bien calme, ou quand il n'y a point de marée, c'est-à-dire, sur le temps de la pleine mer : entre cette roche et le Toulinguet il est tout plein de roches, dont la plupart sont sous l'eau, et il est fort dangereux d'y passer : il y a néanmoins plusieurs passages entre ces rochers ; mais comme je n'ai connoissance que des deux dont j'ai parlé ci-devant, je ne puis parler des autres.

Le Goimon et la Vandre.

A l'Ouest Sud-Ouest de la Porquette une grande demi-lieue, est la roche nommée *le Goimon* ; elle est droit au Sud de la pointe de S. Matthieu : deux grandes lieues environ quatre ou cinq longueurs de câble de cette roche à l'Ouest, prenant un peu du Nord-Ouest, est encore une autre roche nommée *la Vandre* : sur ces deux roches il y reste au moins douze à treize pieds d'eau de basse mer ; de grande marée toutes ces roches ont été trouvées par les vaisseaux de l'Etat qui ont touché dessus.

Les Basses du Lis et le Minguet, rochers.

DROIT au Sud de la Porquette, environ une petite lieue, sont encore plusieurs rochers nommés *les basses du Lis*, à cause du vaisseau LE LIS qui toucha dessus; auparavant elles étoient inconnues; il reste de basse mer au moins 14 ou 15 pieds d'eau de grande marée; à l'Est Sud-Est de cette basse du Lis, une petite lieue, est encore une autre roche nommée *le Minguet*, elle est aussi profonde que la basse du Lis.

Pointe de Gradon.

AU Sud de la pointe de Camaret, trois quarts de lieue, est là pointe de Gradon, ce sont falaises escarpées : au Sud de cette pointe, sont cinq ou six grands rochers que l'on nomme *les Tas de Foin;* ils portent ce nom à cause qu'ils sont de la figure des tas ou monceaux de foin.

Cap à la Chèvre.

TROIS petites lieues au Sud-Est quart Sud de la pointe de Gradon, est le cap à la Chèvre, entre les deux, c'est une grande anse qui refuit beaucoup à l'Est : le cap à la Chèvre est fourchu, et fait deux pointes, desquelles il sort de petits bancs de roches qui mettent bien un quart de lieue en mer.

Le Bouc, la Chèvre et le Chevreau, roches.

DROIT à l'Ouest du cap à la Chèvre, trois quarts de lieue, est la roche nommée *le Bouc*, et au Nord, à une bonne demi-lieue, est une autre roche que l'on nomme aussi *la Chèvre :* ces deux roches sont toujours sur l'eau; au Nord-Ouest du Bouc, un quart de lieue, et à l'Ouest Sud-Ouest, un grand quart de lieue, est une roche nommée *le Chevreau;* cette roche couvre et découvre toutes les marées.

Baie de Pol-Davit.

AU dedans du cap à la Chèvre, est la baie de Pol-Davit : la rade est tout au fond de cette baie; au côté Sud d'elle, sous la ville de Douarnené, on mouille l'ancre à 6, 7 ou 8 brasses d'eau. Douarnené est au Sud-Est quart Est du cap à la Chèvre environ quatre lieues.

De Douarnené au bé du Ras, la côte court à l'Ouest quart

Nord-Ouest environ 6 lieues ; entre les deux c'est toute haute terre escarpée qui fait aussi plusieurs pointes qui avancent en mer, dont quelques unes ont des roches sous l'eau, c'est pourquoi on ne doit pas les ranger de trop près.

De la pointe de S. Matthieu au ras de Fontenay, la route est le Sud 8 grandes lieues ; mais il faut prendre garde à ses marées, car à l'ouvert de la baie de Brest, *les flots portent à l'Est Nord-Est, et les èbes tout au contraire.*

La Vieille et la Platte, roches.

A l'Ouest de la pointe du Ras, sont plusieurs hauts rochers sur l'eau, dont le plus haut, nommé par les Français *la Vieille,* est le plus à la mer ; vers l'eau de lui, une demi-longueur de câble, est une roche sous l'eau nommée *la Platte ;* quand on passe par le Ras, on passe au large de toutes ces roches, laissant la Vieille à deux longueurs de câble à terre de vous.

L'Isle de Saint, les Chats et le Cornet.

Une bonne lieue à l'Ouest du bec ou cap de Ras, est l'isle de Saint, c'est une isle fort platte : elle est néanmoins habitée de Pêcheurs ; une demi-lieue à l'Est de cette isle, en tirant vers la Vieille, sont deux bancs de roches, dont le plus proche de l'isle de Saint, est nommé *les Chats,* et le second *le Cornet ;* le passage du Ras est entre ces bancs et la Vieille, profond de 14 ou 15 brasses, fond de sable. *Les marées y sont très-fortes, les flots portent au Nord, les èbes au Sud ; et la Lune au Sud-Ouest quart Ouest, et Nord-Est quart Est, y fait pleine mer.*

Livenet, rocher.

Au Nord-Est quart Nord de l'isle de Saint trois quarts de lieue, et à l'Ouest Nord-Ouest de la pointe du Ras une bonne lieue et demie, est un haut et gros rocher que l'on nomme *Livenet ;* ce rocher est accompagné de quantité d'autres rochers sous l'eau, c'est pourquoi on s'en doit donner de garde, joint que les flots chargent dessus quand on vient du Ras.

Roche nommée par les Bretons le Stevenec, et par les Hollandais l'Empereur ou Keiser.

Quand on vient du Sud, et qu'on est obligé de louvoyer dans ledit Ras, aussitôt qu'on est au Nord de la Vieille, on doit virer à terre, à cause des marées qui chargent sur Livenet; ainsi que nous avons déjà dit entre Livenet et l'isle de Saint, il n'y a point de passage à cause des roches qui sont entre les deux : ce rocher est nommé par les Bretons *Stevenec*, et par les Hollandais *l'Empereur* ou *Keiser*.

La Chaussée de Saint, rochers.

DEPUIS l'isle de Saint jusqu'à cinq lieues en mer à l'Ouest et à l'Ouest quart Sud-Ouest, c'est une grande chaussée de roches, dont la plupart sont sous l'eau, les autres couvrent et découvrent; l'on nomme ces rochers *la Chaussée de Saint;* les plus à la mer sont éloignés de la pointe ou bec du Ras, de sept lieues et demie à l'Ouest, prenant un peu du Sud, et d'Ouessant onze lieues environ Nord et Sud.

L'Yroise, passage.

ENTRE les isles qui sont au Sud d'Ouessant et le Ras, est un grand passage, large de 6 à 7 lieues; ce passage s'appelle l'*Yroise*, et l'on peut aller en mer par icelui; il est profond de 40 et 45 brasses, le fond y est de coquilles pourries et autres vieilles roches aussi pourries. *Les marées y sont de quatre heures à quatre heures et demie, les flots y portent au Nord-Est, et les jusants ou èbes au Sud-Ouest.*

CÔTES D'ANGLETERRE,

Depuis les Dunes jusqu'aux Sorlingues.

CHAPITRE II.

Rade des Dunes.

LE Zuidforland, ou autrement nommé *la pointe des Dunes*, à cause qu'elle fait l'entrée de la rade des Dunes du côté du Sud; c'est une terre escarpée au-dessus de laquelle il y a deux petites tours, sur lesquelles on fait du feu toutes les nuits, pour faciliter l'entrée de ladite rade des Dunes, comme aussi pour servir de marque à éviter les Essens, qui sont deux grands bancs qui barent cette rade, et s'étendent au Nord bien trois lieues et demie : la pointe du Sud de ces bancs est distante de Zuidforland une grande lieue ; quand vous venez de l'Ouest, et que vous voulez de jour entrer à la rade des Dunes, rangez la terre de près à la sonde, à 7, 8, 9 ou 10 brasses, ainsi faisant, vous n'avez rien à craindre ; n'allez pas plus au large du côté de l'Est ou des Essens ; car quand vous commencez à trouver 15 ou 16 brasses vous êtes tout proche desdits Essens, lesquels sont fort rapides, et par conséquent dangereux.

Si c'est de nuit, il vous faut tenir le feu qui est sur la falaise, je dis celui qui est le plus proche du bord d'icelle un peu caché, et aller ainsi par huit ou neuf brasses : et n'épargner point la sonde, suivant toujours les huit ou neuf brasses ; quand il vous hausse de fond, vous êtes assuré que vous approchez de terre ; et quand il vous profondit vous approchez des Essens ; et quand vous êtes passé au-dedans de ladite pointe, vous gouvernez au Nord sur les navires, dont la rade est toujours pleine : il y a toujours un navire de guerre qui porte le feu toutes les nuits ; et quand vous venez du Pas de Calais ou de la côte de France pour aller mouiller à la rade des Dunes, il faut prendre les deux feux l'un par l'autre, ou bien celui qui est le plus en terre à l'Ouest de celui qui est le plus proche de la falaise, et se donner de garde de pas mettre celui qui est le plus en terre à l'est de l'autre, car on ne manqueroit pas d'aller sur les Essens : les Hollandais nomment ces bancs *les Govinx* ; et quand vous êtes proche de terre huit ou neuf brasses, alors vous gouvernez au Nord sur la rade des Dunes, où vous mouillez à huit ou dix brasses d'eau, fond de terre ou vase. *Les flots y portent au Nord, les èbes au Sud ; la Lune au Sud, et la Lune au Sud Sud-Ouest y fait pleine mer.* Ceux qui veulent des Dunes aller à Londres, prennent des Pilotes dudit bourg des Dunes.

Douvres.

UNE lieue et demie à l'Ouest Sud-Ouest de Zuidforland est le havre de Douvres, devant lequel il y a fort bon mouillage : à l'Est de la ville il y a un château sur la falaise, vis-à-vis duquel est le meilleur fond : l'on y mouille à huit jusqu'à treize brasses. Le havre de Douvres assèche toutes les marées ; *et la Lune au Nord et au Sud y fait pleine mer.*

Ainsi paroît la terre de Douvres.

Au Sud de Zuidforland environ trois lieues, il y a un petit banc sur lequel, de basse mer, il ne reste que trois brasses et demie d'eau.

Singel, ou autrement la Pointe des Perrées.

Du Zuidforland au Singel, ou autrement nommé *la Pointe des Perrées*, il y a sept lieues au Sud-Ouest, cette pointe est fort basse et unie : il y a une haute tour sur laquelle on fait du feu toutes les nuits ; quand on vient de la mer on aperçoit la tour avant ladite pointe : cette pointe fait une grande anse du côté de l'Est, ce qui fait une fort bonne rade où l'on mouille par les 5, 6, 7 ou 9 brasses d'eau ; on y est à l'abri des vents d'Ouest, et jusqu'au Nord-Est du côté Nord, il ne faut pas trop approcher cette pointe, car elle est platte.

Folkston.

Environ moitié chemin de Douvres à la Pointe des Perrées, est encore un fort bon mouillage devant un village nommé *Folkston ;* on y mouille par les 12 ou 14 brasses. *Les marées y sont d'une heure trente minutes, tant en cette rade qu'à la Pointe des Perrées.*

Larie.

Environ deux lieues à l'Ouest Nord-Ouest de la pointe des Perrées, est le havre de Larie, autrement nommé *Chamber-Haven ;* celui qui veut y entrer en venant de l'Ouest, il faut qu'il tienne Bévesier, autrement nommé *Blanc-cap*, dehors de la pointe de Fierley, jusqu'à ce qu'il soit à la longueur de deux câbles des Perrées, que vous côtoyez ainsi jusqu'au bout ; de-là il faut décliner un peu à l'Ouest, laissant les marques ou balises à stribord de lui, jusqu'à ce que vous veniez devant le château de Camber qui est au Sud de l'enceinte, et on peut mouiller là par les quatre ou cinq brasses, et de-là plus outre vers Larie, où sont posées des balises, du côté oriental, sur le darsin qui assèche toutes les marées ; quand vous allez à Larie, il faut laisser toutes les balises à stribord, et passer proche d'elles. *La Lune au Sud quart Sud-Ouest, y fait pleine mer.*

Ainsi paroît Fierly, quand on vient de l'Ouest.

Ainsi paroît Fierly, quand on le côtoie à deux ou trois lieues.

Bévesier.

DE la pointe des Perrées à Bévesier, la route est l'Ouest Sud-Ouest environ huit lieues ; Bévesier est un haut cap plein de falaises blanches et escarpées qui met bien hors à la mer ; des deux côtés dudit cap il y a un bon ancrage : du côté de l'Est, c'est une grande anse où l'on est à l'abri des vents d'Ouest et Sud-Ouest, on y mouille à sept ou huit brasses d'eau ; au-dedans de cette anse, et au défaut des falaises de Bévesier, dans un plat pays, est une petite rivière nommée *Teborne*, dans laquelle il entre des petits bâtiments, mais elle se bouche quand il fait mauvais temps. *Les marées y sont Nord et Sud.*

Hastingue.

A moitié chemin de cette rivière au cap de Fierly, est un gros bourg nommé *Hastingue*, où il y a quantité de bateaux Pêcheurs, que l'on hale haut sur la grève avec des cabestans.

Environ une lieue à l'Est de Bévesier, il y a un banc fort dangereux pour des grands navires, car il ne reste de basse mer que 13 à 14 pieds d'eau dessus.

Bévesier paroît ainsi, quand on vient de l'Ouest.

Ainsi paroît Bévesier, quand on le côtoie.

Niu

Niu Heven.

A l'Ouest de Bévesier, il y a fort bon mouillage, où l'on est bien à l'abri de Nord, de Nord-Est et même d'Est ; toute cette terre est de hautes falaises blanches, ce qui la rend facile à connoître. A l'extrémité de ces falaises, du côté de l'Ouest, et environ trois lieues et demie du cap Bévesier, est une petite rivière ou havre de marée nommée *Niu Heven* ou *Havre neuf*, dans lequel il entre des navires de cent tonneaux ; il y a au côté de l'Est de cedit havre une petite digue de bois, et du côté de l'Ouest c'est une montagne sur laquelle on met des marques pour entrer dans ledit havre ; ce sont deux grandes baloëttes de bois blanchi, qui sortent chacune au bout d'une perche plantée debout, que l'on prend l'une par l'autre, et on les change ainsi que le canal change : ce havre est fort étroit et sujet à changer, et se bouche de gravier dans le mauvais temps. *La mer y monte de dix à douze pieds, et la Lune au Sud y fait pleine mer.*

La Rivière de Choren.

Environ trois lieues à l'Ouest de *Niu Heven* ou *Havre neuf*, est la rivière de Choren, autrement nommée *Branbert;* il y peut entrer, de grande mer, des navires de deux cents tonneaux et davantage : c'est une rivière qui n'est pas droite ; elle a son entrée un peu à l'Ouest d'un gros bourg nommé *Brederlmiston,* qui est droit sur le bord de la mer ; car Choren est bien une petite lieue en terre.

L'on n'a de la peine à voir l'ouverture de cette rivière que quand on est par le travers ; la pointe de l'Ouest s'avance en mer davantage que celle de l'Est, et quand on veut entrer dans ladite rivière, il y a un peu en terre deux petits foyers ou petites tours que l'on prend l'une par l'autre ; ces deux feux ou petites tours sont faciles à connoître, à cause qu'ils sont sur un terrein un peu plus haut que celui du bord de la mer, et éloignés de toutes autres maisons : à la pointe de l'Ouest de cette rivière, il y a une petite queue de roches qu'il faut éviter. *La Lune au Sud quart Sud-Ouest et Nord quart Nord-Est y fait pleine mer.*

Arondel.

Environ six lieues à l'Ouest du *Havre neuf* ou *Niu Heven,* est Arondel, qui est un havre de marée, dans lequel, de demi-flot, il peut entrer des navires ; on y entre au Nord-Est. Près de

D

la côte de l'Ouest, dans l'entrée, il y a deux brasses d'eau, et entre les deux terres trois brasses de haute marée ; mais devant Arondel, qui est un espace en terre, il y a quatre ou cinq brasses de basse mer : on ancre devant le bourg d'Arondel. *La Lune au Sud quart Sud-Ouest et Nord quart Nord-Est y fait pleine mer, et les flots portent le long de la terre à l'Est Nord-Est.*

Venbruk et Ostanbourg, bancs.

A quatre lieues à l'Ouest Sud-Ouest d'Arondel, et onze lieues Ouest quart Sud-Ouest de Bévesier, sont les bancs de *Venbruk*, sous l'eau, à une grande lieue et demie de terre. A deux lieues à l'Est Nord-Est de Venbruk, et à deux lieues d'Arondel, il y a un banc de roches nommé *Ostanbourg-Heat*, il a environ deux cents pas de long, et assèche toutes les grandes mers ou toutes les nouvelles et pleines Lunes, mais autrement il ne paroît point du tout ; il est fort roide du côté de la mer ; car d'un coup de sonde on trouvera quinze brasses et d'un autre coup six, et après on n'en sauroit jeter un autre que l'on ne soit à terre sur ledit banc ; mais du côté de l'Ouest il est plat et uni, tellement qu'on ne peut le sonder.

Bogners.

Environ une grande lieue au Nord-Est dudit banc, il y a une roche sous l'eau, sur laquelle il ne demeure que cinq à six pieds d'eau de basse mer, et à moitié chemin d'Arondel à Selsey, il y a un banc rocheux vers le Sud environ une bonne lieue en mer : ce banc s'appelle *Bogners*, et de basse mer il paroît plusieurs pointes de roches sur lui ; mais ceux du large, ou les plus en mer, ne paroissent point étant toujours couverts.

Bancs de Venbruk.

Les bancs de Venbruk sont environ trois lieues à l'Est de l'isle de Wigth, et mettent bien une grande lieue ou lieue et demie au large : droit vis-à-vis desdits bancs, sur la terre, il y une tour ; quand elle demeure au Nord Nord-Ouest, alors vous êtes droit à l'opposite desdits bancs de Venbruk ; au Sud d'eux on peut sonder lesdits bancs, et aller le long à douze ou quinze brasses, mais non pas plus près ; on peut aussi passer de terre d'eux, en côtoyant la terre, mais il faut y être expérimenté et non autrement : quand vous cinglez le long de cette côte de jour, il vous faut tenir le signe ou la falaise blanche de l'isle de Wigth, à l'Ouest quart Nord, et Ouest Nord-Ouest de vous, soit que vous veniez de l'Est ou de l'Ouest ; faisant ainsi, vous passez au large desdits bancs sur les douze à quinze brasses : quand c'est de nuit, il faut tirer un peu plus au Sud, et n'épargnez point la sonde, n'en approchant que de douze ou quinze brasses, ainsi qu'il est dit ci-devant. *La Lune au Sud Sud-Est fait pleine mer, et les flots portent sur lesdits bancs, de quoi il faut se donner de garde, car les marées y sont fort rapides.*

Canal de Chichester.

ENTRE Venbruk et Portsmouth, s'étend un grand canal fort étroit à son entrée, et devant laquelle sont plusieurs bancs qui assèchent toutes les marées, ce qui rend ladite entrée fort difficile, joint que ce canal n'est pas droit ; ce canal va bien deux lieues en terre, et à son extrémité est située la ville de Chichester ; et quoique les livres et cartes Hollandais ne marquent ni bancs ni roches devant l'entrée de cette rivière ou canal de Chichester, il ne laisse pas néanmoins d'y en avoir, et assèchent plus d'un quart de lieue en mer toutes les marées.

Isle de Wigth.

A trois lieues à l'Ouest des bancs de Venbruk, est l'isle de Wigth, longue Est et Ouest de quatre grandes lieues, et est fort haute ; on peut passer de terre de ladite isle pour sortir en mer par l'autre bout, ou pour aller à Portsmouth ou à Hamton ; la pointe de l'Est nommée *Sainte Hélène,* est basse à son extrémité, et a une pointe de banc contiguë à elle, qui avance en mer du côté de l'Est Nord-Est. Environ un bon quart de lieue au-dedans de cette pointe, du côté du Nord-Est de l'isle, est une rivière nommée *Pretin :* on mouille devant, si l'on veut, à huit ou dix brasses d'eau, la tenue y est fort bonne.

Ainsi paroît l'isle de Wigth, quand on la côtoie par dehors, c'est-à-dire, du côté du Sud.

Bourg de Cous.

AU Nord-Ouest de cette pointe, environ une lieue, est une

autre pointe de laquelle il sort un banc de sable, qui met bien un bon quart de lieue en mer au Nord Nord-Est, et tout le long de l'isle jusqu'à Cous, qui est un bourg sur lequel il y a un château, et où est la meilleure rade de l'isle : ce sont toutes sèches ou bancs le long de la terre, qu'il ne faut approcher qu'à 4, 5, 6 ou 7 brasses.

Le bourg de Cous est éloigné de-là d'environ deux lieues et demie.

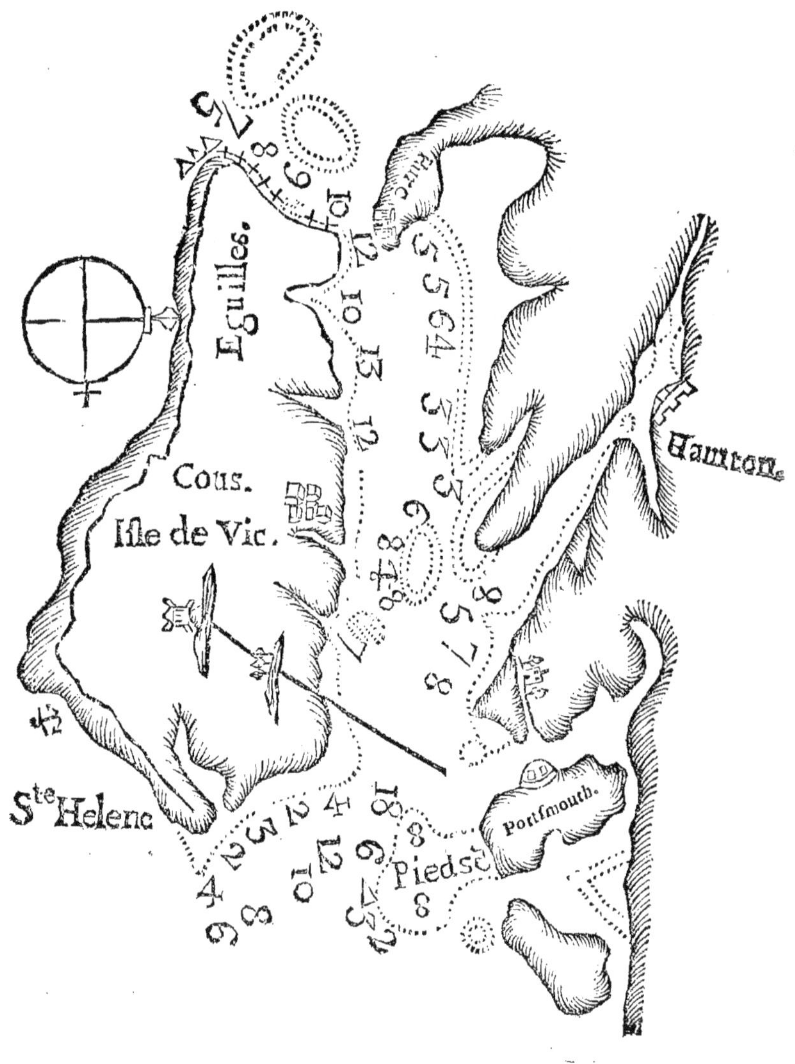

Branble, banc.

ENVIRON une demi-lieue à l'Est de la rade de Cous, est un petit banc séparé de la terre qu'il faut éviter, et le sonder à 6 ou 7 brasses, et passer entre lui et un autre banc qui est à moitié canal du château de Hamton à Cous; ce banc se nomme *le Branble*, où il ne reste que cinq ou six pieds d'eau dessus de basse mer.

Les Aiguilles.

DEPUIS la rade de Cous, jusqu'à la pointe des Aiguilles, on s'éloigne de l'isle de Wigth de trois longueurs de câble, ou plus, si l'on veut, jusqu'à ce que vous soyez doublé un gros château qui est sur un plat pays à stribord de vous, qui avance fort en mer ; ce château s'appelle *Hure :* quand vous êtes doublé ledit château, vous rapprochez un peu l'isle de Wigth, à cause des bancs qui sont à l'Ouest Nord-Ouest de l'isle que vous laissez à stribord, et approchez les Aiguilles si près que vous voulez; elles sont saines, mais le long de l'isle il y a quelques roches qui s'écartent une bonne longueur de câble en mer et même davantage. Nous avons mis la démonstration précédente pour se pouvoir mieux servir de ce discours.

Le Signe ou Suanne-Clif, falaise.

DU côté du Sud de l'isle de Wigth, la côte est fort saine ; et au bout du Sud-Est de l'isle de Wigth, à une petite lieue de la pointe Sainte Hélène, au Sud-Ouest d'elle, est une falaise fort blanche que l'on nomme *le Signe,* et par les Hollandais *Suanne Clif:* droit dessous cette falaise il y a un bon mouillage. *Les marées y sont environ Sud-Est et Nord-Ouest, et les courans très-forts.*

Portsmouth.

DE la terre de Portsmouth à l'Est de la ville, il y a un banc qui met en mer du côté du Sud Sud-Est environ une petite lieue, sur lequel il ne reste que 8 ou 9 pieds d'eau de basse mer, ce qui fait que l'entrée entre ce banc et celui qui tient à la pointe du Nord-Est de l'isle, est fort étroit: Portsmouth est un fort bon havre dans lequel entrent les plus grands navires d'Angleterre; la ville est du côté de stribord, quand on y entre; et du côté de bâbord ou de l'Ouest de l'entrée du havre de Portsmouth, est encore un banc qui s'avance jusques par le travers du havre, ce qui fait qu'il faut ranger la terre de Portsmouth pour entrer dans ledit havre.

Tout le long de la côte jusques dans la rivière de Hamton, ce sont encore des sèches ou bancs qui avancent un peu en mer, et qu'il faut conduire à la sonde par les cinq ou six brasses d'eau, et du côté de l'Ouest du château de Hamton, jusqu'au château de Hure, ce sont encore toutes battures ou bancs le long de la terre, que l'on conduit à la sonde par les 3, 4 et 5 brasses d'eau; et quand vous êtes passé le château de Hure, alors on trouve les bancs, que nous nommons de *la Poole*.

Il y a passage entr'eux et la terre, mais il faut être expérimenté pour y passer, car ce passage est difficile et étroit, et il court de très-grandes marées.

Pointe de Saint André.

Des Aiguilles de Wigth, environ 4 lieues à l'Ouest quart Sud-Ouest est la pointe de S. André, appelée par les Anglais *Préceret Pointe;* delà s'étend quelques petits écueils vers l'Est : droit au Nord de cette pointe, il y a une baie, appelée *la baie de Sandrvits;* il y a une bonne rade pour ceux qui veulent aller à l'Ouest. Si vous venez de l'Ouest, et que vous vouliez aller à ladite rade, prenez le côté de la terre de S. André, et doublez la pointe avec la sonde par les 4 ou 5 brasses d'eau de demi-flot, et ainsi vous ne sauriez vous faire de mal sur les écueils de ladite pointe, et ayant doublé ladite pointe, prenez davantage de l'Ouest vers Sandrvits.

Droit au Nord de Sandrvits, dans la baie, il y a un côteau rond, et tout auprès, un peu plus en terre, un moulin : amenez ce moulin par le bout méridional de ce côteau, et courez là-dessus jusques par les trois ou quatre brasses, et mouillez à tant et si peu d'eau que vous voulez; on y est à l'abri des vents de Sud-Ouest et Sud Sud-Ouest.

Stuldelant.

Une petite lieue au Nord quart Nord-Est de la pointe Saint André, et droit à l'Ouest des Aiguilles de Wigth, il y a une autre pointe nommée par les Anglais *Amfast Pointe :* au Nord delà, il y a une autre ville, nommée *Stuldelant*, devant laquelle il y a aussi une bonne rade : à l'extrémité de cette pointe, il y a un trou ou pertuis passant au-dedans du pays, par lequel on peut voir; et justement au dehors de ladite pointe, il y a un haut écueil escarpé comme un mât de navire ou comme les Aiguilles de l'isle de Wigth; pour venir sur la rade de Stuldelant, cinglez en doublant la deuxième pointe et le susdit pertuis ou écueil par les quatre ou cinq brasses, et allez à l'Ouest Nord-Ouest vers Stuldelant ; droit au Sud il y a une vallée, amenez-la aù Ouest Sud-Ouest de vous, et courez vers le rivage jusqu'aux trois ou quatre brasses ; et y étant, vous pouvez voir le susdit pertuis dans la pointe.

Havre de la Poole.

A une lieue de la susdite pointe, est le havre de la Poole : pour y entrer, ayant doublé la susdite deuxième pointe avec l'écueil haut et escarpé, allez au Nord-Ouest ou quelque peu au Nord ; ainsi faisant, vous apercevez devant vous une haute montagne platte qui s'élève par-dessus toutes les terres de là autour ; tenez-la entre les deux rivages, et courez droit là-dessus.

Et s'il vous falloit louvoyer, n'épargnez point la sonde, et ne courez pas plus à l'Ouest que jusqu'à ce que cette montagne vienne par la terre de l'Ouest ; car aussitôt que cette montagne commence à paroître avec la terre de l'Ouest, il vous faut revirer à l'autre bord ; autrement vous toucheriez incontinent.

Etant tourné à l'autre bord, n'allez pas plus à l'Est que jusqu'à ce que ladite montagne vienne à l'Est d'une autre qui est une haute dune grise et aiguë, qui est au côté de l'Est : si vous observez bien les marques, vous aurez en cette route assez d'eau à demi-marée ; il y a au plus haut ou au moins profond de basse mer au moins 10 pieds d'eau ; l'eau n'y monte et descend que de cinq pieds, mais il y a flot deux fois dans une marée. *La Lune étant au Sud-Est et au Nord-Ouest y fait pleine mer ; comme aussi la Lune étant au Sud quart Sud-Est et Nord quart Nord-Ouest, y fait encore une fois pleine mer :* cela arrive à cause des èbes ou jusants qui sortent de l'isle de Wigth.

Quand vous entrez en ce pertuis, allez au Nord Nord-Est, et tenez les balises qui sont à la terre de l'Est à stribord, et en approchez raisonnablement en les côtoyant ; les bords des deux côtés sont fort droits et la profondeur n'est pas large, et hors d'elles, il y est plat et uni, c'est un endroit de sonde et de pilotage.

Portland.

DE la pointe de l'Ouest de l'isle de Wigth à la pointe de Portland, le cours est Ouest quart Sud-Ouest et Ouest Sud-Ouest 12 lieues. Si vous voulez aller à la rade de Portland en venant de l'Ouest, il faut doubler la pointe à deux longueurs de câble, et ayant doublé la deuxième pointe, tournez à l'Ouest jusques devant le château, où vous mouillez à 7, 8, 10 et 12 brasses; il faut que la pointe de Portland vienne au Sud quart Est ou au Sud Sud-Est de vous, on y est à l'abri des vents de Sud-Ouest, de Nord-Ouest et de Nord; le fond en tous ces endroits est fort inégal, et les marées extrèmement fortes aux environs de Portland, ou depuis l'isle de Wigth à Portland. *Les flots portent à l'Est quart Nord-Est, les èbes à l'Ouest quart Sud-Ouest, et les marées y sont de neuf heures à pleine mer.*

Weymouth ou Ouemue.

ENVIRON une lieue et demie ou deux lieues de la rade de Portland, au Nord d'elle, est la ville de *Weymouth* ou *Ouemue* par les Français. C'est un petit havre de marée, devant lequel on peut mouiller à quatre ou cinq brasses d'eau. *La Lune au Sud-Est et Nord-Ouest y fait pleine mer.*

Ainsi paroît la terre de Saint André à Portland, quand on vient de l'Est.

Ainsi paroît Portland, quand il est au Nord et au Nord-Ouest de vous.

Exmouth.

DE Portland à Exmouth ou à la rivière d'Excester, la route est Ouest et Nord-Ouest en distance de treize grandes lieues. Entre les deux est la petite isle de Coq, tout proche de terre, ainsi que plusieurs rivières, lesquelles sont peu fréquentées; c'est pourquoi il seroit inutile d'en parler, joint qu'il n'y peut entrer de navires.

La rade d'Exmouth ou d'Excester est devant la pointe du Sud de ladite rivière, à sept ou huit brasses d'eau; il faut que vous ayez les rochers ou islets de *Tomanstonne* au Sud quart Sud-Est de vous, et ainsi vous êtes à l'abri des vents de Sud, la tenue y est fort bonne. *Les flots portent au Nord Nord-Est jusqu'à terre, et les èbes ou jusants au Sud Sud-Ouest, et la Lune à l'Ouest quart Sud-Ouest y fait pleine mer.*

La terre à l'Ouest de Portland paroît ainsi quand on la côtoie.

Torbay.

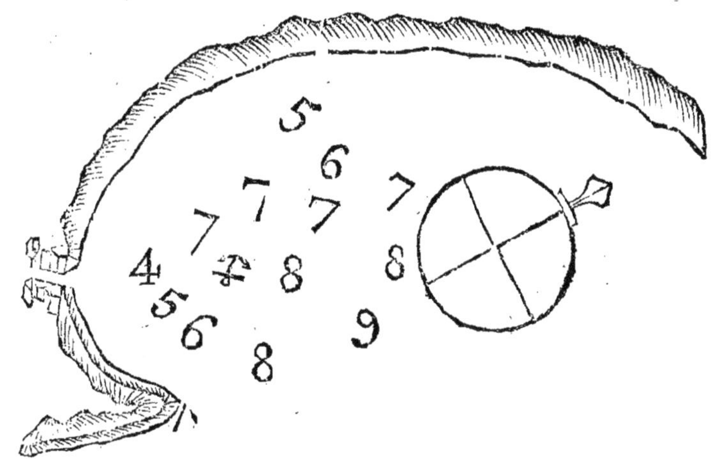

CINQ lieues au Sud quart Sud-Ouest d'Excester, est une grande baie ouverte, nommée *Torbay*; elle est peu enfoncée en terre. Le meilleur mouillage est du côté de l'Ouest au dedans, ou à l'Ouest du rencroc de la pointe du Sud, à l'Ouest de ladite baie : c'est une pointe haute et escarpée, qui a un haut rocher un peu séparé d'elle, et au-dedans de cette pointe, il y a un petit havre pour des bateaux pêcheurs : on y mouille à 5, 6, 7 ou 8 brasses, selon que vous êtes proche ou loin de terre. *Les flots portent au Nord Nord-Est, et la Lune à l'Ouest quart Sud-Ouest y fait pleine mer.*

Darmouth.

UNE lieue et demie au Sud-Ouest de la pointe de Torbay, est l'entrée du havre de Darmouth; c'est un havre qui a l'entrée étroite, dont la pointe de l'Est avance plus en mer que celle de l'Ouest; et à son extremité sont plusieurs rochers sur l'eau qui en sont détachés, et qu'on laisse à stribord, quand on veut aller à Darmouth. Un peu en dedans des susdits rochers, il y a un banc de roches qui met presque par le travers du havre, sur lequel il ne reste

Démonstration de Dartemue ou Darmouth.

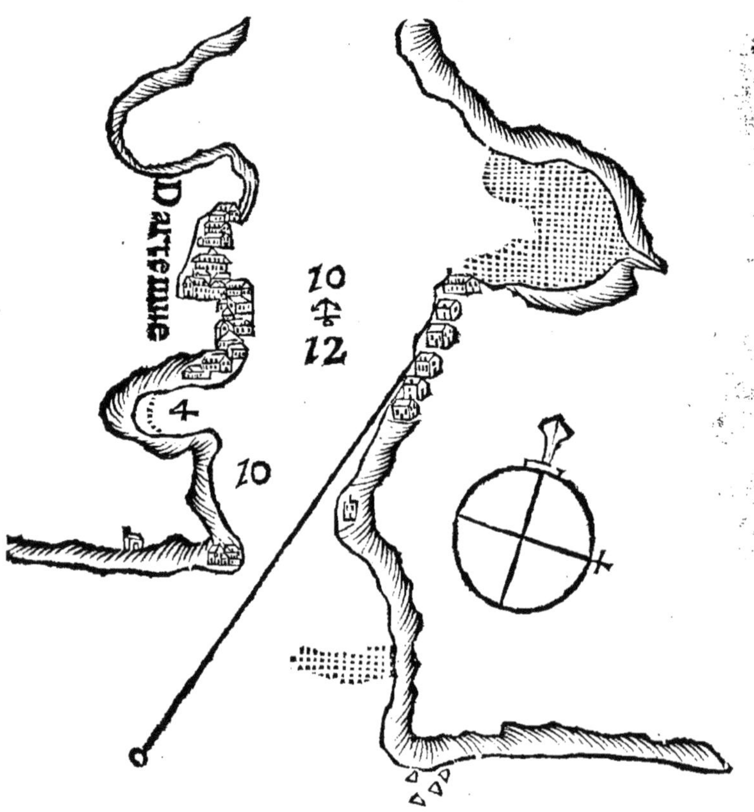

'que huit ou neuf pieds d'eau. Des deux côtés de l'entrée dudit havre, il y a deux tours, savoir : une du côté de l'Est, au pied de la falaise, et l'autre du côté de l'Ouest avec une église, et sur le haut de la montagne, une maison : pour éviter le banc qui est à la terre de l'Est de ce havre, il faut que vous découvriez entièrement le village qui est vis-à-vis de Darmouth du côté de l'Est de lui par le milieu dudit havre, et courez hardiment sur ces marques jusqu'à ce que vous soyez entre les deux tours, alors vous suivez le mi-canal, et mouillez où il vous plaît, à 10 ou 12 brasses. Il est beau d'avoir toujours un bateau prêt, quand on entre en ce havre, parce qu'il est entre deux montagnes, et ainsi le vent n'y souffle que par revolins, qui viennent tantôt d'un côté et tantôt de l'autre côté de l'Ouest.

De Darmouth, environ une demi-lieue sur la côte, il paroît une haute tour blanche qui aide encore à connoître Darmouth. *La Lune à l'Ouest quart Sud-Ouest y fait pleine mer.* Nous avons mis la figure précédente pour se pouvoir mieux gouverner dessus.

De Darmouth à la pointe de l'Est de Goustar ou Gaudeteur, il y a au Sud-Ouest trois lieues : ce cap fait une grande anse du côté de l'Est. Entre la terre de Darmouth et lui, l'on peut mouiller à 10 ou 12 brasses d'eau, et l'on y est à l'abri des vents de Sud-Ouest, d'Ouest, de Nord et de Nord-Est.

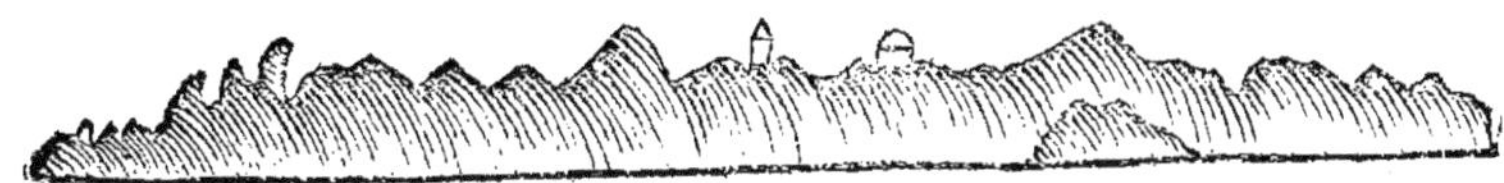

Ainsi paroît la terre entre Torbay et Gaudeteur, quand Gaudeteur est à l'Ouest de vous.

Ainsi paroît la terre entre Torbay et Gaudeteur, quand Gaudeteur est au Sud-Ouest de vous.

Ainsi paroît la terre entre Torbay et Gaudeteur, quand on la côtoie.

Ainsi paroît la terre entre Torbay et Tapsan, qui est au Nord-Est de Torbay, mettant les deux croix l'une avec l'autre.

Goustar ou Gaudeteur et le Havre de Salkombe.

GOUSTAR est une grosse terre qui avance beaucoup en mer du côté du Sud, et qui fait deux caps, un à l'Est et l'autre à l'Ouest, distants l'un de l'autre d'environ une grande lieue et demie ; entre ces deux caps, mais un peu plus proche de celui de l'Ouest que de l'autre, il paroît une grande vallée, dans laquelle est le havre de Salkombe ; le bord de l'Ouest de ce havre est de terre hachée et mal unie, et le côté de l'Ouest est en baissant. Tout proche de la pointe de l'Ouest de cedit havre, est un écueil ou rangée de roches, c'est pourquoi il faut bien prendre garde de les éviter, en les laissant à bâbord, et plus en dedans on peut voir tout ce qui nuit par le bouillonnement de l'eau : quand vous êtes au-dedans des pointes, vous ne sauriez vous faire mal à aucun des deux côtés ; sur le plus sec ou moins profond de l'entrée de ce havre, il ne demeure pas moins que dix pieds d'eau de basse mer, et au-dedans trois brasses.

Quand Gaudeteur est au Nord-Est de vous, il paroît ainsi.

Ainsi paroît la terre entre Gaudeteur et Salkombe, quand on le range de près, et Salcombe est dans la grande vallée.

Ainsi paroît la terre de Gaudeteur jusqu'à Plymouth, quand Gaudeteur est au Nord-Est de vous une lieue.

Ainsi est faite la terre entre Gaudeteur et le canal de Plymouth.

Ainsi se montre la haute terre à l'Est de Plymouth.

Le Colombier.

DEPUIS le cap de l'Ouest de Goustar ou Gaudeteur, la terre court au Nord-Ouest quart Ouest 5 lieues, jusqu'à l'islet nommé *le Colombier*, qui fait la côte de l'Est de l'entrée de la baie de Plymouth. On appelle cet islet le Colombier, à cause de sa figure presque semblable à un colombier ; il est accompagné d'autres roches sur l'eau tout autour de lui, et environ demi-lieue au Nord-Ouest de lui, entrant dans la baie de Plymouth, il y a plusieurs rochers sous l'eau, sur lesquels il y a trois brasses d'eau de basse mer, qu'il faut laisser à stribord en entrant, c'est-à-dire qu'il faut suivre le demi-canal, ou ranger la terre de l'Ouest plus près que celle de l'Est, jusqu'à ce que l'on soit en dedans desdits rochers, car alors il n'y a nulle crainte ; ce sont hautes terres des deux côtés et fort nettes : sur le côté de l'Ouest proche le cap de Rame, il y a une haute tour qui se fait voir de bien loin en mer, et qui facilite beaucoup la connoissance de cette baie, quoiqu'elle soit large de deux lieues ; on peut mouiller où l'on veut dans la baie, mais l'on n'y a point d'abri des vents de Sud ni de Sud Sud-Est ; c'est pourquoi, ceux qui veulent aller hors de la Manche, et qui relâchent en ce port, à cause des vents contraires, entrent au Cadevater, qui est un port à l'Est de la ville.

Et ceux qui veulent aller au Pas de Calais, ou plus dedans le canal, ils entrent du côté de l'Ouest dans le Westconfer, ou autrement nommé *Sallache :* sous la ville il y a aussi un port pour les navires du lieu, lequel assèche toutes les marées ; pour entrer au Cadevater, il faut aussi passer entre le château Drac et la pointe de l'Est de la baie qui est aussi à la pointe du Sud de Cadevater, sur le haut d'icelle, il y a une tour carrée. Il sort aussi de cette pointe un banc de roches, qui a une tonne à son extrémité, qu'il faut laisser à stribord en entrant : vous courez aussi entre ce château et la pointe susdite, jusques proche la citadelle, et alors vous mettez le cap à l'Est Sud-Est, en passant entre la tonne et la terre du Nord : au-dedans de ladite tonne il n'y a rien à craindre, et vous mouillez où il vous plaît, à quatre ou cinq brasses d'eau.

Westconfer ou Sallache.

Pour entrer à Westconfer, autrement nommé *Sallache*, qui est à l'Ouest de Plymouth, il vous faut courir sur la citadelle ainsi qu'il a été dit ci-devant; et quand vous êtes aussi avant que le dedans du château Drac, entre la citadelle et lui, vous mettez le cap à l'Ouest, et gouvernez en dedans entre les deux terres jusques tout au-dedans, et vous y mouillez où vous souhaitez, car il est fort long et large, et même vous y pouvez échouer si vous le désirez.

Château Drac.

Le château Drac est sur une isle qui est presque devant la citadelle, laquelle a un banc au côté de l'Ouest qui bouche le passage entre elle et la terre de l'Ouest; il y aussi une roche droit devant la citadelle, entre le château Drac et la pointe du Sud de Cadevater, sur laquelle il ne reste, de basse mer, que trois brasses d'eau : ceux qui sont dans un grand navire, et qui veulent aller à Saltache, doivent ranger le château Drac à la sonde à quatre ou cinq brasses d'eau ; pour laisser ladite roche à stribord, et ceux qui vont à Cadevater, peuvent suivre le mi-canal, car ladite roche est beaucoup plus près du château Drac que de la terre de l'Est, et nous avons mis la figure suivante, sur laquelle on se peut fort bien gouverner, quand même on n'auroit point de discours. *Les marées y sont Ouest quart Sud-Ouest, et Est quart Nord-Est, c'est-à-dire, que quand la Lune est à ces aires de vent il est pleine mer.*

Démonstration de Plemue ou Plymouth.

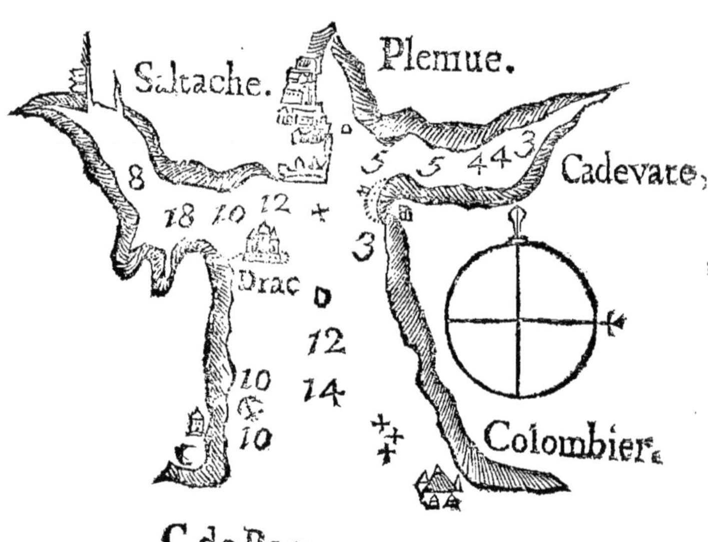

Métal.

DEUX lieues droit au Sud du cap de Rame, est un gros rocher qui est presque toujours sur l'eau, et qui a quelques autres rochers autour de lui qui ne découvrent point; ce rocher s'appelle, par les Hollandais, *le Mustçen* ou *isle d'Eston*, et par les Français, *le Métal* ou *pierre de Plymouth;* on passe de quel côté que l'on veut de ce rocher; car tout autour, à une ou deux longueurs de câble, il y a 32, 34 ou 36 brasses d'eau, fond de sable gris. *Les flots, entre la terre et ce rocher jusqu'à Gauleteur, portent à l'Est Sud-Est, et les jusants ou èbes à l'Ouest Nord-Ouest.*

Isle au Loup.

Trois petites lieues à l'Ouest du cap de Rame, est l'isle au Loup, qui est une petite isle fort haute, et autour de laquelle on peut mouiller par les quatre, cinq ou six brasses d'eau; le meilleur mouillage est du côté de l'Est, à cause qu'il est plus au large que celui de l'Ouest.

Fauvic.

Deux petites lieues à l'Ouest quart Nord-Ouest de l'isle au Loup, est le havre de Fauvic, qui est un havre de marée, et dans lequel il peut entrer un navire de demi-flot, et au côté de l'Est de lui il y a une petite église avec une tourette, et de l'autre côté une église blanche un peu plus grande que celle qui est du côté de l'Est, ayant un petit clocher plat au bout de l'Ouest. Pour entrer en ce port, on doit au moins avoir demi-flot, et entrer par le milieu dès deux pointes : étant dedans, vous pouvez choisir quel côté vous voulez; toutefois il y a plus d'eau entre les pieux et la tour qui est sur la terre de l'Ouest, entrant par le dedans des pieux. Quand vous venez près de la terre de l'Ouest, détournez tout aussitôt un peu, et courez presqu'au milieu du havre, mais plus du côté de l'Ouest que de celui de l'Est jusques devant le village qui est au côté de l'Ouest dudit havre; il y a là une fosse dans laquelle il demeure 10 ou 11 pieds d'eau de basse mer.

Du côté de la terre de l'Est, vis-à-vis de la première maison, commence un banc qui va le long de la terre de l'Est en dedans, c'est pourquoi il vous faut toujours ranger le côté de l'Ouest de plus près que celui de l'Est. *La Lune à l'Ouest quart Sud-Ouest et Est quart Nord-Est y fait pleine mer.*

Environ une lieue de Fauvic à l'Ouest de lui, est la grande baie de Foi, dans laquelle on ne navigue point, à cause que c'est un très-mauvais fond par tout son dedans.

Quand on est devant le cap Dootmans, à trois lieues de terre, la terre à l'Est de lui jusqu'à Plymouth, paroît ainsi.

Ainsi paroît la terre de Falmouth, quand on la côtoie à une lieue de terre.

Cap Dootmans ou Têtes d'hommes morts.

ENVIRON cinq lieues au Sud-Ouest quart Ouest de Fauvic, est le cap Dootmans, qui veut dire en français *Têtes d'hommes morts;* c'est un cap fort haut et double, avec une montagne ronde du côté de l'Ouest : plus à l'Ouest de cette montagne, on voit sur la terre un moulin, une tour et des maisons.

Falmouth.

DEUX lieues à l'Ouest Sud-Ouest du cap Dootmans, est la pointe de l'Est de l'entrée de la baie de Falmouth, c'est une grande baie large d'une lieue et profonde de deux lieues. Dans le milieu de l'entrée de la baie de Falmouth est un gros rocher qui couvre de pleine mer, sur lequel il y a toujours un mât pour balise, à quoi il faut prendre garde quand ce rocher est couvert : on peut passer des deux côtés dudit rocher à la sonde, l'on ne trouve pas moins que 7 ou 8 brasses d'eau de basse mer. Entre la pointe de l'Est et cedit rocher, il ne faut pas ranger ladite pointe de l'Est de plus près que de deux longueurs de câble, à cause de plusieurs roches qui sont proches d'elle, dont la plupart sont sous l'eau : l'on peut aussi passer entre ladite roche du milieu et la terre de l'Ouest.

A quatre, cinq et six brasses d'eau, sur cette pointe de l'Ouest, il y a une petite éminence ronde, où est une forteresse de gazon, avec une petite tour au pied; et du côté de l'Est, droit vis-à-vis de cette forteresse de gazon, est un autre gros château de pierre qui est au pied d'une côte au bord de la mer. On peut mouiller entre ces deux châteaux, si l'on veut, à cinq, six ou sept brasses d'eau, ou aller plus avant dans la baie jusques devant la seconde pointe

pointe de l'Ouest; là on a treize à quatorze brasses d'eau , et est la meilleure rade : il faut se donner de garde d'un banc qui tient à la pointe du château , qui est sur la terre de l'Est, qui s'étend au Nord Nord-Ouest bien demi - lieue de long , sur lequel un navire ne peut passer , car sur le bout qui est le plus profond dudit banc, il n'y reste de basse mer qu'une brasse et demie d'eau.

On peut aussi mouiller proche ou devant Falmouth, laissant le château de l'Ouest à bâbord de vous la longueur de deux câbles : l'on y est à l'abri presque de tous vents, mais il y reste peu d'eau de basse mer , et devant la ville on y échoue toutes les marées ,

Démonstration de Falmue ou Falmouth.

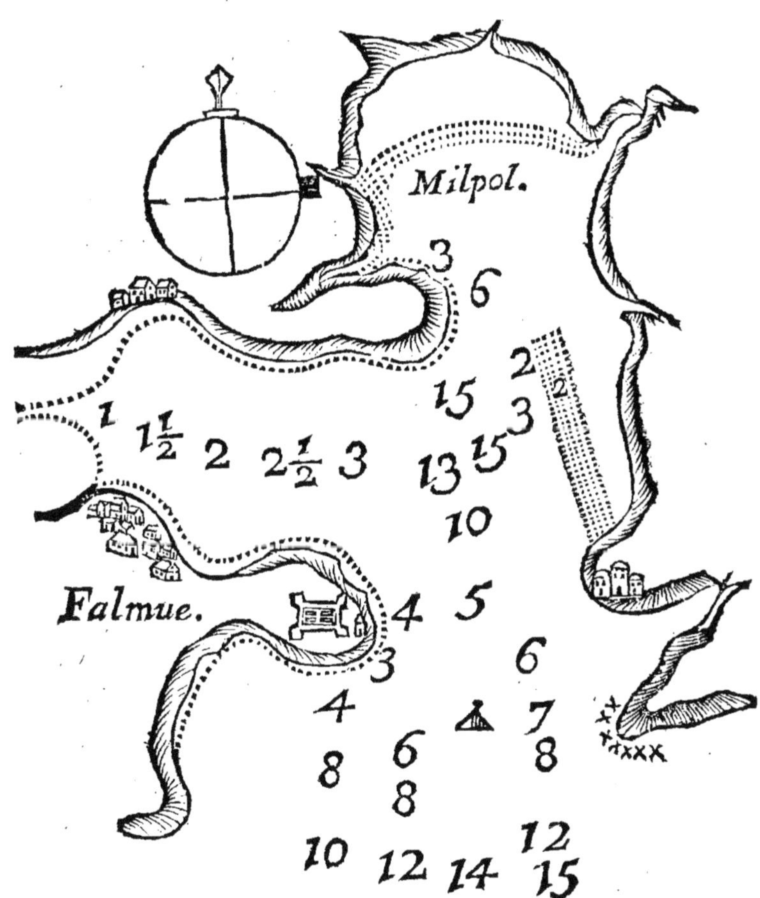

n'y restant qu'une ou deux brasses et demie d'eau. La démonstration vous aidera pour l'intelligence de ce discours. *Le fond y est par-tout bon, et la Lune à l'Est quart Nord-Est y fait pleine mer.*

Hilfort.

UNE lieue et demie au Nord-Ouest de la pierre de Falmouth est le havre de Hilfort qui est fort bon, mais peu fréquenté à cause qu'il est proche de celui de Falmouth qui est encore plus proche que lui. Au côté du Sud de ce havre, il y a une pointe fort droite et escarpée, et de l'autre côté, qui est au Nord, c'est une pointe qui vient en descendant jusqu'au bord de la mer, l'on y peut entrer par le milieu du canal entre les deux pointes, et gouverner ainsi jusques devant le village; l'on y mouille à six ou sept brasses d'eau. Quand on vient de dehors chercher l'entrée de ce havre, on prend une maison de noblesse qui est au côté du Sud en dedans du havre, sur le bord de la mer, par un bouquet d'arbres qui sont sur la falaise, et on y va à mi-canal sur ces marques jusqu'au mouillage. *La Lune à l'Est Sud-Est y fait pleine mer.*

Manacles.

UNE grande lieue à l'Est Nord-Est du havre de Hilfort, et deux bonnes lieues au Sud quart Sud-Ouest de la pierre de Falmouth, sont les roches nommées *les Manacles,* qui sont éloignées de terre près d'une lieue : il y en a une qui est toujours sur l'eau, mais les autres qui sont encore beaucoup en mer d'elles, sont sous l'eau, et par conséquent fort dangereuses; on ne peut non plus passer à terre d'eux, à cause qu'il y a encore quantité d'autres rochers cachés qui vont jusqu'à terre. Ceux qui partent de Falmouth pour aller en mer, ne doivent pas faire moins que le Sud Sud-Est, quand ils partent avec un èbe ou jusant; mais s'il est flot, ils peuvent faire le Sud ou Sud quart Sud-Est, jusqu'à ce qu'ils soient doublés lesdites roches.

Cap Lézard.

DE la pierre de Falmouth au cap Lézard, il y a quatre bonnes lieues au Sud quart Sud-Ouest; mais comme il est dit ci-devant, il faut éviter les Manacles, en faisant le Sud Sud-Est ou Sud quart Sud-Est, jusqu'à ce que l'on soit par leurs travers, puis après vous pouvez gouverner au Sud et au Sud quart Sud-Ouest : car il faut éviter aussi les rochers qui sont sous la pointe de Lézard, à une ou deux longueurs de câble d'elle, dont la plupart sont sous l'eau, entre la pointe de Hilfort, nommée par les Anglais *Blac Haet,*

qui veut dire, Tête noire, et le cap Lézard ; c'est un pays de
falaises grises et fort escarpées, et au-dessus un fort beau pays
où l'on voit quelques maisons et moulins. Lézard fait plusieurs
pointes, toutes de falaises escarpées et grises : de celle qui est
la plus à l'Est jusqu'à la seconde, la côte court au Sud-Ouest
quart Ouest, et de la seconde à la troisième la terre va à l'Ouest
Sud-Ouest. Tout le long de ces trois pointes il y a des roches
sous l'eau à presque deux longueurs de câble en mer.

Sur la pointe la plus au Sud de Lézard, il y a sur la falaise
une tour, et sur la pointe du Nord une autre tour pointue.

Quand on est doublé la pointe de l'Ouest de Lézard, la terre fait
au Nord Nord-Ouest bien trois lieues, et de Lézard à la pointe
de l'Est de Monsbaie, la route est le Nord-Ouest trois lieues et
demie. A cette pointe de l'Est de Monsbaie, il y a une rangée de
rochers sous l'eau qui mettent hors au Sud Sud-Ouest droit en mer
bien une grande lieue et plus ; c'est pourquoi il faut que ceux
qui veulent aller à Lézard et à Monsbaie, fassent l'Ouest Nord-
Ouest et l'Ouest quart Nord-Ouest jusques par le travers du golfe
de Monsbaie, en tenant la pointe de l'Ouest de Monsbaie.

Au Nord ou au Nord quart Nord-Ouest de vous, pour
éviter les roches qui partent de la pointe de l'Est de Monsbaie,
vous pouvez aller droit au Nord dans le golfe ou baie, en
laissant le château qui est sur le rocher à stribord de vous
environ une demi-lieue ; après courez à l'Ouest jusqu'à ce que
vous voyiez la petite isle sur laquelle il y a des pieux ou balises,
qu'il faut laisser à bâbord, en la rangeant de près : au-dedans
de cette isle, vous mouillez à sept ou huit brasses d'eau, droit
devant une grande baie de sable qui est au côté de l'Ouest de
ladite baie. Le côté du château et aussi celui du Nord sont
fort sales ; c'est pourquoi on doit s'en éloigner ; on y est à
l'abri de tous vents, à la réserve des vents d'Est Sud-Est, Sud-Est
et Sud Sud-Est. *La Lune à l'Ouest Sud-Ouest y fait pleine mer.*

La terre paroît ainsi entre Dootmans et Lézard.

La terre entre Lézard et Falmouth paroît ainsi, quand on
est devant Falmouth.

Ainsi paroît Lézard , quand on le côtoie de près.

Ainsi paroît Lézard , étant à l'Est quart Nord-Est de vous quatre ou cinq lieues.

Ainsi paroît Lézard, étant à l'Est de vous trois ou quatre lieues.

Ainsi paroît la terre entre Lézard et le bout d'Angleterre, quand Lézard est environ à l'Est quart Nord-Est de vous, et Monsbaie au Nord.

Bout d'Angleterre.

QUATRE lieues à l'Ouest quart Nord-Ouest de la pointe de Monsbaie, est le bout d'Angleterre qui est assez haut, et sur la terre on voit deux montagnes toutes rondes, dont la plus haute a une tour pointue à son sommet : et quand on est près de terre, on voit encore sur la basse terre une autre tour pointue, ce qui rend le bout d'Angleterre facile à connoître.

Écueil.

AU Sud-Est du bout d'Angleterre, bien trois quarts de lieue, il y a une roche qui est presque toujours couverte, à la réserve de basse mer qu'elle vient à l'uni de l'eau : on peut passer entre elle et la terre avec les marques qui suivent : sur la terre il y a un clocher, quand on le peut tant soit peu découvrir, et que l'on cingle ainsi le long de terre en cette distance, on est assuré que l'on va droit sur ladite roche ; mais si ledit clocher est caché au-dedans de la terre, de sorte que la falaise vous empêche de le voir, alors vous êtes à terre de lui, et ne le devez craindre.

Long-Schips.

Au bout d'Angleterre il y a plusieurs rochers sur l'eau que les Anglais nomment *les Long-Schips* : on peut passer entre eux et la terre, et même y mouiller à 7 ou 9 brasses d'eau ; l'entrée du Sud est étroite, mais assez profonde, car elle n'a pas moins que 9 ou 10 brasses : celle du Nord est plus large et meilleure ; elle a pourtant une roche sous l'eau qui est tout proche de la terre que vous laissez à bâbord ou en terre de vous. *La Lune à l'Ouest Sud-Ouest y fait pleine mer.*

Ainsi se montre le bout d'Angleterre et la terre à l'Est de lui, quand ledit bout d'Angleterre est au Nord Nord-Ouest, et Mons-baie au Nord-Est quart Nord de vous, étant à une lieue de terre.

Le bout d'Angleterre paroît ainsi, quand on vient de la mer.

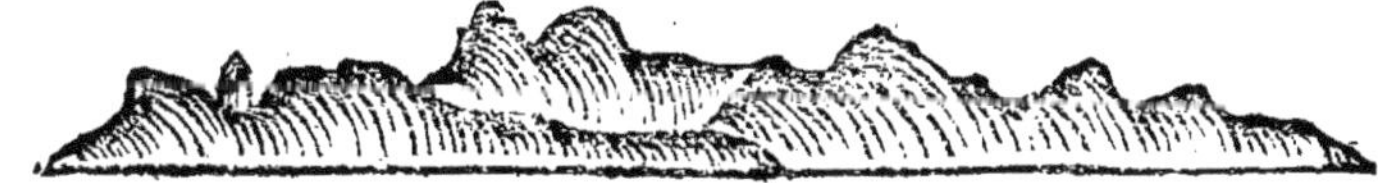

Ainsi paroît le bout d'Angleterre, quand il est à l'Est de vous.

Ainsi se montre le bout d'Angleterre, quand il est au Sud-Est quart Sud de vous 5 ou 6 lieues : et quand la montagne ronde du Nord est à l'Est de vous, alors on peut voir la terre basse qui est entre deux.

Ainsi paroît la terre entre le bout d'Angleterre et le cap de Cornouaille, quand on est derrière le bout d'Angleterre.

Ainsi paroît le cap de Cornouaille, quand il est à l'Est quart Sud-Est de vous, et que vous pouvez tant soit peu voir.

Cap de Cornouaille.

Du cap du bout d'Angleterre jusqu'au cap de Cornouaille, la terre refuit droit au Nord, et il y a entre l'un et l'autre quatre grandes lieues; c'est toutes terres hautes, et la plupart escarpées, faisant plusieurs baies et caps, dans lesquels on peut mouiller pour des vents d'Est, Nord-Est et Sud-Est par les 10 ou 12 brasses d'eau : au bout du cap de Cornouaille, à un quart de lieue de terre, est la petite isle nommée *Bresam*, qui est saine tout autour, mais on ne passe guères à terre d'elle.

Le Loup.

A deux lieues au Sud Sud-Ouest du bout d'Angleterre, et à l'Est des Sorlingues 5 lieues, il y a une roche qui, à demi-marée, est sous l'eau: cette roche s'appelle le Loup, ou *le Wolf* en Anglais; elle est assez saine tout autour, et fait toujours du bruit, ce qui fait qu'elle se fait assez connoître.

Sept Pierres.

Trois grandes lieues à l'Ouest du bout d'Angleterre, et deux lieues et demie au Nord-Est des Sorlingues, sont les Sept Pierres; c'est une grande rangée de rochers qui sont toujours sous l'eau, et où la mer rompt incessamment, si ce n'est de temps calme que la mer est unie, quoique, si l'on n'y prend garde, la marée les fait assez connoître par son bouillonnement.

Sorlingues.

Six lieues et demie du bout d'Angleterre à l'Ouest Sud-Ouest de lui, sont les isles des Sorlingues; elles sont un nombre d'isles ensemble, accompagnées de plusieurs roches dessus et dessous l'eau : il y a pourtant plusieurs passages et mouillages entre eux; mais les marques pour y entrer, sont différentes de celles qui sont marquées sur le flambeau Hollandais, c'est pourquoi nous avons mis ci-après le plan desdites isles, avec les observations pour y entrer, tant par démonstration que par discours.

Passage de l'Est Sud-Est.

La plus grande des isles des Sorlingues s'appelle *Sainte Merye* ou *Sainte Marie*, c'est aussi une de celles qui sont du côté du Sud ou du canal d'Angleterre; il y a passage par les deux côtés de cette isle, savoir, par l'Est et par le Sud Sud-Est: pour passer par le côté de l'Est de cette isle, il la faut approcher et la ranger à deux ou trois longueurs de câble, gouvernant au Nord-Ouest le long d'elle, jusqu'à ce que vous soyez proche d'un petit islet qui en est un peu écarté, et mouiller là, au cas que vous ne portiez pas demi ou deux tiers de flot, à cause que, de l'isle Sainte Merye ou Sainte Marie jusqu'à l'isle de Trekoé, il y a un banc qui barre ce passage, et sur lequel il n'y a pas d'eau de basse mer pour passer un navire, ainsi il faut attendre du moins le mi-flot: le petit islet est droit sur le susdit banc, mais s'il est mi-flot ou pleine mer, vous pouvez passer le susdit banc; après que vous êtes passé l'islet, que vous laissez à bâbord de vous, vous gouvernez à l'Ouest Sud-Ouest, et au Sud-Ouest, jusqu'au devant du village qui est au-dessous du château, et là mouillez à 8 ou 10 brasses d'eau.

Passée du Sud.

Si vous souhaitez passer par le côté du Sud de l'isle de Sainte Marie, il la faut approcher à une ou deux longueurs de câble, mettant toujours à l'Est de la pointe du Sud-Ouest, et après la ranger tout le long, à cause des roches Espagnoles qui sont droites à mi-canal: l'isle est fort saine, si ce n'est quand on est à la pointe du château où il y a des roches qui s'écartent en mer, dont il faut se donner de garde: on prend les marques ci-après mentionnées pour les éviter: sur la pointe de l'isle Sainte Merye ou Sainte Marie, proche du château, il y a deux moulins, quand ils ne tournent point ou qu'ils sont arrêtés, ceux qui les gouvernent ont soin de leur laisser toujours une aile en haut: il faut ranger la terre de si près, que vous ne voyiez que le haut de l'aîle d'un des moulins, et non pas le haut du moulin; car si vous voyiez le haut du moulin, vous seriez tout proche des basses Espagnoles, nommées par les Anglais *Espanis Laige*, et aussi si vous approchiez si près de terre que le haut de l'aile d'un desdits moulins ne parût point, en sorte qu'elle fût cachée par la falaise, vous seriez trop proche de terre, et par conséquent sur les roches de la pointe, c'est pourquoi il faut toujours tenir le haut d'une des ailes desdits moulins en vue par-dessus la falaise ; quand vous êtes doublé la pointe, alors vous gouvernez au Nord Nord-Ouest, puis au Nord Nord-Est et même au Nord-Est comme la terre que vous laissez à trois ou quatre longueurs de câble à stribord de vous, puis quand vous tenez le village qui est sous le château en belle vue, vous pouvez mouiller à 8 ou 9 brasses d'eau, ainsi qu'il a été dit ci-dessus : à l'Ouest de l'isle Sainte Marie, est l'isle de Gem et l'isle Anglish, sur laquelle est la tour du Fanal, comme aussi l'isle d'Anet ; et au dehors desdites isles au Sud-Ouest et à l'Ouest Sud-Ouest, est la chaussée de Sorlingues, qui s'étend bien une grande lieue à la mer : ce sont toutes roches assez dangereuses, la plus dehors se nomme *l'Evêque*, et celles de terre *les Clercs* : l'Evêque est un rocher fort haut et les Clercs aussi, mais non pas si haut que l'Evêque.

Passée de l'Ouest.

QUAND on vient de l'Ouest et que l'on est forcé de donner dans Sorlingues par la passée de l'Ouest, il faut prendre les marques qui suivent ; savoir, entre l'isle d'Anet et l'isle Anglish qui est celle où est le fanal, il y a deux gros rochers nommés *le petit* et *le grand Maréchal*, dont l'un est plus au Nord que l'autre, il vous faut laisser celui qui est le plus au Nord, au Sud de l'autre, je dis à votre égard ; c'est-à-dire, qu'il faut prendre celui qui est le plus proche de l'isle où est le fanal, par ledit fanal, laissant l'autre à stribord de vous, et gouverner sur ces marques jusqu'à ce que vous soyez proche d'eux, alors vous voyez une petite isle qui est au Sud-Est du bout de l'isle Saint Martin : il faut en découvrir le bout Nord par le bord de l'isle Sainte Merye, et gouverner ainsi jusqu'à ce que vous ayez le château au Sud Sud-Est de vous, alors vous approchez la terre de Sainte Merye, et mouillez devant le village, ainsi qu'il a été dit ci-devant. Il y a a encore d'autres passages, mais comme je n'en ai point de connoissance, je n'en puis parler, et aussi je n'ai jamais vu aucun Auteur qui en traite. *Les marées aux Sorlingues sont Sud-Ouest quart Ouest et Nord-Est quart Est, ou de quatre heures trente minutes.*

Havre de Sorlingues.

IL y a un fort bon petit havre sous l'isle de Sainte Merye, où il peut entrer des navires de cent cinquante ou deux cents tonneaux ; l'on y assèche toutes les marées , et l'on y est à l'abri de tous les vents : on prend un homme du lieu pour y entrer, à cause qu'il y a des roches au-dehors de ce havre , sur lesquelles un navire ne peut passer.

Plan des Isles Sorlingues.

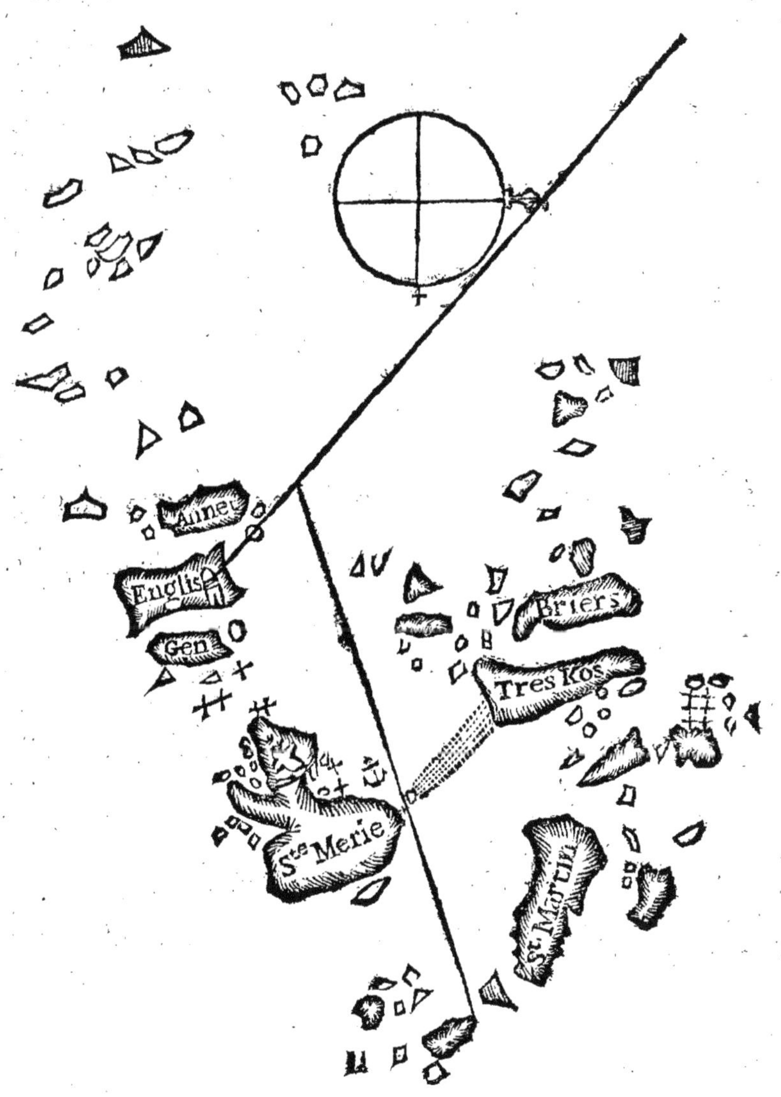

Grinsbaie.

Il y a encore une autre rade aux Sorlingues, nommée *Grinsbaie*, elle est entre l'isle Briers et l'isle Treskos; on prend des Pilotes pour y aller, à cause de plusieurs rochers qui sont au-dehors de ces deux isles; on peut aussi sortir en mer par ces deux isles.

Ainsi paroissent les Sorlingues, quand elles sont à l'Est Nord-Est de vous.

Quand les Sorlingues sont au Sud-Est de vous elles paroissent ainsi.

Quand les Sorlingues sont à quatre ou cinq lieues de vous, elles se montrent ainsi.

Les Sorlingues étant au Sud-Ouest de vous, elles paroissent ainsi.

Quand les Sorlingues sont au Sud-Est quart Est de vous, elles paroissent ainsi.

CÔTES D'ANGLETERRE,

Dans la Manche de Bristol, commençant au cap de Cornouaille jusqu'à la pointe de Saint David.

CHAPITRE III.

Saint Yves.

DU cap de Cornouaille jusqu'à la pointe Saint Yves, la côte court à l'Est Nord-Est quatre lieues et demie; au Sud de cette pointe est une grande baie qui a environ deux lieues de large; au côté de l'Ouest de cette pointe, en dedans d'elle, est la ville de Saint-Yves, où il y a fort bon mouillage, ainsi que dans toute la baie de Saint-Yves : proche de la ville, il y a une digue, derrière laquelle les petits navires se mettent, ils y sont à l'abri de tous vents; les grands navires mouillent au dehors à six ou sept brasses d'eau, fond de sable. *La Lune à l'Ouest Sud-Ouest y fait pleine mer.*

A la pointe de l'Est de la baie Saint-Yves, il y a une rangée de rochers qui couvrent de demi-marée, lesquels mettent bien une lieue en mer droit au Nord-Ouest; c'est pourquoi ceux qui vont du cap de Cornouaille à Stoupar ou à la pointe de Hartland, doivent s'éloigner de terre au moins une lieue et demie ou deux lieues, pour éviter lesdits rochers.

Ainsi paroît la terre entre le cap de Cornouaille et Saint-Yves, étant à trois lieues d'elle.

La terre paroît ainsi quand on est devant Saint-Yves, à quatre lieues de lui.

Stoupar.

Dix lieues au Nord-Est quart Est de Saint-Yves, est la pointe du havre de Stoupar, où est la ville de Padstou ; mais il faut s'écarter de la terre en partant de Saint-Yves, à cause du banc de roches qui est à la pointe de l'Est de ladite baie de Saint-Yves, ainsi qu'il a été dit ci-devant : la terre entre les deux est de belles baies de sable, et falaises blanches assez hautes ; à la pointe de l'Ouest de Padstou, il y a un haut rocher, et au-dedans d'elle, aussi le long de la terre de l'Ouest, est encore un rocher sous l'eau, duquel on se doit garder en entrant dans ledit havre ou baie de Padstou ; et quand on est au-dedans dudit rocher, on mouille l'ancre sous la ville de Padstou à sept ou huit brasses d'eau. *Les marées y sont de quatre heures et demie à cinq heures ; c'est-à-dire, que la Lune à l'Ouest Sud-Ouest et à l'Ouest quart Sud-Ouest y fait pleine mer.*

La terre entre Saint-Yves et Stoupar paroît ainsi, quand on la côtoie à deux lieues de terre.

Pointe de Hartland.

De Stoupar à la pointe de Hartland, la route est de neuf petites lieues au Nord-Est quart Nord ; c'est encore une continuation de falaises blanches et de baies de sable : environ cinq lieues de Padstou entre Hartland et lui, est le havre de Béets, autrement nommé *Straton*, où il n'entre que de petits navires : depuis cette pointe jusqu'au cap de Cornouaille, *la Lune à l'Ouest Sud-Ouest y fait pleine mer.*

La terre entre Stoupar et Hartland paroît ainsi, quand on la côtoie à deux ou trois lieues de terre.

Londey.

Quatre lieues au Nord, prenant un peu de l'Ouest de la pointe de Hartland, est l'isle de Londey, qui est une isle longue

l'environ une lieue et demie au Nord Nord-Est et Sud Sud-
Ouest ; la meilleure rade est au côté de l'Est, l'on y mouille
l'ancre à quatorze ou quinze brasses d'eau, fond de sable :
on peut aussi mouiller tout autour, mais le fond n'y est pas
si bon que du côté de l'Est : un peu au large de l'isle de
Londey, *les marées sont Ouest quart Sud-Ouest et Est quart
Nord-Est, mais à terre Est et Ouest.*

Quand l'isle de Londey est au Nord de
vous, elle paroît ainsi.

Quand Londey est au Nord Nord-Ouest
de vous, il paroît ainsi.

Béetfort.

QUATRE lieues et demie à l'Est Nord-Est de la pointe de
Hartland, est le canal de Béetfort ; c'est un havre de marée,
où il y a néanmoins quantité de navires. Ce havre se divise
en deux, quand on est au-dedans : au côté de l'Ouest est la
ville de Béetfort, à l'Est est le bourg de Barnestable. *La Lune
à l'Ouest Sud-Ouest y fait pleine mer.*

Ilfercombe.

DE la pointe qui est au Nord du havre de Béetfort jusqu'à
Ilfercombe, la terre fuit premièrement au Nord-Est, puis à l'Est
Nord-Est, et il y a de l'un à l'autre trois lieues et demie ; c'est un
fort bon havre, il demeure de basse mer quatre ou cinq brasses
d'eau : il y a aussi une fort bonne rade devant ledit havre à huit
ou neuf brasses d'eau. *Les marées y sont environ Est et Ouest.*
Entre Hartland et Ilfercombe, ce sont des terres de moyenne
hauteur et qui refuient beaucoup au-dedans du côté du Sud.

Ainsi se montre Ilfercombe, quand on est devant l'entrée
proche d'elle.

Canal de Bristol.

ENVIRON à treize lieues au Nord-Est quart Est d'Ilfercombe,
il y a deux petites isles nommées *les Holmens ;* elles sont distantes

l'une de l'autre d'environ deux lieues Nord et Sud : la plus au Sud s'appelle *Serepetholm*, et la plus au Nord *Flatholm*. Entre eux et Ilfercombe, mais plus près de Holmen que d'Ilfercombe, est la petite ville nommée *Minheat*; c'est un petit havre de marée où chargent plusieurs navires : dans la route, entre Ilfercombe et Holmen, au milieu du canal entre les bancs qui sont à la côte de Galles et la côte d'Angleterre, il y a 30, 25, 20, 18, 15 brasses d'eau : quand on est au-dedans de l'isle Londey, on peut voir la terre des deux côtés, et plus vous approchez de Londey pour aller à Bristol, plus il y a de profondeur. Celui qui de Londey veut aller à Bristol, doit ranger la côte d'Angleterre jusqu'au dedans de la pointe de Naes, à cause des bancs qui sont le long de la côte de Galles, et passer entre les deux Holmens : on peut aussi passer au Sud du Holmen du Sud, mais ce n'est qu'avec de petits navires, car il n'y reste que deux brasses d'eau de basse mer : pour passer en la meilleure route entre les Holmens, il faut ranger le Holmen le plus au Nord, et on le peut approcher à un jet de pierre sans danger : au-dedans des Holmens, à l'Est d'eux, il y a un grand banc qui part de la terre du Sud, et qui avance à l'Ouest jusqu'au Nord-Est du Holmen le plus au Nord : pour l'éviter, quand vous êtes passé le Holmen le plus au Nord, amenez-le au Sud-Ouest de vous, et le tenez ainsi jusqu'à ce que vous ayez fait une grande lieue, alors vous voyez une petite isle le long de la côte d'Angleterre : quand le bout de l'Ouest est au Sud-Est de vous, vous êtes tout proche de la pointe dudit banc au travers d'elle; ces bancs s'appellent *les Bancs anglais*, il vous faut après gouverner à l'Est Nord-Est et au Nord-Est quart Est le long des susdits bancs, et les conduire à 4, 5, 6, jusqu'à 10 ou 15 brasses d'eau jusqu'à la pointe de Bristol, nommée *pointe de Passis*; l'on mouille au-dedans d'elle du côté de l'Est à la rade royale, pour attendre des pilotes qui vous mettent dans la rivière de Bristol, l'on y mouille à huit ou neuf brasses d'eau, fond de vase. *Les marées y sont environ Est et Ouest.* En tout le canal de Bristol, depuis Londey jusqu'à Bristol, *les flots portent à l'Est Nord-Est, et les èbes à l'Ouest Sud-Ouest.*

Ainsi se montre la terre Ilfercombe et les Holmens.

Le long de la côte de Galles, depuis Bristol jusqu'à Cardief;

même jusqu'à l'Ouest des Holmens, bien deux lieues en mer, ce sont tous bancs qu'il ne faut point approcher à cause qu'ils sont fort roides, car d'un coup de sonde vous trouvez douze brasses, et de l'autre vous serez à terre sur lesdits bancs ; c'est pourquoi, quand on part de Bristol pour aller à Cardief, il faut faire l'Ouest Sud-Ouest jusqu'à ce que le Holmen le plus au Nord vienne au Sud-Ouest de vous, ou bien que les trois moulins qui sont sur la terre du Sud soient en égale distance les uns des autres ; savoir que celui qui est sur la terre soit au milieu des deux, alors vous pouvez courir sur le Holmen le plus au Nord, le rangeant de près du côté du Sud, car il y a un banc du côté du Nord ; quand vous l'avez passé, vous pouvez aller au Nord-Ouest quart Ouest jusques proche de terre, et la côtoyez au Nord, le long d'elle jusques devant Cardief, et si vous voulez du Holmen aller à Londey, il faut faire l'Ouest Sud-Ouest, et il y a de l'un à l'autre dix-neuf lieues.

Cardief.

LA rade de Cardief est fort bonne, et l'on y est à l'abri de tous vents ; à l'Est et au Nord de cette rade sont beaucoup de bancs, et même au Sud-Est, lesquels rompent la mer, ce qui fait qu'elle y est toujours unie. Il y a deux isles au Sud de Cardief le long de la terre, dont la plus à l'Ouest s'appelle *Barey* et la seconde *Silie*: quand on vient de l'Ouest, et que l'on veut aller à Cardief, on range ces isles et la terre jusqu'à la rade. Le havre de Cardief est un havre de marée ; à l'Est quart Sud-Est de la pointe la plus au Sud de Cardief est une roche sous l'eau, elle est distante de cette pointe d'une petite lieue, et l'on passe entre elle et la terre : de pleine mer il y a passage par-dessus tout. *La Lune à l'Ouest y fait pleine mer.*

Pointe de Naes ou cap de Wormhooft.

A cinq lieues à l'Ouest quart Sud-Ouest de la pointe de Cardief, est la pointe de Naes : c'est toute terre haute entre les deux ; à la pointe de Naes, il y a un grand banc qui court à l'Ouest Sud-Ouest bien sept lieues, il est large de deux lieues à son plus large, il ne peut passer aucun navire sur ledit banc, mais on peut passer à terre de lui en rangeant la terre à un petit quart de lieue, et plus proche d'elle s'il est possible.

De la pointe de Naes au cap de Wormhooft, la route est Ouest quart Nord-Ouest environ huit lieues et demie ; la terre entre les deux, fait une grande anse qui fuit beaucoup au Nord, et le long de laquelle il y a par-tout bon mouillage : entre les deux, environ à moitié chemin, est la petite ville d'Aberhaven, qui a un petit havre de marée.

Environ une petite demi-lieue de Wormhooft, est la pointe d'un banc nommé *Helvix;* ce banc est long de quatre grandes lieues Sud Sud-Ouest et Nord Nord-Est, et large d'une grande lieue : il reste deux brasses d'eau sur ce banc, et il y a passage le long du cap de Wormhooft à un quart de lieue de terre : à l'Est de Wormhooft, il y a une fort bonne rade pour les vents d'Ouest et de Nord Nord-Est ; le cap de Wormhooft est une grosse terre ronde qui a plusieurs falaises blanches.

Ainsi se montre la terre entre Cardief et Wormhooft, quand on la côtoie.

Isle de Caldy et le Havre de Camarten.

Environ trois lieues à l'Ouest du cap de Wormhooft, est la petite isle de Caldy, sur laquelle il y a une tour blanche qui paroît de la mer comme une voile ; cette tour a été bâtie pour reconnoître cette terre ; entre le cap de Wormhooft et cette isle, la terre refuit au Nord des deux côtés, ce qui fait une grande baie qui est profonde au Nord de quatre bonnes lieues : entre les deux pointes de Wormhooft et Caldy, droit au Nord-Est quart Nord de Caldy est le havre de Camarten ; c'est un havre de marée : du côté du Sud il y a une longue pointe qui avance en mer une bonne demi-lieue, et au Nord il y a aussi une petite pointe qui met aussi un peu en mer : le canal, entre ces deux pointes, est profond de 13 à 14 pieds d'eau : mais quand on est dedans, il est profond de 4 brasses : entre l'isle de Caldy et de Camarten, il est profond de 8, 6, 4 brasses d'eau, selon que l'on est proche ou loin de terre : au Nord Nord-Est de l'isle de Caldy, est un petit banc de roches ; on peut passer entre lui et l'isle de Caldy : l'on mouille entre lui et la terre proche de la petite ville de Tinbuy à 4 ou 6 brasses d'eau, le fond y est bon par-tout, comme aussi dans toute la baie ; l'on peut encore passer entre l'isle de Caldy et la terre ferme pour aller à Tinbuy, mais le passage y est un peu étroit et profond de quatre à cinq brasses. *Les marées y sont environ Est et Ouest en prenant un peu du Nord.*

Saint-

Saint-Govens.

DEUX lieues et demie à l'Ouest de l'isle de Caldy, est la pointe de Saint-Govens, qui est la pointe la plus au Sud de la côte de Galles ; c'est une pointe blanche : environ une demi-lieue au Sud Sud-Est de cette pointe, est une roche cachée sous l'eau, que l'on nomme *Crau*, dont il faut se donner de garde entre Londey et Milfort. *Les flots portent au Nord-Est quart Est, les èbes ou jusants au Sud-Ouest quart Ouest, et la Lune à l'Est quart Nord-Est y fait pleine mer.*

Milfort.

DEUX lieues et demie au Nord-Ouest quart Nord de la pointe de Saint-Govens, est la pointe de Milfort, qui est une grande baie, courant à l'Est Nord-Est : il y a plusieurs mouillages ; le premier est du côté du Nord au-dedans de la pointe sous la petite ville de Dalles ; plus au-dedans du même côté, à une lieue de Dalles, est encore un autre mouillage : en ces deux rades il y a trois à quatre brasses d'eau de basse mer. A la pointe du Sud de l'entrée de la baie de Milfort, il y a deux gros rochers qui paroissent un peu sur l'eau ; il faut passer au Nord de ces rochers. Plus au Sud-Est desdits rochers il y a une grande anse, dans laquelle il y a encore un fort bon mouillage à 6 ou 7 brasses d'eau, fond de vase. *Les marées y sont Ouest quart Sud-Ouest et Est quart Nord-Est.*

Ainsi paroît la côte de Galles entre l'isle de Caldy et le havre de Milfort, quand la pointe la plus au Nord est au Nord-Est de vous et la plus au Sud à l'Est Sud-Est de vous, et qu'on la peut voir de dessus le pont du navire.

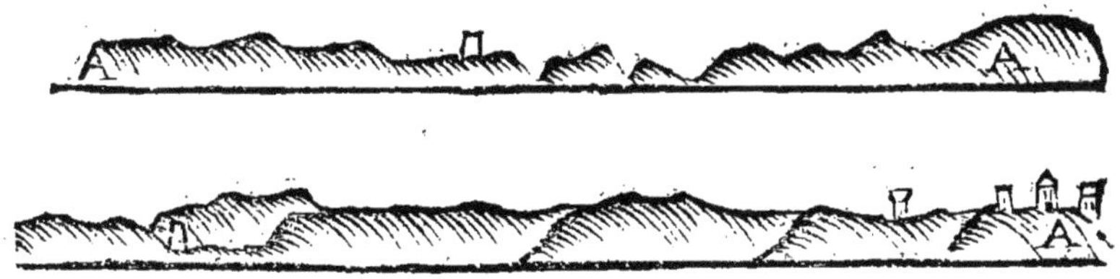

Ces deux figures se joignent ensemble en mettant les AA l'un avec l'autre, et c'est toute la représentation des terres entre

F

Timbuy et Milfort : quand on navigue le long de la terre,
la tour de Timbuy paroît toute blanche.

Stochline et Scalinno, isles.

A l'Ouest de la pointe de Milfort, environ une lieue, est
la petite isle de *Stochline ;* au Nord d'elle est encore une autre
petite isle nommée *Scalinno ;* elle est distante de la première
d'une demi-lieue : entre les deux sont encore deux petites
isles ou rochers, avec encore un autre qui est plus à terre.

Saint-David.

Au Nord de l'isle de Scalinno, environ trois lieues, est la
pointe de Saint-David : entre les deux est une grande anse
ou baie nommée *Bredebaye ;* au Sud-Ouest quart Ouest de
cette pointe, environ une demi-lieue, est l'isle de Ramsey,
environnée de plusieurs hauts rochers dessus l'eau, dont il
y en a qui sont plus d'un quart de lieue au large dans la baie
qui est entre Scalinno et Saint-David : il y fait par-tout bon
mouiller à 7, 8 ou 9 brasses d'eau : et sur la pointe de Saint-
David est la petite ville du même nom. *Les marées y sont environ
Est et Ouest, prenant un peu du Sud-Ouest et du Nord-Est.*

La terre, depuis la pointe de Milfort jusqu'à la pointe de
Saint-David, est faite ainsi, comme il paroît en ces figures.

De Milfort à Timbuy, on navigue le long de la terre, en
doublant quatre ou cinq pointes : c'est presque toute terre basse
de dune. Environ deux grandes lieues à l'Ouest de la pointe de
Timbuy, il y a un clocher pointu, avec encore deux autres petites
tours plates ; ce qui rend la côte aisée à connoître de ce côté-là.

Gresholme.

A l'Ouest quart Sud-Ouest de l'isle Scalinno, environ trois
lieues, est l'isle ou le haut rocher nommé *Gresholme ;* et à
l'Ouest de Gresholme, deux petites lieues, est un banc de roches
sous l'eau qui s'étend du Sud-Est et Nord-Ouest une grande lieue
et demie, et large d'une demi-lieue ; ce banc est fort dangereux.

Les Smals, rochers.

A l'Ouest Sud-Ouest de l'isle de Scalinno, à neuf lieues ; et à l'Ouest quart Sud-Ouest de l'entrée de Milfort, environ onze lieues ; et six lieues à l'Ouest Sud-Ouest de l'isle de Gresholme, est un grand banc long d'une lieue et demie Sud-Est quart Sud et Nord-Ouest quart Nord, et large de trois quarts de lieue : il y a sur ce banc deux gros rochers nommés *les Smals*, qui paroissent sur l'eau de basse mer, mais de pleine mer ils couvrent et ne paroissent point : il est fort dangereux de passer par-là, particulièrement de temps calme, à cause des grands courans qui portent droit dessus ; quand on est par le travers, les flots viennent du Sud-Ouest, et les èbes du Nord-Est. *La Lune à l'Est Sud-Est, et à l'Ouest Nord-Ouest, y fait pleine mer.*

Mascus, rocher.

A l'Ouest quart Nord-Ouest de la pointe de Saint-David, environ six lieues, est le haut rocher nommé *Mascus* ; il est entouré de rochers tout autour, lesquels sont sous l'eau ; ce qui fait qu'il n'est pas bon d'en approcher de trop près.

CÔTES DE L'EST D'IRLANDE,

Depuis le Cap de Carnaroort jusqu'à Dublin.

Cap de Carnaroort.

A L'Ouest quart Nord-Ouest de l'isle de Ramsey, seize lieues, est le cap de Carnaroort en Irlande ; au Nord-Est quart d'Est de cette pointe environ un quart de lieue, est une roche cachée sous l'eau, et à la même route une demi-lieue au large de la première, est encore une autre roche aussi sous l'eau.

Baie de Sainte-Marguerite.

Du cap de Carnaroort à la baie de Sainte-Marguerite, il y a au Nord-Est environ une lieue, quantité de rochers sous l'eau entre deux : quand vous voulez aller de Carnaroort à la baie de Sainte-Marguerite, il faut tirer au large jusqu'à ce que vous dé-couvriez la haute terre qui est dans le pays par-dessus les terres qui sont au bord de la mer, et tenant ainsi ces marques en belle vue, vous n'avez rien à craindre ; mais si vous approchez la terre de si près que vous ayiez la haute terre couverte par la terre qui est au bord de la mer, en sorte que vous ne la puissiez pas voir, vous iriez sans doute sur lesdits rochers.

Sur la terre auprès de Sainte-Marguerite, il y a une maison de noblesse dans les dunes ; quand elle est par un moulin qui est dans le pays, alors vous pouvez courir sur la rade, et laisser les écueils qui sont à demi-chemin dans la baie au-dessus de l'eau à stribord ou à bâbord de vous, et mouiller par les cinq ou six brasses d'eau, fond de sable.

Écueils.

Environ au Sud Sud-Est de la baie de Sainte-Marguerite une lieue en mer, il y a une roche cachée sous l'eau nommée *Caliath*, laquelle découvre de basse mer : pour l'éviter, prenez garde à ces marques : quand vous partez de Carnaroort pour aller vers le Nord-Est, si vous mettez Blacroc par la plus grande isle des Saltes, et que vous alliez ainsi sur ces marques au Nord-Est, vous ne manquerez pas d'aller sur ledit rocher ; mais pour passer au Sud de lui, amenez Blacroc par la plus petite isle des Saltes, ou bien si vous voulez passer au Nord, tenez Blacroc au-dehors, ou à l'Est de la plus grande isle des Saltes, et allant ainsi, on ne se peut endommager sur ledit rocher.

Pointe de Grenoort.

De la baie de Sainte-Marguerite jusqu'à la pointe de Grenoort, la côte court au Nord-Est environ trois quarts de lieue : la pointe de Grenoort n'est guère haute, mais elle est escapée et platte : au-dessus de-là il s'étend un banc à l'Est quart Sud-Est environ un quart de lieue en mer, il y a beaucoup de roches sur ce banc, lesquelles assèchent en partie de basse mer : les navires qui viennent du côté du Sud et qui veulent aller à Dublin ou à Westfort, passent d'ordinaire entre cette pointe et les roches de Tuskar, et souvent prennent un pilote à Waterfort pour les passer en dedans des bancs jusqu'à Dublin, mais ceux qui ne veulent point prendre de pilote, il faut qu'ils se gouvernent sur les marques qui suivent, tant pour aller à Dublin qu'à Westfort, quoique pourtant ces marques ne sont pas fort sûres ; car les bancs peuvent changer, à cause des grandes marées.

Venant de la mer, et étant à une lieue ou deux lieues près de

Grenoort, vous verrez la haute terre entre-coupée et intérieure qui s'élève par-dessus la pointe de Grenoort, laquelle pointe n'est pas fort haute, mais platte au-dessus, on connoît par la haute terre entre-coupée l'entrée de la rivière de Westfort, soit qu'on vienne du Sud ou de l'Est; quand vous avez la pointe de Grenoort en vue, vous pouvez cingler tout droit dessus avec assurance jusqu'à ce que la haute terre entre-coupée, qui est plus en terre que la pointe de Grenoort, ne s'élève par-dessus l'autre pas plus haut que la hauteur d'un homme; je dis au-dessus de la pointe de Grenoort comme la figure suivante le montre, et vous serez encore assez éloigné de terre pour n'avoir point de péril du banc de Grenoort, ou bien n'approchez point la terre que par sept ou neuf brasses, toutefois par nécessité on peut approcher le banc par quatre ou cinq brasses, mais prenez garde de ne pas vous en éloigner plus loin que sur la profondeur de huit ou neuf brasses, autrement vous approcheriez trop du banc qui est au Nord de Tuskar, lequel est fort roide au bord intérieur, n'y ayant pas plus de douze pieds d'eau dessus; et tout joignant ledit banc, il y a dix brasses d'eau de profondeur. *La Lune à l'Est quart Nord-Est, y fait pleine mer.*

La terre d'Irlande depuis Sainte-Marguerite jusqu'à Grenoort, paroît ainsi; l'église et le château qui sont proches l'un de l'autre, sont Sainte-Marguerite; la pointe du Nord est Grenoort.

Tuskar, rocher.

Tuskar est un gros rocher noir qui paroît sur l'eau comme un navire renversé; du côté du Nord de ce rocher, il y a encore deux petites roches sous l'eau : Tuskar est distant de la pointe de Grenoort d'environ une lieue au Sud-Est quart Est et à l'Est Sud-Est, et des Saltes à l'Est Nord-Est quatre grandes lieues; comme aussi de Blacroc; quand vous tenez la terre entre-coupée de Grenoort, comme il a été dit, à la hauteur d'un homme au-dessus de la terre de Grenoort, et que vous cingliez aussi au Nord jusqu'à ce que vous ayiez la même terre en-dehors, ou au Nord de la pointe roide de Grenoort, vous êtes encore à l'endroit du banc, et devez encore aller au Nord, en tenant le moulin qui est tout auprès de la pointe de Grenoort, en sorte que vous puissiez voir seulement la cappe dudit moulin droit au-dessus de la pointe roide de Grenoort, quand vous le tenez ainsi, vous ne sauriez vous faire de mal sur ledit banc; mais incontinent que vous voyez un château, qui est quelque peu en dedans du rivage, hors la pointe de Grenoort, vous pouvez librement courir en sondant jusqu'en la baie de Grenoort.

Le moulin dont nous avons parlé, est un bon espace dans le pays, lequel peut aussi servir de marque tant pour n'approcher trop près du rivage que du banc, car si vous n'approchez pas si près de la terre, que vous ne perdiez point le moulin de vue, mais vous en tenant aussi éloigné que vous l'ayiez toujours en vue, vous demeurez assez loin du rivage et du banc; et quand ce même moulin vous vient au Sud-Ouest et au Sud-Ouest quart Sud, vous êtes passé ledit banc, cinglez alors au Nord-Ouest et au Nord-Ouest quart Ouest, selon le vent et la marée, jusqu'à la baie de Grenoort.

Ou pour autre marque, cinglez aussi long-temps vers le Nord, que vous voyez à l'Ouest de Grenoort, paroître une maison longue et noire qui est sur la basse terre de Grenoort, qui paroît comme un écueil noir sur la terre, alors vous pouvez aller vers la terre par les quatre ou cinq brasses, et aller en dedans jusqu'à ce que vous ayiez six ou sept brasses, tout incontinent après vous aurez huit ou neuf brasses de profondeur; mais après vous trouvez peu à peu moins de profondeur en approchant de la terre; si vous avez un vent largue, courez si long-temps au Nord que vous voyiez paroître une autre petite maison noire hors de la pointe de Grenoort, courez là dessus, en ce faisant, vous ne serez point en danger du banc. *La Lune à l'Est et à l'Ouest, y fait pleine mer; les flots portent au Nord-Est et les èbes au contraire.*

Dans la baie de Grenoort, il y a fort peu d'eau, car vous y mouillez à trois, quatre ou cinq brasses, tout au plus, selon que vous êtes proche ou loin de terre: c'est le lieu où vous prenez des pilotes pour vous mener dans la rivière de Westfort.

La terre au Nord de Grenoort, paroît ainsi, quand la pointe sur laquelle est la croix est au Nord quart Nord-Ouest de vous 4 lieues.

Sortie de Grenoort.

Pour sortir de la baie de Grenoort pour aller en mer, il vous faut côtoyer la terre de près, en sorte que vous puissiez voir les ailes

u moulin qui est sur la terre la plus proche du bord de la mer, et
ller ainsi à l'Est Sud-Est à la mer, côtoyant le banc, selon que
ous avez le vent et la marée, jusqu'à ce que vous puissiez voir
a cappe dudit moulin, et le tenant ainsi, vous verrez le banc
'éloigner de vous.

Westfort.

De la rade de Grenoort à la pointe du Sud de l'entrée de la
ivière de Westfort il y a environ deux lieues au Nord Nord-
Ouest; au-dehors de la rivière de Westfort il y a deux grands
bancs qui mettent bien trois quarts de lieue en mer, et lesquels
barrent entièrement cette rivière; il y a néanmoins trois petits
canaux étroits et peu profonds, par lesquels on passe pour
aller à Westfort.

Le premier s'étend le long de la terre du Sud, que l'on côtoie
jusqu'à la pointe du Soudre, en passant entre le banc nommé *le
Hamants-Pats* et la terre : ce passage n'est que pour des petits
navires qui ne tirent que huit ou neuf pieds d'eau seulement.

Le second passage est entre le Hamants-Pas et le banc qui est
au Nord-Ouest de lui, c'est-à-dire, entre lui et la terre du Nord :
pour donner tour au Hamants-Pats, il faut conduire les Hamants-
Pats à sept ou huit brasses par dehors, jusqu'à ce que vous ayiez
les marques ; c'est un petit château qui est au Nord de la pointe
de Westfort, que vous prenez par une petite montagne ronde qui
est plus en dedans, et allez ainsi jusqu'à ce que vous ayiez un château qui est fort loin dans le pays, par le défaut de la montagne
qui est au Sud de Westfort, vous courez là-dessus jusqu'à la
pointe du Soudre : ces marques sont le Sud-Ouest quart Ouest ;
et étant proche de la pointe du Soudre, vous prenez une petite
tour qui est au Nord de Westfort, par en dehors d'une petite isle
qui est du même côté ; et quand vous avez couru en-dedans sur
ces marques, jusqu'à ce que vous ayiez un château qui est au
Sud-Ouest de Westfort, fort loin en terre, par la plus haute
montagne qui soit proche le bord de la mer ; alors vous gouvernez sur ces marques, jusqu'à ce que vous soyez proche la terre du
Sud, que vous côtoyez jusqu'à Westfort. Il y a encore un passage
entre la terre du Nord et le second banc ; mais il est fort étroit,
et tous ces passages sont fort crochus et dangereux ; c'est pourquoi on n'y entre jamais sans pilote. On peut mouiller au Nord
de la rivière de Westfort, si l'on veut, cinq ou six brasses d'eau.

Quand on part de la rade de Grenoort pour aller à Dublin, on
gouverne au Nord quart Nord-Est jusqu'à ce qu'on soit passé la

rivière de Westfort, alors on peut approcher la terre. En passant entre les bancs de dehors et ceux de l'entrée de Westfort, il ne faut point épargner la sonde, conduisant les sept, huit ou neuf brasses d'eau, sans aller ni plus à terre ni plus au large, jusqu'à ce qu'on soit au Nord desdits bancs de Westfort, alors on peut côtoyer la terre, si l'on veut.

Le Ransen, banc.

DEPUIS l'entrée de Westfort jusqu'à la pointe de Blauvesteile, la côte court au Nord quart Nord-Est quatre lieues. Un peu au Sud de la pointe de Blauvesteile, à une demi-lieue de terre, est un banc nommé *le Ransen :* on peut passer de terre de ce banc à six ou sept brasses d'eau, en rangeant la terre de proche : on peut aussi passer au large à huit ou neuf brasses d'eau, mais non pas plus au large ; car tout proche des bancs de dehors, on n'y trouve que dix brasses d'eau, et ils sont fort roides.

De la pointe de Blauvesteile jusqu'à la pointe de Glascarmen, la côte court encore au Nord quart Nord-Est quatre lieues, c'est toute haute terre que l'on range de proche à sept, huit, neuf ou dix brasses. Au Sud-Est de la pointe de Glascarmen, il y a un banc qui en est éloigné d'une demi-lieue ; ce banc est long d'une lieue Nord et Sud, on passe au large ou à terre de ce banc, si l'on veut. Les marques, pour éviter ledit banc, ce sont celles-ci : quand vous venez, et que vous désirez passer en terre de cedit banc, il faut tenir la pointe de Viclo, cachée par la pointe de Mesenhit, et courir ainsi jusqu'à ce que l'on soit au Nord de la pointe de Glascarmen, alors on est passé ledit banc, comme aussi les rochers qui sont proches de terre au Nord Nord-Ouest de ladite pointe : au-dedans de cette pointe du côté du Nord, est le petit havre d'Arquilo, devant lequel il y a bon mouillage.

Et si vous voulez passer au large de cedit banc, savoir entre les bancs de dehors et lui, il faut tenir la pointe de Viclo bien ouverte par la pointe de Mesenhit, et aller ainsi jusqu'au proche de Viclo. Le banc dont nous venons de parler s'appelle *le Banc de Glascarmen,* du même nom de la pointe.

Pointe de Viclo.

DE la pointe de Glascarmen jusqu'à la pointe de Viclo, autrement nommé *Cap de Horse,* la côte court encore au Nord quart Nord-Est quatre lieues ; c'est toute haute terre et double, que l'on conduit à la sonde par les sept, huit ou neuf brasses ;

un grand quart de lieue au Sud-Est du cap de Horse, est un petit banc de roches sous l'eau, duquel il faut se garder ; pour passer au large de ce banc il faut toujours tenir le cap de Braé, autrement nommé *Brahet*, découvert en dehors de toutes les pointes qui sont au Sud de lui ; du côté Nord-Ouest du cap de Horse, un peu en dedans de l'anse, sont le château de Viclo et la ville du même nom, laquelle a une petite rivière où il entre des barques.

La côte d'Irlande paroît ainsi, quand le pain de Sucre est au Nord-Ouest de vous, et la pointe de Brahet au Nord-Ouest quart Nord environ cinq lieues.

Quand le pain de Sucre est au travers de vous, il paroît ainsi avec la terre qui y joint.

Cap de Brahet.

Depuis la pointe de Viclo jusqu'à la pointe de Brahet, la côte court au Nord cinq lieues ; c'est toute haute terre entre les deux : cette côte est fort nette, et au-dedans de la pointe de Brahet sont la petite rivière et la ville de Brahet.

Isle Dalque.

De Brahet à l'isle Dalque la côte court au Nord une lieue et demie ; il y a fort bon passage entre cette isle et la terre à sept ou huit brasses d'eau ; au Nord-Est de cette isle, un grand quart de lieue, est un gros rocher nommé *Niuholm* ; et au Nord-Ouest de cette isle sont encore plusieurs gros rochers sur l'eau : on passe en terre de tous ces rochers pour aller mouiller à la rade de Dalque.

Devant la ville du même nom, à sept ou huit brasses d'eau, à l'Est Sud-Est de l'isle de Dalque, une lieue et demie, est un banc qu'il faut éviter ; en passant entre ce banc et l'isle, il faut ranger l'isle et le Niuholm de proche, et quand on est passé de Niuholm, vous gouvernez au Nord-Ouest jusqu'à la rade de Dalque, où vous mouillez, ainsi qu'il a été dit ci-devant, et vous y prenez un pilote pour monter dans la rivière de Dublin.

Ainsi paroît la côte d'Irlande entre le pain de Sucre et l'isle Dalque, quand on est environ le travers de la pointe de Brahet, à une lieue de terre.

Quand on vient du Sud, la pointe de Hout paroît ainsi avec l'isle de Lanbag ; la pointe du Hout est celle qui fait la côte du Nord de la baie de Dublin.

Baie de Dublin.

DALQUE fait la côte du Sud de la baie de Dublin, et la pointe de Hout du côté du Nord ; cette baie est large de deux lieues, il y a par-tout bon mouillage, par les quatre, cinq, six ou sept brasses d'eau ; on attend la marée en cette rade pour aller à Dublin, car la rivière de Dublin est un havre de marée où il y a beaucoup de bancs, et on n'y doit pas entrer sans pilote de terre.

Depuis la pointe de Grenoort jusqu'au travers de l'isle Dalque, il y a plusieurs bancs, que l'on ne doit point approcher par-dehors de plus près que par les vingt brasses : il y a plusieurs passages entre ces bancs par les marques qui sont à terre, mais elles sont toutes difficiles.

Premièrement, pour passer entre *le Nicen-gronden*, qui est le plus au Sud de tous les bancs, et *le Suider-gronden* ou banc du Sud, qui est le second en allant au Nord, on met la pointe du Nord de l'entrée de la rivière de Westfort à l'Ouest demi-quart Nord-Ouest de soi, et on court ainsi jusques dehors en faisant l'Est demi-quart Sud-Est ou à l'Ouest demi-quart Nord-Ouest, si l'on veut entrer dans lesdits bancs.

Pour passer entre *le Suider-gronden* et *le Midel-gronden*, il faut mettre le château de Glascarie par la pointe de Glascarie, qui est une pointe fort basse, et tenir toujours ces marques ensemble, soit en entrant ou en sortant, jusqu'à ce que vous soyez dedans si vous entrez, ou dehors si vous sortez.

Pour passer entre *le Midel-gronden* et *le Norder-gronden*, qui sont le troisième et le quatrième bancs en allant au Nord, il faut mettre une montagne ronde qui est loin en terre, entre l'Ouest

Nord-Ouest et Ouest quart Nord de vous , et cinglez ainsi , soit en entrant ou en sortant , tenant toujours cette montagne en cette aire de vent , ainsi vous passez sans risque entre les susdits bancs.

Et si vous voulez passer entre le premier *Niven-gronden* et le second *Suider-gronden* , il faut prendre une montagne ronde comme un pain de sucre , laquelle est bien loin en terre , par une autre montagne qui est plus proche du bord de la mer , quand on les tient l'une par l'autre , alors on peut gouverner là-dessus , soit en entrant ou en sortant : ces marques sont environ le Nord-Ouest quart Ouest , Sud-Est quart Est.

Et si l'on veut passer au Nord de tous les bancs , il faut mettre la pointe de Brahet à l'Ouest quart Sud-Ouest , et courir ainsi jusques proche de ladite pointe de Brahet , et gouverner le long de la terre , ainsi qu'il a été dit ci-devant ; ou bien si l'on veut passer au Nord du petit banc qui est plus proche de l'isle Dalque , il faut mettre la pointe du Hout au Nord-Ouest de vous , et gouverner ainsi jusques proche ladite pointe du Hout que vous laissez à stribord de vous , et entrez ainsi dans la baie de Dublin , où vous mouillez à quatre , cinq ou six brasses d'eau , ainsi qu'il a été dit ci-devant.

En toute cette côte , depuis Grenoort , jusqu'à l'isle Dalque , *la Lune au Sud Sud-Est et au Nord Nord-Ouest y fait pleine mer , mais à Dublin Sud-Est et Nord-Ouest.*

CÔTES

DU SUD ET DE L'OUEST D'IRLANDE,

Depuis la pointe de Grenoort jusqu'à la baie de Galloway.

CHAPITRE LV.

Rade de Carnaroort.

AU Sud de la pointe de Carnaroort , il y a une fort bonne rade pour les vents de Nord Nord-Est et Nord-Ouest ; on mouille à huit ou neuf brasses d'eau , il ne faut pas approcher la terre de plus près que de six brasses.

Blacroc.

A une lieue au Sud-Ouest quart Ouest du cap de Carnaroort, est Blacroc, un haut rocher sur l'eau : à l'Est quart Nord-Est de lui, environ un quart de lieue, est encore un banc de roches sous l'eau, duquel on se doit donner de garde : et au Nord-Est d'icelui une portée de fusil, en tirant devant la rade de Carnaraoort, est encore un autre rocher sous l'eau, qui est aussi fort dangereux.

Saltes.

De la pointe de Carnaroort aux Saltes, la route est le Sud-Ouest quart d'Ouest trois lieues : les Saltes sont deux petites isles éloignées de terre d'environ une lieue ; il n'y a point de passage entre ces deux isles, ni même entre elles et la terre, si ce n'est de pleine mer pour de petits bâtiments tirant neuf à dix pieds d'eau. Il y a deux fort bonnes rades sous les Saltes ; savoir, une du côté de l'Est où l'on mouille à sept ou huit brasses d'eau ; et l'autre du côté de l'Ouest à cinq ou six brasses d'eau : au Sud-Est de la plus grande isle des Saltes, qui est aussi celle qui est la plus au large, est un grand rocher sous l'eau bien une lieue en mer ; et entre lui et la grande Salte est encore un autre rocher aussi sous l'eau : tous les deux sont fort dangereux ; et au Sud de la grande Salte environ demi-lieue, est encore un haut rocher sur l'eau nommé *Kinbeg*, et au large de lui une demi-lieue, est une autre roche sous l'eau nommée *Kinmor*.

Balatec , havre.

A terre des Saltes il y a un petit havre nommé *Balatec*, où il ne peut entrer que de petits navires : il est peu fréquenté ; entre la pointe de Carnaroort et les Saltes, la terre y est par-tout saine, si ce n'est proche de Carnaroort à l'Ouest de lui où il y a une petite roche, mais elle est tout proche de terre, et on peut mouiller tout du long de cette terre : le fond y est par-tout bon. *La Lune à l'Ouest quart Sud-Ouest et Est quart Nord-Est y fait pleine mer ; les flots portent à l'Est Nord-Est le long de la terre, et les èbes à l'Ouest Sud-Ouest.*

A insi paroît la terre entre les Saltes et la terre de Grenoort, quand Grenoort est à une lieue et demie et deux lieues de vous vers le Nord.

Les Saltes se montrent ainsi à trois ou quatre lieues à l'Ouest et Ouest quart Nord de vous.

Celui qui part de Carnaroort pour aller à Waterfort, doit faire le Sud Sud-Ouest jusqu'à ce qu'il ait la grande isle des Saltes au Nord-Ouest deux bonnes lieues, alors il peut faire l'Ouest Sud-Ouest deux lieues de chemin, jusqu'à ce que la grande isle des Saltes lui demeure au Sud Sud-Ouest, et après faire droit le Nord-Ouest sur la pointe de Waterfort : ces routes ne se font que pour passer au large des rochers sous l'eau qui sont du côté du Sud des Saltes, lesquels sont fort dangereux ; les Saltes à la pointe de Waterfort, il y a trois petites lieues à l'Ouest, et de la pointe de Carnaroot à la pointe de Waterfort, la côte court à l'Ouest Sud-Ouest six lieues et demie : c'est toute terre basse le long du bord de la mer, sur laquelle on voit plusieurs tours et maisons ; mais dans le pays, c'est toute terre montagneuse qui paroît avec trois ou quatre doubles de terre haute l'une sur l'autre tout le long de cette côte. *Les flots portent à l'Est Nord-Est, les èbes à l'Ouest Sud-Ouest le long de la terre, et là Lune à l'Ouest quart Sud-Ouest et Est quart Nord-Est y fait pleine mer.*

Waterfort.

A la pointe de l'Est de l'entrée de la rivière de Waterfort, est une pointe platte sur laquelle il y a une haute tour blanche qui se voit de bien loin en mer, ce qui aide beaucoup à reconnoître l'entrée de cette rivière ; il y a un petit banc qui met un bon espace en mer au Sud Sud-Est, l'entrée est néanmoins fort belle et profonde de dix à douze brasses, entre les deux pointes six à sept brasses, et plus en dedans neuf à dix brasses : la côte de l'Ouest de cette rivière est fort sale jusqu'à la pointe de Cork ; et à moitié chemin de l'entrée de cette rivière, à la pointe de Cork du côté de l'Est, il y a un petit banc qui joint à la terre de l'Est, et il faut passer entre icelui et la terre de l'Ouest : on le peut sonder à quatre ou cinq brasses, et au-dessus d'icelui, droit devant la pointe de Cork, il y a encore une pointe de sable qui s'avance, et il faut encore passer entre elle et la pointe de l'Ouest. Au-dessus de cette pointe, il y a par-tout bon mouillage à huit, neuf ou dix brasses d'eau ; environ une lieue au-dessus de la pointe de Cork du côté de l'Ouest, est la rivière de Waterfort, et trois lieues au-dessus de la pointe de Cork, est la ville de Roze. *La Lune à l'Ouest quart Sud-Ouest et à l'Est quart Nord-Est y fait pleine mer.*

Dongarvan.

De la rivière de Waterfort au petit havre de Dongarvan, la côte court à l'Ouest Sud-Ouest environ huit petites lieues : c'est un havre de marée fort étroit et tout plein de roches à son embouchure, et lesquelles assèchent de basse mer ; il faut entrer de pleine mer et passer par le milieu du canal au travers des roches : ce havre est assez profond par-dedans, et la ville de Dongarvan est à l'Ouest de ce havre ; droit vis-à-vis de ce havre, sur la terre, sont des montagnes fort hautes que l'on nomme *Caraquin* ou *Cadequin* ; elles paroissent par-dessus toutes les autres terres d'alentour, et quand vous êtes à la mer, et qu'elles sont au Nord-Ouest de vous, et que vous courez droit dessus, vous ne manquez pas de venir droit devant Dongarvan. *La Lune à l'Ouest quart Sud-Ouest et Est quart Nord-Est, fait pleine mer dans le havre de Dongarvan : les flots portent à l'Est Nord-Est le long de la côte, et les èbes à l'Ouest Sud-Ouest.*

Ainsi se montre la terre d'Irlande depuis Waterfort jusqu'aux environs de Jochul, avec les montagnes de Caraquin ou Cadequin, quand on est proche de terre.

Ainsi paroît la haute terre de Dongarvan, quand le bout de l'Ouest est au Nord-Ouest de vous.

La haute terre de Dongarvan se montre ainsi, étant au Nord Nord-Ouest de vous.

Jochul.

De l'entrée de Dongarvan à la pointe de Hardimore, qui est le côté de l'Est de l'entrée de la rivière de Jochul, la côte court au Sud-Ouest deux lieues et demi : un peu à l'Est de cette pointe, il y a une fort bonne rade pour les vents de Sud-Ouest, Ouest et Nord :

l'on y mouille l'ancre à sept ou huit brasses d'eau ; et au Nord-Ouest de cette pointe, est la petite rivière de Jochul, qui est un petit havre de marée, dans lequel il faut entrer de haute mer et suivre le mi-canal, gouvernant au Nord-Ouest quart Nord jusques devant la petite ville de Jochul. *Les marées y sont Ouest quart Sud-Ouest et Est quart Nord-Est.*

Isle Capel.

Environ une lieue et demie au Sud de l'entrée de la rivière de Jochul, est la petite isle Capel : entre elle et la terre, il n'y a nul passage ; car depuis cette isle jusqu'à l'entrée de Jochul, le long de la terre, ce sont toutes sèches ou sable un demi-quart de lieue au large : il y a néanmoins bon mouillage au Nord de cette isle, à cinq, six, huit ou dix brasses.

Quand on est devant Jochul, environ deux lieues de terre, et que le pays montagneux du cap de Quin est au Nord quart Nord-Ouest de vous, la terre paroît ainsi : la terre intérieure est fort haute et bleue, et d'un temps clair on peut la voir de neuf ou dix lieues.

Celle-ci et la précédente doivent être jointes ensemble, mettant les BB l'un avec l'autre, et c'est la suite de la démonstration de ces terres allant vers Cork.

Isle de Baillicoton.

De la pointe d'Hardimore à l'isle de Baillicoton, la côte court au Sud-Ouest quart Ouest six lieues ; c'est toute terre haute, tant au bord de la mer que sur le pays : la petite isle de Baillicoton est distante de terre d'environ un petit quart de lieue, elle s'étend Est et Ouest longue d'une demi-lieue ; il y a fort bon mouillage en terre d'elle, à six ou huit brasses d'eau, fond de sable : cette isle est fort saine, on peut bien aller tout autour.

De l'isle de Baillicoton jusqu'à l'entrée de la rivière de Cork, la terre court environ Est et Ouest quatre lieues : à une bonne lieue de Baillicoton, le long de la terre, il s'étend un banc qui sort en mer une demi-lieue ; au dehors de ce banc il y a encore une rangée de rochers qui y tiennent, dont il faut se donner de garde : à l'Ouest de cette pointe ou banc, dans une anse, il y a une fort bonne rade pour les vents de Nord Nord-Ouest et d'Est, à cause d'un banc qui rompt la mer. A la pointe de la rivière de Cork, un demi-quart de lieue au Sud d'elle, il y un rocher sur l'eau, et encore au large de celui-là, il y en a un autre sous l'eau, qui y touche ; il faut y donner tour en raugeant la côte de l'Ouest qui est fort nette : cette pointe de l'Ouest s'avance bien une lieue plus au Sud que celle de l'Est.

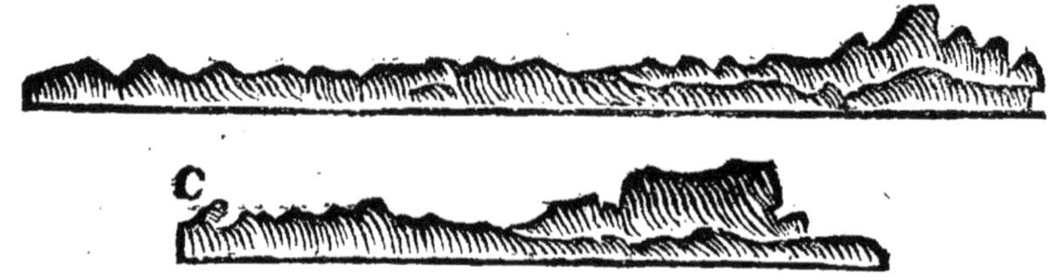

Ces deux figures doivent être jointes ensemble, en les mettant bout à bout, et c'est la forme de la terre entre Cork et Jochul.

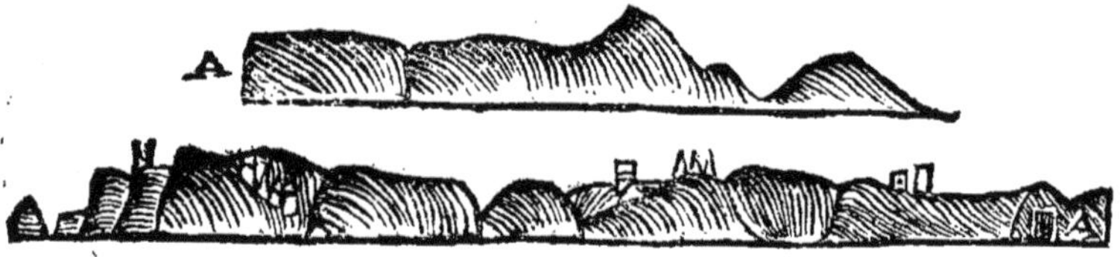

Ces deux figures doivent être jointes ensemble, mettant les AA l'un avec l'autre, et c'est la démonstration des terres aux environs de Cork : quand on est à l'Est de Cork, proche de terre, et que l'entrée vient à s'ouvrir, la terre paroît ainsi : quand on est proche de terre, elle paroît fort haute ; mais en étant éloigné, en sorte que vous voyez les hautes terres de dedans le pays auprès de Jochul, elle paroît alors être basse.

La terre à l'Est de Cork vers Jochul, paroît ainsi.

Rivière de Cork.

La rivière de Cork est fort belle, et large tant à son
entrée

ntrée que dedans ; à la pointe de l'Est , il y a un petit rocher
ur l'eau ; et au-dehors de lui , au Sud , il y a encore un autre
ocher sous l'eau qui y touche , et qu'il faut éviter ; il faut ranger
a terre de l'Est la plus proche , parce qu'il y est le plus profond ,
e dis , si l'on est dans un grand navire , sinon on peut ranger le

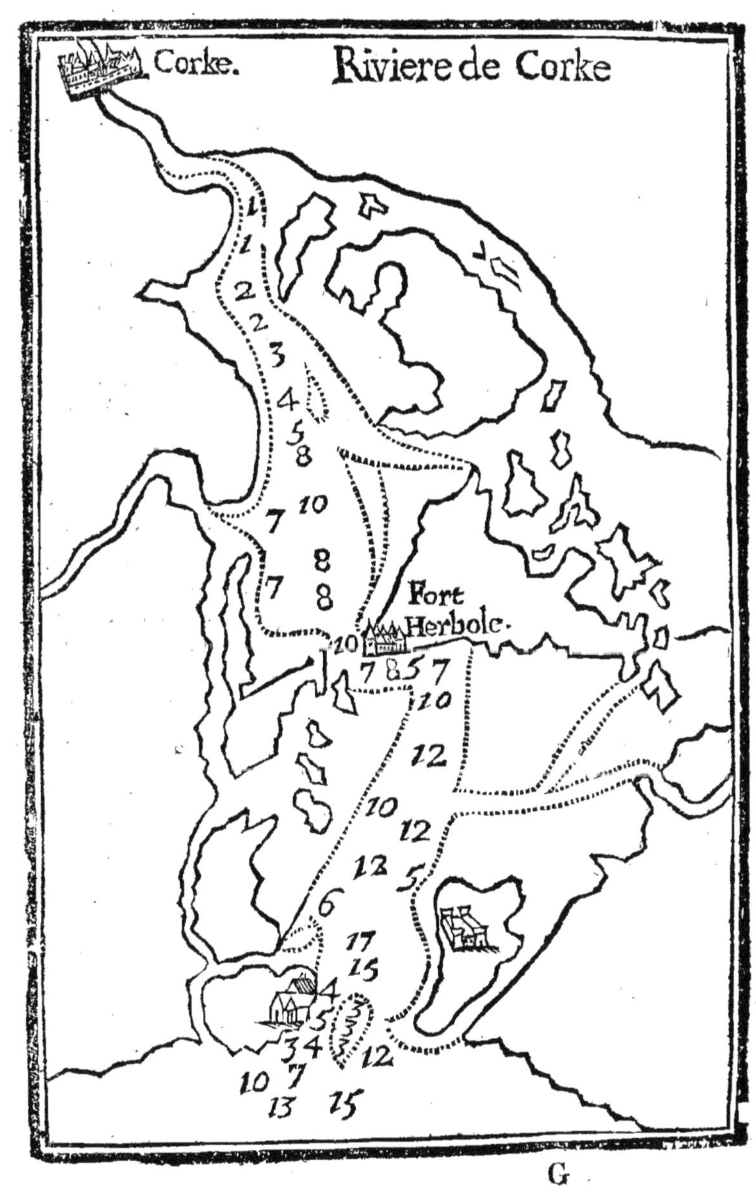

côté de l'Ouest, mais non pas le demi-canal , car c'est le moins profond , à cause d'un petit banc sur lequel il ne reste que trois brasses d'eau , et au-dedans il faut suivre le mi - canal jusqu'à Herbole : il y est par-tout assez profond , et ensuite courez à l'Ouest tout proche ladite isle jusqu'à ce que l'on soit passé le fort que vous recommencez à reprendre le mi-canal , pour aller jusques devant Cork qui est bien quatre lieues du bord de la mer. Ci-devant est la démonstration sur laquelle on pourra se régler. *Les marées y sont Ouest quart Sud-Ouest et Est quart Nord-Est , mais hors le havre le long de la côte , Ouest Sud-Ouest et Est Nord-Est , les flots portent le long de la terre à l'Est Nord-Est.*

Kinsale.

DE la pointe qui est au Sud de l'entrée de Cork , à la pointe de l'Est de l'entrée de Kinsale , la côte court à l'Ouest trois lieues. Le havre de Kinsale est fort grand et beau , et l'on peut fort bien entrer dedans en suivant le milieu du canal : il y a par-tout de l'eau suffisamment , et bon fond pour y mouiller à cinq , six ou huit brasses d'eau. A la pointe de l'Est de l'entrée de ce havre , il y a un rocher sous l'eau qu'il faut éviter. Quand vous venez de la mer , et que voulez passer en dehors de ce rocher , à l'Ouest de lui , il faut tenir un vieux château qui est dans le havre de Kinsale du côté de l'Est toujours en belle vue , et gouverner ainsi jusqu'à ce que vous soyez près du château , puis vous vous écartez un peu de la terre de l'Est pour donner tour à une petite planure qui s'avance de ce château vers la mer ; et quand vous êtes passé ce château , vous rapprochez la terre de l'Est , à cause d'une autre planure qui est du côté de l'Ouest sur la pointe d'un château qui est vis-à-vis de Kinsale , et étant passé le château , vous mouillez l'ancre à sept , huit ou neuf brasses d'eau fond de vase ; l'on y est à l'abri de tous vents.

Quand on sort de Kinsale , et que l'on veut passer en terre du rocher qui est à la pointe de l'Est de l'entrée de ce port , duquel nous avons déjà parlé , il faut prendre garde à ces marques. A l'Est de l'entrée de Kinsale , le long de la côte , il y a deux hauts rochers dont le plus grand est le plus au large , et le plus petit , le plus à terre ; il faut prendre le grand rocher , qui est le plus au large , par la pointe de Kinsale , en sorte que vous n'en voyiez que le bout de l'Ouest , et allant sur ces marques , vous passez à terre dudit rocher , mais ce passage est fort étroit. Pour savoir quand on est par le travers dudit rocher en sortant lu havre de Kinsale, passant au large de lui, il faut regarder quand vous commencez à apercevoir le plus petit rocher par a pointe de l'entrée de Kinsale : car quand vous avez ce petit rocher découvert par la pointe, alors vous êtes au Sud de lui, c'est-à-dire, en dehors. De l'entrée de Kinsale au cap de Vieil, nommé par les Anglais *Oldehet*, il y a deux lieues au Sud Sud-Ouest. Entre l'entrée de Kinsale et Oldehet, il y a plusieurs petits bancs de roches qui s'écartent de terre ; c'est pourquoi il ne faut pas ranger cette terre de trop près : il y a pourtant bon mouillage le long de cette côte pour les vents d'Ouest et Sud-Ouest. Ce cap est fort étroit, et paroît de la mer comme un islet ; il y a bon mouillage des deux côtés, savoir, à l'Est et à l'Ouest de lui. Il y a sur ce cap un vieux château ruiné, et à l'extrémité dudit cap un petit rocher sur l'eau qui est fort près de terre. Entre ce cap et l'entrée de Kinsale, en route, il y a de profondeur depuis 12 jusqu'à 20 brasses d'eau. *Dans Kinsale la Lune à l'Ouest quart Sud-Ouest y fait pleine mer ; mais sous Oldehet, ou Vieil-Cap, Ouest Sud-Ouest et Est Nord-Est, les flots portent à l'Est Nord-Est le long de la terre, et les èbes à l'Ouest Sud-Ouest.*

La terre droit à l'Est de Kinsale, paroît ainsi.

Ainsi paroît Oldehet, quand il est deux lieues à l'Ouest de vous.

Ainsi se montre Oldehet, quand il est demi-lieue à l'Ouest Sud-Ouest de vous ; on peut alors fort bien voir dans le havre de Kinsale.

Quand on est droit devant Oldehet à deux lieues de terre, la terre jusqu'au cap Clear paroît ainsi.

Glendore.

Au Nord-Ouest quart d'Ouest du cap Vieil ou Oldehet, est le havre de Glendore. Pour y entrer, il faut ranger la côte de l'Est, à cause d'une rangée de rochers qui sont le long de la côte de l'Ouest : quand on est dedans, l'on y mouille l'ancre par les trois, quatre ou cinq brasses d'eau, droit devant le château.

Rossen.

Cinq lieues à l'Ouest quart Sud-Ouest du cap Vieil ou Oldchet, est la pointe de l'Est du havre de Rossen. Du côté de l'Ouest de ce havre, il y a une petite isle ; et il faut passer entre elle et la terre de l'Est, et entrer dans ce havre par le milieu du canal, et mouiller l'ancre à trois, quatre ou six brasses d'eau : il y a un petit banc à la pointe de l'Est de ce havre, au-dedans de lui, qu'il faut éviter en rangeant de plus près la terre de l'Ouest que celle de l'Est. *Les marées en ces deux havres de Glendore et Rossen, sont Ouest quart Sud-Ouest et Est quart Nord-Est, et les flots portent le long de la terre à l'Est Nord-Est.*

La pointe de Rossen étant à l'Ouest quart Nord de vous, paroît ainsi.

Castel-Haven.

De la pointe de Rossen à Castel-Haven, la côte s'étend au Sud-Ouest quart Ouest quatre lieues. A l'entrée de ce havre, il y a deux petites isles, savoir : une du côté de l'Est, tout près de terre, et l'autre du côté de l'Ouest aussi tout proche de terre : il n'y a point de passage en terre de ces isles, car il assèche entre la terre et elles, de basse mer ; mais entre ces deux petites isles il est fort profond : il faut donc en entrant en ce havre laisser celle de l'Est à stribord, et celle de l'Ouest à bâbord. Dans ce havre, du côté de l'Est, il y a une chapelle ; quand on y entre, l'on court droit dessus, et quand on est proche de ladite chapelle, on commence à voir un château du côté de l'Ouest, devant lequel on mouille à 10 ou 12 brasses d'eau. *Les marées y sont Est quart Nord-Est et Ouest quart Sud-Ouest, et les flots portent le long de la terre.*

Staques.

Deux grandes lieues au Sud-Ouest de *Castel-Haven* ou havre du Château, est la pointe des Staques ; au large d'elle, environ une demi-lieue, sont plusieurs grands et hauts écueils qui paroissent comme des tours pointues, et on peut passer entre eux et la terre, ou bien au large si l'on veut, n'y ayant rien autour qui puisse nuire. A la pointe des Staques il y a encore un rocher sur l'eau, mais il est fort près de terre ; au-dedans de lui au Nord-Ouest, entre l'isle Sherk et la pointe des Staques, près ladite pointe, il y a encore une roche sous l'eau : l'isle Sherk est éloignée de la pointe des Staques environ un quart de lieue ; il y a passage entre-deux pour aller à l'isle Spain ou à Crok, et même entre toutes ces isles avec des petits navires et non pas avec des grands vaisseaux, car il y a peu de profondeur, n'y ayant que douze à quinze pieds aux lieux les plus profonds, dans d'autres sept à huit, à joindre qu'il y a aussi quantité de rochers et bancs en plusieurs endroits, c'est pourquoi il faut prendre un pilote de ces lieux-là pour naviguer, à moins d'y être bien expérimenté ; la mer n'y monte que neuf à dix pieds en pic, *et la Lune à l'Ouest Sud-Ouest et à l'Est Nord-Est y fait pleine mer*, et les marées se séparent par-tout entre ces isles, ce qui fait que l'on ne peut pas bien parler de leur chûte.

Baltimore, havre en l'isle de Sherk.

Au côté du Sud-Est de l'isle de Sherk, est le havre de Baltimore ; son entrée est fort étroite, mais il est fort large au-dedans ; à l'entrée, droit au plus étroit, il y a une roche sous l'eau à laquelle il faut prendre garde, elle est un peu plus près du côté de l'Est que de celui de l'Ouest ; et au-dedans du havre, droit au milieu, il y a encore un autre rocher qui couvre et découvre toutes les marées : hors de ces deux rochers il n'y a rien du tout à craindre ; on y mouille l'ancre où l'on veut, à cinq, six ou sept brasses d'eau. Au côté de l'Ouest de ce havre en dedans il y a un cloître, et au Nord de ce cloître un château. *Les marées y sont Ouest Sud-Ouest et Est Nord-Est.* L'isle Sherk est longue de deux petites lieues Nord-Est et Sud-Ouest, et est distante de celle du cap Clear d'une petite demi-lieue.

Cap Clear.

Quatre lieues au Sud-Ouest quart d'Ouest de la pointe des Staques, est le cap Clear, qui est une terre passablement haute ; et à l'Ouest Sud-Ouest dudit cap environ une lieue et demie, est le haut rocher nommé *Fastenée*, ce qui facilite beaucoup la connoissance de cette terre : ce rocher paroît de la mer comme un navire.

Crok-Haven.

Au Nord-Ouest du cap Clear, environ cinq lieues, est le havre de Crok-Haven qui s'étend au Sud-Ouest en terre ; au côté du Sud-Est de l'entrée de ce havre, est un rocher sur l'eau et de terre de lui sont encore deux autres roches sous l'eau : pour entrer en ce havre, il faut ranger le côté du Nord-Ouest ou suivre le mi-canal, et entrer jusqu'à ce qu'on soit dedans, où l'on mouille l'ancre à trois ou quatre brasses d'eau : l'on y est à l'abri de tous vents, *et la Lune à l'Ouest Sud Sud-Ouest y fait pleine mer.*

Le cap Clear étant au Nord-Ouest de vous six ou sept lieues, paroît ainsi, et si on fait le Nord, on vient directement à terre devant Oldehet : quand on vient près de terre on perd la vue des hautes terres, et tout semble terre basse.

Quand le cap Clear est au Nord-Ouest de vous six ou sept lieues, il paroît ainsi, et l'on voit à peine les montagnes qui sont aux environs de Jochul, car elles sont fort loin en terre, elles semblent être au-dessus des nues.

Le cap Clear étant au Nord quart Nord-Est de vous, paroît ainsi.

Ainsi se montre le cap Clear, quand il est au Nord de vous.

Ces deux figures se joignent ensemble, mettant les A A l'un avec l'autre, et c'est la forme du cap Clear avec l'écueil de Fastenée.

Mesenhet et la rivière des Salmons.

Trois lieues au Sud-Ouest de Crok-Haven, est la pointe de Mesenhet qui est un haut cap ; au-dedans de lui, du côté du Sud-

Ouest, la côte refuit au Nord Nord-Est dans la rivière de Salmon-Cap : dans le milieu de cette rivière il y a deux isles nommées *Bordiles*, autour desquelles il y a bon mouillage ; il n'y a nul danger dans cette rivière, mais les rades n'y sont pas des meilleures : du côté du Nord du cap Dorsey, il y a un château qui rend cette terre facile à connoître. Entre Mesenhet et la baie des Salmons, sur les montagnes du bord de la mer, il y a trois tours nommées *les trois Châteaux*, ce qui facilite encore la connoissance de ce lieu.

Quand le Mesenhet est au Nord-Est quart Est de vous, environ deux lieues, la terre qui est au Nord vers le cap Dorsey se fait voir ainsi, et l'isle du cap Clear se peut aussi voir à l'Est de vous.

Ces deux figures se doivent joindre, mettant les lettres AA ensemble, et c'est la démonstration des terres d'Irlande. Quand Mesenhet est au Nord-Est de vous, et le cap Clear à l'Est Nord-Est, la terre jusqu'au cap Dorsey paroît ainsi.

Baie de Bantry.

De Mesenhet au cap Dorsey, la route est le Nord-Ouest quart Ouest six lieues ; entre les deux est la grande baie de Bantry, qui entre en terre au Nord-Est bien six ou sept grandes lieues. Au fond de cette baie, du côté du Nord-Ouest, est le havre de Langers, dans lequel il faut entrer par le milieu du canal, à cause de quelques saletés qui sont des deux côtés : il y a fort bon mouillage dans le fond de la même baie. Du côté du Sud-Est, est encore un autre havre sous la petite ville de Balgoben, l'on y mouille à l'abri d'une isle, entre elle et la terre, à quatre ou cinq brasses d'eau : à la pointe du Sud-Ouest de cette isle, il y a un banc de roches qui court jusqu'à terre, et l'on ne peut point passer entre cette isle et la terre qui est au Sud-Est d'elle ; c'est pourquoi il faut en prendre le tour, et en passer au côté du Nord-Est pour aller à la rade de Galgoben, il y a plusieurs rochers en cette rade, mais ils sont tous sur l'eau. La baie de Bantry est par-tout large d'une grande lieue, et il y a de profondeur vingt, vingt-cinq ou trente brasses d'eau.

Isle – Grande.

A l'entrée de cette baie, du côté du Nord-Ouest, le long de la terre, est une isle nommée *Isle-Grande,* il y a fort bon mouillage au-dedans d'elle, et on y est à l'abri de tous les vents; l'on peut passer des deux côtés; mais du côté de l'Est Nord-Est, il y a un banc qui met bien un grand quart de lieue en mer, à l'Est Nord-Est, et entre ce banc et la terre, il y a encore deux petites roches quî couvrent toutes les marées, ce qui fait que cette entrée est fort difficile, le meilleur passage est du côté de l'Ouest : entre la terre et l'isle, il est sain et net des deux côtés, mais au milieu du canal il y a un petit banc de roches qu'il faut éviter en rangeant l'un ou l'autre côté, et quand on est dedans, on y est à couvert de tous les vents : on y mouille l'ancre à neuf, dix ou douze brasses d'eau, sous une petite ville que l'on nomme *Vieil-Castel ;* à l'entrée de ce havre, du côté de l'Ouest, sur la terre ferme, est un château nommé le château *des Formis,* et le havre se nomme *Bier* ou *Bier-Haven ;* de ce havre au cap Dorses, il y a quatre grandes lieues au Sud-Ouest quart d'Ouest. *La Lune à l'Ouest quart Sud-Ouest et à l'Est Nord-Est y fait pleine mer ;* mais au large *Est Nord-Est et Ouest Sud-Ouest.* Au bout du cap de Dorses, sont trois grands écueils fort hauts; le plus éloigné s'appelle *le Taureau,* il est distant du cap Dorses, à l'Ouest de lui une grande lieue et demie : les deux autres sont aussi sur la même ligne en venant à terre ; c'est-à-dire, qu'ils sont tous trois à un même aire de vent du cap Dorses : le second, en venant à terre, s'appelle *la Vache,* et le plus à terre, qui est le plus petit, se nomme *le Veau.*

Ces deux figures se mettent l'une avec l'autre, en mettant les lettres BB ensemble; c'est la démonstration de la côte d'Irlande : quand on est à l'Est ou au Sud du cap Dorses, le bout de l'Est se montre presque comme le cap Clear, mais il est beaucoup plus haut.

Cap Dorses.

Le cap Dorses est sur l'isle Dorses, qui est distante de la terre ferme environ un quart de lieue ; il y a passage entre deux, en rangeant l'isle Dorses de près, et même on y peut mouiller : mais à la pointe du Sud-Est de la terre ferme, à l'entrée de ce passage, il y a un petit banc qui s'avance en mer bien un demi-quart de lieue, c'est pourquoi il faut ranger l'isle Dorses de près : il y a aussi passage entre les écueils, le Taureau, la Vache et le Veau, mais le meilleur est de passer au large.

Ainsi se montre le cap Dorses, avec les écueils, le Taureau, la Vache et le Veau, quand ils sont au Sud de vous.

Baie de Kilmare.

Entre le cap Dorses et l'isle Venis, la route est Nord Nord-Ouest deux lieues et demie ; cette isle est à moitié chemin entre le cap des Schylings et le cap Dorses ; à la pointe du Sud Sud-Ouest de cette isle, il y a une pointe de banc qui met bien une portée de mousquet en mer ; entre elle et l'entrée du Nord-Ouest de la baie de Kilmare, est encore une autre petite isle nommée *Skrin*, et au Nord-Est de cette dernière, est encore une autre isle plus petite que les deux précédentes. Toutes ces trois isles sont fort nettes, et on peut naviguer tout autour, à la réserve de la pointe du Sud Sud-Ouest dont nous avons déjà parlé. De ces isles, à l'extrémité de la baie de Kilmare, il y a au Nord-Est quart Est dix lieues ; dans cette baie, il y a plusieurs bons mouillages : au côté du Sud-Est de cette baie environ deux lieues en dedans, est l'isle Sermoy au Sud-Ouest de la pointe de Gods-het.

Longargrun.

Environ une lieue et demie au Nord-Est de l'isle de Sermoy, est le havre de Longargrun ; c'est un fort beau havre et fort net, et on y mouille à six, sept ou huit brasses d'eau : environ deux petites lieues au Nord-Est de ce havre, est encore une petite isle le long de la terre du Sud-Est, où il y a encore une autre petite isle, derrière laquelle il y a fort bon mouillage : entre la pointe de cette petite isle et la terre, du côté du Sud-Ouest de l'isle, il y a un haut rocher qui paroît comme un navire à la voile.

Donckery.

Au Nord quart Nord-Est de cette baie, de l'autre côté de la baie, est la rade de Donckery ; il y a fort peu d'eau, et on y assèche toutes les marées, quand on est près de terre, mais quand on est un peu au large, on a deux ou trois brasses d'eau de basse mer ; on y est à l'abri de tous les vents, car du côté du Sud-Ouest de cette rade, il y a quantité de rochers dessus et dessous l'eau qui couvrent toute cette rade.

Suylivant-More.

Environ quatre lieues au Sud-Ouest quart d'Ouest de cette rade, est Suylivant-More, où l'on mouille à six ou huit brasses d'eau ; on y est à l'abri de tous les vents, à cause des isles des pêcheurs qui en sont au Sud-Ouest, et qui couvrent cette rade : entre ces isles et la terre du côté de l'Ouest, il y a plusieurs roches sous l'eau, mais elles sont plus proches de la terre que des isles ; on peut passer tout autour de ces isles : mais le meilleur passage pour aller à la rade de Suylivant-More, est de passer du côté du Nord-Est, et ranger la terre du Nord-Est, à cause qu'il y a quelques roches au bout de l'isle qui est la plus au large.

Pointe de l'Isle Scrihe.

A deux lieues et demie des isles des pêcheurs, au Sud-Ouest, est la pointe de l'isle de Scrihe, dont nous avons déjà parlé ; proche de cette pointe, un peu plus en dedans, est encore une petite isle, et au-dedans d'elle, tout près de terre, est une rangée de rochers sous l'eau que l'on doit éloigner ; le fond va toujours en montant en entrant en cette baie ; car à l'entrée il y a 50 brasses d'eau, plus au-dedans 40 brasses, après 20, 10 et 15, 3 et 2, jusqu'à une brasse. *Les marées y sont Ouest Sud-Ouest et Est Nord-Est.*

Rade de Baleschelogh.

Environ deux lieues au Nord de l'isle de Venis, est la rade de la petite ville de Baleschelogh, dans le fond d'une baie qui a deux lieues de profondeur ; on mouille à l'abri d'une petite isle au Nord-Est d'elle ; pour y entrer, il faut s'éloigner de ladite isle, à cause d'une pointe de banc qui s'écarte bien un demi-quart de lieue en mer du côté du Sud-Est ; c'est pourquoi il faut tenir la côte du Sud-Est jusqu'à ce qu'on soit au Nord-Est de l'isle, alors on

ourt sur la ville de Baleschelogh, qui est du côté du Nord-
Ouest de cette baie ; on ne peut non plus passer entre l'isle et la
erre, à cause des sables et roches qui sont entre deux. Cette
ade est fort bonne. *Les marées y sont Sud-Ouest quart Ouest
et Nord-Est quart Est.*

Schylinghs.

UNE lieue et demie à l'Ouest Sud-Ouest de l'isle de Baleschelogh, est la pointe des Schylinghs : il y a à l'Ouest de cette pointe
trois hauts rochers nommés *les Schylinghs*, tous trois en égale
distance l'un de l'autre, et le plus éloigné de terre est le plus
grand, il est distant de la pointe environ deux lieues ; le second
ou celui du milieu, une petite lieue et demie, et le plus à terre
environ trois quarts de lieue. Ces rochers sont forts nets, et on
peut passer au travers d'eux, si l'on veut, *mais les marées y
sont fortes, et la Lune à l'Est Nord-Est et à l'Ouest Sud-Ouest,
y fait pleine mer ; c'est-à-dire, à 4 heures 30 minutes, le jour
de la pleine et nouvelle Lune.*

Ainsi paroissent les isles qui sont au Sud-Est quart Est et à
l'Est Sud-Est des Schylinghs ; la terre qui est à l'Est devers le
cap Dorses, est une terre haute et hachée.

Ainsi paroissent les Schylinghs,
quand on est à l'Est quart Sud-Est
trois lieues.

Quand on est proche des Schylinghs, les isles qui en sont au
Nord et à l'Est paroissent ainsi.

Quand on est au Nord des Schylinghs une lieue, ils paroissent
ainsi avec la terre de l'Est et du Nord.

Cette isle est entre les Schylinghs et Dorses, tout proche de terre.

Isle de Valencia.

Du cap des Schylinghs au bout de l'isle de Valencia, il y a deux petites lieues au Nord Nord-Est ; cette isle est longue d'une lieue, et à peu près de la même largeur ; elle est distante d'une petite demi-lieue de terre ; on ne peut point passer entre elle et la terre, par le bout de l'Ouest Sud-Ouest, à cause d'un banc qui s'étend de l'isle jusqu'à la terre ferme ; mais du côté du Nord-Est, elle fait un bon havre que l'on nomme *Begeny* ; il court au Sud-Est entre l'isle et la terre ferme : quand on entre dans ce havre, il faut un peu s'écarter de l'isle, car du côté de l'Est d'elle, il y a une pointe qui s'avance en mer ; il y a aussi un rocher caché sous l'eau le long de ladite isle, à laquelle il faut donner tour : quand on est doublé la pointe de l'Est, on court à l'Est encore jusqu'à ce que l'on soit par le travers d'un rocher rouge qui est du côté du Sud, où l'on mouille l'ancre à six ou sept brasses d'eau, fond de vase, et on y est à l'abri de tous vents : cette isle fait le côté du Sud de l'entrée de Dingle-Baie.

Dingle - Baie et Ventry.

Dingle-Baie est une fort grande baie ou golfe profond de six grandes lieues à l'Est Nord-Est, et large de deux ; au côté du Nord de l'entrée de cette baie, il y a deux havres, le premier qui est à l'Est Sud-Est des Blasqués, environ deux lieues, se nomme *Ventry* : ce havre entre en terre droit au Nord ; à l'entrée, sur la pointe du côté de bâbord il y a un château, et au-dedans du havre est encore un autre château avec un bourg devant lequel on mouille.

Dingle - Haven.

A une bonne lieue à l'Est Nord-Est du havre de Ventry, est le havre de Dingle ou *Dingle-Loch* ; il court droit au Nord, et à la pointe de l'Ouest de ce havre, il y a un rocher rond qui couvre toutes les marées ; on peut passer des deux côtés de cette roche, car elle est fort saine et nette tout autour ; on mouille devant la ville de Dingle-Loch à tant et si peu d'eau que l'on veut. *En tous ces havres la Lune à l'Ouest Sud-Ouest et Est Nord-Est y fait pleine mer, c'est-à-dire, qu'à la nouvelle et pleine Lune il y fait pleine mer à 4 heures 30 minutes.*

Blasqués.

DEUX lieues à l'Ouest Nord-Ouest de Ventry, sont les Blasqués ; ce sont quatre ou cinq isles fort hautes et rocheuses, accompagnées de plusieurs petits rochers et isles : la plus grande de ces isles est la plus à terre, elle en est éloignée d'environ une demi-lieue ; on peut passer entre cette isle et la terre, et même y mouiller, si l'on veut. Dans le milieu du canal, entre la terre et l'isle, il y a une roche sous l'eau fort dangereuse : ceux qui y passent, doivent ranger l'un des deux côtés. *Les marées y sont très-fortes en ce passage, et la Lune au Nord-Est et au Sud-Ouest y fait pleine mer, c'est-à-dire, à trois heures le jour de la nouvelle et pleine Lune.*

Les Blasqués, et la terre qui en est à l'Est, paroissent ainsi, quand on est entre eux et les Schylings.

Quand le plus haut des Blasqués est à l'Est Sud-Est de vous, trois ou quatre lieues, ils se montrent ainsi.

Quand les Blasqués sont au Sud-Est quart Sud de vous, ils paroissent ainsi.

Ainsi paroissent les isles qui sont au Nord des Blasqués.

Havre de Smerik.

A quatre petites lieues à l'Est Nord-Est et au Nord-Est quart Est des Blasqués, est le havre de Smerik ; c'est un petit havre qui est peu fréquenté, il est pourtant bon et net : il court à l'Est Sud-Est ; et du côté de bâbord de l'entrée de ce havre, il y a une pointe qui s'avance un peu, c'est pourquoi il faut ranger le côté du Sud-Ouest ou de stribord, en entrant, ou bien suivre le mi-canal. *Les marées y sont de trois heures à la nouvelle et pleine Lune.*

Cansanan et Lupis, pointes.

Des Blasqués à la pointe de Cansanan, qui fait l'entrée de la rivière de Limerick, du côté du Sud-Est, la route est le Nord-Est quart Est douze lieues, et la côte gît presque la même, si ce n'est au Sud-Ouest de la pointe de Cansanan, qu'elle fait une grande anse, dans laquelle sont plusieurs isles que l'on nomme les isles aux Ours ou *isles Hogs ;* il n'y a nul mouillage entre ces isles et la terre, ni même autour d'elles. Environ à moitié chemin de ces isles aux Blasqués, sont les hautes montagnes de Brandonhil : environ deux lieues au Nord-Ouest de la pointe de Cansanan, est la pointe de Lupis, qui fait le côté du Nord-Ouest de l'entrée de la rivière de Limerick.

La terre, depuis les Blasqués jusqu'à l'Est de Brandonhil, paroît ainsi, mettant cette figure et la suivante ensemble, par les lettres AA, quand la montagne de Brandonhil est à l'Est Sud-Est de vous.

Limerick, rivière.

Entre la pointe de Cansanan et la pointe de Lupis, est la rivière de Limerick, qui court à l'Est Nord-Est quatre lieues ; au-dedans de cette rivière est l'isle de Scatrix, qu'il faut doubler du côté du Sud, pour mouiller à la rade qui est du côté de l'Est ; au-dedans d'elle, il n'y a point de passage entre cette isle et la pointe du Lupis, il y a un banc qu'il faut éviter, allant par le milieu du canal ou approcher la terre du Sud de plus près que celle du Nord.

Il y a encore douze lieues de l'isle de Seatrix à Limerick, et par-tout bon mouillage ; mais au-dessous de l'isle de Seatrix, il n'y en a point du tout : on trouve plusieurs rochers ou isles, en montant à Limerick ; mais comme on n'y monte point sans pilotes, il seroit inutile d'en parler : quand on est devant la ville, on s'amarre sous le château, avec trois ou quatre amarres, à cause des grands courans. *Les marées y sont de quatre heures trente minutes, les jours de la nouvelle et pleine Lune.*

De la pointe de Lupis à Dooenshooft, la terre court au Nord-Est quart Nord, neuf bonnes lieues ; cette côte fait plusieurs anses entre les deux, toutes fort sales : environ à moitié chemin de ces deux pointes ; savoir : de Lupis à Dooenshooft, sont deux isles éloignées de terre une grande lieue, lesquelles sont fort sales tout autour, et on ne peut point passer en terre d'elles, et même il est bon de ne les point approcher que d'une lieue, à cause de plusieurs roches qui sont au large d'elles du côté du Nord-Ouest.

Gallouay.

Le cap de Dooenshooft est fort sain et net, et il fait l'entrée du Sud de la baie de Gallouay ; depuis ce cap jusqu'à Blac-heat cap Noir, la terre court au Nord-Ouest trois lieues et demie ; cette terre est très-nette tout du long, et on la range aussi de près, pour aller à Blac-heat ; on mouille sous Blac-heat pour prendre les pilotes, pour vous mener à Gallouay.

Isles d'Aron.

Une lieue et demie au Nord Nord-Est du cap de Dooenshooft, est la pointe du Sud-Est de l'isle d'Aron ; cette isle a un banc du côté du Sud-Est qui avance beaucoup en mer du côté de la terre ferme, ce qui fait que le canal entre ce banc et la terre, est fort étroit, et il faut ranger la terre tout du long de proche, ainsi qu'il a été dit, et ne point du tout s'approcher de l'isle, à cause du banc. Les isles d'Aron sont trois en nombre, lesquelles couvrent entiérement la baie de Gallouay ; elles gisent l'une de l'autre Sud-Est et Nord-Est, et contiennent bien 4 lieues de long : entre celle qui est la plus au Sud-Est et celle du milieu, il n'y a point de passage, ayant des bancs entre deux qui les joignent l'une à l'autre ; mais entre celle du milieu et celle qui est la plus au Nord-Ouest, il y a un fort bon passage, que l'on nomme la Sonde de S. Grégoire : on peut aussi mouiller au Nord-Est de cette isle. Au Nord-Ouest d'un haut rocher qui est au-dedans d'elle, à la pointe du Nord-Ouest de cette isle, il y a encore deux autres roches ; mais elles sont sur l'eau ; tout du long des deux isles les plus au Sud-Est, au-dedans d'elles, il y a plusieurs bancs qui avancent beaucoup au large, c'est pourquoi il ne les faut pas trop approcher. Le passage qui est entre l'isle d'Aron, je dis celle qui est la plus au Sud et la terre, s'appelle petite Sonde. On peut mouiller par-tout au-dedans de ces isles à vingt-cinq, vingt, quinze ou moins d'eau si l'on veut ; il faut toujours s'approcher plus près de la côte du Sud-Est de ladite baie que de celle du Nord-Ouest, à cause qu'il y a des bancs tout du long qui s'écartent plus d'une lieue en mer.

A une lieue à l'Est de Blac-heat, est une petite isle basse, qui a plusieurs roches qui poussent plus d'une demi-lieue à l'Ouest du côté de Blac-heat, auxquelles il faut donner tour. A trois lieues à l'Est Nord-Est de Blac-heat, est un autre cap qui est droit vis-à-vis de l'isle Motin : au Sud-Est d'elle, une grande lieue entre Blac-heat et ce cap, la terre refuit fort au-dedans ; et au Sud-Ouest de cedit cap, il y a encore une petite isle droit vis-à-vis une tour qui est sur la terre ferme, de laquelle il sort une petite pointe de banc, qui met bien hors une grande portée de mousquet du côté de l'Ouest Nord-Ouest. La route, pour aller de Blac-heat à Gallouay, est le Nord-Est quart Est jusqu'à ce qu'on soit au Sud-Est de l'isle Motin ou isle Mouton ; ainsi faisant, on passe entre la petite isle qui est au Sud-Ouest du cap de devant l'isle Motin, de laquelle il sort une queue de banc dont nous avons déjà parlé, et deux petits bancs de roches qui sont au Sud Sud-Ouest de ladite isle Motin : ce passage entre ces petits bancs et la petite isle, n'a pas plus que demi-lieue de large, et quand on y est, il n'a que demi-lieue au large ; et si l'on n'y a point pratiqué, il est bon de prendre un pilote du lieu quand on est au Sud-Est de l'isle Motin ; alors on court au Nord Nord-Ouest jusques sous l'isle Motin, où l'on mouille à cinq ou six brasses d'eau. *Les marées y sont Est Nord-Est et Ouest Sud-Ouest, c'est-à-dire, à 4 heures 30 minutes, pleine mer le jour de la nouvelle et pleine Lune.*

A deux lieues et demie au Nord Nord-Est de la Sonde de Saint-Grégoire, et à quatre grandes lieues de l'isle Motin ou isle Mouton, est le havre de Kasteley. C'est un fort beau et bon havre, meilleur que Gallouay, mais peu habité, que de quelques petits hameaux de paysans qui sont aux environs. Ce havre entre bien deux lieues en terre ; mais dans le fond il y

a

a quelques roches et quelques petites isles, à quoi il faut prendre garde; et à l'entrée du côté du Sud, un peu au-dedans de la première pointe, il y a aussi plusieurs roches et isles; et au-dehors de ladite pointe du Sud, à l'ouvert du port, sont deux rochers, dont le plus au large est toujours assez haut sur l'eau, mais celui de terre couvre et découvre : quand on entre dans ledit port, on les laisse à stribord, en suivant le mi-canal; on évite aussi le côté de bâbord, à cause de quelques roches sous l'eau, qui sont tout proches de terre; mais en suivant le mi-canal, ou laissant les deux tiers de l'eau à stribord, on y entre aussi avant que l'on veut, et l'on y mouille à cinq, six, huit ou dix brasses d'eau, bon fond de sable et vase. La mer n'y est jamais guère grosse, à cause de la grande isle d'Aron qui est au-devant une grande lieue. L'on se peut gouverner sur la démonstration suivante, quoiqu'elle ne soit pas levée géométriquement; néanmoins elle est assez bonne pour s'y pouvoir fier.

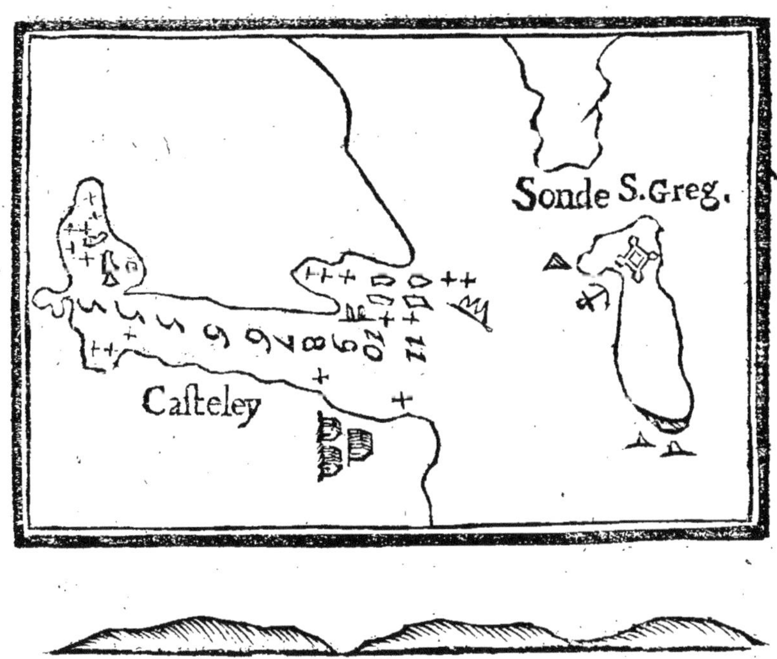

Quand l'isle du milieu de celles d'Aron, qui sont devant Gallouay, est à cinq lieues au Nord-Est de vous, elles paroissent ainsi, et l'isle la plus au Sud paroît fort basse.

H

Ainsi se font voir la terre et les isles qui sont entre Limerick et Gallouay, quand on vient de la mer.

Cette figure et les trois suivantes se doivent joindre, en mettant les lettres CC, BB et AA ensemble.

Sud-Est quart Sud huit lieues, Sud Sud-Est huit lieues, et Sud quart Est neuf lieues.

Ainsi paroissent les trois isles d'Aron devant Gallouay; entre les deux les plus au Nord, il y a vingt brasses d'eau.

Les quatre figures précédentes appartiennent ensemble, et cette dernière est au Nord de Gallouay.

Les isles et la terre ferme au Nord et au Sud de Gallouay, se montrent comme il est représenté par les cinq figures précédentes, quand on est droit devant les isles d'Aron, qui sont à l'entrée de la baie de Gallouay.

DESCRIPTION DES SONDES,

*Qui se trouvent tant en dedans du Canal qu'en dehors,
depuis la côte d'Irlande jusqu'aux environs de la
rivière de Bordeaux.*

DEPUIS le Pas de Calais jusques par le travers de la pointe
de Barfleur, en mi - canal, on trouve 25 à 30 brasses
d'eau, fond de sable.

Depuis Boulogne jusqu'au Sud de la Somme, à trois ou quatre
lieues au large, on trouve 10 à 15 brasses d'eau, fond de sable.

Depuis le Tréport jusqu'à la Hève, à deux ou trois lieues de
terre, on trouve 18 à 20 brasses d'eau, fond de sable, avec
marne ou craie blanche.

Depuis la Hève jusqu'à la pointe de Barfleur, en route, on
trouve 18 ou 20 brasses d'eau, fond de sable, avec des petits
cailloux rouges et noirs; et plus à terre, 12 à 15 brasses d'eau,
même fond.

Le long de la côte d'Angleterre, depuis la pointe des Dunes
jusqu'à Portland, à deux ou trois lieues de terre, on trouve 15,
16 à 20 brasses d'eau, fond de sable ; mais près de Portland il est
plus profond, et le fond est mêlé de marne ou craie blanche.

Depuis la pointe de Barfleur jusqu'au cap de la Hague, à
deux ou trois lieues de terre, on trouve 28 à 30 brasses d'eau,
fond de gros gravier et coquilles pourries.

Entre Casquet et la pointe de Barfleur, dans le milieu du
canal, on trouve 35 à 38 brasses d'eau, fond pourri et coup
au plomb ; mais au Sud Sud-Est de la pointe de Sainte-Hélène,
on trouve un banc, sur lequel il n'y a que 15 à 20 brasses
d'eau, fond de sable et coquilles pourries.

Entre Guernesey et Casquet, on trouve 35 à 40 brasses
d'eau, fond pourri et coup au plomb ; mais environ à l'Ouest
quart Sud-Ouest de Casquet, il y a un faux fond ou fosse,
dans laquelle on trouve 70 à 80 brasses d'eau.

Au-dedans de Roche-Douve à la route de Saint-Malo, on
trouve 20 à 25 brasses d'eau, fond de sable : mais entre les
isles de Jersey, Guernesey et Cers, on trouve 25 à 30 brasses
d'eau, diverses sortes de fond.

Depuis Portland jusqu'à Gaudeteur, partant de deux ou trois
lieues de terre, faisant l'Ouest quart Sud-Ouest, on trouve en

cette route 3o à 35 brasses d'eau, fond de sable gris; si ce n'est auprès de Portland, où l'on trouve des fonds pourris, avec de la marne ou craie blanche.

Depuis Gaudeteur jusqu'à Lézard, à deux ou trois lieues de terre, on trouve 35 à 4o brasses d'eau, fond de sable; mais aux environs de Lézard, le fond est plus jaune, mêlé de paille de son.

Depuis le travers de Guernesey jusqu'au travers du Four et de Lézard, à mi-canal, on trouve 45 à 5o brasses d'eau, le fond est d'ordinaire de cailloux et coquilles pourries, avec de gros gravier.

Le long de la côte de Bretagne, depuis les Sept-Isles jusqu'au Four, à deux ou trois lieues de terre, on trouve 40 à 45 brasses d'eau, fond de gros gravier et petits cailloux de diverses couleurs.

TABLES DES SONDES,

Hors le Canal aux environs de la Manche.

Au Sud Sud-Ouest d'Ouessant.

AU Sud Sud-Ouest d'Ouessant, sept à huit lieues, on trouve 55 brasses d'eau, fond de sable blanc, rouge et jaune, avec des morceaux de coquilles qui ressemblent à de l'écorce de fromage.

Sud-Ouest quart Sud d'Ouessant.

Au Sud-Ouest quart Sud d'Ouessant, 12 à 13 lieues, on trouve 70 à 75 brasses d'eau, fond de gros sable blanc et roux, avec des petites pierres usées.

Sud-Ouest d'Ouessant.

Au Sud-Ouest d'Ouessant, huit à neuf lieues, on trouve 75 brasses d'eau, fond de sable et pierres usées, avec des morceaux de coquilles pourries.

A quinze à seize lieues, 8o à 85 brasses, fond de sable gris, avec des petites pierres plattes et usées, comme aussi quelques morceaux de coquilles pourries.

A vingt lieues, 95 à 100 brasses d'eau, fond de sable gris et blanc, et petites pailles comme du son, avec des petites pierres usées et coquilles pourries.

Sud-Ouest quart Ouest d'Ouessant.

Au Sud-Ouest quart Ouest d'Ouessant, sept lieues, on trouve 65 brasses d'eau, fond de sable et quantité de grosses coquilles pourries.

A seize lieues, le fond y est de gros sable blanc et jaune, petites pierres platies et grises, avec des pointes luisantes.

A 25 lieues 100 à 105 brasses, fond de gros sable rude comme petit gravier jaune et blanc, un peu tacheté de noir, et quelques petits morceaux de coquilles rompues.

Ouest Sud-Ouest d'Ouessant.

A l'Ouest Sud-Ouest huit ou neuf lieues d'Ouessant, on trouve 65 à 70 brasses d'eau, fond de sable rougeâtre et gris, avec des petites pierres usées et morceaux de coquilles fines et autres, comme morceaux d'écorces de fromage.

A 15 ou 16 lieues, 75 à 80 brasses, sable blanc, gris et jaune, avec morceaux de coquilles fines, et autres morceaux de coquilles pourries.

A 23 à 24 lieues, 90 à 95 brasses, fond de sable blanc et gris, assez grosset, et petits morceaux de coquilles, terre blanche et jaune.

A 12 lieues, 70 brasses d'eau, fond de coquillages rompus, avec peu de sable, et quelques pointes d'alènes.

Ouest quart Sud-Ouest d'Ouesant.

A l'Ouest quart Sud-Ouest d'Ouessant, cinq à six lieues, on trouve 70 brasses d'eau, fond de gros sable roux, et quelques pointes d'alènes, avec coquilles claires et pourries.

A 15 ou 16 lieues 80 à 85 brasses d'eau, fond de sable gris et coquilles rompues.

A 45 lieues 95 brasses d'eau, fond de gros sable rude, avec quelque peu de coquilles rouges et blanches, et quelques petites pierres rouges.

A 20 lieues, 80 à 85 brasses d'eau, fond de sable gris, grands morceaux de coquilles et morceaux de petits cornets.

A l'Ouest d'Ouessant, six lieues, on trouve 65 brasses d'eau, fond de sable avec coquilles pourries.

A quatre à cinq lieues, 60 à 64 brasses d'eau, fond de rocailles, coquilles pourries, et quelques pointes d'alènes.

A 24 ou 25 lieues d'Ouessant, par 85 brasses d'eau, le fond y est de sable rude, long, rouge et jaune, et quelques petites pointes et morceaux de coquilles.

A 30 ou 35 lieues d'Ouessant, à 90 brasses d'eau, fond de gros sable gris, avec des morceaux de coquilles larges, et des cailloux rouges et gris, et autres petits morceaux de coquilles fort fines.

A cinq lieues d'Ouessant, à l'Ouest quart Nord-Ouest, par 65 à 68 brasses d'eau, le fond est de sable jaune et blanc, avec des petites pointes d'alènes et morceaux de coquilles fines.

A 16 ou 18 lieues, à 70 brasses d'eau, fond de sable fin et gris, avec des pointes d'alènes et quelques morceaux de coquilles.

H 3

A 30 lieues, à 75 brasses, le fond est de sable blanc et paille d'orge, avec un peu de coquilles fines et rompues.

A l'Ouest Nord-Ouest d'Ouessant, cinq lieues, on trouve 65 brasses d'eau, fond de sable gris, avec de petites pierres plattes, pointes d'alênes et petites coquilles.

A 12 à 13 lieues, 65 à 68 brasses d'eau, fond de sable fin et blanc, avec quelques petites pierres et quelque peu de coquilles rompues et des pointes d'alênes.

A 24 lieues, 70 brasses d'eau, fond de sable menu, blanc et gris, avec un peu de coquilles fines et des pointes d'alênes.

A 55 lieues, sur le petit banc qui est à l'ouvert du canal, il y a 60 brasses d'eau, fond de sable fin, jaune, blanc et tacheté de noir ; et des deux côtés du banc, 80 brasses d'eau, fond de sable gris et blanc, et quelques pailles jaunes.

Au Nord-Ouest quart Ouest d'Ouessant, 15 à 16 lieues, on trouve 65 à 68 brasses d'eau, fond de sable fin taché de noir ; avec quantité de paille d'orge, petites coquilles vertes et pointes d'alênes.

A 14 ou 16 lieues, au Nord-Ouest d'Ouessant, à 70 brasses d'eau, le fond y est de sable roux, avec quelques morceaux de coquilles blanches et rouges.

A 18 à 20 lieues, on trouve 70 brasses d'eau, fond de sable blanc et gris, avec des petites pailles jaunes et blanches, et quelques pointes d'alênes.

A huit lieues au Nord-Ouest quart Nord d'Ouessant, le fond y est de sable rude, jaune et blanc, pailles d'orge avec quelques pointes d'alênes et quelques morceaux de coquilles.

A 16 ou 18 lieues, on trouve 65 brasses d'eau ; le fond y est de sable blanc, jaune et rouge, avec quelques morceaux de coquilles et quelques pointes d'alênes.

Au Nord Nord-Ouest d'Ouessant, 18 à 20 lieues, il y a 62 à 65 brasses d'eau, fond de petites pierres blanches, jaunes, rouges et noires, avec des morceaux de coquilles rouges, et quelques pointes d'alênes.

A 15 ou 16 lieues, 58 à 60 brasses d'eau, le fond est de petits cailloux rouges et blancs, avec un peu de sable gris et blanc, fin et curé, et quelques morceaux de coquilles pourries comme écorces de fromage.

Au Nord quart Nord-Ouest d'Ouessant, et même au Nord de lui, neuf ou dix lieues, on trouve 55 brasses d'eau, fond de sable gris, avec des cailloux de diverses couleurs.

A 15 ou 16 lieues, on trouve 55 brasses d'eau, fond mêlé de

outes sortes de coquillages rompus, et de petites pierres blanches, grises et jaunes, avec des pailles d'orge et des pointes d'alênes.

Au Sud de Lézard, cinq à six lieues, on trouve 50 brasses d'eau, fond de petits morceaux de menues coquilles rompues, de couleur de son, avec un peu de sable gris, et quelques petits cailloux rouges.

Entre Lézard et le bout d'Angleterre, à deux lieues de terre, on trouve 45 brasses d'eau, fond de cailloux, avec des coquilles et quelques pailles d'orge.

Au Sud du bout d'Angleterre, huit ou neuf lieues, on trouve 55 à 58 brasses d'eau, fond de sable et gros gravier, avec des pailles comme du son.

Au Sud des Sorlingues, cinq à six lieues, on trouve 60 à 65 brasses d'eau, fond de gros gravier et des petites pierres de toutes sortes de couleurs, et quelques petites pailles comme du son.

A l'Ouest des Sorlingues, 12 à 14 lieues, on trouve 65 à 68 brasses d'eau, fond de sable gris, taché de noir et vaseux.

A six lieues des Sorlingues, à l'Ouest d'elles, on trouve 60 brasses d'eau, fond de sable gris et vaseux, avec quelques morceaux de coquilles.

A l'Ouest Nord-Ouest des Sorlingues, 18 à 20 lieues, on trouve 70 brasses d'eau, fond de vase noire et fort claire, qu'on ne peut rapporter qu'avec du beurre au bout du plomb, et non pas avec du suif; cette sonde ne se trouve que quand on est au Nord et Ouest des Sorlingues, c'est pourquoi quand on trouve ce fond, on est assuré que l'on n'est point à l'ouvert du canal, et qu'on en est Nord, car en aucun endroit des environs du canal, on ne trouve point de fond semblable.

Au dedans des Sorlingues, du côté du Nord, jusqu'à l'isle de Londey, on trouve 45 brasses d'eau, fond de sable gris; mais au-dedans de l'isle de Londey, jusqu'à Bristol, en route, on trouve 30, 25, 20, 15 ou 10 brasses d'eau, selon qu'on est avant dans le canal de Bristol.

~~~~~~

TABLE des Sondes et Fonds qui se trouvent depuis le Ras de Sains jusqu'à l'ouvert de la Rivière de Bordeaux.

AU Sud-Ouest du Bec du Ras, deux lieues, on trouve 25 à 26 brasses d'eau, fond de sable gris et blanc très-fin.

A l'Ouest d'Audierne, 12 lieues, on trouve 65 brasses d'eau, fond de sable gris et blanc.
~~~~~~

A l'Ouest de l'étoc de Penmarc, 10 lieues, on trouve 65 à 68 brasses d'eau, fond de sable gris.

Au Sud-Ouest quart Sud de l'étoc de Penmarc, cinq lieues, on trouve 60 à 62 brasses d'eau, fond de sable fin et vaseux.

Au Sud de Glénan, sept ou huit lieues, on trouve 50 à 55 brasses d'eau, fond de sable gris taché de noir.

Au Sud des isles aux Moutons, 10 lieues, on trouve 60 brasses d'eau, fond de sable gris, taché de noir.

Au Sud-Ouest quart Sud de Belle-Isle, cinq ou six lieues, on trouve 55 brasses d'eau, fond de gros gravier mêlé, la plupart roux et luisant.

Au Sud Sud-Est de Belle-Isle, dix lieues, on trouve 40 brasses d'eau, fond tout mêlé de sable gris et rocailles pourries, avec des coquilles de toutes sortes, et quelques pointes d'alènes.

Au Sud-Est de Belle-Isle, 12 lieues, on trouve 70 brasses d'eau, fond de sable gris et vaseux.

Au Sud de Belle-Isle, 10 lieues, on trouve 65 brasses d'eau, fond de sable brun et vaseux.

A l'Ouest quart Sud-Ouest de Belle-Isle, huit ou neuf lieues, on trouve 65 brasses d'eau, fond de sable brun et vaseux.

Au Sud-Ouest de Belle-Isle, sept lieues, on trouve 60 brasses d'eau, fond de sable brun et vaseux.

Au Sud Ouest quart Ouest de Belle-Isle, quatre lieues, on trouve 55 brasses d'eau, fond de sable brun et vaseux.

Entre Belle-Isle et l'Isle-Dieu, on trouve 25 à 28 brasses d'eau, fond de gros sable roux.

Au Sud-Ouest quart de Sud du Pillier, quatre lieues, on trouve 28 brasses d'eau, fond mêlé de gros sable roux, et quelques cailloux clairs, avec quelque peu de coquilles fines.

Au Nord-Ouest quart Ouest de l'Isle-Dieu, cinq lieues, on trouve 26 brasses d'eau, fond de sable menu, roux et quelque peu taché de noir, avec quelques pointes d'alènes.

A l'Ouest de l'Isle-Dieu, trois ou quatre lieues, on trouve 31 brasses d'eau, fond de gros sable roux et quelque peu de morceau de coquilles.

Au Sud quart Sud-Est de l'Isle-Dieu, trois lieues, on trouve 26 brasses d'eau, fond de gros gravier roux, clair et luisant.

Entre l'Isle-Dieu et l'isle de Ré, en route, c'est-à-dire, à deux ou trois lieues de terre, on trouve 25 à 28 brasses d'eau, fond de sable roux.

A l'Ouest Nord-Ouest de la tour d'Ars, une lieue et demie, on trouve 12 brasses d'eau, fond de sable roux.

'A l'Ouest de l'isle de Ré, six ou sept lieues, on trouve 35 brasses d'eau, fond de sable roux et vermeil.

A l'Ouest Sud-Ouest du pertuis d'Antioche, cinq lieues, on trouve 32 à 35 brasses d'eau, fond de sable roux.

A une lieue à l'Ouest et à l'Ouest Nord-Ouest des ânes de Bordeaux, on trouve 12 brasses d'eau, fond de sable gris.

Tout le long de la côte d'Oleron, à une lieue de terre, on trouve 18 à 20 brasses d'eau, fond de sable gris.

CÔTES DE FRANCE,

Depuis les Ras de Fontenay jusqu'à Fontarabie.

CHAPITRE V.

Port aux Cabestans.

DU ras de Fontenay jusqu'au port aux Cabestans, la route est à l'Est Sud-Est deux lieues. C'est une grande anse, dont à chaque pointe il y a une roche, lesquelles couvrent et découvrent toutes les marées ; on passe entre ces deux roches pour aller en cette rade ; car quoique l'on nomme ce lieu le port aux Cabestans, ce n'est néanmoins qu'une rade foraine, où l'on ne mouille que par nécessité.

Audierne.

DEPUIS le port aux Cabestans jusqu'au havre d'Audierne, la côte court à l'Est quart Sud-Est, trois bonnes lieues. C'est un havre de marée où il ne faut entrer que de pleine mer; mais quand on est dedans, on est à l'abri de tous les vents. Il assèche toutes les marées : et au-devant de ce havre, il y a un banc de roches nommé *le Camer*, qui est long d'une demi-lieue Est Sud-Est et Ouest Nord-Ouest, et éloigné de terre d'un quart de lieue : on passe entre ce banc et la terre, tant du côté de l'Est que de l'Ouest, en rangeant la côte de proche. Il y a à l'Est de ce port une église fort haute, et la ville d'Audierne est du côté de l'Ouest. *Au pied des montagnes, les marées sont de quatre heures, ou de quelque peu moins.*

Étoc de Penmarc.

Depuis Audierne jusqu'à l'étoc de Penmarc, la côte court au Sud-Est, prenant un peu du Sud, faisant une grande anse ; c'est toute haute terre jusqu'au proche des étocs de Penmarc, que la terre est toute basse, sur laquelle on voit une ville et plusieurs églises : bien trois quarts de lieue au Sud Sud-Ouest de cette ville, il y a un grand nombre de rochers, dont une partie sont sur l'eau, et une partie dessous l'eau ; en terre de ces rochers, il y a quelques passages pour des barques et des petits navires, mais ces passages sont fort difficiles, et ne sont connus que des gens du lieu : tout le long de la côte, depuis l'étoc jusqu'à la rivière de Pont-l'Abbé, qui est à deux grandes lieues au Sud dudit Penmarc, la côte est pleine de bancs et rochers qui mettent plus d'un quart de lieue au large.

Rivière de Pont-l'Abbé.

La rivière de Pont-l'Abbé est peu fréquentée, et l'on n'y entre que de pleine mer, elle est presque barrée de bancs qui ne lui laissent qu'un fort petit canal : mais quand on est dedans, elle est assez large, et l'on y mouille à l'abri d'une petite isle nommée *l'isle Tudy. Les marées y sont de trois heures trois quarts à quatre heures, comme aussi à l'étoc de Penmarc.*

Benaudet.

Environ une lieue de la rivière de Pont-l'Abbé, à l'Est quart Nord-Est, est la rivière de Quimper-Corentin ; entre ces deux rivières, tout le long de la terre, il y a quantité de rochers bien deux longueurs de câble en mer. La rivière de Quimper-Corentin est assez large, mais hors d'elle, au Sud de la pointe de l'entrée de la rivière, du côté de l'Est, environ un grand quart de lieue, est une roche cachée sous l'eau, de laquelle il se faut garder : c'est pourquoi ceux qui veulent entrer dedans cette rivière, doivent plutôt s'approcher du côté de l'Ouest que de celui de l'Est, tant à cause de la roche dont nous venons de parler, que de plusieurs roches qui sont à la pointe de l'Est de cette rivière ; mais quand on est entre les deux pointes, on rapproche la côte de l'Est jusqu'à ce qu'on soit devant un bourg que l'on nomme *Benaudet,* où l'on mouille à six ou sept brasses d'eau. *Les marées y sont de trois heures et demie à quatre heures.*

Ainsi se montre la terre, depuis le bec du Ras jusqu'aux locs de Penmarc.

Concarneau.

DES élocs de Penmarc à la rivière de Concarneau, la côte court à l'Est huit grandes lieues. Tout du long de la terre, il y a quantité de rochers qui s'écartent bien deux ou trois longueurs de câble en mer ; il y a aussi plusieurs roches dessus et dessous l'eau à l'entrée du havre de Concarneau, des deux côtés, lesquelles ne laissent qu'un canal au milieu du havre. L'on se sert d'un château qui est du côté de l'Est, au-dedans dudit havre, que l'on prend par un moulin qui est au-dedans du pays sur une côte ; et tenant ces marques l'une par l'autre, on peut entrer en ce havre jusques devant Concarneau, où on mouille l'ancre à quatre ou cinq brassses d'eau. *Les marées sont de quatre heures ou environ.*

Ainsi paroît la terre depuis Penmarc jusqu'à la rivière de Concarneau, quand on la côtoie.

Des Isles de Glénan.

UNE lieue et demie au Sud Sud-Ouest du havre de Concarneau, sont les isles de Glénan ; elles sont plusieurs isles ensemble, qui forment un bon havre, où l'on peut être à couvert de tous les vents, mais l'entrée en est difficile ; ces isles sont accompagnées de plusieurs rochers du côté du Sud et de l'Ouest, dont quelques-uns sont dessus l'eau, et les autres dessous, mais le côté du Nord est assez net : on peut fort bien passer entre la terre de Glénan, en rangeant Glénan plus proche que la terre ; on y peut aussi mouiller l'ancre à 10 ou 12 brasses d'eau. Il y a pourtant en terre de ces isles plusieurs roches dessous l'eau, il n'est pas bon d'y passer, à moins d'y être bien expérimenté.

Ainsi paroît l'isle de Glénan, quand on la côtoie à deux ou trois lieues.

Roche nommée la Jument.

Une lieue et demie au Sud Sud-Ouest de la pointe de l'Ouest des Glénan, est la roche nommée *la Jument*, qui est presque toujours sous l'eau ; mais pour peu que la mer soit émue, elle rompt dessus ; on peut passer en terre d'elle, car il y a 40 brasses d'eau ; mais il est meilleur de passer au large, à cause des roches qui sont au proche des isles de Glénan, et qui vont jusqu'auprès de la Jument, ainsi le passage y est fort étroit et dangereux.

Isles aux Moutons.

A l'Est Nord-Est du bout de l'Est des Glénan, sont les deux isles aux Moutons ; entre elles et Glénan, il y a un petit banc de roche sous l'eau, qu'il faut éviter, en passant proche de Glénan ; à un quart de lieue, on pourroit aussi passer entre les isles aux Moutons et ce banc, mais il est étroit à cause des rochers qui sont au proche de l'isle aux Moutons la plus à l'Ouest, qui mettent bien une demi-lieue au large : du côté de l'Ouest, le long de ces isles, au Sud d'elles, il y a plusieurs roches sous l'eau ; mais du côté de terre ou du Nord, elles sont fort nettes, et on y peut mouiller l'ancre à 10 ou 12 brasses d'eau. A une lieue et demie, à l'Est Nord-Est de ces isles, il y a un gros rocher noir qui est à une petite lieue de terre ; on peut passer à terre de lui, si l'on veut, il est net tout autour.

Port - Louis.

De Concarneau au Port-Louis, la côte court à l'Est quart Nord-Est, neuf grandes lieues ; le Port-Louis est un fort bon havre, qui a un fort bon château, une ville du côté de l'Est, et un gros bourg du côté de l'Ouest : mais au-dehors de ce Port du côté de l'Est, il y a quantité de rochers sous l'eau qui rendent l'entrée de ce havre difficile, car ils viennent presque par le travers de l'entrée ; il y a aussi une roche droit au milieu du canal, entre le château et la terre de l'Ouest : pour entrer en ce havre, il faut prendre le bord du château, par le cloître de Ste-Catherine, c'est un petit Couvent qui est au-dedans du havre, du même côté de la ville, sur une pointe qui est au bord de la mer droit à l'Est de l'isle de Saint-Michel : cette isle est au-dedans du havre, droit au milieu : quand on est au-dedans du château, on mouille l'ancre à cinq ou six brasses d'eau, ou bien on échoue

ous la ville, si l'on veut, au Nord d'elle, en cas qu'il soit
leine mer; car on ne peut aller sous la ville de basse mer,
cause qu'il y assèche toutes les marées. On ne peut non plus
ller à Lorient, qui est une lieue dans la rivière, que de
leine mer, tant à cause d'un banc qui est près de Saint-
Michel, que de plusieurs rochers sous l'eau qui sont en route.
l est bon de prendre des pilotes de terre pour entrer en ce

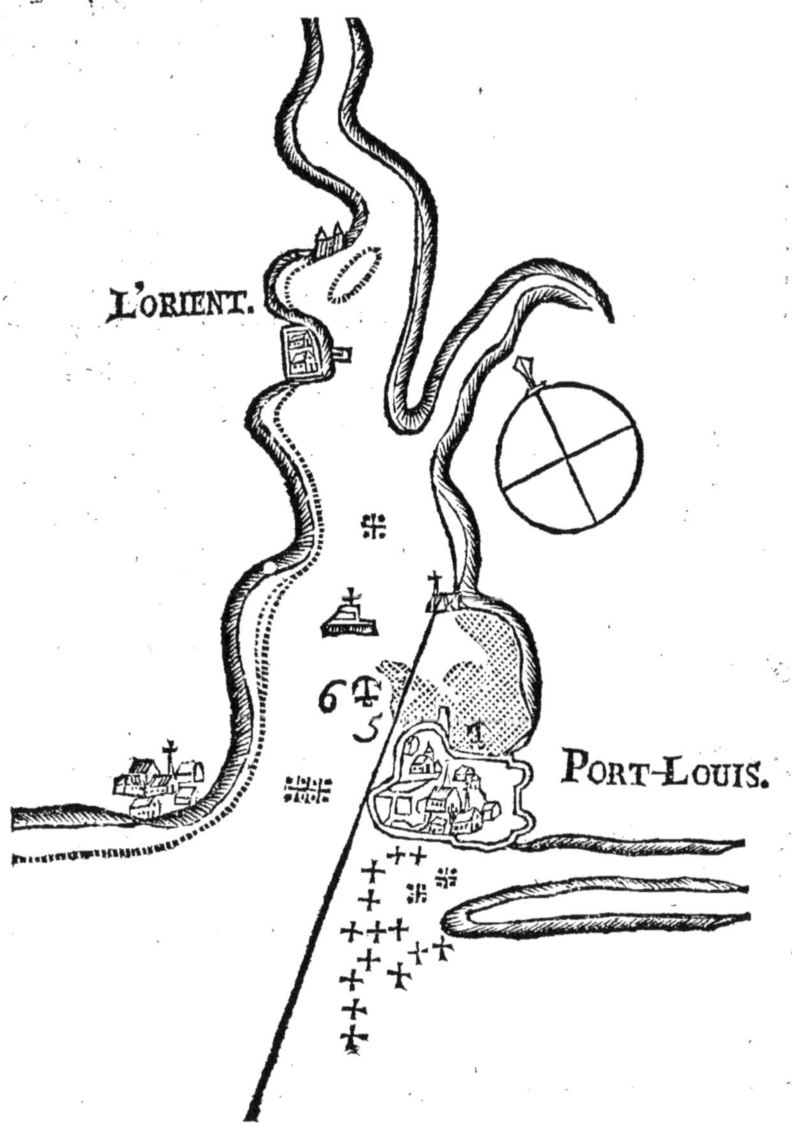

port, quand on est dans un grand navire; mais avec un petit navire, on y peut entrer sur ces marques sans danger, tant de pleine mer que de basse eau; mais avec un grand navire, il faudroit attendre la pleine mer. *Les marées y sont de quatre heures le jour de la nouvelle et pleine Lune.*

Groais.

Droit au-devant de Port-Louis, au Sud de lui, trois lieues, est l'isle de Groais, longue de deux petites lieues Est Sud-Est et Ouest Nord-Ouest; il y a plusieurs arbres et maisons dessus : entre cette isle et la terre, mais plus près de terre que de l'isle, il y a un banc sur lequel il ne reste que 12 à 13 pieds d'eau de basse mer : on mouille entre ce banc et l'isle, à 10, 12 à 15 brasses d'eau, fond de sable et petites rocailles comme de corail. L'isle Groais est fort saine tout autour, à la réserve du côté du Sud-Est, où il y a un banc de roches qui met bien un grand quart de lieue en mer : ce banc s'appelle *les Chats.*

Ainsi paroît la terre de Giénan et le Port-Louis.

Quand l'isle de Groais est à l'Est Nord-Est quatre ou cinq lieues, elle paroît ainsi.

Quand Groais est au Nord-Est de vous, il paroît ainsi.

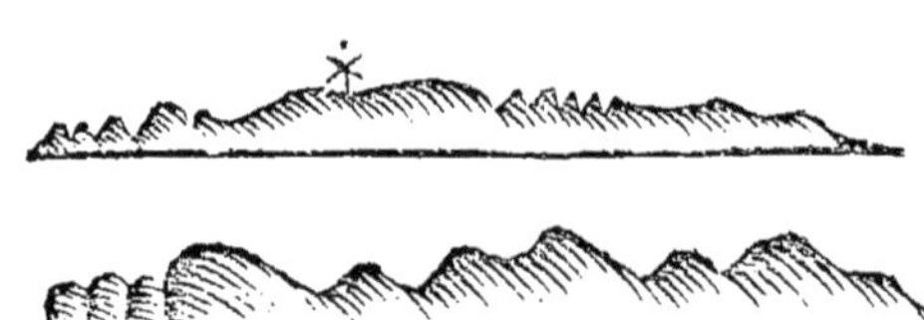

Ainsi paroît Groais, quand il est au Nord-Est de vous, 2 ou 3 lieues.

Quand Groais est au Nord Nord-Est de vous, trois lieues, il paroît ainsi.

Pointe de Quiberon.

Du Port-Louis à la pointe de Quiberon, la côte court au Sud-Est, trois lieues; c'est toute terre basse entre deux : environ moitié

chemin des deux, est un gros rocher sur l'eau ; à la pointe de Quiberon, il y a un banc de roches qui va jusqu'à l'isle d'Houac, et
l'on peut aller de l'un à l'autre à pied sec, de basse mer.

Houac et Heudic, isles.

Au Sud de la pointe de Quiberon, plus d'une grande lieue, est
le bout de l'isle d'Houac ; entre cette isle et la pointe de Quiberon
il n'y a point de passage, à cause d'un banc qui est contigu à tous
les deux, dont nous venons de parler : cette isle est longue
d'environ une lieue Est Sud-Est et Ouest Nord-Ouest. Il y a
plusieurs rochers le long de cette isle, tant du côté du Sud-Est
que du côté du Nord, dont une partie est dessus l'eau et l'autre
partie dessous ; et au bout de l'Est d'elle, au large de tous les
autres, est un haut rocher nommé *la Tignouse* ; ce rocher sert
de marque pour passer entre l'isle d'Houac et celle d'Heudic,
mais ce passage est fort étroit et dangereux, et peu de navires se
risquent à y passer, si ce n'est les gens de ces lieux-là qui y sont
expérimentés : le bout de l'isle d'Heudic est distant de celle
d'Houac une grande lieue et demie au Sud-Est d'elle : cette
pointe est environnée de rochers dessus et dessous l'eau, qui
mettent bien un grand quart de lieue au large, et qui barrent
presque le passage entre les deux isles, c'est ce qui le rend
difficile. L'isle d'Heudic est longue d'une lieue Est et Ouest ;
elle est accompagnée de quantité de rochers tout autour, dont
une partie est dessus l'eau et partie dessous, et il n'est pas bon
de les ranger de trop près : il y a pourtant bon mouillage en
terre d'elles, à neuf ou dix brasses d'eau, fond de sable et vase.

Cardinaux.

A l'Est de l'isle d'Heudic, une demi-lieue, est l'isle nommée
les Cardinaux : cette isle est longue d'une grande demi-lieue ;
elle a plusieurs rochers sous l'eau tout autour, dont quelques-
uns mettent bien deux grandes longueurs de câble au large ;
et entre l'isle d'Heudic et les Cardinaux il n'y a point de
passage, à cause de la quantité de rochers qui sont entre deux.
*Les marées y sont très-fortes tout le long de ces isles, et la
Lune au Nord-Est quart Est et Sud-Ouest quart Ouest, y fait
pleine mer.* Quand vous voulez aller aux rivières d'Auray,
Vannes, Roche-Bernard ou Croisic, on passe à l'Est des
Cardinaux, en les rangeant à un quart de lieue proche.

Belle-Isle.

Six lieues au Sud Sud-Est du bout de l'Est Sud-Est de l'isle de Groais, est la pointe de l'Ouest de l'isle de Belle-Isle, qui s'appelle *la pointe des Poulains*, à cause de plusieurs rochers qui sont à l'Ouest de cette pointe que l'on nomme *les Poulains*; une partie desdits rochers sont sous l'eau, mais celui qui est le plus au large est sur l'eau, c'est un grand et haut rocher : du côté du Sud de Belle-Isle, il y a quantité de roches dessus et dessous l'eau, mais elles sont fort près de terre. L'isle de Belle-Isle est longue de trois lieues et demie à quatre lieues ; c'est une isle fort haute et presque escarpée tout autour. Au côté du Nord, environ à moitié de l'isle, sont le château et le havre le plus fréquenté de l'isle ; il y en a encore un autre à la pointe du Nord-Ouest, nommé *Sanzon ;* mais il est peu fréquenté, quoiqu'il soit beaucoup meilleur que celui du château. Il y a plusieurs rades à Belle-Isle, dont les plus fréquentées sont du côté du Nord sous le château ; et à l'Est du château, une lieue, on mouille à 8, 10 ou 15 brasses d'eau, selon que l'on veut être près ou loin de terre. Cette isle est éloignée des isles d'Houac et d'Heudic de deux lieues : il y a encore une bonne rade à l'Est de Belle-Isle sous la pointe de Locmaria. Un peu à l'Est du château, à une demi-lieue de terre, il y a une roche sous l'eau nommée *Basse-Paluis*, il y a quatre brasses et demie d'eau de basse mer : à la pointe des Poulains, qui est celle de l'Ouest de l'isle, à une demi-lieue de terre, au Nord-Ouest, il y a encore plusieurs roches à l'uni de l'eau qui sont fort dangereuses.

Ainsi paroît Belle-Isle, quand le bout du Nord-Ouest est à l'Est de vous trois ou quatre lieues.

Quand Belle-Isle est au Nord-Est de vous, trois lieues, elle paroît ainsi.

Quand la pointe du Nord-Ouest de Belle-Isle est à l'Est et à l'Est quart Nord-Est de vous quatre lieues, et la pointe du Sud-Est à l'Est quart Sud-Est de vous, elle paroît ainsi ; quand vous approchez de terre, les morceaux qui en paroissent détachés, se joignent ensemble.

Entrée

Entrée des rivières de Vannes et Auray.

De la pointe de l'Est des Cardinaux jusqu'à la rivière d'Auray ou de Vannes, car les deux rivières n'ont qu'une même entrée, la route est le Nord quart Nord-Ouest, six petites lieues : au côté de l'Ouest de l'entrée de ces deux rivières, il y a un grand banc de roches avec plusieurs isles, qui mettent plus de deux lieues au Sud-Est quart Est ; on laisse ces isles à bâbord de vous en entrant, et l'on entre entre ces isles et la pointe de Meylant, par le milieu du canal, ou bien ranger la terre de l'Est un peu de plus proche ; on trouve en ce passage sept à huit brasses d'eau : quand on est au-dedans desdites isles, et de la pointe de l'Est, vous voyez l'entrée des deux rivières ; il y a quantité d'isles et de roches en ces rivières, c'est pourquoi on n'y entre guères sans pilotes de terre, joint que les marées y sont extrêmement fortes, et elles tiennent peu leur plein, ce qui fait qu'il y a toujours un grand courant d'eau qui entre ou qui en sort. On peut mouiller partout, tant dehors l'entrée que dedans. *Les marées y sont Sud-Ouest quart Ouest et Nord-Est quart Est, c'est-à-dire, à 3 heures 45 minutes le jour de la nouvelle et pleine Lune.* Quand on entre ou qu'on sort de ces rivières, il se faut donner de garde d'un banc qui est à la terre de l'Est de l'entrée éloignée de la pointe de Meylant deux petites lieues ; ce banc tient à terre et met bien une petite lieue en mer, il est droit vis-à-vis d'un haut clocher, que les Hollandais nomment *Saint-Jolme.* Entre les Cardinaux et cette pointe, au-dedans de l'enceinte des isles d'Houac et d'Heudic, il y a par-tout bon mouillage à huit, dix ou douze brasses d'eau, selon que vous êtes éloigné de terre.

Rivière de la Roche-Bernard.

De la pointe de S. Jolme à la rivière de la Roche-Bernard, la côte court à l'Est Nord-Est environ quatre lieues ; et de la pointe de l'Est des Cardinaux à l'entrée de ladite rivière de la Roche-Bernard, la route est le Nord-Est environ six petites lieues, mais il faut donner tour à l'isle d'Autun, qui est entre les deux, de laquelle il sort plusieurs pointes de sable, qui mettent bien un quart de lieue en mer, auxquelles il faut donner tour ; l'on passe d'ordinaire à l'Ouest de cette isle, et l'on prend toujours le côté de l'Ouest de l'entrée de cette rivière, attendu qu'il est le plus sain, puis on range la terre à la longueur d'un câble, ou plus loin, si l'on veut, jusqu'à ce que vous teniez ladite rivière ouverte, alors vous entrez par le milieu du canal, car il y a des roches à l'entrée de cette rivière du côté de l'Est : quand vous êtes au-dedans d'elle, vous y pouvez mouiller ou échouer, si vous voulez ; de basse mer, marée journalière, il y a neuf ou dix pieds d'eau sur l'entrée de cette rivière : la marée y monte d'une brasse et demie ou deux brasses en pic, et *la Lune au Nord-Est quart Est et Sud-Ouest quart Ouest, y fait pleine mer*; c'est-à-dire, *qu'elles sont de 3 heures 45 minutes le jour de la nouvelle et pleine Lune.* Quoique je donne ici les moyens d'entrer en ces rivières, je ne conseille à personne d'y entrer sans pilotes de terre, non plus que dans le Croisic : on en trouve presque toujours à la pointe des Cardinaux dans leurs chaloupes.

Croisic.

De la Roche-Bernard au Croisic la côte court au Sud-Est environ trois lieues ; c'est toute terre basse, et l'on voit dessus une ville nommée *Guérande*, avec un haut clocher pointu : et au-dedans de la pointe du Croisic, un autre haut clocher de pierres nommé *le clocher du bourg de Bas*, ce qui rend cette terre facile à connoître : quand vous passez à terre de l'isle d'Autun, il faut ranger la terre de plus proche que cette isle, à cause de plusieurs bancs qui s'écartent de ladite isle vers la terre; et quand vous partez des Cardinaux pour aller au Croisic, la route est environ l'Est Nord-Est six lieues; vous passez entre l'isle d'Autun et un banc de roches nommé *le four de Guérande*, qui est fort dangereux : quand vous voulez naviguer sûrement en ce passage, il ne faut point mettre le haut du clocher du bourg de Bas au Sud-Est de la pointe du Croisic, ni même le mettre l'un par l'autre, car vous iriez sans doute sur les rochers du four de Guérande : mais il faut tenir ledit clocher du bourg de Bas au Nord-Ouest de la pointe du Croisic, et ainsi faisant, vous passerez entre les susdits bancs et isle d'Autun, en donnant une petite demi-lieue de tour à ladite isle d'Autun. L'entrée du Croisic est extrêmement difficile, tant à cause de la quantité de rochers qui bouchent tout ce havre, que des grands courants qui y entrent et en sortent ; et il n'y est pas plutôt pleine mer, qu'aussitôt le jusant ou èbe ne se renvoie, et l'un et l'autre portent droit par le travers des susdits rochers, ce qui est cause qu'il n'y va presque que des petits navires : on y assèche toutes les marées, *et la Lune au Nord-Est quart Est et au Sud-Ouest quart Ouest, y fait pleine mer.*

Il y a un endroit, à l'entrée de ce havre, au-dedans, que l'on nomme *le Linygoot*, où il peut demeurer à flot deux navires tirant dix à douze pieds d'eau : on ne charge en ce lieu que du sel blanc, dont il s'en fait quantité, de la sardine et quelques eaux-de-vie qu'on fait venir de Nantes.

Rivière de Nantes.

A une petite lieue au Sud-Ouest quart Sud de la pointe du Croisic, est la pointe du banc nommé *le Four de Guérande* : ce banc assèche toutes les marées ; il est long d'une bonne lieue au Sud-Ouest, et le bout du Sud-Ouest de ce banc est éloigné de la pointe de Belle-Isle de huit grandes lieues, à l'Est quart Nord-Est d'elle, et de la pointe des Cardinaux, trois lieues, à l'Est quart Sud-Est : quand on veut aller à Nantes, venant de Belle-Isle, on passe entre la pointe du Croisic et ledit banc du Four, en donnant tour à la pointe du Croisic, à cause de quelques roches qui y sont, ce qui fait qu'il ne faut pas ranger la terre de trop proche. Une lieue à l'Est de la pointe du Croisic, est le petit havre de Poulquain, qui assèche toutes les marées ; et de pleine mer il y monte environ dix à onze pieds d'eau : à l'Est du Croisic, il y a plusieurs rochers sous l'eau, c'est pourquoi il faut éviter la terre, et faire l'Est Sud-Est et le Sud-Est quart Est, jusqu'à ce que vous soyez proche de la pierre percée que vous approchez de bien près, passant au Nord, et vous ne trouvez pas moins de quatre brasses de profondeur : quand on est passé la pierre percée, on court au Nord Nord-Est jusqu'à la terre que l'on côtoie après jusqu'à une lieue proche de Saint-Nazère ; il faut un peu s'écarter de terre, à cause d'une pointe de roche qui s'avance en mer, à laquelle il faut donner tour. Les marques, pour savoir quand vous êtes proche de cette pointe, sont celles-ci : sur la haute terre il y a un moulin ; quand vous le tenez par une maison de campagne, qui est sur le bord de la rivière, alors vous êtes droit par le travers de ladite pointe de roche ; et quand vous êtes passé ces marques, vous pouvez rapprocher la terre jusqu'à Saint-Nazère, et y mouiller l'ancre à six ou sept brasses d'eau. A l'Est Nord-Est de Saint-Nazère, quand on vient par ce passage, il ne faut point épargner la sonde, et l'on ne trouve pas moins que trois à quatre brasses d'eau de basse mer. Au Sud Sud-Est de S. Nazère, droit au milieu de la rivière, il y a une rangée de rochers, qui couvrent à demi-marée ; pour les éviter, il faut toujours côtoyer le côté du Nord de la rivière, ainsi qu'il a été dit, et bien prendre garde à ses marées, car les courans sont fort violens en cette rivière. *La Lune au Sud-Ouest quart Ouest et Nord-Est quart Est y fait pleine mer.*

Quand vous voulez aller de Saint-Nazère à la Fosse de
Nantes, il vous faut faire l'Est quart Sud-Est jusqu'à ce que
vous soyez le long de la côte du Sud, que vous côtoyerez jusqu'au-
dedans du banc nommé *Paimbœuf*; on le nomme Paimbœuf, à
cause qu'il est vis-à-vis d'un bourg du même nom : et quand
vous êtes passé ledit banc, vous approchez la terre du Nord, et

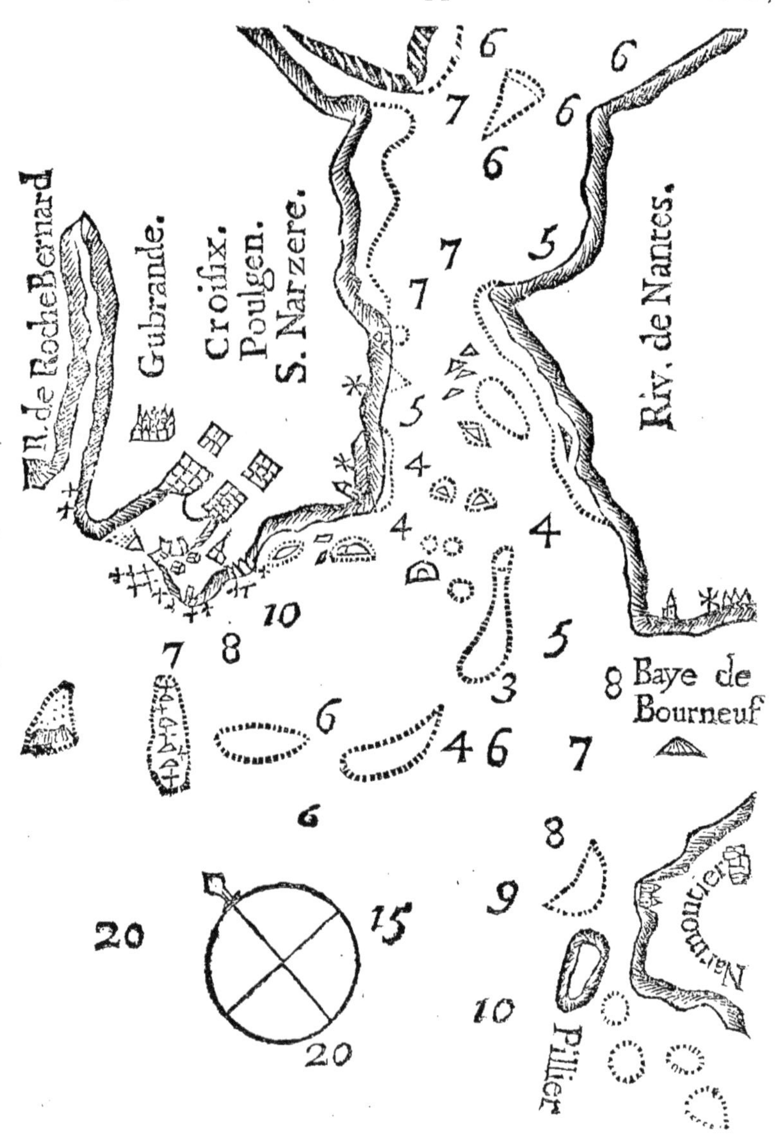

mouillez l'ancre où il vous plaît, à sept ou huit brasses d'eau, fond de sable et vase : on peut aussi mouiller le long de la terre du Sud. On n'entre guère en cette rivière sans prendre de pilote.

Quand vous voulez sortir de la rivière de Nantes par le Sud de la pierre percée, il faut gouverner ainsi qu'il a été dit ci-devant, jusqu'à ce que vous soyez en dehors de la deuxième pointe de la rivière, alors écartez-vous de la terre du Nord vers le milieu de la rivière, et allez ainsi jusqu'au Sud de la pierre percée ; et quand vous pouvez voir la roche qui est au Nord de la pierre percée, au-dehors de la pointe, alors vous aurez quatre brasses et demie de profondeur ; et quand la pierre percée vous viendra au Nord Nord-Ouest, et Nord quart Nord-Ouest, vous avez cinq, six ou sept brasses d'eau, et vous êtes tout proche des rochers au Sud d'elle : quand vous êtes proche de l'isle du Pillier, vous avez neuf ou dix brasses d'eau.

Devant la rivière de Nantes, il a beaucoup de bancs, sur lesquels on peut passer de pleine mer ; les deux pointes de cette rivière sont éloignées l'une de l'autre de quatre lieues, ou environ, Sud-Est et Nord-Ouest.

Noirmoutier et Baie de Bourneuf.

Quand vous allez de Belle-Isle à la baie de Bourneuf, il vous faut faire l'Est Sud-Est jusqu'à ce que vous ayez connoissance de l'Isle du Pillier et même de celle de Noirmoutier ; et quand vous avez l'isle du Pillier au Sud-Est de vous, une bonne lieue, ou une lieue et demie, alors vous faites l'Est quart Nord-Est, jusqu'à ce que le couvent de Noirmoutier vienne par le château de Noirmoutier, et tenant ces marques ensemble, vous êtes doublé le banc des Moines, et pouvez recommencer à faire l'Est Sud-Est, jusqu'à ce que vous soyez au-dedans de la Pierre-Moine, que vous doublez par quel côté vous souhaitez ; et quand vous êtes par le travers de Grave, vous mouillez où bon vous semble, à six ou sept brasses d'eau, et allez chercher à terre un pilote pour aller à Bourneuf, car c'est un lieu de Pilotage. *Les marées y sont d'environ quatre heures, le jour de la nouvelle et pleine Lune.*

L'Isle-Dieu.

De l'isle du Pillier à l'Isle-Dieu, la route est le Sud quart Sud-Est, prenant un peu de l'Est davantage ; mais il se faut donner de garde des Bœufs : ce sont plusieurs bancs qui sont au Sud et au Sud-Est du Pillier, et au large de Noirmoutier, deux grandes lieues,

lesquels il faut éviter, et n'approcher pas plus près d'eux que par
les 14 ou 15 brasses ; car tout proche d'eux, on en trouve dix, et
puis incontinent on se trouve dessus. L'Isle-Dieu a quantité de
rochers du côté de l'Ouest dont quelques-uns mettent plus d'une
lieue au large, ces rochers se nomment *les Chiens-Perrins*. Le
long de la terre du côté du Nord-Est, il y a encore plusieurs petits
bancs de roches, mais ils ne mettent pas beaucoup en mer : le côté
du Sud-Ouest est plus net, car on peut approcher l'isle de si près
que l'on veut : cette isle a deux petits havres, dans lesquels il peut
entrer des barques de soixante ou quatre-vingt tonneaux ; l'un
d'eux est au côté Nord-Est de l'isle, environ moitié, et l'autre
est au côté du Sud-Ouest, aussi environ moitié chemin de
ladite isle aux deux pointes d'elle : ces havres assèchent toutes
les marées. L'isle-Dieu est facile à connoître, à cause d'un clocher pointu qui est au-dessus : quand on veut mouiller à la rade
de l'Isle-Dieu, on met ce clocher au Sud-Ouest de soi, puis on
mouille l'ancre à huit ou neuf brasses d'eau ; mais le fond n'y est
guère bon, et la mer y est d'ordinaire fort grosse. *Les marées y
sont de Nord-Est et Sud-Ouest.*

Saint - Gilles.

A terre de l'Isle-Dieu, environ à l'Est Nord-Est, est le
petit havre de Saint-Gilles ; c'est un havre de marée, dans lequel il peut entrer des navires de 100 à 120 tonneaux : il y a aussi
un bourg du même nom qui ne paroît point de la mer. Cette
rivière est reconnue par un grand bois qui en est proche : ce
lieu n'est fréquenté que par des gens du même endroit. *La Lune
au Nord-Est et au Sud-Ouest, y fait pleine mer.*

Quand l'Isle-Dieu est au Sud-Est quart Sud de vous, et
que vous la pouvez à peine voir, elle paroît ainsi.

Quand l'Isle-Dieu est au Nord-
Est de vous, elle paroît ainsi.

Quand on côtoie l'Isle-Dieu, à 2
ou 3 lieues de terre, elle paroît ainsi.

Quand l'Isle-Dieu est à l'Est Sud-
Est de vous, et que vous commencez à apercevoir le clocher, elle
paroît ainsi.

Barges d'Olonne.

DE l'Isle-Dieu au bout du Nord-Ouest de l'isle de Ré, qui fait le côté du Sud-Ouest de l'entrée de Pertuis-Breton, la route est Sud-Est quart Est, dix lieues; mais en faisant cette route, l'on iroit sur les Barges d'Olonne; c'est pourquoi, quand on part de l'Isle-Dieu, il faut tirer plus au large en faisant le Sud-Est, et même le Sud-Est quart Sud, jusqu'à ce qu'on soit au Sud-Ouest desdites Barges, et alors vous rapprochez la terre ferme jusqu'à ce que vous voyiez 13 à 14 brasses d'eau, si c'est de nuit, car de jour vous conduisez à la vue la terre qui est saine tout du long.

Les Barges d'Olonne sont environ à moitié chemin de l'isle-Dieu à l'isle de Ré, et mettent bien une grande lieue en mer; ce sont des rochers qui couvrent et découvrent toutes les marées, au travers desquels il n'y a point de passage, c'est pourquoi ils sont fort dangereux : ils sont à l'Ouest du havre d'Olonne environ une lieue, et il y a tout proche d'eux 16 à 18 brasses d'eau; quand on vient de nuit, on ne doit point approcher desdites Barges de plus près que par les 20 brasses; mais quand vous les avez doublées du côté du Sud ou de l'Est, vous pouvez rapprocher la terre de la Vendée jusques par les 12 ou 14 brasses, et aller ainsi jusques dans le Pertuis-Breton.

Ainsi paroît la terre de la Vendée, ou du Poitou, entre l'Isle-Dieu et l'isle de Ré, quand on la côtoie à deux ou trois lieues de terre.

Havre d'Olonne.

LE havre d'Olonne est à l'Est des Barges, ainsi qu'il a été dit; c'est un havre de marée où les navires assèchent, et il n'y faut entrer que de pleine mer; il est situé entre deux bourgs, dont celui de l'Est s'appelle *les Sables d'Olonne*, et celui de l'Ouest *la Chaume* : ce côté s'avance davantage en mer que celui de l'Est, en faisant une grande pointe sur laquelle il y a une petite église carrée avec un petit clocher pointu nommé *Saint-Nicolas*. Entre cette église et le château qui est plus au-dedans, et du même côté, il y a un banc qui s'écarte assez loin de terre; c'est pourquoi il faut approcher le côté des Sables d'Olonne, et faire le Nord-Ouest, jusqu'à ce que vous soyez en dedans dudit banc et auprès du château; alors on peut suivre le mi-canal, quand vous approchez des sables d'Olonne, pour donner tour au banc de la Chaume : il se faut aussi donner de garde d'une pointe qui est au côté des Sables, laquelle s'écarte aussi un peu au large, et n'approcher pas la terre des Sables de trop proche. Les marques pour connoître Olonne, quand on vient de la mer, c'est un haut clocher pointu, avec encore deux autres qui sont plus petits. *Les marées en ce havre sont Nord-Est et Sud-Ouest, c'est-à-dire, de trois heures.*

Pertuis-Breton.

D'OLONNE au Pertuis-Breton, la côte court à l'Est Sud-Est, et il y a de distance environ six lieues ; c'est toute terre basse, tant du côté de la Vendée que de l'Isle-de-Ré ; vous pouvez suivre le mi-canal entre les deux terres, ou approcher la terre ferme de plus près, à cause du banc de Saint-Martin qui met presque à mi-canal droit au Nord-Est : quand vous avez l'église de Saint-Martin au Sud Sud-Ouest de vous, vous pouvez rapprocher de l'isle de Ré, et mouiller l'ancre devant Saint-Martin, à trois, quatre, cinq ou six brasses d'eau, fond de vase et sable.

Du côté de la terre ferme, droit à la pointe de la Tranche, qui fait l'entrée de la baie de Moran, sont encore des bancs qui mettent bien un grand quart de lieue au large, desquels il faut se donner de garde. Quand vous êtes passé la rade Saint-Martin, et que vous voulez aller à la Palisse ou à la Rochelle, avec un grand navire, il faut approcher la terre ferme, et laisser les deux tiers de l'eau du côté de l'isle de Ré, à cause d'un banc de sable et vase qui est à mi-canal, sur lequel il y a de basse mer, 15 à 16 pieds d'eau, mais au Nord de lui, cinq ou six brasses : ce banc n'est pas fort dangereux, à cause qu'il est mou, mais néanmoins il est bon de n'y point toucher. Quand on est passé ledit banc, et que vous avez la pointe du Plomb, qui est celle de l'extrémité de la baie de Moran, du côté de l'Est, au Nord-Est de vous, alors vous pouvez rapprocher la terre de l'isle de Ré, et mouiller à la rade de la Palisse, si vous voulez, sous le fort de la Prée, à six ou sept brasses d'eau, fond de vase, ou bien aller à la rade de Chef-de-Bois, en suivant toujours le mi-canal, jusqu'à ce que vous ayez la Rochelle ouverte, alors vous allez à l'Est dans la rade où vous mouillez à cinq, six, sept ou huit brasses d'eau, fond de vase.

Quand on part de S. Martin, dans un navire tirant 11 à 12 pieds d'eau, et qu'il est de basse mer, on ne fait point de compte du banc dont nous venons de parler, et par conséquent de pleine mer, on doit encore en faire moins, car il y a de l'eau dessus pour passer ;

sans aucune crainte : il y a aussi passage entre ce banc et l'isle de Ré, à quatre brasses d'eau de basse mer, mais de la pointe de l'isle de Ré, il s'étend un banc de sable et vase bien loin en mer, ce qui fait que ce passage n'est pas large. Les grands navires attendent d'ordinaire la marée pour passer sur ce banc.

Quand on louvoie, soit pour entrer ou sortir du Pertuis-Breton, les marques que l'on doit observer pour éviter le banc de S. Martin, qui est un banc de gros cailloux, et sur lequel il ne reste que cinq à six pieds d'eau de basse mer, au plus profond, sont celles-ci :

Quand vous courez du côté de l'isle de Ré, et que vous commencez à avoir les premières maisons du bourg de l'Oye, par le clocher d'Ars, alors il faut mettre à l'autre bord, car si vous attendiez que ledit clocher vînt par le milieu du bourg, vous seriez sur le banc de Saint-Martin ; et quand vous courez du côté de la terre ferme, alors vous pouvez aller jusqu'à huit ou neuf brasses d'eau ; car en-dehors de cedit banc, allant à l'Ouest, dans le milieu du canal, vous trouverez 12 à 14 brasses d'eau : quand vous avez le clocher d'Ars par un moulin qui est au bout du Sud de l'Oye, alors vous êtes au-dedans du banc, et pouvez gouverner sur la rade où vous mouillez, ainsi qu'il a été dit.

Balaines.

A la pointe de l'Ouest de l'isle de Ré, est un grand banc de roches qui ne découvre point, et qui met bien trois quarts de lieue en mer : on a fait une grande tour sur la pointe, dans laquelle on fait du feu toutes les nuits, pour éviter ledit banc : ce banc s'appelle *les Balaines d'Ars.*

Du côté du Sud de ladite isle, depuis les Balaines jusqu'environ à moitié de l'isle, il y a des roches qui mettent bien un quart de lieue au large, et à l'extrémité d'elle un banc de roches qui se nomme *Champ-Chardon,* il est bien à une demi-lieue de terre.

Au bout du Sud-Est de ladite isle, sous le village de Sainte-Marie, est encore un banc ou pointe qui avance un grand quart de lieue en mer, de laquelle il faut se garder, quand on entre ou sort par le pertuis d'Antioche.

Laverdin.

Au bout de l'Est de l'isle de Ré, environ une petite demi-lieue au large d'elle, est encore un petit banc sur lequel il ne demeure que deux ou trois pieds d'eau de basse mer, et même de grande mer il assèche ; ce banc est rond, ayant de diamètre une portée de mousquet ; il est nommé *Laverdin,* il est très-dangereux pour ceux qui entrent et qui sortent par les deux pertuis: savoir, par le Pertuis-Breton et par le pertuis d'Antioche. Les marques pour éviter ledit banc sont celles-ci : quand vous entrez par le Pertuis-Breton, et que vous voulez aller à la Rochelle, il faut ranger la terre de Laleu, que les Hollandais appellent *Denbos*, plus proche que l'isle de Ré, jusqu'à ce que vous ayez la terre du Plomb ou toute la côte de la baie de Moran cachée par la pointe des Repenties; alors vous pouvez faire droite route pour aller mouiller à la rade de Chef-de-Bois, ainsi qu'il a été dit ci-devant. Si vous entrez dans le pertuis d'Antioche, il vous faut tenir la tour de la lanterne en belle vue, et ne la mettre pas par la pointe de Chef-de-Bois; car on iroit, sans doute, sur Laverdin. Quand on met la pointe de Chef-de-Bois avec la tour de la lanterne, et la pointe des Repenties par la pointe du Plomb, ou que l'on découvre la terre de l'Est de la baie de Moran par la pointe des Repenties, on est sur cedit banc, que l'on nomme *Laverdin :* on peut passer tout autour de lui, car entre l'isle de Ré et lui, il y a cinq à six brasses d'eau.

Pertuis d'Antioche.

Le pertuis d'Antioche est entre l'isle de Ré et l'isle d'Oléron; il est large de deux lieues; mais au bout de la pointe du Nord de l'isle d'Oléron, est un grand banc de roches que l'on nomme *les Antiochois*, qui met bien trois quarts de lieue au large du côté de l'Ouest Nord-Ouest; c'est pourquoi il faut suivre le mi-canal, ou bien ranger l'isle de Ré de plus proche que celle d'Oléron, en se donnant toutefois de garde de la pointe de Sainte-Marie, qui est à l'isle de Ré, de laquelle nous avons déjà parlé : puis, quand vous êtes au-dedans, vous vous servez des marques que nous avons dit ci-devant pour parer Laverdin, car il n'y a nul autre danger pour aller à la rade de Chef-de-Bois.

Si vous voulez entrer dans le havre de la Rochelle ou dans la digue, on prend des Pilotes de terre; à l'entrée de la digue, du côté de bâbord en entrant, il y a un mât planté dessus, que vous rangez de fort proche : on assèche toutes les marées, tant de la digue de la Rochelle que dans le havre. *Les marées y sont de trois heures et demie à quatre heures, à la nouvelle et pleine Lune.*

Ainsi paroît le bout de l'Ouest de l'isle de Ré.

Ceci est la suite de la figure précédente, mettant les AA
ensemble ; elle se montre ainsi, quand le clocher d'Ars est à
l'Est quart Sud de vous, à deux ou trois lieues. Cette côte
s'étend Est Sud-Est et Ouest Nord-Ouest.

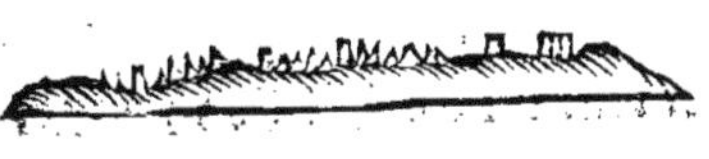

Quand l'isle de Ré est au Nord
quart Nord-Est de vous, elle
paroît ainsi.

Lorsqu'on entre par Antioche,
l'isle de Ré paroît ainsi.

Quand le clocher d'Ars est à
l'Est Sud-Est de vous environ
trois lieues, la terre de l'isle de Ré
paroît ainsi.

Ainsi se montre le côté du Sud de l'isle de Ré, quand le clocher
d'Ars ou le bout de l'Ouest de l'isle est au Nord de vous, et le
bout de l'Est de ladite isle au Nord-Est de vous, trois lieues.

Quand on est à l'entrée d'Antioche, environ deux lieues de
terre, Oléron paroît ainsi.

Quand vous voulez aller de la Rochelle à la rivière de
Charente, Brouage, Oléron ou Seudre, vous prenez un pilote
à la Rochelle, qui vous mène où vous désirez aller. Nous ne
laisserons pas néanmoins de donner les marques que l'on doit
observer en quelques-uns de ces courants, en cas qu'on fût
forcé d'y aller sans pouvoir avoir de pilote de terre.

Isle d'Aix, Bayard, rivière de Charente.

QUAND on part de Chef-de-Bois pour aller à Oléron,
Brouage, Seudre et Charente, il faut aller chercher l'isle
d'Aix ; la route, pour aller à cette isle, est le Sud environ trois
lieues : c'est une isle platte sur laquelle il y a plusieurs petites

maisons, et même une vieille église de pierres, vous rangez cette isle à trois ou quatre longueurs de câble ; il y a quelques rochers tout autour, mais ils sont tout proches de terre, au large de l'isle d'Aix, entre elle et Oléron, mais plus proche d'Oléron que de l'isle d'Aix : il y a un grand banc qui assèche en partie toutes les marées, qui est long de deux lieues Sud-Est et Nord-Ouest, comme la côte d'Oléron ; il y a passage tout autour de ce banc, mais on ne passe guères entre Oléron et lui. Le canal entre ce banc et l'isle d'Aix est large d'une bonne demi-lieue, et c'est par où tous les navires passent pour aller à Oléron, Seudre, Brouage et Charente, ou pour sortir par Maumesond : on laisse cette isle à bâbord en allant aux lieux susdits ; si l'on veut aller à Charente, on range l'isle tout du long du côté de l'Est, gouvernant à l'Est, jusqu'à ce que l'on soit à l'ouvert de la rivière, et l'on mouille entre elle et la rivière de Charente, pour prendre un pilote, car on n'entre point en cette rivière sans pilote.

On peut passer aussi au Nord de l'isle d'Aix, mais il est fort dangereux, tant à cause des roches qui sont à la pointe de Fouras que de celles qui sont au bout du Nord-Est de l'isle d'Aix : il y a un banc à la pointe du Sud de la rivière de Charente, nommé *les Palles*, qui avance beaucoup en mer du côté de l'isle d'Aix ; c'est pourquoi il faut mouiller proche de l'isle à sept ou huit brasses d'eau : entre cette isle et la pointe de la Rochelle, le long de la terre ferme, il y a plusieurs bancs de roches qui mettent bien un quart de lieue en mer, et que l'on doit éviter.

Brouage.

QUAND vous voulez aller de l'isle d'Aix à Brouage, il faut gouverner au Sud Sud-Est, en tenant le clocher de Hiers au Nord du bois qui est plus proche de la mer que ce clocher, et courez ainsi sur ces marques jusqu'à ce que vous ayez la cour de Fouras par une maison couverte de tuiles, qui est au côté du Sud de la rivière de Charente ; alors faites le Sud-Est et le Sud-Est quart Est, jusqu'à ce que le village de Front, qui est au bord de la mer, vous vienne au Nord de Soubise, et quand Soubise sera au-dedans dudit village, ou par le moulin qui est au-dessus, alors vous êtes proche de la pointe de l'Est du banc nommé *le banc aux Huîtres* ou *Louster-Banc*, qui est droit devant l'embouchure de ce havre, faites après le Sud-Est quart Sud, jusqu'à ce que vous ameniez le clocher de Hiers le plus à l'Ouest par la terre de sable la plus à l'Ouest, sur laquelle il y a un gibet, et le tenez ainsi en faisant le Sud Sud-Est en dedans ; et quand ledit clocher vous viendra par le côté de l'Est de la vallée, qui est dans le bois ; tenez-les ainsi, et entrez sur ces marques jusques devant Brouage. *Les marées y sont de quatre heures, et les courans très-forts.*

Pour aller à Seudre, ou pour passer par Maumesond, il faut prendre des pilotes du lieu ; car ces canaux ne sont pas entièrement stables, et particulièrement celui de Maumesond, ils changent fort souvent, joint qu'ils sont fort tors et étroits, avec plusieurs bancs et roches, qu'on ne peut bien décrire.

Oléron.

L'ISLE d'Oléron est longue de quatre à cinq lieues Sud Sud-Est et Nord Nord-Ouest, et large de deux petites lieues. Cette isle est presque entourée de bancs tout autour, c'est pourquoi il n'est pas bon de l'approcher de trop près. Du côté de l'Est de la pointe d'Alverd et le bout d'Oléron, il y a plusieurs bancs qui barrent presque le passage, et n'y laissent d'ordinaire qu'un canal fort étroit qui change aussi fort souvent : ce passage s'appelle *Maumesond.*

Roche - Bonne.

A l'Ouest quart Nord-Ouest de la pointe du Nord d'Oléron, 15 lieues, et au Sud Sud-Ouest de la pointe de l'Est de l'Isle-Dieu, sept ou huit lieues, est un banc de roches nommé *Roche-Bonne ;* il y a des roches qui paroissent à l'uni de l'eau de basse mer : c'est un banc qui est fort dangereux, auquel on doit bien prendre garde, il contient bien une portée de mousquet de long.

Le bout de l'Ouest d'Oléron paroît ainsi, quand il est à l'Est de vous deux ou trois lieues.

Quand Oléron est au Sud-Est de vous, il paroît ainsi.

Depuis Oléron ou l'entrée de Maumesond jusqu'à l'entrée de la rivière de Bordeaux, la côte court au Sud quart Sud-Est environ six lieues : et du Pertuis d'Antioche à ladite entrée de la rivière de Bordeaux ; elle s'étend au Sud quart Est dix à onze lieues, mais il faut tirer un peu plus au large, à cause de plusieurs pointes de bancs qui s'éloignent de l'isle d'Oléron, et il ne faut point approcher cette isle de plus près que de 15 à 16 brasses d'eau, puis approcher la côte d'Alverd, si vous voulez passer par la Coubre; c'est un petit passage qui est le long de la côte d'Alverd, et il faut ranger cette côte tout proche jusqu'à ce que l'on soit au-dedans de la rivière : ce passage est fort étroit, et n'est profond que d'une brasse et demie ou deux brasses d'eau, ce qui fait qu'il n'entre que des barques par cet endroit, joint que de grand vent la mer y est extrêmement grosse.

Entrée de Mathelier.

Le meilleur passage ou entrée de la rivière de Bordeaux, est celui qui est entre les Anes du Nord et celles du Sud; ce passage s'appelle *Mathelier*, il est assez large, et profond de trois brasses et demie à quatre brasses d'eau de basse mer : quand on vient de la mer ou d'Antioche, il ne faut point approcher les Anes de plus près que 12 à 14 brasses, jusqu'à ce que vous ayez la tour de Cordouan au Sud-Est quart Est de vous, ou prenant quelque peu de l'Est Sud-Est davantage, et cinglez ainsi avec le flot, jusqu'à ce que vous soyez au-dedans des Anes; aussitôt que vous commencez à avoir huit ou dix brasses d'eau, vous êtes assuré que vous êtes au-dedans d'elles, alors il faut gouverner au Nord Nord-Est sur les dunes noires d'Alverd, et les ranger de près, jusqu'à ce que vous ayez la tour de Cordouan au Sud de vous, et ainsi vous passez entre la terre et la Mouase qui est un méchant banc qui s'éloigne bien une demi-lieue de la tour de Cordouan vers le Nord, et sur lequel les marées chargent avec violence : vous conduisez toujours la côte du Nord jusques devant le bourg de Royan, où vous pouvez mouiller à six, huit ou dix brasses d'eau, et l'on y prend ordinairement un pilote pour aller à Bordeaux.

Quand vous allez de Royan à Bordeaux, vous suivez la côte du Nord jusqu'à la pointe de Méchée : c'est une pointe sur laquelle il y a plusieurs moulins; quand vous l'avez au Nord de vous, il vous faut faire le Sud Sud-Est jusqu'au proche de Pouillac; c'est un clocher qui est sur la terre du Sud, et quand Pouillac est à l'Ouest de vous, il faut alors faire l'Est Sud-Est jusques devant Blaie, en laissant l'isle à bâbord de vous : vous êtes en obligation de mouiller à Blaie pour faire la déclaration de vos marchandises : le passage entre Pouillac et Blaie est peu profond, et il est bon de laisser monter la mer une heure ou deux, quand vous avez un navire qui tire au-dessus de huit ou neuf pieds d'eau.

Quand vous partez de Blaie pour aller à Bordeaux, il faut ranger la côte du Nord, gardant toujours les trois, quatre ou cinq brasses d'eau; mais quand vous êtes devant la rivière de Dordogne, vous rapprochez l'isle du milieu : elles sont trois en nombre, dont la plus grande est celle qui est la plus à l'Est; vous les laissez toutes à stribord de vous, en les côtoyant de près, jusqu'à ce que vous soyez au-dedans de la pointe de l'Est de l'entrée de la Dordogne, sur laquelle il y a un gibet; il faut alors ranger la terre du Nord de plus proche que celle du Sud, jusqu'aux quatre petites maisons; de-là il faut aller à la terre du Sud jusqu'à la tour de Dublot, où étant il faut que vous gouverniez au Sud-Est quart Est sur la pointe de Lormont : vous passez entre deux bancs; savoir, un banc de pierre à bâbord, et un de sable à stribord : ce passage se nomme *le Pas*, parce que c'est le moins profond de la rivière; car de basse mer il n'y demeure que sept ou huit pieds d'eau, et il faut attendre la marée pour y passer : quand vous êtes devant la pointe de Lormont, proche d'elle, vous gouvernez au Sud-Ouest quart Sud jusqu'à ce que vous soyez proche de la terre de l'Ouest, que vous rangez jusques devant Bordeaux, où vous mouillez à quatre, cinq ou six brasses d'eau.

RIVIÈRE DE BORDEAUX.

Entrée de Grave.

POUR entrer dans la rivière de Bordeaux par le Sud des Anes, amenez le clocher de Soulac à l'Est de vous, ou un peu plus au Nord, et gouvernez sur lui jusqu'à ce que la tour de Cordouan soit au Nord quart Nord-Est de vous, ou au Nord Nord-Est; alors Royan sera au Nord-Est : vous pouvez gouverner dessus jusques contre la terre du Nord, puis vous gouvernerez, ainsi qu'il a été dit ci-devant pour aller à Bordeaux. *Les marées de cette rivière sont Nord-Est et Sud-Est.*

Des Anes.

LES Anes de Bordeaux sont deux grands bancs de pierres qui barrent presque la rivière; il y a néanmoins trois passages entre eux, dont nous avons déjà parlé ci-devant : ces bancs sont fort dangereux, quand on entre ou sort de cette rivière, car les marées portent droit dessus; de basse mer ces bancs viennent à fleur d'eau : au-dedans d'eux est encore un grand banc de roches, sur lequel on a bâti la tour de Cordouan, qui sert de marque pour entrer et sortir : il faut bien prendre son temps, quand on entre ou sort de cette rivière, à cause des grandes marées. Les navires qui viennent de Bordeaux attendent d'ordinaire à Royan un vent favorable pour sortir. Toutes les nuits on allume un feu sur la tour de Cordouan, pour faciliter l'entrée de cette rivière : on le met au Sud-Est quart Est, prenant un peu de l'Est Sud-Est davantage ;

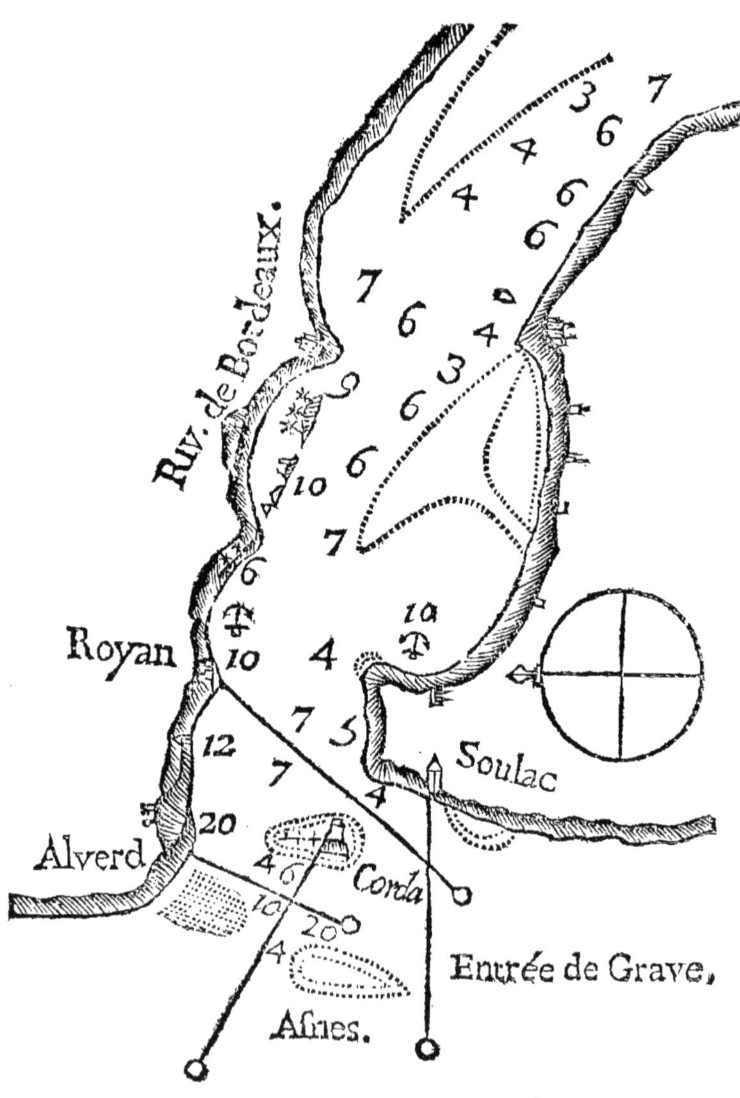

et

et l'on entre sur ces marques, se gouvernant ainsi qu'il a été dit ci-devant dans le traité du passage de Mathelier.

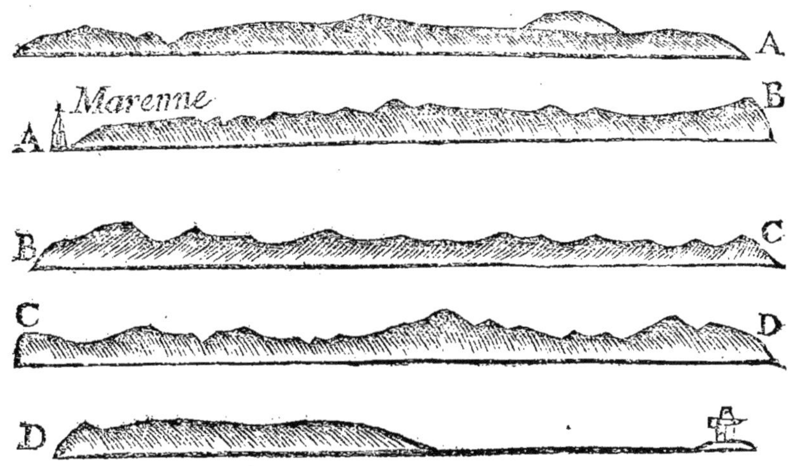

Ces cinq figures se doivent joindre ensemble, mettant les lettres semblables l'une avec l'autre, et c'est la représentation des terres entre Oleron et la rivière de Bordeaux, quand on les côtoie. Ce sont toutes dunes de sable.

Côte d'Arcasson et Rivière d'Anchise.

DE la rivière de Bordeaux à Arcasson, la côte court au Sud environ 16 lieues ; c'est toute terre basse, unie et sablonneuse : entre les deux, à moitié chemin, est la petite rivière d'Anchise, dans laquelle il ne peut entrer que de petits navires, et encore l'entrée en est difficile, c'est pourquoi elle n'est fréquentée de personne. Cette rivière assèche toutes les marées ; *et la Lune au Nord-Est et Sud-Ouest y fait pleine mer,* c'est-à-dire, *qu'il y est pleine mer à trois heures le jour de la nouvelle et pleine Lune.*

Havre d'Arcasson.

DEVANT le havre d'Arcasson, il y a plusieurs bancs qui en bouchent l'entrée, et ne laissent que deux petits passages ; savoir : un le long de la pointe du Nord dudit havre, et l'autre au Sud des isles qui sont à l'entrée au-dedans des bancs.

Quand vous voulez entrer par le passage du Nord, vous mettez la pointe du Nord au Nord-Est quart Est de vous, ou au Nord-Est, et gouvernez ainsi jusques proche de la pointe que vous rangez de près ; quand elle est passée, vous continuez encore à gou-

K

verner au Nord-Est quart Est, et à l'Est Nord-Est jusqu'à la pointe de la terre du Sud qui est au-dedans dudit havre, à laquelle vous donnez un peu de tour, à cause d'une petite queue de sable qui s'avance de cette pointe un peu au large, et qu'il faut éviter : quand vous êtes doublé cette pointe, vous conduisez la terre du Sud de proche à la sonde, et mouillez l'ancre où il vous plaît, à 15 ou 10 brasses d'eau, ou plus au-dedans à trois ou quatre brasses.

Un peu au Nord de la pointe du Nord de l'entrée de ce havre, est un banc qui s'avance bien une grande demi-lieue en mer à l'Ouest quart Sud-Ouest : ce banc se peut approcher à la sonde à trois ou quatre brasses d'eau.

Passage du Sud d'Arcasson.

Pour passer au Sud des isles qui sont devant le havre d'Arcasson, il faut ranger les bancs à la sonde à quatre, cinq et six brasses d'eau, jusqu'à ce que l'on ait deux grands mâts de navire qui sont plantés sur la terre, qu'il faut mettre l'un par l'autre ; et quand vous les tenez ainsi, il faut courir dessus jusqu'à ce que vous soyez au-dedans des isles que vous laissez à bâbord de vous, c'est-à-dire, au Nord ; ces marques sont environ à l'Est Nord-Est, prenant un peu du Nord-Est quart Est. Quand vous êtes au-dedans des isles, il faut gouverner au Nord Nord-Est, prenant un peu du Nord jusqu'à la pointe du Sud qui est dans le havre, à laquelle vous donnez tour ; car d'elle il s'avance une pointe de sable qu'il faut éviter : quand elle est doublée, il faut ranger la terre du Sud, et mouiller où il vous plaît, ainsi qu'il a été dit ci-devant, car il y a de l'eau assez de ce côté-là ; mais aux deux entrées de ce havre, il n'y reste que deux à trois brasses d'eau de basse mer. *Les marées y sont de trois heures trois quarts le jour de la nouvelle et pleine Lune.*

On peut fort bien connoître et reconnoître les bancs d'Arcasson, quand on en est proche, car la mer rompt incessamment dessus : ils sont aussi bien aisés à approcher à la sonde, car ils montent peu à peu ; c'est pourquoi, de beau temps, on ne fait point de difficulté de les aller chercher en sondant.

Les marques, pour reconnoître quand on est proche d'Arcasson, sont celles-ci ; c'est que la terre du Nord de l'entrée d'Arcasson est fort basse, unie et sans arbres : et celle du Sud est de hautes dunes de sable qui paroissent comme des petites montagnes.

Bayonne.

De l'entrée d'Arcasson à la rivière de Bayonne, la côte court au Sud quinze grandes lieues ; c'est toute terre basse et unie , si ce n'est quelques petites dunes de sable couvertes de pins et autres arbres , qui paroissent plus élevés que la terre.

La rivière de Bayonne est entre deux côteaux de sable fort unis, où, sur celui du Sud, sont deux mâts ou balises, qu'il faut prendre l'un par l'autre , et gouverner ainsi jusqu'au dedans de la rivière. Sur le même côté du Sud-Est , est une petite digue de bois que l'on range de proche , la laissant à stribord de vous ; vous continuez à suivre le côté du Sud plus proche que celui du Nord, jusques devant la ville, c'est-à-dire, jusqu'au-dessous du pont, où vous mouillez l'ancre à quatre, cinq ou six brasses d'eau.

La barre de Bayonne est fort sujette à changer, c'est pourquoi on est obligé de prendre des pilotes pour y entrer : la mer y est aussi fort grosse, et de basse mer il ne reste que trois ou quatre pieds d'eau, et on n'y doit entrer que de pleine mer. *Les marées y sont Nord-Est et Sud-Ouest, c'est-à-dire, de trois heures ou quelque peu plus tard.*

Ainsi paroît la terre d'Arcasson, quand elle est à l'Est Sud-Est de vous deux ou trois lieues.

Ainsi se fait voir Arcasson, quand il est au Nord-Est quart Est de vous , deux ou trois lieues.

Saint-Jean-de-Luz.

DE la barre de Bayonne à Saint-Jean-de-Luz, la côte court au Sud Sud-Est trois grandes lieues : c'est toute terre de moyenne hauteur au bord de la mer ; mais dans le pays c'est toutes hautes montagnes, entr'autres celle de Saint-Jean-de-Luz, qui est plus haute que toutes les autres. Saint-Jean-de-Luz est dans le fond d'une grande anse ou baie, dans laquelle on peut mouiller par les cinq , six, sept ou huit brasses d'eau ; mais le fond y est plein de roches qui coupent les câbles. Il y a deux havres à Saint-Jean-de-Luz ; savoir : un sous le bourg, qui assèche toutes les marées , et l'autre du côté de l'Ouest de la baie. Pour entrer dans celui qui est sous le bourg, il faut entrer entre Saint-Jean-de-Luz et Siboure, qui est un autre bourg : du côté de l'Ouest de ce havre l'entrée est fort étroite, et l'on ne doit entrer que de pleine mer, et encore il n'y peut entrer que des petits navires de 150 ou 200 tonneaux tout au plus, tirant 11 ou 12 pieds d'eau.

Le havre du côté de l'Ouest de la baie de Saint-Jean-de-Luz, se nomme *Socoa*, il assèche aussi toutes les marées : c'est néanmoins où entrent tous les plus grands navires du lieu ; ils sont à l'abri de tous vents, mais ils ne laissent pas néanmoins de s'amarrer à quatre amarres, à cause de la grande houle ou ressac qu'il y a, quand la mer est agitée des vents de Nord-Ouest, Nord ou Nord-Est, lesquels font la mer très-grosse à la baie de Saint-Jean-de-Luz, ce qui fait que le réjaillissement des vagues va jusques dans le havre de Secoa.

Les marques pour connoître S.-Jean-de-Luz, sont une haute tour sur laquelle on fait du feu ; elle est sur l'extrémité de la pointe de l'Est de la baie : et du côté de l'Ouest de cette baie, au-dessus de Secoa, est encore une maison, ce qui facilite la connoissance de cette baie. *Les marées y sont Nord-Est et Sud-Est.*

CÔTES D'ESPAGNE,

Depuis Fontarabie jusqu'à la rivière de Mine ou Camine.

CHAPITRE VI.

Fontarabie.

DE Saint-Jean-de-Luz à Fontarabie, la côte s'étend au Sud-Ouest quart Ouest, trois grandes lieues ; mais à une lieue au Nord-Est de Fontarabie, sont les roches de Sainte-Anne, qui mettent plus de trois quarts de lieue au large, lesquelles il faut éviter. Fontarabie est bien une demi-lieue au-dedans d'une grande baie ou rivière qui fait la séparation de la France et de l'Espagne : du côté d'Espagne est Fontarabie, et du côté de France est le bourg d'Andaye, qui est situé sur une falaise au bord de la même rivière ; mais de la côte d'Andaye, il s'étend un grand banc de sable et de roches qui bouche presque cette rivière, et ne laissent qu'un petit passage le long de la côte d'Espagne, ce qui fait que les Espagnols s'en rendent les maîtres, vû qu'il n'y peut entrer que des petits navires ; au-dehors de cette baie, entre le cap Figuier et elle, il y a un bon mouillage à huit ou neuf brasses d'eau, fond de sable, et l'on y est à l'abri des vents de Nord-Ouest, Ouest Sud-Ouest, Sud Sud-Est et même Est ; il y a un gros rocher ou islet à la pointe du cap Figuier qui est séparé de terre ; mais il n'y a point de passage entre lui et la terre. Quand on mouille en cette baie, on met ce rocher au Nord Nord-Ouest de soi. Le cap Figuier est une haute pointe sur laquelle il y a un château, et au Sud de lui une chapelle, ce qui rend cette terre facile à connoître. *Les marées en cet endroit sont de trois heures le jour de la nouvelle et pleine Lune.*

Quand on est proche de la baie de Saint-Jean-de-Luz, la terre depuis le Cap-Breton jusqu'à Saint-Sébastien, paroît ainsi.

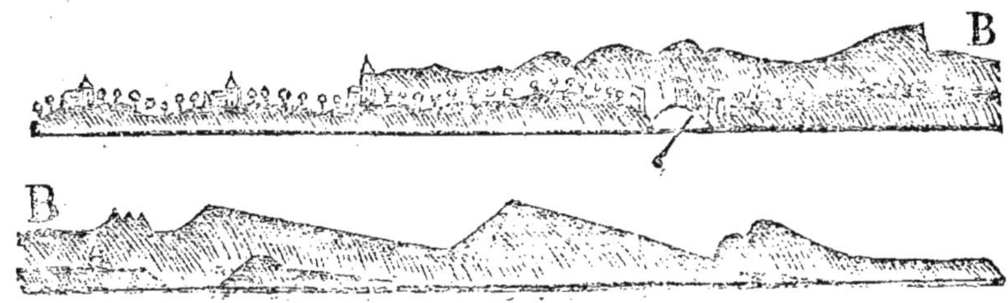

Ces deux figures se joignent ensemble, mettant les B B l'un avec l'autre, et c'est la démonstration des terres depuis cinq lieues au Nord du Cap-Breton jusqu'à l'Ouest du cap Figuier, lorsque l'on est par le travers de Bayonne.

Baie du Passage.

Environ une petite lieue à l'Ouest du cap Figuier, est le havre du Passage ; ce lieu est le meilleur de toute la Biscaie pour les grands navires ; il a l'entrée fort étroite, et est entre deux montagnes, de sorte qu'elle ne peut être vue que quand on est droit devant et proche de terre : il y a un gros rocher rond du côté de l'Est de l'entrée de ce havre, mais il est aisé à éviter, en le rangeant de plus près que le côté de l'Ouest, à cause d'une roche sous l'eau, qui est à l'entrée dudit havre, un peu plus du côté de l'Ouest que de celui de l'Est : il ne reste dessus qu'une brasse d'eau de basse mer, le plus fâcheux est que les marées y entrent et sortent avec grande violence ; il est bien difficile d'y entrer contre la marée, ni d'en sortir non plus. Quand on est dedans ce havre, on mouille où l'on veut, à six, sept ou huit brasses d'eau. Il y a deux grands bourgs, un de chaque côté dudit havre : on pose d'ordinaire entre les deux, ou bien l'on entre plus avant, si l'on veut ; car cette baie, en dedans, a plus de trois à quatre lieues de tour, et c'est où l'on bâtit la plupart des galions du roi d'Espagne. *Les marées y sont de trois heures, comme en toute cette côte jusqu'au Détroit.*

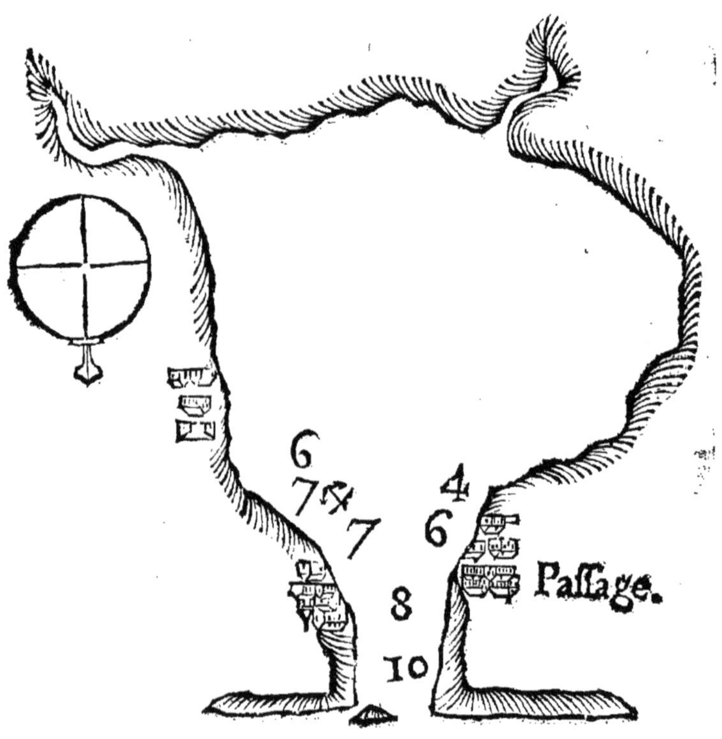

Saint-Sébastien.

Du Passage à Saint-Sébastien, la côte court à l'Ouest deux petites lieues : proche de Saint-Sébastien, du côté de l'Est est une grande baie de sable, et dans elle une rivière où il peut entrer des barques de 50 à 60 tonneaux. Cette rivière passe tout proche des murailles de la ville du côté de l'Est : l'entrée du havre ou baie de Saint-Sébastien est à l'Ouest de la ville : à une demi-lieue de cette rivière, entre les deux, c'est une grosse montagne sur laquelle est un château nommé *Mont-Orgueil :* quand vous voulez entrer à Saint-Sébastien, vous rangez cette montagne à discrétion, ou allez dans le milieu du canal, si vous voulez, car il n'y a rien à craindre : du côté de l'Ouest de l'entrée de ce havre est une petite isle fort haute, sur laquelle il y a un hermitage ; elle est nette du côté de l'Est, mais entre elle et la côte de l'Ouest il n'y a point de passage, à cause des roches qui y sont : au-dehors de ce havre, environ à moitié canal, il y a une roche sur laquelle il y a cinq ou six brasses d'eau ; on la remarque à cause que de mauvais temps la mer y rompt plus fort qu'aux autres endroits, mais de beau temps l'on ne s'en aperçoit nullement :

Havre de Saint-Sébastien.

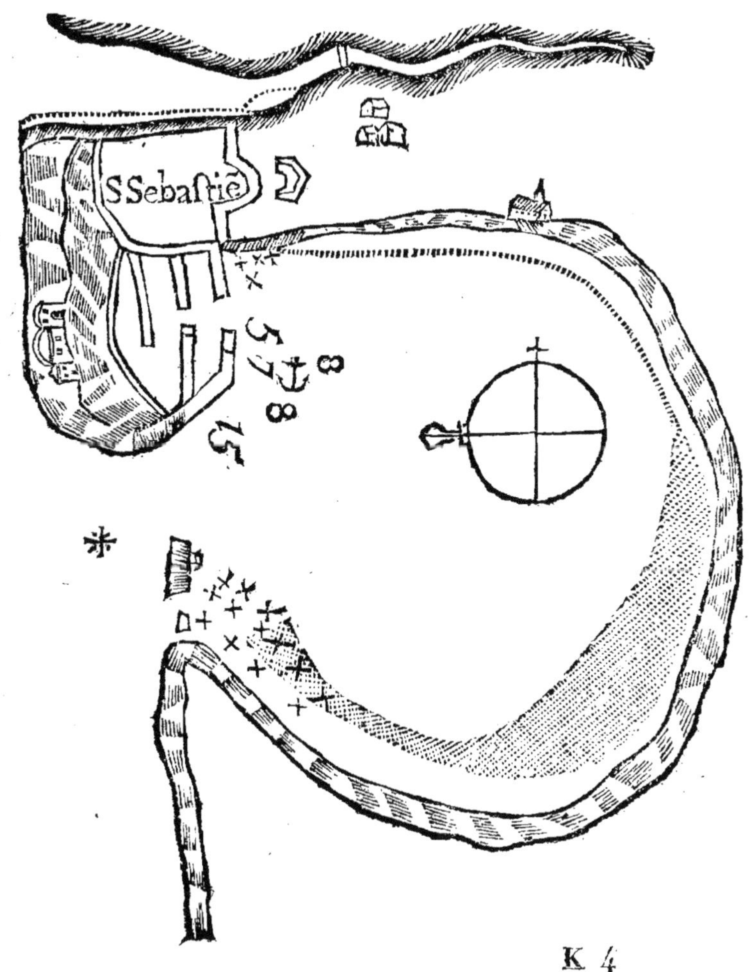

l'ouverture de cette baie est assez grande et opposée aux vents de Nord et Nord-Ouest qui rend la mer fort grosse : quand on est entré dedans, on range toujours le côté de l'Est, et l'on mouille tout au proche des môles, à sept, huit ou neuf brasses d'eau, et l'on porte une aussière ou câble sur lesdits môles, pour entrer dedans quand il est pleine mer; car dedans ces môles les navires y assèchent toutes les marées. *La Lune au Nord-Est et au Sud-Ouest y fait pleine mer, c'est-à-dire, que les marées y sont de trois heures le jour de la nouvelle et pleine Lune.*

Ainsi paroît Saint-Sébastien, quand on est au Nord de lui six ou sept lieues.

Ainsi se montre la terre aux environs de Saint-Sébastien, quand il est à cinq ou six lieues de vous

Quand la terre entre le Passage et Saint-Sébastien est au Sud Sud-Ouest de vous, elle paroît ainsi.

Orio, rivière.

QUATRE lieues à l'Ouest de Saint-Sébastien, est la petite rivière d'Orio : c'est un havre de marée, et dans lequel il peut entrer des navires tirant 10 à 12 pieds d'eau : l'entrée en est fort étroite, mais nette des deux côtés : on n'y peut entrer que de pleine mer : on fabrique des Gallons dans cette rivière, mais quand ils sont faits on les mène au Passage pour les équiper. *Les marées y sont de trois heures le jour de la nouvelle et pleine Lune.*

Gataria.

GATARIA n'est qu'une rade dans une grande anse de forme ronde, qui a un haut islet éloigné de la pointe de l'Ouest de cette baie ou anse de deux ou trois longueurs de câble au Nord-

st d'elle, et l'on a fait une grande muraille qui va depuis la
ointe de l'Ouest de cette anse jusqu'à cet islet, laquelle rompt
ntièrement la mer; on y est fort à l'abri de tous vents, à la
éserve des vents d'Est Nord-Est et Nord Nord-Est : on y
nouille à huit ou neuf brasses d'eau, fond de sable, et l'on
'amarre avec une aussière sur le mole ou muraille, si l'on veut,
t ayant une ancre à huit ou neuf brasses d'eau, ainsi qu'il a été
it : la ville est du côté de l'Ouest, au bout de la muraille qui
a à l'islet; elle est distante de Saint-Sébastien, à l'Ouest quart
Nord-Ouest de lui, six lieues.

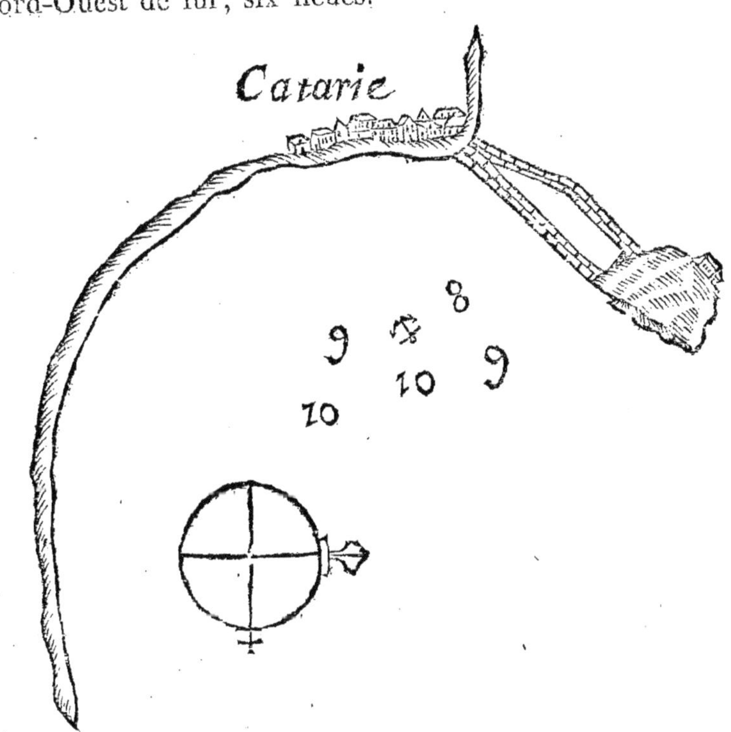

Sumaie.

Une petite demi-lieue à l'Ouest de Gataria, est une petite
rivière nommée *Sumaie* : il n'y peut entrer que de très-petites
barques, et c'est le lieu ou se fait le meilleur fer de Biscaie; on
le porte de-là à Saint-Sébastien.

Dève.

Une demi-lieue à l'Ouest de Sumaie est la rivière de Dève,

il peut entrer dans cette rivière des barques de cinquante ou soixante tonneaux.

Montric.

UNE demi-lieue de Dève, à l'Ouest, est le havre de Montric; il est dans une grande anse où l'on a fait une digue de pierres du côté de l'Est qui y fait un fort bon havre, dans lequel il peut aller des navires de quatre-vingt à cent tonneaux.

Andaro.

UNE lieue à l'Ouest de Montric, est la rivière d'Andaro: c'est une petite rivière pour des barques de 50 ou 60 tonneaux.

Lequette.

A une demi-lieue ou trois quarts de lieue d'Andaro, est la petite rivière de Lequette, qui a un islet droit au-devant de son embouchure, sur lequel il y a une manière de petit château : on passe du côté de l'Est de cet islet pour entrer dans la rivière, et il peut y entrer des navires au-dessus de cent tonneaux.

Monfans et Vermeo.

UNE demi-lieue à l'Ouest Nord-Ouest de Lequette, au détour d'une longue pointe, il y a encore une rivière nommée *Monfans*; elle est dans une grande anse, au-devant de laquelle il y a un gros islet, sur lequel il y a un couvent; on laisse cet islet à l'Ouest, quand on entre dans cette rivière : il y peut entrer des navires de cent tonneaux et davantage. A l'Ouest de l'islet, dont nous venons de parler, est la baie ou anse de Vermeo; elle est assez grande, il y a un bon mouillage : le côté de l'Est n'est pas net ; mais celui de l'Ouest est beau et net : dans cette anse, du côté de l'Ouest, il y a une digue de pierres, derrière laquelle les petits navires s'amarrent, et ils sont à l'abri de tous vents. Tous ces havres, dont je viens de parler, sont tous havres de marées, et qui ne sont fréquentés que des gens de ces lieux-là. Les Flambeaux Hollandais marquent la baie de Vermeo au-dedans du cap de Machicaco, du côté du Sud-Ouest de lui, mais elle est du côté de l'Est de lui, environ un quart ou une demi-lieue.

Le cap de Machiaco ou *Machicaco*, est éloigné de S. Sébastien de onze lieues à l'Ouest Nord-Ouest ; c'est un fort beau cap et escarpé, qui a deux gros rochers ou islets à son extrémité.

Ainsi se montre le cap de Machiaco ou *Machicaco*, avec la terre de l'Est de lui, quand on est à deux lieues de terre.

Plaisance.

Du cap de Machicaco à la pointe de la Galère, qui fait l'entrée de Bilbao, la route est le Sud-Ouest cinq lieues; mais la terre fait une grande anse, et la pointe de la Galère avance beaucoup à l'Ouest, c'est une terre fort unie : mais celle du cap Machicaco est fort haute et mal-unie; entre ce cap et la pointe de la Galère, environ à moitié chemin, est la rivière de Plaisance; c'est une petite rivière dans laquelle il n'entre que de petits bâtiments : la ville de Plaisance est bien une demi-lieue en terre. Cette rivière assèche toutes les marées. *La Lune au Nord-Est y fait pleine mer.* A l'extrémité de la pointe de la Galère, il y a des roches sous l'eau qui avancent loin en mer du côté de l'Ouest.

Barre de Bilbao.

UNE lieue au-dedans de la pointe de la Galère, s'étend un banc qui barre presque toute la rivière de Bilbao, et ne laisse qu'un petit passage du côté de l'Ouest, qui est sujet à changer, à cause du courant de la rivière; c'est pourquoi on n'entre point en cette rivière sans pilote de terre. Quand ils voient un navire se présenter devant ladite rivière, ils sortent avec des chaloupes pour aller aussitôt à bord; mais quand il fait mauvais temps, la mer y est extrêmement grosse sur la barre de Bilbao, et il est fort difficile d'y entrer : c'est pourquoi la plupart des navires vont à S. Orgue, autrement nommé *S. Antoine*, pour y prendre des pilotes; car les pilotes de Bilbao y sont presque tous les jours à attendre les navires. On n'entre point dans la rivière de Bilbao que de pleine mer; et quand on est au-dedans de la barre, on mouille l'ancre devant Portegalette, qui est une petite ville sur la côte de l'Ouest de cette rivière. De Portegalette il y a encore deux lieues pour aller jusqu'à Bilbao. La terre, du côté de l'Ouest de Bilbao, est assez haute, et entr'autre il paroît une montagne ronde par-dessus les autres, que l'on nomme *le Mont-Madin. Les marées y sont de trois heures dans la rivière de Bilbao.* Au-dehors de la rivière de Bilbao, il y a fort bon

mouillage, à huit ou dix brasses d'eau; mais des vents du Nord
Nord-Est et Nord-Ouest, la mer y est extrêmement grosse, et
il n'y point lieu d'en pouvoir apparciller.

La terre, depuis Machicaco jusqu'à la pointe de la Galère,
paroît ainsi, quand on est proche de terre.

Castre.

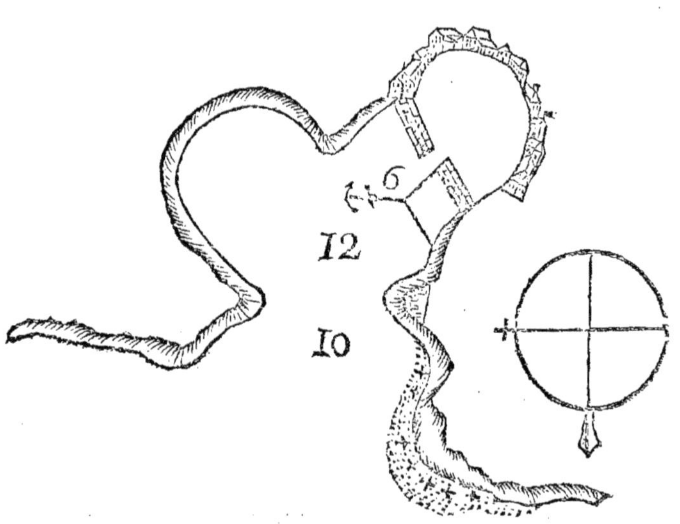

De l'entrée de Bilbao à Castre, la côte court à l'Ouest trois
lieues et demie; c'est toutes haute terre. Castre est dans une
grande baie fort ouverte, dont la côte du côté de l'Ouest avance
beaucoup plus en mer que celle de l'Est. Il y a aussi à cette pointe
de l'Ouest plusieurs roches sous l'eau, qui s'avancent en mer
une bonne longueur de câble, auxquelles il faut donner tour.
Quand on entre dans Castre, il faut suivre le mi-canal, et quand
on est passé le château qui est sur le côté de l'Ouest, vous
gouvernez droit sur le môle qui est tout au fond de la baie, et
quand vous en êtes proche, vous laissez tomber votre ancre
à sept ou huit brasses d'eau, fond de sable et roches, lesquelles
coupent les câbles; et quand on veut tarder en cette rade, il faut
les faire flotter, et aussitôt porter ses deux amarres à terre; savoir:

iné sur la pointe du môle, et l'autre sur la terre du côté du château ; et il n'y a en cette rade place que pour trois ou quatre navires : tout le reste de cette baie est fort mauvais, à cause de la quantité de roches qui sont au fond, et qui coupent les câbles, joint que la mer y est presque toujours agitée.

On peut entrer dans les môles, si l'on veut ; les navires y assèchent toutes les marées. *La Lune au Nord-Est et au Sud-Ouest, y fait pleine mer.* Quand vous êtes proche de Castre, vous ne manquez pas de pilotes qui viennent à bord pour vous mettre dedans ; mais il faut faire prix avec eux, autrement ils vous feront payer jusqu'à deux ou trois cents pièces de huit, pour avoir entré un navire qui n'en donneroit pas six en un autre endroit. Je donne cet avertissement en passant, car je l'ai expérimenté ; et quelque diligence que j'aie faite, il en a fallu passer par où ils ont voulu : ils sont juges et parties. Nous avons mis la démonstration de Castre pour se mieux gouverner dessus.

Saint-Antoine et Larède.

DE Castre à Larède ou à Saint-Antoine, la côte court au

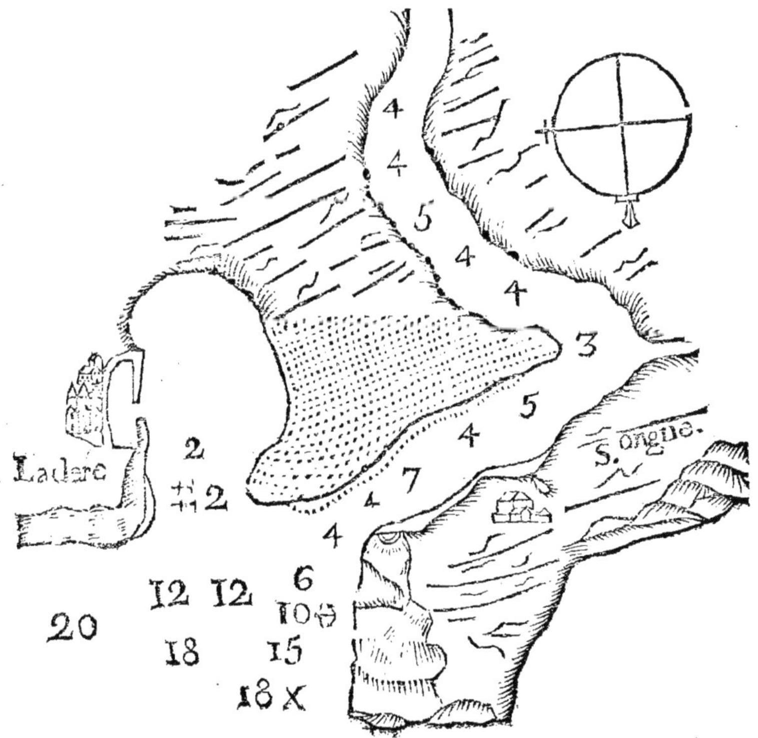

Nord-Ouest cinq lieues ; c'est toute terre haute entre les deux.
Saint-Antoine et Larède sont dans une même baie, dont nous
avons mis la démonstration dans ce discours. Larède est du
côté de l'Est fort en anse ; c'est un petit havre de marée,
dans lequel il ne peut entrer que des petits navires. A la pointe
de l'Est il y a plusieurs rochers sous l'eau ; et au milieu du
passage il y a encore des roches sous l'eau : c'est pourquoi,
quand on y veut entrer, il faut ranger le côté des sables qui
sont à l'Ouest de ce havre, jusqu'à ce qu'on en soit à l'ouvert.
Ce havre est au-dedans des deux digues de pierres, entre lesquelles on passe : l'on y assèche toutes les marées, *et la Lune*
au Nord-Est y fait pleine mer.

Le haut mont Saint-Antoine, nommé par les Espagnols
Saint-Ongue, est au Nord-Ouest de la pointe de Larède, faisant
la côte de l'Ouest de cette baie ; on peut mouiller par-tout à l'Est
de ce mont, à 10, 12, 15 ou 20 brasses d'eau, si l'on veut : mais
le meilleur mouillage est droit dessous un gros rocher qui tient
à ce mont qui en est séparé par le haut ; on est à 10 brasses
d'eau, fond de sable, où l'on est à l'abri des vents de Nord-
Ouest, Ouest, Sud-Ouest, Sud et Sud-Est ; mais les vents
d'Est Nord-Est et Nord y donnent à plomb. Plus dedans est la
rivière de Saint-Antoine, qui va bien deux ou trois lieues en
terre, dans laquelle entrent les plus grands navires du roi d'Espagne ; elle est profonde de trois et quatre brasses, demi-marée,
et le bourg de Saint-Antoine est bien une demi-lieue en terre.
Entre Saint-Antoine et Larède c'est toute terre de sable.

Ainsi paroît la terre depuis la rivière de Bilbao jusqu'à Larède.

Ces deux figures se joignent ensemble, en mettant les A A
l'un avec l'autre, et c'est la démonstration des terres depuis la
rivière de Bilbao jusqu'au cap de Quesque.

Quand le mont de S. Antoine est au Sud-Est de vous, il paroît ainsi.

Quand le mont de S. Antoine est au Sud de vous, il paroît ainsi.

Cap de Quesque.

A une lieue et demie du Mont de Saint-Antoine à l'Ouest quart Nord-Ouest, est le cap de Quesque ; c'est une longue pointe qui vient toujours en baissant jusqu'au bord de la mer sur ledit cap : un peu en terre, on voit un fort haut arbre tout seul, qui aide beaucoup à la connoissance de ce cap : entre ce cap et le Mont de Saint-Antoine, est une grande anse de sable, dans laquelle il y a plusieurs roches dessus et dessous l'eau.

Saint-Ander.

Du cap de Quesque à l'entrée du havre de Saint-Ander, la route est Ouest trois lieues et demie ; ce lieu est un des bons havres de toute la côte de Biscaye : il y a à l'entrée de ce havre un islet sur lequel est un château : on peut doubler cette isle des deux côtés, car il y a huit ou neuf brasses d'eau ; quand vous êtes au-dedans dudit château, à l'Ouest de lui, vous gouvernez au Nord-Ouest quart de Nord tout le long de la côte du côté de Saint-Ander ; car du côté de stribord ou du Sud, il y a plusieurs bancs, dont il se faut donner de garde, car les

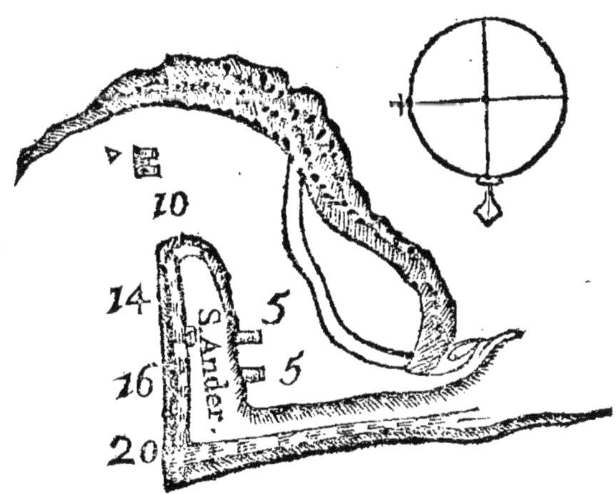

fois portent droit dessus : quand on est devant la ville, on mouille l'ancre à cinq, six ou sept brasses d'eau ; l'on y est à couvert de tous les vents. Entre le cap de Quesque et le château de Saint-Ander, la terre fait une grande anse dans laquelle on peut mouiller par nécessité. Nous avons mis ci-dessus la démonstration de ce havre pour se mieux gouverner. *Les marées en ce port sont de trois heures le jour de la nouvelle et pleine Lune.*

Depuis le château de Saint-Ander jusqu'au cap de Late, la côte court au Nord deux bonnes lieues ; c'est une terre de moyenne hauteur qui est escarpée tout autour, et fort unie par-dessus, ce qui rend cette terre facile à connoître, il y a mouillage tout le long de cette terre, à quinze ou dix-huit brasses d'eau, fond de sable. Au Sud de Saint-Ander, c'est toutes montagnes doubles ; mais il y en a une ronde nommée *Espinosa* qui paroît par-dessus toutes les autres.

Saint-Martin.

Du cap la Late à Saint-Martin, la côte court à l'Ouest trois lieues : c'est un petit havre de marée, dans lequel il ne peut entrer que de petits navires qui assèchent toutes les marées : ce havre est peu fréquenté des étrangers, car il n'y a aucunes marchandises à prendre en ce lieu-là : on n'y doit entrer que de pleine mer ; *et la Lune au Nord-Est y fait pleine mer.*

Saint-Vincent.

Quatre grandes lieues à l'Ouest de Saint-Martin, est le petit havre de Barre de Saint-Vincent : ce havre assèche toutes les marées, *et la Lune au Nord-Est y fait pleine mer.* Des deux côtés de l'entrée de ce havre sont plusieurs rochers sous l'eau et au milieu de l'entrée est un petit islet : il faut passer à l'Est en le rangeant de proche, car à l'Ouest il n'y a point de passage ; il ne peut entrer en ce havre que des petits navires tirant neuf à dix pieds d'eau.

Lianes.

Deux lieues à l'Ouest de Saint-Vincent, est le havre de Lianes, qui est un fort petit havre et peu profond, au côté de l'Est, il y a plusieurs rochers sous l'eau qu'il faut éviter en côtoyant le côté de l'Ouest : sur la pointe du même côté de l'Ouest il y a une église qui aide à la connoissance de ce havre.

Rio

Rio de Seillo.

DE Lianes à Rio de Seillo, la côte court à l'Ouest cinq grandes
lieues, ce sont toutes hautes terres doubles le long de ces côtes; et
entre Lianes et Rio de Seillo, il y a quantité de gros rochers sous
l'eau, et l'on pourroit par nécessité mouiller derrière les susdits
rochers; mais hors la nécessité, il n'est pas à propos de le faire,
car ils sont fort proches de terre, joint que parmi eux il y en a
quelques-uns sous l'eau.

L'entrée de Rio de Seillo est fort étroite, et est entre deux
montagnes; à la pointe de l'Est, sur la montagne est une chapelle qui donne la connoissance de cette rivière, et à la même
pointe sur le bord de la mer, il y a un mât qui sert de balise,
qu'il faut ranger de proche, car du côté de l'Ouest il y a plusieurs rochers sous l'eau : ce lieu est un havre de marée dans
lequel il ne faut entrer que de pleine mer, et encore quand il y
a croissance de l'eau qui descend des montagnes, il est impossible d'y entrer : quand on est dedans on mouille sous le village
de Rio de Seillo. *Les marées sont de trois heures, comme en
tous les havres de cette côte.*

Ainsi paroît la terre de Larède et Rio de Seillo, quand on
la côtoie.

Villa - Viciosa.

QUATRE petites lieues à l'Ouest de Rio de Seillo, est Villa-
Viciosa : entre les deux c'est toute haute terre double, et à moitié
chemin est la petite rivière de l'Astre, dans laquelle on ne peut
entrer que des barques de trente à quarante tonneaux : l'entrée de
Villa-Viciosa est fort sale du côté de l'Est, car il y a un banc qui
va jusqu'à la moitié du havre, c'est pourquoi il faut ranger le côté
de l'Ouest de plus près que celui de l'Est : il ne faut néanmoins pas
l'approcher de trop près non plus, car il y a aussi quelques saletés
qui avancent vers la mer. Quand on est au-dedans des deux pointes,
il y a encore une roche sous l'eau droit au milieu du canal : on
en passe aussi à l'Ouest, et quand on est au-dedans d'elle, on
mouille l'ancre. Ce havre est d'ordinaire un lieu de pilotage,
et il n'y faut entrer que de pleine mer, car c'est un havre de
barre. *La Lune au Nord-Est et au Sud-Ouest y fait pleine mer.*

L

Ainsi se montre la terre entre Rio de Seillo jusqu'au cap de Pinas.

Quand Rio de Seillo est au Sud-Ouest de vous, 3 lieues, la terre depuis Saint-Vincent jusques par-delà Rio de Seillo, paroît ainsi.

Ainsi paroît la terre depuis le cap de Quesque jusqu'à Villa-Viciosa, quand vous êtes par le travers de Saint-Vincent quatre ou cinq lieues au large.

Sansoen.

De Villa-Viciosa à la pointe de Sansoen, il y a quatre grandes lieues et demie à l'Ouest Nord-Ouest. C'est une fort longue pointe de moyenne hauteur, qui a une grande maison ou château au-dessus. Des deux côtés de cette pointe, à l'Est et à l'Ouest, sont deux grandes anses ou baies de sable, dans lesquelles on peut mouiller l'ancre à six, sept ou huit brasses d'eau; le fond y est fort bon. Dans celle qui est du côté de l'Est, il y a un islet sur lequel est une petite chapelle; on peut passer des deux côtés, et mouiller à l'abri de lui: dans celle de l'Ouest, est le petit havre de Sansoen, dans lequel il ne peut entrer que des petites barques; il est tout au fond de cette baie du côté de l'Est.

Hi-Hon ou Gi-Geon.

De la pointe de Sansoen à celle de Hi-Hon ou Gi-Geon, il y a à l'Ouest Nord-Ouest deux grandes lieues; c'est une terre basse tout le long du bord de la mer: mais dans le pays ce sont toutes hautes montagnes: à l'Ouest de la pointe de Gi-Geon un petit quart de lieue, est la ville du même nom, qui a un fort bon havre de marée, dans lequel il peut entrer des navires tirant 12 à 13 pieds d'eau; il est au-dedans d'une grande digue ou jetée de pierres qui le couvre entièrement: quand on est dedans, on est à couvert de tous les vents; et les navires y assèchent toutes les marées. *La Lune au Nord-Est y fait pleine mer.*

Ainsi paroît la terre, quand on est par le travers de Gi-Geon.

A une lieue à l'Ouest de Gi-Geon est la baie de Tôres. Cette baie entre fort avant en terre ; et dans le fond il y a un village de Pêcheurs, devant lequel on mouille à huit ou neuf brasses d'eau, fond de sable : ce sont toutes terres escarpées des deux côtés de cette baie, qui sont fort unies par-dessus, et sur la pointe du Nord il y a une église qui a un haut clocher.

Cap de Pinas.

DE Gi-Geon au cap de Pinas, la route est l'Ouest Nord-Ouest environ quatre lieues, et de la pointe de la baie de Tôres au cap de Pinas, la route est le Nord-Ouest quart Ouest trois petites lieues. Le cap de Pinas est la terre la plus unie et la plus belle de toute cette côte ; elle est escarpée tout autour, et l'on n'y peut point descendre à terre, car ce sont toutes falaises. A l'extrémité de ce cap il y a plusieurs rochers dessus et dessous l'eau, qui mettent bien une demi-lieue au large droit au Nord dudit cap : on pourroit par nécessité passer en terre d'eux : mais sans une grande nécessité, il n'est pas bon d'y risquer un navire, tant à cause que le passage est étroit, que des grandes marées qui y courent et qui y portent par le travers des roches.

La terre, entre Gi-Geon et le cap de Pinas, paroît ainsi.

Ces trois figures se doivent joindre ensemble, mettant les

lettres semblables l'une avec l'autre ; et c'est la démonstration des terres du cap de Pinas des deux côtés. Quand ledit cap est au Sud de vous trois ou quatre lieues, alors la grande montagne qui est au-dedans du cap de Pinas, est au Sud-Est de vous.

Avilez.

Du cap de Pinas jusqu'à Avilez, la côte court au Sud Sud-Ouest trois lieues ; c'est toute terre escarpée et unie par-dessus, et le long il y a quelques rochers sur l'eau qui sont tout proches de terre. Avilez est dans une grande anse de sable, droit au défaut des falaises qui viennent du cap de Pinas, c'est une petite rivière de barre, dans laquelle il n'entre que des petits navires ou barques, elle est un peu profonde et sujette à changer ; le passage néanmoins est presque toujours du côté de la pointe de l'Est, sur laquelle est une petite église : il est bon de ne point entrer en cette rivière sans avoir un pilote du lieu, pour la raison ci-dessus alléguée.

Quand on est dedans, on y assèche toutes les marées, et l'on est à couvert de tous les vents. *La Lune au Nord-Est et au Sud-Ouest y fait pleine mer.*

A l'Ouest de la pointe d'Avilez, il y a deux gros rochers ou isles près de terre, proche desquels on peut mouiller ; et même depuis le cap de Pinas jusqu'à Avilez, il y a par-tout bon mouillage à dix ou douze brasses d'eau, fond de sable.

Ainsi paroît la terre d'Avilez, quand on est proche.

Louarques.

Depuis Avilez jusqu'à Louarques, il y a six grandes lieues : la terre court premièrement à l'Ouest une grande lieue, puis au Sud-Ouest 5 grandes lieues. Entre les deux ce sont toutes hautes terres mal-unies : sur la pointe de l'Est de la petite baie de Louarques, il y a une église toute seule qui en facilite la connoissance, et sous cette église il y a deux gros rochers sur l'eau ; et au-dedans de cette pointe il y en a encore un autre du même côté. A l'Ouest de la pointe de l'église, environ une portée de mousquet, est une autre pointe qui fait le côté de l'Ouest de cette petite baie : quand on veut entrer dans Louarques, on passe entre ces deux pointes, et étant au-dedans, on peut mouiller à huit ou neuf brasses d'eau, fond de sable. Pour entrer dans la rivière sous la ville, il faut attendre la marée, et y entrer avec des chaloupes, ou espier avec des aussières ou grelins, car le canal n'est pas droit et l'on n'y peut point entrer à la voile ; on range le côté de l'Est de cette rivière à pousser avec un aviron ou à le toucher : c'est une falaise qui est comme une muraille ; de l'autre côté c'est une terre plate

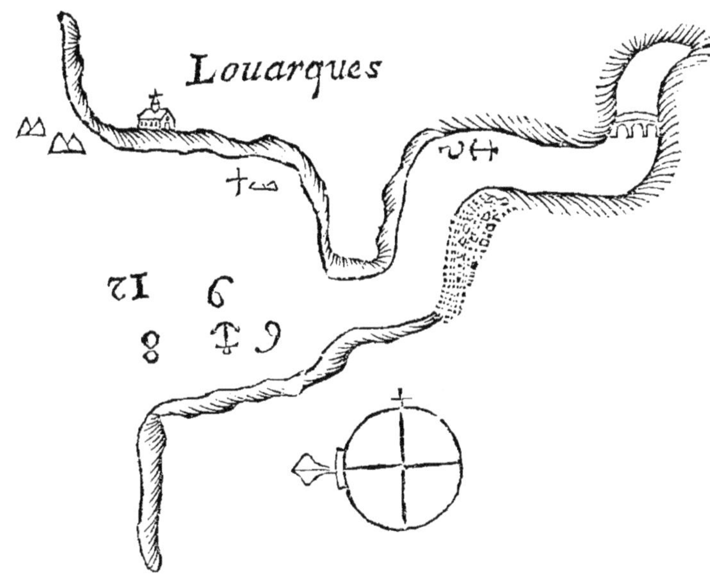

couverte de petits cailloux : quand on est au dedans de cette rivière, on s'amarre sous la ville dans une fosse où il reste deux brasses d'eau de basse mer ; il ne peut entrer dans cette rivière que des navires tirant 10 à 12 pieds d'eau. *Les marées y sont de trois heures le jour de la nouvelle et pleine Lune.* Nous avons mis cette démonstration pour se pouvoir mieux gouverner dessus.

Riba-Deos.

DE Louarques à Riba-Deos, la côte court à l'Ouest Sud-Ouest neuf petites lieues ; c'est toute terre fort haute et mal-unie, et le long du rivage, à deux et trois longueurs de câble de terre, sont plusieurs gros rochers noirs. L'ouverture de la rivière de Riba-Deos est assez large : mais l'entrée en est difficile, à cause des bancs qui sont des deux côtés. A la pointe de l'Est est un petit banc de roches qui avance beaucoup en mer, on le peut néanmoins ranger à la sonde à quatre ou cinq brasses et demie d'eau ; mais celui qui est du côté de la pointe de l'Ouest, s'avance presque jusqu'à la moitié de l'entrée du havre, et ne se peut sonder, car il est tout écore. Quand donc vous voulez entrer en cette rivière, vous venez prendre le côté de l'Est à la sonde à quatre ou cinq brasses, et découvrez la ville de Castrapol par la pointe de l'Est de l'entrée de cette rivière, et allez sur ces marques qui sont environ le Sud-Est quart Sud jusqu'au proche de ladite pointe de l'Est, et alors vous voyez une tour sur la terre de l'Ouest. Quand on vient à l'Ouest de vous, vous gouvernez à l'Ouest dessus ladite tour, ou un peu plus au Sud d'elle jusques contre terre, laquelle vous rangez de proche jusques devant la ville de Riba-Deos, où vous mouillez à trois ou quatre brasses d'eau et portez une amarre à terre sur les roches. Cette rivière est d'ordinaire un lieu de pilotage; car il y a plusieurs bancs dedans qui croissent et diminuent par les courants qui viennent des montagnes. Si l'on veut aller à Castrapol, quand on est proche de la pointe de l'Est de l'entrée de cette rivière, on suit la côte de l'Est jusques devant la ville. Cette ville de Castrapol est sur la province d'Eturie, et Riba-Deos sur le royaume de Galice. *Les marées en cette rivière sont Nord-Est quart Est, et Sud-Ouest quart Ouest.*

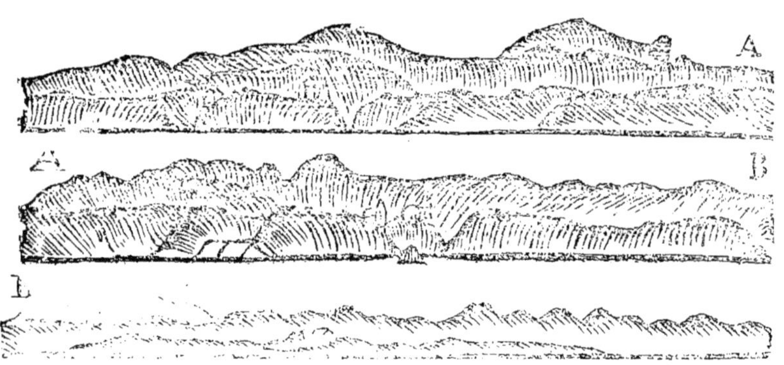

Ces trois figures se doivent joindre ensemble, en mettant les lettres semblables l'une avec l'autre. C'est la démonstration des terres depuis le cap Pinas jusqu'à Riba-Deos, quand on les côtoie de proche.

Villa-Velas.

Depuis Riba-Deos jusqu'à la petite rivière de Villa-Velas, que les Hollandais nomment *Isabel Velas*, la côte court au Nord-Ouest quart Ouest, trois petites lieues: c'est une petite rivière ou havre de marée, dans lequel il peut entrer de grandes barques ou petits navires de huit à neuf pieds d'eau. Ce petit havre est fort étroit et peu fréquenté. *La Lune au Nord-Est et au Sud-Ouest y fait pleine mer.* Environ une lieue au Nord-Ouest de cette petite rivière, sont deux isles blanches, que l'on nomme les isles de Saint-Cyprien : il y a un mouillage tout autour d'elles.

Vivère.

DEPUIS les isles de Saint-Cyprien jusqu'à la pointe de l'Est de l'entrée de la baie de Vivère, la côte court au Nord-Ouest quart Nord, cinq lieues : c'est toute terre de moyenne hauteur le long de la mer ; mais dans le pays ce sont toutes hautes montagnes. La baie de Vivère est large d'une grande lieue au Sud-Est et Nord-Ouest, et profonde de trois grandes lieues. Cette baie est fort nette, et on peut suivre le mi-canal, ou ranger l'un ou l'autre côté : ils sont tous deux fort nets ; même on peut mouiller partout dans ladite baie à six, sept ou huit brasses d'eau, ou bien sous la ville trois brasses d'eau : on y assèche toutes les marées, si l'on veut, et la ville est du côté de l'Ouest de ladite baie.

Baie de Stanques de Vares.

DE la pointe de l'Ouest de la baie de Vivère, la côte court à l'Ouest une grande demi-lieue ; alors on trouve l'entrée de la baie de Stanques de Vares : cette baie est large d'une lieue à son embouchure, et profonde de deux grandes lieues : au côté de l'Est de l'entrée de cette baie, est une grosse isle qui est entre Vivère et cette baie, mais plus proche de cette baie que de Vivère ; car même elle en couvre une partie de l'ouverture. Quoique les livres Hollandais la marquent droit à l'ouvert de la baie de Vivère, elle n'y est pourtant pas ; et quoique la baie de Stanques de Vares ne soit pas non plus marquée dans lesdits livres Hollandais, elle ne laisse pas d'être où nous la marquons. C'est un fort bon lieu, où il peut entrer plus de mille navires, et mouiller où il leur plaira, à tant et si peu d'eau qu'ils voudront ; car il n'y a ni bancs ni roches en cette baie. Du côté de l'Ouest, une demi-lieue au-dedans, est une grande anse de sable, dans laquelle est un petit village de pêcheurs ; et dans cette anse il y a aussi un petit môle de cailloux, dans lequel un navire de 200 tonneaux pourroit échouer de pleine mer ; mais de basse mer, il demeureroit entièrement à sec. *Les marées y sont Nord-Est quart Est et Sud-Ouest.* Nous avons mis la démonstration de cette baie à la page suivante.

L 4

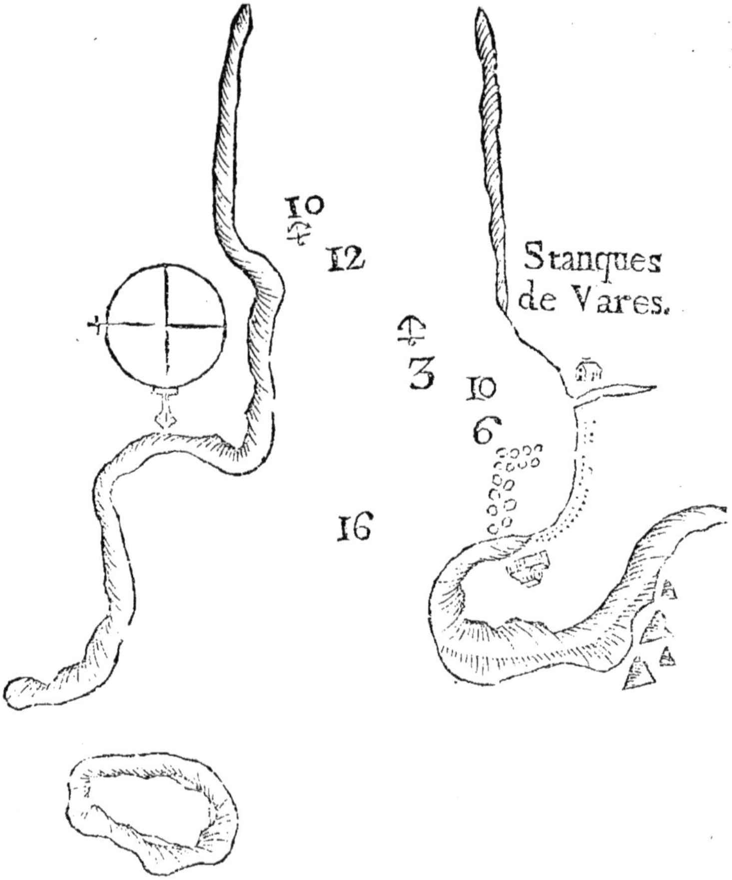

Ces deux figures se doivent joindre ensemble, en les mettant
bout à bout. C'est la démonstration de la terre depuis Riba-Deos
jusqu'à Viviere quand on la côtoie de proche.

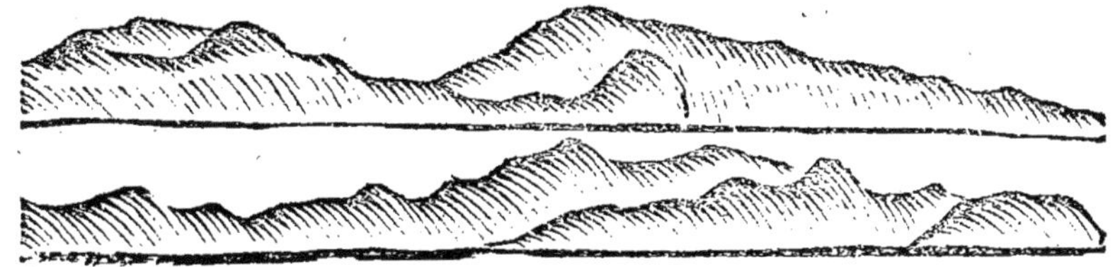

Ces trois figures se doivent joindre ensemble, en les mettant bout à bout : c'est la démonstration des terres depuis Riba-Deos jusques proche d'Ortegal.

Sainte-Marthe, rivière.

Depuis Stanques de Vares jusqu'à la rivière de Sainte-Marthe, la côte court au Sud-Ouest trois lieues : entre les deux il y a plusieurs roches dessus et dessous l'eau. La rivière de Sainte-Marthe fait un havre de marée, où il monte au moins 10 à 12 pieds d'eau ; mais à l'entrée il y a plusieurs roches : c'est pourquoi l'on n'y entre qu'avec un pilote du lieu. *La Lune au Nord-Est quart Est et Sud-Ouest quart Ouest y fait pleine mer.*

Carins ou Carille.

De Sainte-Marthe à la rivière de Carins ou *Carille*, la côte court à l'Ouest Sud-Ouest, une grande lieue : c'est une belle rivière de barre, dans laquelle il peut entrer de grands navires, il y a néanmoins des roches le long de la terre des deux côtés, et on suit le mi-canal. Quand on entre dedans, le bourg de Carins est du côté de l'Ouest ; et il y a fort bon mouillage au-dehors de cette rivière, et même tout le long de la terre jusqu'au cap d'Ortegal. *La Lune au Nord-Est quart Est et Sud-Ouest quart Ouest y fait pleine mer.*

Cap d'Ortegal.

De Carins ou *Carille* jusqu'au cap d'Ortegal, la côte court au Nord Nord-Ouest, trois lieues : c'est toute haute terre ; et environ à moitié chemin de l'un à l'autre, sur la côte, est un château que l'on nomme *le château d'Ortegal.* De Stanques de Vares au cap d'Ortegal, la route est l'Ouest Nord-Ouest, cinq lieues : entre les deux c'est une fort grande baie qui entre bien trois lieues en dedans du côté du Sud, dans laquelle sont les deux rivières de Sainte-Marthe et Carins ou *Carille*, desquelles nous avons parlé ci-devant. Le cap d'Ortegal est un fort haut cap escarpé, au-dessous duquel il y a neuf ou dix rochers sur l'eau, hauts comme des mâts de barque, et forts pointus : ces rochers sont éloignés dudit cap d'une demi-lieue tout au plus : il y a quinze à seize brasses d'eau, au pied d'eux, et en terre d'eux neuf à dix brasses.

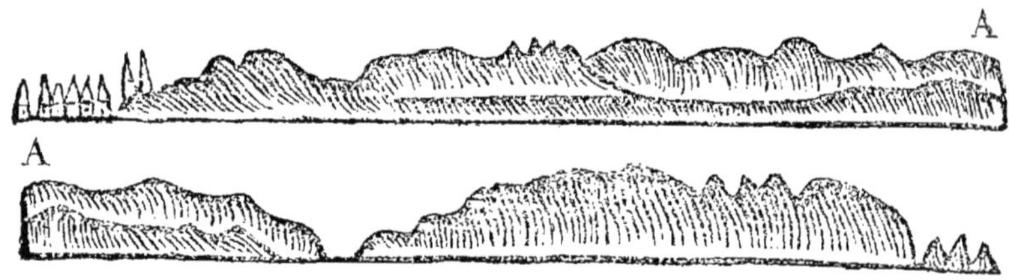

Ces deux figures se doivent joindre par les lettres A A ; c'est la démonstration des terres depuis Sainte-Marthe jusqu'au cap d'Ortegal.

Ainsi paroît Ortegal , quand il est au Sud-Est de vous.

Quand Ortegal est au Sud-Est quart Sud de vous, il paroît ainsi.

Quand Ortegal est au Sud de vous, neuf ou dix lieues, la terre paroît ainsi.

Sydère.

Du cap d'Ortegal jusqu'à Sydère, la côte court au Sud-Ouest quart Sud , cinq lieues ; mais du large des roches d'Ortegal, la route est le Sud Sud-Ouest ; et entre ce cap et Sydère, c'est toute haute terre escarpée, et le havre de Sydère est entre deux côtes aussi escarpées, et on ne le peut voir que quand on est proche de terre, droit par le travers de lui. À son entrée, du côté de l'Est, il y a plusieurs rochers dessus et dessous l'eau ; mais ils sont proches terre : il y a aussi une roche qui couvre et découvre toutes les marées au milieu de ce havre en-dedans des deux pointes : c'est pourquoi on range d'ordinaire le côté de l'Ouest, jusqu'à ce que l'on soit droit vis-à-vis du village où l'on mouille à quatre, cinq ou six brasses d'eau. *Les marées y sont Nord-Est et Sud-Ouest ;* mais il n'est pas besoin d'attendre la marée pour y entrer : il y a toujours assez d'eau.

Cap de Prior.

De Sydère au cap de Prior, la côte court au Sud-Ouest, quatre grandes lieues : c'est toute haute terre jusqu'à une lieue du cap de Prior que ce sont des anses de sable; et sur ce cap il y a une haute montagne toute seule, qui a des anses de sable des deux côtés. De loin cette montagne paroît comme un islet : elle est fort hachée par-dessus. Le long du cap de Prior, du côté de l'Est, il y a quantité de rochers noirs sur l'eau, et d'autres qui sont sous l'eau bien un quart de lieue au large, à quoi il faut donner tour.

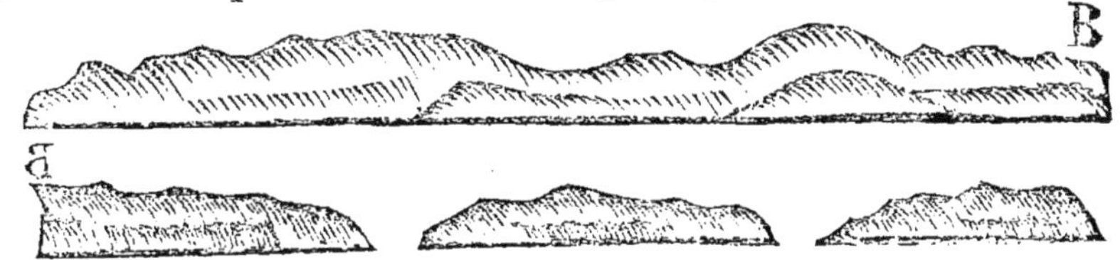

Ces deux figures se doivent joindre ensemble, mettant les BB l'un avec l'autre. C'est la démonstration des terres depuis le cap d'Ortegal jusqu'au cap de Prior, quand vous êtes à l'Ouest.

Les terres de l'Est de la baie de la Corogne paroissent ainsi, quand elles sont au Sud quart Sud-Est de vous.

Ainsi paroît le cap de Prior, quand on est au Nord-Ouest de lui, six ou sept lieues.

Quand le cap de Prior est à l'Est de vous, cinq ou six lieues, il paroît ainsi.

Quand le cap de Prior est au Sud-Ouest quart Sud de vous, il paroît ainsi.

Quand le cap de Prior est à l'Est quart Nord-Est de vous quatre ou cinq lieues, il paroît ainsi avec les hautes terres au-dedans de lui.

Férol.

Du cap de Prior au havre de Férol, il y a environ trois lieues ; depuis le cap de Prior la côte court au Sud environ une lieue, puis au Sud-Est deux lieues : ce sont toutes hautes montagnes entre les deux : et tout le long de la terre, à une ou deux longueurs de câble, il y a plusieurs gros rochers sur l'eau. Vous rangez cette terre tout du long, quand vous voulez entrer dans Férol, l'entrée en est étroite. Du côté du Sud de l'entrée de ce havre, il y a un banc de roches qu'il faut éviter : quand vous êtes dedans, vous suivez le mi-canal, ou bien vous rangez le côté du Sud de plus près que celui du Nord, à cause d'une roche sous l'eau qui est à un tiers de largeur des deux terres du côté du Nord ; quand vous êtes devant la ville, vous mouillez l'ancre à quatre, cinq ou six brasses d'eau ; ce havre court à l'Est assez loin en terre : on y est à l'abri de tous les vents. *La Lune au Nord-Est quart Est et Sud-Ouest quart Ouest y fait pleine mer ;* mais il y a toujours de l'eau assez pour un navire.

La Corogne.

Quand on sort du havre de Férol pour aller à la Corogne, il faut donner tour à la pointe de l'Est dudit havre de Férol, à cause d'une longue pointe de roches, de laquelle nous avons déjà parlé dans le chapitre précédent. Quand vous êtes à l'Ouest de cette pointe de roches, vous suivez le mi-canal : cette baie a deux lieues de large, à son entrée Est et Ouest : tout le long de la côte du côté de l'Est il y a des bancs de roches sous l'eau, qui mettent bien un demi-quart de lieue hors de terre. Du côté de l'Ouest il y a une grosse tour sur la côte que l'on nomme *la tour de Fer.* Tout le long de cette côte de l'Ouest, il y a un banc de roches qui met bien un petit quart de lieue au large, qu'il faut éviter. Vous gouvernez au Sud-Est jusqu'à ce que le château qui est sur l'isle vous demeure au Sud Sud-Ouest ; alors vous gouvernez sur le château que vous rangez de proche en le doublant par le côté du Sud : après vous gouvernez à l'Ouest jusques devant la ville, où vous mouillez à six, sept, neuf, dix ou douze brasses d'eau. On peut aussi passer entre le château et une petite isle qui est au Nord dudit château, sur laquelle il y a une maison ; mais entre cette isle et la pointe de terre, il n'y a point de passage.

Entre la pointe où est *la tour de Fer* et la pointe de Ferrol, droit à mi-canal, il y a une roche sous l'eau, sur laquelle il y a sept à huit brasses d'eau ; et de beau temps, toutes sortes de

avires peuvent passer dessus ; mais de mauvais temps ils seroient
n risque d'y recevoir quelque coup de mer, car la mer y est
xtrêmement grosse : c'est pourquoi il faut faire bon quart
ar-devant, pour éviter les brisants qui paroissent de loin.

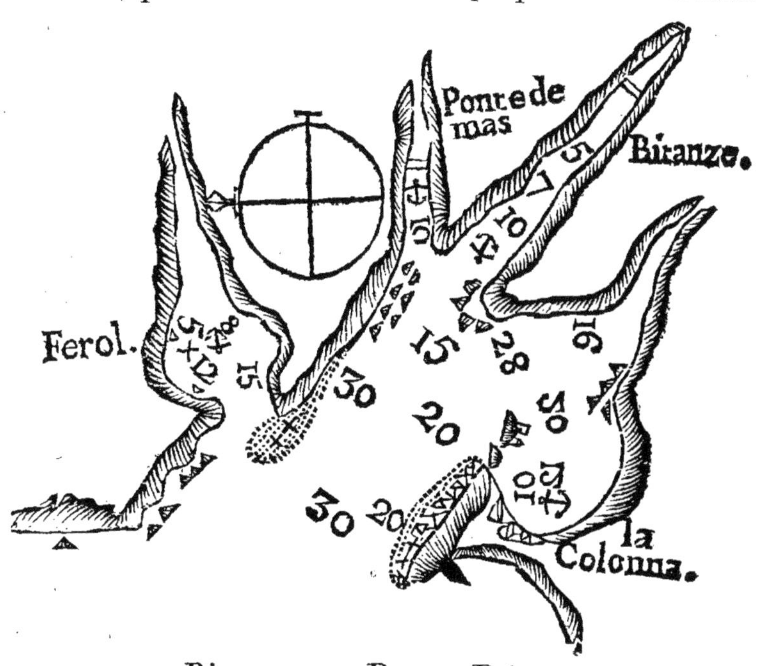

Bitanze et Ponte Démas.

Si vous voulez de la Corogne aller à Bitanze et Ponte Démas,
l faut ranger le château : puis quand vous en êtes proche,
vous gouvernez au Nord-Est jusqu'à ce que vous ayez la pointe
de Ponte Démas à l'Est quart Sud-Est de vous ; alors vous
gouvernez dessus jusques proche de terre, après vous suivez le
mi-canal jusqu'à Bitanze, où vous mouillez où il vous plaît, à
cinq, six, sept ou huit brasses d'eau : cette rivière court droit
au Sud-Est. Si vous voulez aller à Ponte Démas, quand vous
êtes à la pointe dont nous venons de parler, il vous faut encore
suivre le mi-canal jusques devant Ponte Démas, et mouiller
l'ancre à trois, quatre ou six brasses d'eau : ce havre court à
l'Est du côté de la terre de l'Est : au-dehors de la rivière il y a
quantité de roches sur l'eau, comme aussi du côté de l'Ouest de
l'entrée de la rivière de Bitanze : c'est pourquoi, pour aller en ces
rivières, il faut amener la pointe de Ponte Démas à l'Est quart Sud-
Est, et gouverner jusques contre la pointe à cette aire de vent-là ;

ainsi faisant, on va droit par le milieu du canal entre les susdits rochers. Nous avons mis la démonstration ci-devant pour se mieux gouverner.

Sizarques et Mal-Pic.

De l'entrée de la Corogne à Sizarques, la route est l'Ouest sept lieues, mais il est bon de haler un peu plus au Nord, à cause des roches de Baldaye qui sont à l'Est quart Nord-Est de ladite isle de Sizarques, deux lieues : c'est une grande rangée de roches qui couvrent et découvrent toutes les marées, et il y a tout autour d'elle 28 à 30 brasses d'eau : la terre entre la Corogne et Sizarques fait une grande anse, et c'est toute haute terre. L'isle de Sizarques est longue d'une demi-lieue, et est toute entourée de roches une longueur de câble au large d'elle, ce qui fait que le passage entre cette isle et la terre est fort étroit et dangereux, et aussi l'on n'y passe guère.

Mal-Pic.

Au Sud-Est de Sizarques, une lieue, est le petit havre Mal-Pic : c'est un petit havre de marée, dans lequel il peut entrer des navires tirant neuf ou dix pieds d'eau. Sur le côté de l'Ouest de ce havre, il y a une petite chapelle : quand on veut aller en ce havre, il faut passer entre les roches de Baldaye et l'isle de Sizarques. *La Lune au Nord-Est et au Sud-Ouest y fait pleine mer.*

Quères.

Au Sud Sud-Ouest de l'isle de Sizarques, environ une lieue, est le havre de Quères : c'est un havre dans lequel il peut entrer toutes sortes de navires. A la pointe de l'est de l'entrée de ce havre, il y a quelques roches qu'il faut éviter en rangeant la côte de l'Ouest de plus près que celle de l'Est, ou bien en suivant le mi-canal. Quand on est dans ce havre, on mouille l'ancre à six, sept, huit ou neuf brasses d'eau, proche d'un village de pêcheurs qui est du côté de l'Est de ce havre. *Les marées y sont Nord-Est quart Est et Sud-Ouest quart Ouest.*

Baie de Colme.

Quatre lieues au Sud-Ouest de l'isle de Sizarques, est la baie de Colme : c'est une grande baie ouverte, dans laquelle il y a bon mouillage ; ceux qui y relâchent et qui veulent aller à l'Ouest, y mouillent du côté de l'Est, dans une grande anse qui est une demi-lieue au-dedans, droit devant un village de pêcheurs nommé *Lages ;* on n'y trouve pas moins que quatre, cinq, six ou huit brasses d'eau, selon que vous êtes proche de terre.

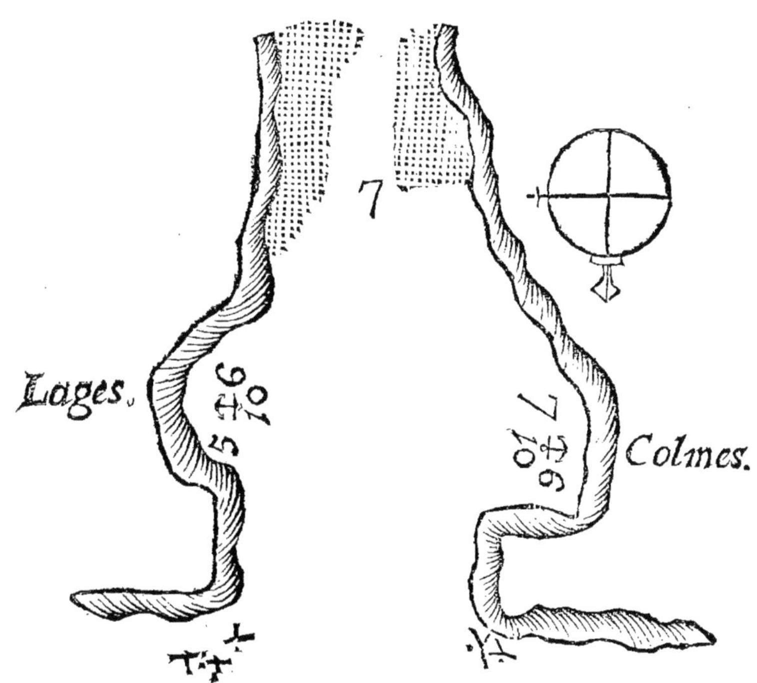

Mais ceux qui veulent aller à l'Est mouillent à six ou sept brasses d'eau, du côté de l'Ouest, dans une grande anse qui est droit à l'opposite de celle de Lages : il y a aussi un village de pêcheurs nommé *Colines;* à l'entrée de cette baie des deux côtés il y a quelques roches sous l'eau, lesquelles mettent bien un grand quart de lieue au large ; c'est pourquoi il faut suivre le mi-canal jusqu'à ce que l'on soit au-dedans d'elles, et, comme cette baie n'est point marquée sur la plupart des flambeaux Hollandais, si ce n'est sur ceux de Jean Van Keulen, parce que je la lui fis marquer en 1680 que j'étois à Amsterdam, ainsi que plusieurs autres choses le long des côtes d'Espagne et Portugal, qui n'étoient pas marquées ni sur les livres ni sur les cartes, j'ai voulu mettre le plan de ladite baie ci-dessus, afin que l'on s'y puisse mieux gouverner.

Baie de Monsy ou Camarigna.

DE l'isle de Sizarques au cap de Belen, qui fait la côte de l'Est

de l'entrée de la baie de Monsy, la côte court à l'Ouest Sud-
Ouest dix grandes lieues : c'est toute haute terre entre les deux,
et le long de la terre, un petit quart de lieue au large, il y a
plusieurs rochers dessus et dessous l'eau, desquels il se faut garder.

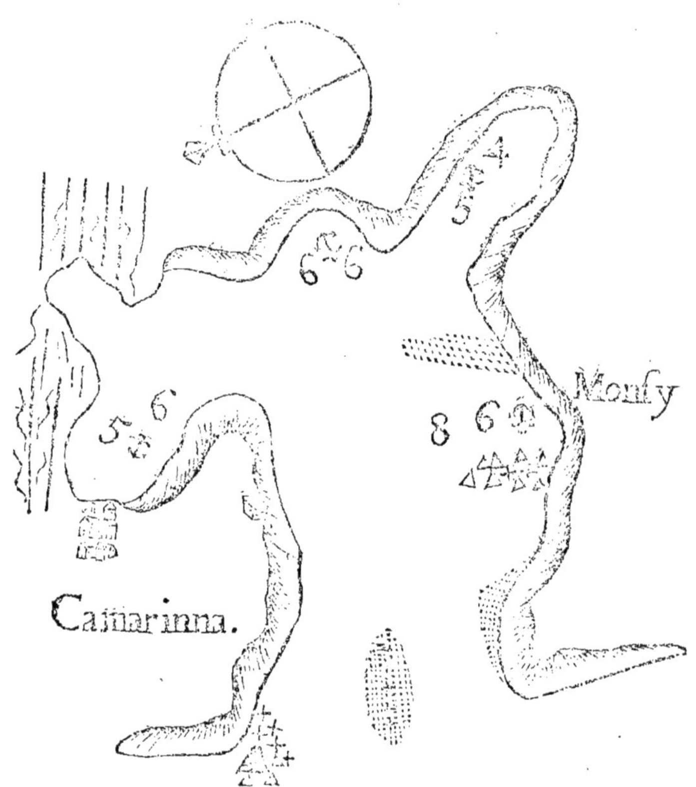

Sous le cap de Belen, il y a plusieurs rochers dessus et dessous
l'eau, lesquels mettent bien un grand quart de lieue au large, et
entre eux il y en a un fort haut, sur lequel est une pyramide qui de
loin paroît comme une tour, qui se nomme *le Vilain*, et par les
Hollandais, *Munic* ou *Moyne*. Un peu au large de lui, et aussi le
long de la côte en entrant dans la baie de Monsy, il y a encore
plusieurs rochers sous l'eau : cette baie a une grande lieue de large
à son entrée, et dans le milieu de ladite baie est un grand banc
sous l'eau nommé *le Camello*; mais il y a fort bon passage des deux
côtés de ce banc, tant à l'Est qu'à l'Ouest. Quand on entre par le côté
de l'Est, on range *le Vilain* à un quart de lieue; puis l'ayant doublé
vous gouvernez au Sud quart Sud-Est, en rangeant toujours la côte
de

de l'Est; à un petit quart de lieue loin, vous voyez sur ladite côte de l'Est une chapelle. Quand elle est à l'Est Nord-Est de vous, vous êtes au-dedans de la seconde pointe, laquelle étant doublée, vous n'avez plus rien à craindre ni du côté de l'Est ni de celui du Sud. Il y a encore une autre marque pour passer en cette passée, c'est qu'en venant de l'Est, vous tenez toujours le cap de Corienne découvert la longueur d'un navire en-dehors de la côte de l'Ouest de l'entrée de Monsy, et gouvernez ainsi jusqu'à ce que vous ayez une église qui est dans la baie de Monsy, du côté de l'Ouest, découverte par la pointe dudit Monsy la grosseur d'une voile, et gouvernez ainsi jusqu'à ce que vous ayez l'église qui est sur la terre de l'Est, à l'Est Nord-Est de vous; alors vous vous éloignez tant et si peu de terre que vous voulez, pour aller mouiller à Camarigna, qui est du côté de l'Est Nord-Est, ou dans les anses qui sont au Sud-Est et au Sud de ladite baie.

Du côté de l'Ouest de ladite baie, au-dedans de la ville de Monsy, il y a un banc de sable et roches, sur lequel, de basse mer, il ne reste que quatre à cinq pieds d'eau : ce banc s'étend une petite demi-lieue au large de terre au Nord-Est : et du côté de l'Ouest de Monsy est encore une rangée de gros rochers qui mettent un grand quart de lieue au large au Nord Nord-Est : le mouillage de Monsy est entre ces rochers et ledit banc à six ou sept brasses d'eau, fond de sable. A la seconde pointe de l'entrée de la baie de Monsy, du côté du Sud-Ouest, s'avancent encore plusieurs rochers sous l'eau bien deux longueurs de câble; quand on entre par ce passage, en venant de l'Ouest, on range la terre de l'Ouest : ce sont toutes belles anses de sable; et quand vous êtes à la première pointe de l'entrée de cette baie, vous gouvernez à l'Est sur la pointe de Camarigna, en laissant la côte du Sud-Ouest à 3 ou 4 longueurs de câble de vous jusqu'au-dedans de la baie : alors vous allez mouiller où il vous plaît, à tant et si peu d'eau que vous voulez, vous gouvernant ainsi qu'il a été dit ci-devant, et nous avons mis la démonstration de cette baie ci-devant, pour mieux se gouverner dessus. *Les marées y sont Nord-Est quart Est et Sud-Ouest quart Ouest.*

Cap de Corienne.

DE Monsy au cap de Corienne, la côte court au Sud-Ouest une lieue et demie : entre les deux sont deux belles anses de sable, proche desquelles on peut mouiller; car le fond y est fort net.

Cap de Finistère.

Du cap de Corienne au cap de Finistère, il y a au Sud, prenant

M

un peu au Sud-Est, trois grandes lieues : entre les deux, est une grande baie dans laquelle on peut mouiller par nécessité. Dans cette baie, du côté du Nord, il y a plusieurs roches sous l'eau, qui vont jusqu'à moitié de cette baie : c'est pourquoi il faut ranger le côté du Sud de plus proche que celui du Nord; et l'on y mouille à six, sept ou huit brasses d'eau. A une demi-lieue au Sud quart Sud-Ouest du cap de Corienne, est un petit islet rond, et au large de lui une roche sous l'eau, qui en est distante de trois longueurs de câble ou environ, et au Sud Sud-Est du susdit islet, une demi-lieue, est encore une autre roche sous l'eau. A une demi-lieue du cap Finistère, au Nord-Ouest, est encore un islet, qu'il ne faut point approcher du côté du Nord, à cause de quelques saletés qui s'avancent en mer de ce côté-là. Le cap Finistère est une haute terre ronde, qui vient toujours en abaissant en venant au bord de la mer. Sur cette terre, quand on est proche, on voit une église sur le haut, que les Espagnols appellent *le Seignor de Finistère*.

La terre depuis l'islet de Sizarques jusqu'au cap de Finistère, quand on la côtoie de près, paroît ainsi.

Quand le cap de Finistère est au Sud Sud-Est de vous, il paroît ainsi.

Quand le cap de Finistère est au Sud-Est de vous, il paroît ainsi.

Le cap de Finistère se montre ainsi, étant au Sud-Est quart Est de vous.

Le cap de Finistère paroît ainsi, étant à six ou sept lieues de vous au Sud-Est quart Est.

Ainsi paroît le cap Finistère, lorsqu'il est à cinq ou six lieues de vous, à l'Est quart Sud-Est.

Baie de Corcovion ou Corco-Bayona.

Du cap de Finistère à Corcovion, la côte court à l'Est environ deux lieues et demie ; c'est toute terre de moyenne hauteur : il y a un bon mouillage tout du long. Corcovion est dans une baie ou havre qui court au Nord : quand on veut entrer dans cette baie, il faut ranger la pointe de l'Ouest, à cause d'une roche sous l'eau qui est droit au milieu de l'entrée. Du côté de l'Est il y a aussi plusieurs rochers sous l'eau ; ce qui fait que l'entrée de ce côté-là est fort étroite. Quand on est dans cette baie, on mouille l'ancre devant Corcovion, ou entre la ville de Corcovion et celle de Sèche, à quatre ou cinq brasses d'eau. *Les marées y sont Nord-Est quart Est et Sud-Ouest quart Ouest.*

Banc de Roches.

A une lieue et demie au Sud de Corcovion, et deux lieues et demie du cap de Finistère, au Sud-Ouest, est un banc de roches sous l'eau, qui viennent à fleur d'eau de basse mer : il est long d'une grande demi-lieue Nord-Est et Sud-Ouest, et large d'un quart de lieue : et il y a fort bon passage entre ce banc et la terre, tant à l'Est qu'au Nord.

Baie de Moures.

De l'entrée de Corcovion à Monte-Lauro, qui est la pointe du Nord de l'entrée de la baie de Moures, la côte court au Sud-Est quatre lieues ; c'est toute haute terre entre les deux, et au milieu des deux il y a une haute montagne longue, qui est toute hachée comme une scie : au proche de la pointe de Monte-Lauro, la terre est fort basse ; et sur son extrémité est la montagne nommée *Monte-Lauro,* c'est une montagne toute ronde, qui est au bord de la mer, séparée de toutes les autres montagnes : ce qui facilite beaucoup la connoissance et l'entrée de la baie de Moures. Quand on vient de Corcovion, et que l'on veut aller dans la baie de Moures, on range la terre tout le long jusqu'au proche de Monte-Lauro, en donnant tour aux rochers *les Leisons ;* puis quand vous

êtes au Sud d'eux, vous rapprochez la terre et la rangez de
proche, gouvernant au Nord-Est le long d'elle jusqu'à la pointe
de Moures, qui est une demi-lieue dans ladite baie. Quand vous
l'avez doublée, vous courez au Nord Nord-Est jusques devant
le bourg de Moures, où vous mouillez à 8, 10 ou 15 brasses d'eau,
fond de sable : c'est une fort grande anse, où les navires sont bien
à l'abri : du côté de l'Est, le long de la terre, il y a plusieurs
rochers sous l'eau, dont on se doit garder ; et sur l'extrémité
de ce même côté, il y a une isle qui a aussi plusieurs rochers des

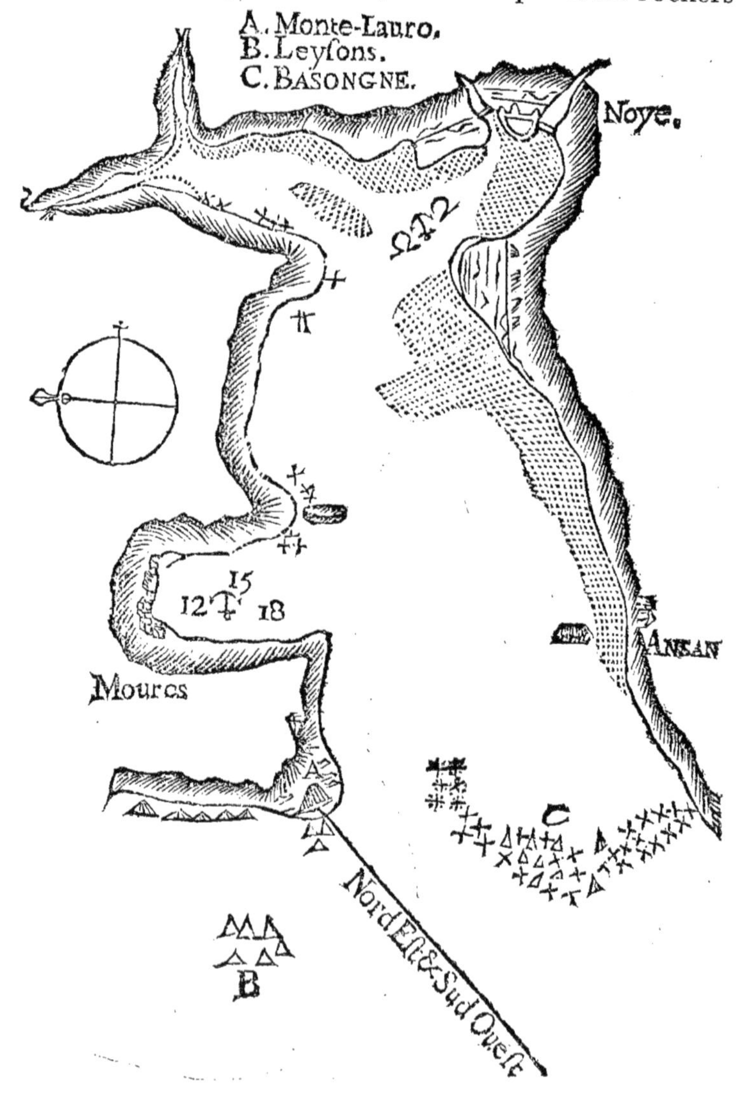

deux côtés ; mais elle est saine du côté du Sud. Quand on vient du Sud, et que l'on veut entrer en cette baie, il faut amener Monte-Lauro au Nord-Est de vous et gouverner dessus jusqu'à ce qu'on soit au proche de lui : alors vous rangez la terre en vous gouvernant ainsi qu'il a été dit ci-devant. Au-dehors de la baie de Moures ou au Sud de Monte-Lauro, il y a une grande chaîne de rochers sur l'eau, et au Sud d'eux, jusqu'à la terre du Sud de la baie de Moures, il y a quantité de rochers sous l'eau, de sorte qu'il n'y a point de passage entre ces rochers et la terre du Sud, quoique pourtant les livres Hollandais y marquent un passage fort large ; mais si on risque à y passer, on ne manqueroit pas de s'y perdre. Au-dedans de ces rochers, il y a encore un banc de roches sous l'eau que l'on nomme *Baiches;* il est éloigné de Monte-Lauro d'une petite demi-lieue : c'est pourquoi, quand on entre dans cette baie, il faut toujours ranger la côte du Nord ; car celle du Sud est tout-à-fait sale. Si l'on veut de Moures aller à Noye, qui est une petite ville distante de trois lieues, dans le fond de cette baie, il faut doubler l'isle qui est à la pointe de l'Est de l'anse de Moures, et gouverner le long de la terre au Nord-Est et à l'Est Nord-Est, jusqu'à ce que vous soyez près de la pointe de l'anse qui est à l'Est de l'isle, à laquelle vous donnez tour de deux longueurs de câble, puis quand vous l'avez doublée, vous gouvernez à l'Est et à l'Est Sud-Est jusqu'auprès de la basse terre, où vous mouillez à deux brasses d'eau de basse mer ; on ne va guerre de Moures à Noye sans prendre un pilote à Moures ; car le passage est étroit, tant à cause des bancs qui sont du côté du Sud de ladite baie, que des roches qui sont du côté du Nord. *Les marées sont Nord-Est quart Est, et Sud-Ouest quart Ouest en cette baie.* Nous en avons mis la démonstration ci-devant pour mieux se gouverner dessus.

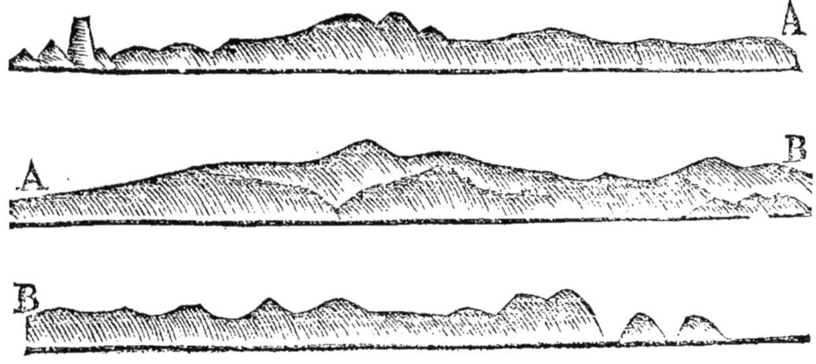

Ces trois figures se doivent joindre ensemble, en mettant les lettes semblables l'une avec l'autre, et c'est la démonstration des terres depuis le cap de Corienne jusqu'auprès de Moures ; alors vous avez la haute montagne hachée à l'Est de vous 4 ou 5 lieues.

Ainsi paroît le cap de Finistère, quand la montagne hachée est à l'Est Nord-Est de vous, et la terre de Moures à l'Est. La figure suivante se met avec la précédente.

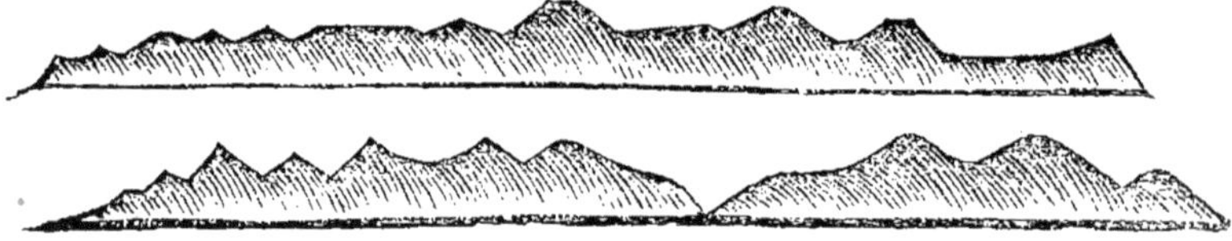

Ainsi paroît la montagne entre-coupée, quand elle est au Nord-Est quart Nord de vous.

Quand le cap de Finistère est au Nord-Est de vous, et la terre de Moures à l'Est Nord-Est, six à sept lieues, la terre paroît ainsi, et le cap se montre en trois.

Quand la montagne hachée, qui est entre le cap de Finistère et Moures, est à l'Est quart Nord-Est de vous, six ou sept lieues, la terre paroît ainsi.

Monte-Lauro.

Lorsque la haute terre de Moures est au Nord-Est quart Nord, six ou sept lieues, elle paroît ainsi.

Quand le cap de Finistère est au Nord-Est quart Nord de vous, et Monte-Lauro à l'Est Nord-Est, cinq ou six lieues, la haute terre de Moures paroît ainsi.

Corebède et Rio da Roxa.

De Moures à Rio da Roxa, la terre court au Sud Sud-Est, quatre lieues ; mais quand on sort de Moures il faut donner grand tour aux roches de Basogne qui sont devant l'entrée de cette baie, en les doublant du côté du Nord, après on peut rapprocher la terre, si l'on veut : du côte de Moures ce sont toutes hautes terres, mais elles viennent fort en baissant en venant à Rio da Roxa; car auprès de Rio da Roxa ou Corebède, ce sont toutes basses terres de sable, qui paroissent blanches et noires de la mer. Corebède est environ deux lieues au Nord de Rio da Roxa ; c'est une grande anse devant laquelle il y a quantité de roches dessus et dessous l'eau ; il y a passage entre ces roches ; mais il faut être bien expérimenté pour y passer, et il est impossible d'en écrire bien distinctement : dans cette anse de Corebède, il y a fort bon mouillage, et l'on y est à couvert de tous les vents à cause des roches qui sont au-devant.

Rio da Roxa est une fort grande baie, qui a bien deux lieues de large à son embouchure; du côté du Nord, il y a un fort grand nombre de rochers dessus et dessous l'eau, qui s'avancent en mer jusque par le travers de l'embouchure de la baie : au Sud de ladite baie il y a une grande isle qui a une haute montagne, on la nomme *l'isle de Salure;* elle couvre une partie de la baie da Roxa, et le passage pour entrer en cette baie, est entre cette isle et les rochers qui sont au Nord ; cette passée se nomme *Passa Linpia :* au Nord-Ouest de l'isle de Salure, à une lieue, sont trois roches sous l'eau, qui sont fort dangereuses ; il y a bon mouillage au-dedans de l'isle de Salure au-dessous, et on peut en sortir par entre la terre et elle, en allant au Sud ; il faut ranger l'isle de plus proche que la terre ferme, à cause qu'il y a quantité de rochers le long de la terre ferme : tous ces passages sont néanmoins dangereux, et l'on n'y doit passer que par nécessité. Rio da Roxa, en dedans, est pleine de roches dessus et dessous l'eau, et elle est peu fréquentée : si on étoit obligé d'y aller, il seroit bon de prendre un pilote à Moures ou à Porto-Novo : les gens des environs qui y naviguent, n'y entrent point non plus sans pilotes du lieu, ils vont seulement mouiller au-dedans de l'isle de Salure, puis ils vont en chercher un à terre pour les mener dans ladite baie ; on n'y charge d'ordinaire que de la sardine.

Pontevedra.

De Rio da Roxa, ou de l'isle de Salure à l'isle d'Onse qui est

devant la baie de Pontevedra ; il y a deux lieues au Sud-Est quart
Sud : l'isle d'Onse est longue d'une grande lieue Nord et Sud, et
au bout du Sud d'elle est encore une autre petite isle qui en est
séparée, mais il n'y a point de passage entre les deux que pour des
chaloupes : ces deux isles sont assez hautes et unies par-dessus, et
elles ne sont point habitées : si vous désirez entrer dans la baie
de Pontevedra, en venant du Nord, il faut approcher le bout du
Nord de l'isle d'Onse, et ranger un petit islet ou rocher escarpé
qui en est séparé à la portée d'un pistolet, ou plus proche, si l'on
veut, car il est fort sain : mais du côté de la terre ferme ce sont
toutes roches sous l'eau qui s'avancent en mer jusqu'à un portée
de mousquet de la pointe de l'isle d'Onse ; c'est pourquoi
il faut ranger ledit islet en passant au Nord-Est de lui à la portée
d'un pistolet, puis quand vous l'avez doublé, vous approchez
l'isle d'Onse jusqu'à ce que vous ayez la baie de Pontevedra

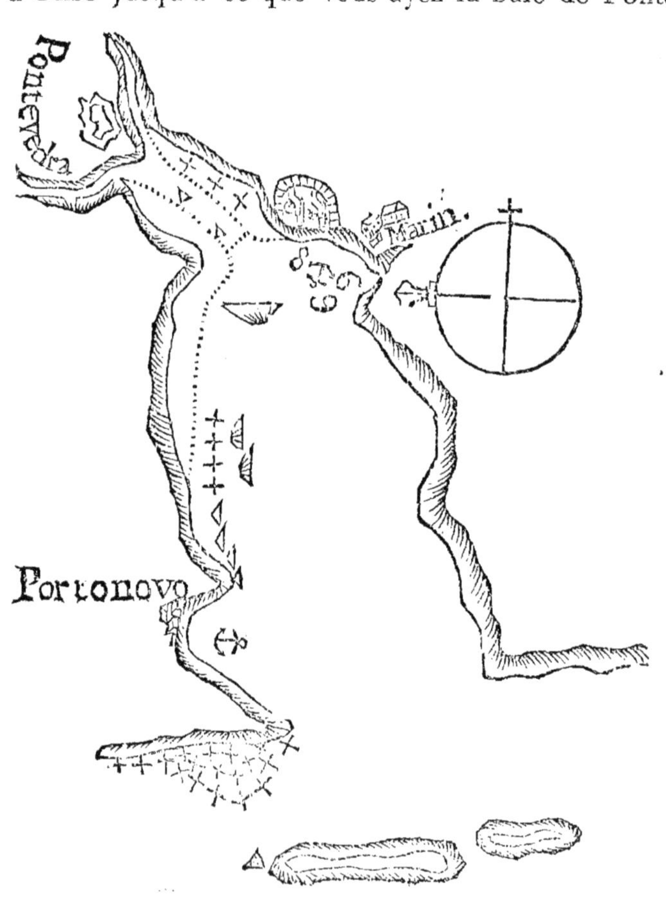

ouverte entièrement, alors vous donnez dedans, gouvernant à l'Est Nord-Est par le milieu du canal, ou plus proche de la terre du Sud que de celle du Nord, à cause de deux grosses roches sous l'eau que l'on nomme *les Bœufs*, qui sont le long, du côté du Nord, éloignées d'une demi-lieue et davantage de terre : quand vous êtes dans la baie, environ trois lieues, vous voyez une grande isle et fort haute ; vous la laissez au Nord, et rangez la côte du Sud jusques devant le bourg de Marin, où vous mouillez à huit ou neuf brasses d'eau, et vous prenez-là un pilote pour vous mener à Pontevedra, qui est un havre de marée fort long, et a beaucoup de bancs et de roches : à la pointe de l'Ouest de l'anse de Marin, il y a une roche sous l'eau qui avance une petite longueur de câble en mer, à quoi il faut donner tour.

Si, en partant de l'isle d'Onse, vous voulez aller à Porto-Novo, qui est une demi-lieue au-dedans de la baie de Pontevedra, du côté du Nord, il faut ranger la côte du Nord, à trois longueurs de câble, jusqu'à ce que vous ayez la ville de Porto-Novo au Nord quart Nord-Est de vous, alors vous courez dessus en côtoyant la côte de l'Ouest de plus près que celle de l'Est. Porto-Novo est dans une grande anse où l'on est à l'abri de tous vents, et l'on y mouille par les six, sept, huit ou dix brasses d'eau ; quand on vient du Nord, de mauvais temps, et que l'on veut passer entre l'isle d'Onse et la terre ferme, par le passage dont nous avons parlé au commencement de ce discours, on voit beaucoup d'écume et il semble que la mer rompt par-tout ; mais il ne faut point en avoir crainte, car en rangeant le petit islet ou rocher de proche, il n'y a nulle crainte : du côté du Sud de la baie de Ponte-vedra, entre les isles d'Onse et la terre, le passage est large et net, et il y a louvoyage entre deux. Nous avons mis la démonstration de cette baie ci-dessus, pour se mieux gouverner. *Les marées en cette baie sont Nord-Est quart Est et Sud-Ouest quart Ouest.*

Les livres Hollandais marquent une isle entre l'isle de Salure et l'isle d'Onse, qu'ils nomment *Monte-Calbeta*, mais il n'y en a point, bien que tout le long de la côte jusqu'à l'isle d'Onse, il y a plusieurs petits rochers dessus et dessous l'eau.

Ils marquent aussi un banc de roches à l'Ouest Sud-Ouest de l'isle de Salure, à trois petites lieues de terre, mais plusieurs pêcheurs de ce pays m'ont assuré qu'il n'y avoit point de bancs au large ; mais bien qu'à une lieue de l'isle de Salure au Nord-Ouest d'elle, il y a trois roches sous l'eau, qu'ils nomment *Pregura, Cantera* et *Morassa* : je ne dis point qu'il ne soit pas bon de se garder de ce banc, puisqu'en s'en donnant de garde il n'en peut point arriver de mal, si ce n'étoit qu'en voulant passer de terre on ne range la baie Da-Roche de trop proche, car alors on trouveroit les roches dont nous venons de parler.

Baie de Vigo, Aldana et les isles de Bayonne.

Entre l'isle d'Onse et les isles de Bayonne, la terre court au Sud Sud-Est environ trois lieues : c'est toute terre de moyenne hauteur ; entre les deux est la baie d'Aldana : c'est une baie fort ouverte et peu profonde en terre, où les vents de la mer donnent à plomb, ce qui fait qu'il y va peu de navires : il y a pourtant bon fond pour mouiller, mais peu d'abri. A l'entrée de cette baie,

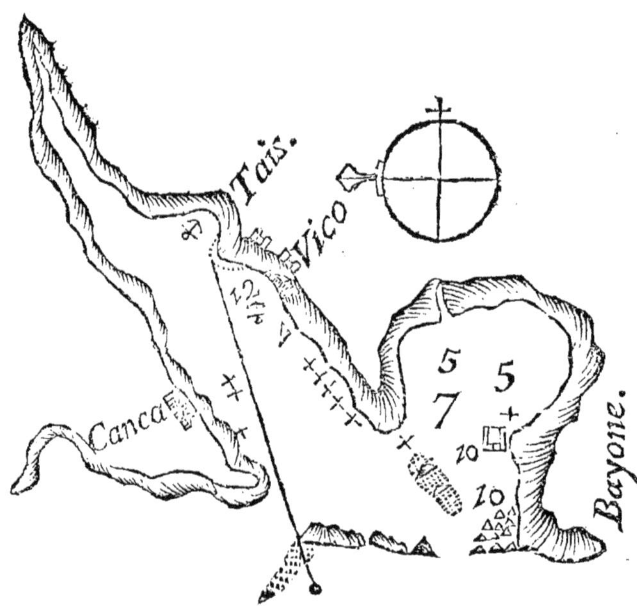

du côté du Nord, il y a plusieurs rochers dessus et dessous l'eau, dont on se doit garder ; le long de la terre, entre Aldana et la baie de Vigo, sont encore plusieurs roches sous l'eau, mais elles sont toutes proches de terre. Les isles de Bayonne sont droit par le travers de la baie de Vigo : celle du Nord est la plus grande, et la plus au Sud est la plus petite ; à la pointe du Nord de la grande, est un banc de roches qui avance en mer bien une petite demi-lieue, duquel il se faut garder, et hors de ce banc elles sont saines tout autour ; ces isles sont séparées l'une de l'autre par un fort petit canal : on diroit qu'il y auroit passage entre deux, mais l n'y en a point à cause de plusieurs roches qui sont entre ; la baie de Vigo est large d'une grande lieue, et profonde de quatre ou cinq : la ville de Vigo est du côté du Sud ; environ trois lieues dans ladite baie, au-dessus de la ville, il y a deux petites forteresses l'une sur l'autre, sur deux montagnes dont l'une est plus haute que l'autre ; plus au-dedans de la ville, une petite lieue, derrière une grosse montagne, il y a une fort belle anse de sable où l'on peut mouiller à cinq, six, sept, huit ou dix brasses d'eau ; on y est à l'abri de tous vents, et même on peut échouer dans cette anse sans danger : quand on vient de la mer et que l'on va dans cette anse, il faut donner tour à un petit banc de sable qui est à la pointe de l'Ouest de ladite anse ; il y a aussi fort bon mouillage devant la ville de Vigo, à 10 ou 15 brasses, mais les vents d'Ouest et de Nord y rendent la mer bien grosse ; on peut aller plus avant dans la baie de Vigo, si l'on veut, car les navires vont jusques devant la ville de Réondelle, qui est à cinq lieues au-dedans de ladite baie ; la baie de Vigo a des roches des deux côtés, mais celles qui sont du côté du Nord, devant la ville de Canga, s'avancent bien au tiers de la largeur du canal de cette baie ; quand on vient du Nord et que l'on veut aller à Vigo, on gouverne à l'Est et à l'Est Nord-Est, en tenant toujours la pointe du Nord de la grande isle de Bayonne, ouverte ou séparée d'avec la pointe du Nord de l'entrée de cette baie, en sorte qu'on voit le jour entre deux, et quand vous êtes passé les roches, vous approchez si vous voulez la terre du Nord, ou conduisez le mi-canal jusques devant Vigo.

Depuis la ville de Vigo jusqu'à la pointe de l'entrée de cette baie du côté du Sud, il y a encore plusieurs roches sous l'eau, mais elles ne s'écartent pas plus de 2 ou 3 longueurs de câble loin de terre.

Au Sud des isles de Bayonne, il y a encore un fort beau et large passage, dans lequel on peut louvoyer. Près de l'isle de Bayonne, la plus au Sud, il y a un gros et haut rocher ou islet que vous laissez au Nord de vous, et vous passez entre lui et la pointe des Loups, autrement nommé *le cap de Phasalis :* on l'appelle *pointe des Loups,* à cause d'une chaussée de gros rochers sur l'eau qui s'étend au Nord vers les isles de Bayonne, bien un quart de lieue, mais ils sont faciles à éviter, parce qu'on les voit toujours, joint que ce passage entre ces roches et les isles de Bayonne est large d'une bonne demi-lieue.

Baie de Bayonne.

DE la pointe du Sud de l'entrée de Vigo au cap de Phasalis, il y a deux lieues au Sud-Ouest : ce sont les deux pointes de la baie de

Bayonne; il y a un banc qui barre presque toute cette baie, et sur ce banc il y a deux petites isles, dont l'une est sur l'extrémité du banc du côté du Nord-Est, laissant un passage assez large entre cette isle et la terre; mais au milieu de ce passage, il y a une roche sous l'eau, et l'on passe en rangeant la terre de près jusques dans la baie; et étant dedans vous mouillez où il vous plaît, à six, huit ou dix brasses d'eau. La ville est sur une éminence escarpée au pied de hautes montagnes : c'est une ville de guerre.

Quand vous voulez passer par le Sud des petites isles de l'entrée de Bayonne, il faut mettre la pointe du château de Bayonne à l'Est quart Sud-Est de vous, et gouverner ainsi jusqu'auprès dudit château : alors vous courez au Nord-Est pour le doubler; et l'ayant doublé, vous courez à l'Est Sud-Est, et mouillez à cinq ou six brasses d'eau ; mais si vous voulez mouiller au-dehors, vous avez huit ou dix brasses d'eau. Au-dedans de la pointe du château, le long de la terre, il y a une roche sous l'eau qu'il faut éviter n'en approchant pas trop près. *Les marées, tant en cette baie qu'en celle de Vigo, sont Nord-Est quart Est, et Sud-Ouest quart Ouest.* Nous avons mis ci-dessus la démonstration des baies de Vigo et Bayonne.

Ainsi paroissent les isles de Bayonne, et la haute terre au Sud d'elles, quand les susdites isles sont à l'Est de vous, environ deux lieues.

Monastère d'Oyo, et Villa d'Aguarda.

Du cap de Phasalis à Villa d'Aguarda, la côte court au Sud, cinq lieues : c'est toute basse terre le long du bord de la mer; mais une demi-lieue dans le pays, ce sont toutes hautes montagnes, et à moitié chemin du cap de Phasalis à Villa d'Aguarda, sur le bord de la mer, est un couvent sur lequel il y a du canon : on le nomme le monastère *d'Oyo*. Si l'on étoit chassé des Turcs en cet endroit, on pourroit par nécessité mouiller sous ce couvent; mais le fond n'y est pourtant guère bon, et il y a 20, 30 et 40 brasses d'eau à une demi-lieue de terre.

Villa d'Aguarda est sur une petite montagne plate au pied des autres grandes montagnes : c'est une ville de guerre, qui a un petit mole où il peut entrer des barques. Un peu au-dedans de cette ville, est une haute montagne ronde comme un pain de sucre, mais fourchue par le haut : cette montagne se nomme par les Espagnols et Portugais *Sainte-Stécula*, et par le Hollandais *Sainte-Rège*.

Villa d'Aguarda fait par la pointe du Nord de l'entrée de la rivière de Mina, sur laquelle est la ville de guerre de Caminna, appartenante aux Portugais, et c'est-là la séparation de l'Espagne et du Portugal : car Caminna est aux Portugais, ainsi que nous avons dit, et Villa d'Aguarda aux Espagnols.

Quand la montagne Sainte-Rège ou *Sainte-Stécula* est à l'Est de vous, ainsi paroissent les hautes terres depuis Bayonne jusqu'à Villa d'Aguarda, avec le monastère d'Oyo, qui est à moitié chemin des deux au proche du bord de la mer.

CÔTES DE PORTUGAL,

Depuis Camine jusqu'à la riviére d'Aymonte.

CHAPITRE VII.

Rivière de Caminna.

LA rivière de Caminna est une rivière de barre, dans laquelle il ne peut entrer que des petits navires; et encore il faut qu'ils attendent la pleine mer pour y entrer. De la pointe de Villa d'Aguarda, qui est la pointe du Nord de l'entrée de cette rivière, il y a un banc de sable et de roches qui s'avancent en mer du côté du Sud, jusqu'à la moitié de la largeur de l'embouchure de cette rivière; et au côté du Sud il y a un islet sur lequel est un château que les Portugais ont fait bâtir. Le passage est entre ce château et ce banc qui s'étend de la pointe du Nord. Entre ce château et la terre du Sud, il n'y a point de passage à cause des roches qui y sont; quand on entre dans ce havre, on range le château, le laissant à stribord de vous, et prenez une tour qui est sur un islet au-dedans de la rivière, par une autre tour qui est sur la terre du Nord, on gouverne là-dessus : cette route est environ le Nord-Est quart Est. Dans cette rivière il y a encore plusieurs bancs, dont on ne peut écrire, à cause qu'ils changent : il y a aussi plusieurs roches, c'est pourquoi on ne doit pas y entrer sans pilote du lieu, et on n'y entre que de pleine mer. *La Lune au Nord-Est et au Sud-Ouest y fait pleine mer.* La ville de Caminna est du côté du Sud, et celle de Touy du côté du Nord, mais plus haut dans la rivière de Caminna.

Vienne.

De Caminna à Vienne la côte court au Sud, cinq lieues : c'est toute terre basse au bord de la mer, mais une demi-lieue dans le pays, ce sont toutes hautes montagnes qui continuent jusqu'auprès de Vienne. A deux lieues de Caminna est la rivière d'Ancre, devant laquelle il y a bon mouillage, mais il n'y peut entrer de navires ; et à deux lieues de la rivière d'Ancre au Sud, et une lieue de Vienne au Nord, il y a une pointe qui s'avance en mer, sur laquelle est une petite montagne ronde, nommée *Monte-d'Or*. De cette pointe il y a un petit banc de cailloux, que l'on ne doit approcher que par les sept ou huit brasses. Une lieue au Sud de Monte-d'Or est Vienne, dans un plat pays, au défaut des montagnes. Sur le bord de la mer il y a un gros château, qui est estimé un des meilleurs de Portugal : il commande toute la rade, de sorte qu'on y est en assurance contre les corsaires Turcs : la rivière de Vienne est une rivière de barre, dans laquelle on n'entre que de pleine mer avec des pilotes du lieu. De la pointe du Nord de l'entrée de cette rivière, qui est celle où est le château, il y a un banc de roches qui s'avance près d'une demi-lieue au Sud, auquel il faut donner tour ; et du côté du Sud, ce sont toutes terres de sable, qui ont plusieurs pointes qui s'avancent en mer, et il faut passer entre ces pointes de sable et le banc de pierres, et ce passage est fort long. Le long de ce banc de pierres, au-dedans, il y a un rocher qui couvre de pleine mer, sur lequel il y a toujours une balise : on le laisse à bâbord quand on y entre. Il n'y a point de marques assurée pour entrer en cette rivière ; c'est pourquoi il faut avoir un homme du lieu. Les navires y assèchent toutes les marées, si ce n'est du côté du Sud le long des sables, où il y a une fosse où il reste neuf ou dix pieds d'eau ; on y peut mettre deux ou trois navires. *La Lune au Nord-Est et au Sud-Ouest y fait pleine mer.*

Ces deux figures se doivent joindre ensemble par les lettres A ; et c'est la démonstration des terres , depuis les hautes terres d'Oyo jusqu'au cap de Mondego. Quand on est à quatre lieues de terre , lorsque vous avez le Piton d'Avère , que les Portugais nomment *Catamel*, à l'Est de vous , vous êtes le travers du havre d'Avère et à l'Ouest de lui.

Esposende et Faons, avec les roches nommées Cavalles de Faons.

DEPUIS Vienne jusqu'à Villa de Conde , la côte court au Sud, six lieues. C'est la plupart toute basse terre de sable au bord de la mer , mais dans le pays il y a plusieurs montagnes hachées et de moyenne hauteur. Environ moitié chemin de Vienne à Villa de Conde, dans un plat pays, il y a deux grands villages proches l'un de l'autre, qui ont chacun un haut clocher : le plus au Nord se nomme *Esposende,* et le plus au Sud *Faons.* Il y a une rivière entre les deux villages, dans laquelle il entre, de pleine mer, des navires tirant huit ou neuf pieds d'eau ; mais cette rivière est fort sujette à changer : c'est pourquoi on n'en peut décrire.

Droit vis-à-vis du village de Faons, il y a deux rangées de roches à fleur d'eau qui s'étendent bien trois quarts de lieue en mer : ces roches se nomment *les Cavalles de Faons.* Quand on va de nuit de Vienne à Villa de Conde, ou à Porto-à-Port, on ne doit approcher cette terre de plus près que par les 15 brasses ; mais étant passé lesdites roches, on peut rapprocher la terre jusques par les 10 ou 12 brasses d'eau, jusques devant Villa de Conde ou Porto-à-Port. Quand vous êtes près de Villa de Conde, vous voyez un couvent de religieuses tout entouré de maisons, qui paroît comme une ville, avec une muraille fort longue, qui va de ce village à la campagne. Ce couvent est du côté du Nord de Villa de Conde, et au Sud de Villa de Conde, il y a un haut clocher que l'on nomme *Azurare :* ainsi Villa de Conde est facile à connoître.

Villa de Conde.

DEVANT l'entrée de Villa de Conde est un grand nombre de rochers sur l'eau ; et au Nord d'eux jusqu'à terre , il y en a encore plusieurs sur l'eau ; c'est pourquoi il est difficile de passer entre ces roches et la terre du Nord, et le meilleur passage est au Sud de ces roches. Il ne peut entrer à Villa de Conde que des navires tirant neuf à dix pieds d'eau : c'est un havre de barre et pilotage, comme aussi tous les havres de Portugal. Quand on est dans le havre de Villa de Conde, on est fort à l'abri, et on y peut demeurer toujours à flot, car il est assez profond au-dedans. *Les marées y sont Nord-Est et Sud-Ouest.*

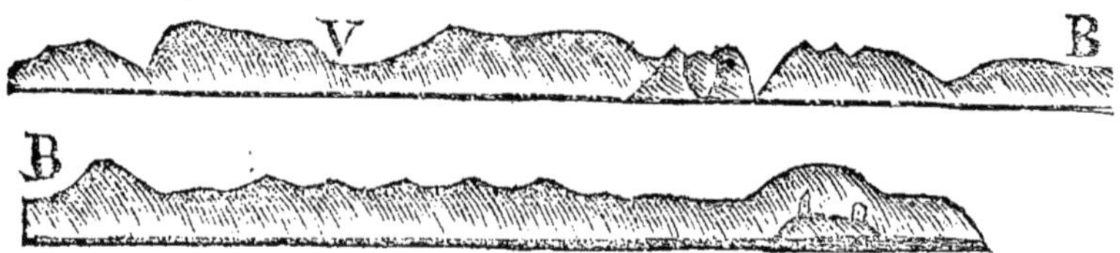

Ces deux figures se joignent ensemble par les lettres BB, et c'est la démonstration de Portugal, depuis les hautes terres de Vienne jusqu'à Villa de Conde. La lettre V marque l'entrée de Vienne.

Leysons, rochers.

De Villa de Conde jusqu'à la rivière de Porto-à-Port, la côte court au Sud environ six lieues : c'est presque toutes basses terres le long du bord de la mer avec quelques hautes roches sur l'eau, et elles sont tout près de terre : mais un peu dans le pays ce sont terres hautes et découpées ou hachées. A une demi-lieue au Nord de la rivière de Porto-à-Port, droit au-devant du château de Matousinha, est une rangée de rochers sur l'eau, que l'on nomme *les Leysons.* Au Nord-Ouest d'eux, une portée de fusil, il y a une roche sous l'eau, de laquelle on doit se garder : on pourroit par nécessité passer en terre de ces rochers des deux côtés, et même y mouiller à cinq ou six brasses d'eau. Au Sud de ces rochers, au bord de la mer, est une église nommée *le Seigneur de Bosse.* Une demi-lieue au Sud de ces rochers est l'entrée de la rivière de Porto-à-Port, nommée *Doyro ;* et depuis la rivière de Caminna jusqu'à cette rivière, est une des Provinces de Portugal, qu'ils nomment *Province d'entre Doyro Eminha.*

Au côté Nord de l'entrée de la rivière de Porto-à-Port, il y a un grand bourg qu'ils nomment *Saint-Jean d'Affos,* avec un fort bon château au bord de la mer qui commande la rade. On peut mouiller à la rade de Porto-à-Port par les 8, 10 ou 12 brasses d'eau, pour attendre des pilotes, car on n'entre point en cette rivière sans pilotes.

Ces

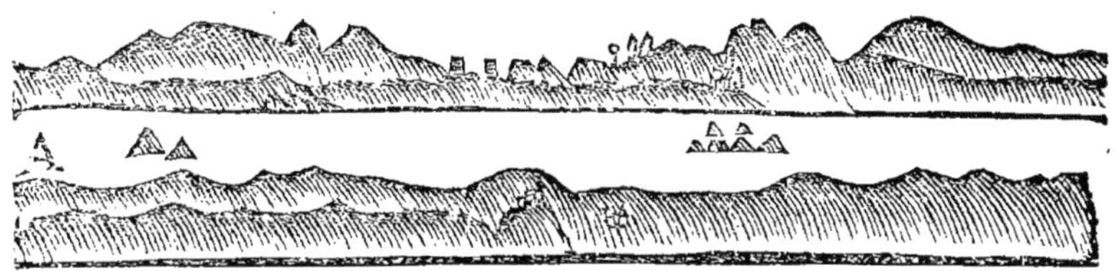

Ces deux figures se joignent ensemble, en mettant la lettre **A** au bout de la première figure. C'est la démonstration des terres depuis trois lieues au Nord de Porto-à-Port, jusqu'à trois lieues au Sud de lui.

Rivière de Porto.

La rivière de Porto est une rivière de barre dans laquelle on n'entre que de pleine mer : il y entre néanmoins des navires de 3 et 400 tonneaux. Du côté du Nord de l'entrée de cette rivière, sont un château et un gros bourg ; et au-dehors de ce château, il y a plusieurs rochers qui mettent bien deux grandes longueurs de câble au Sud-Ouest : ces roches sont la plupart sur l'eau, et celle qui est la plus au large ne couvre jamais ; elle s'appelle *la Fileguera :* on la laisse à bâbord en entrant. Du côté du Sud ce sont toutes basses terres de sable au bord de la mer sans aucune maison.

Quand on veut entrer en cette rivière, il faut prendre une petite église ou tour carrée qui est sur le bord de la rivière, et qui se nomme *l'Ange Gardien,* par une autre chapelle qui est plus en terre sur une petite montagne, et gouverner ainsi jusqu'à ce qu'on soit près d'un rocher, sur lequel est une petite tour de pierres, que vous rangez le plus près que vous pouvez, la laissant à bâbord de vous, en prenant garde à une maison blanche qui est seule au Sud-Est de la côte, et ne la fermer jamais par le cap du Sud de la rivière, mais la tenir toujours ouverte jusqu'à ce que vous ayez la chapelle de l'Ange Gardien par une petite chapelle qui est dans le bourg de Saint-Jean d'Affos : alors la roche qui est à mi-canal est par le travers de vous à stribord, et étant passée, vous pouvez suivre le mi-canal jusques sous la ville de Porto, qui est une grande lieue dans la rivière ; et l'on s'y amarre au quai, si l'on veut, ou bien on mouille dans le milieu de cette rivière. On prend des pilotes de terre pour y entrer, ainsi qu'il est déjà dit ; car quelquefois les passages changent, et ainsi on se tromperoit facilement sur les marques que je viens de donner, quoique pourtant ordinairement le passage soit par ces marques. C'est pourquoi, comme j'ai déjà dit, tous les navires tant Portugais qu'étrangers, n'y entrent jamais sans pilote, de pleine mer ou de mi-flot, selon la grandeur des navires. *Les marées y sont Nord-Est quart Est et Sud-Ouest quart Ouest.* Il ne faut point se présenter devant cette rivière que de beau temps, car la mer y est trop grosse de mauvais temps.

Lorsque la haute terre au Sud de Porto-à-Port est à l'Est quart Sud-Est de vous environ quatre lieues, la terre jusqu'à Avaire, paroît ainsi.

Ainsi se fait voir la terre depuis le Nord de Vienne, une lieue ⅓ jusqu'à Porto-à-Port, quand on la côtoie de près.

Quand Porto-à-Port est six ou sept lieues de vous, à l'Est Sud-Est, elle paroît ainsi avec la terre de Porto-à-Port.

Avaire.

DE l'entrée de la rivière de Porto-à-Port, à la rivière d'Avaire, la côte court au Sud quart Sud-Ouest, 11 lieues : ce sont toutes terres de sable fort basses au bord de la mer ; mais sur les terres, ce sont toutes hautes montagnes doubles ; et droit à l'Est d'Avaire, sur la plus haute montagne, est un grand piton que l'on appelle *le Caramel :* quand il est à l'Est de vous, vous êtes droit par le travers de la rivière d'Avaire. Des deux côtés de l'entrée de cette rivière, ce sont toutes basses terres de sable : l'entrée d'Avaire est fort difficile, et l'on n'y entre jamais sans pilote du lieu ; car c'est un havre de barre, dans lequel il ne peut entrer que des navires tirant 10 ou 11 pieds d'eau, et il n'y faut entrer que de pleine mer : quand on entre dans ce havre, il y a trois balises sur le côté du Sud, que l'on prend l'une par l'autre, et on court là-dessus jusqu'à ce que l'on en soit proche ; alors on court au Nord Nord-Ouest jusqu'auprès de la terre du Nord ; après vous gouvernez à l'Est Nord-Est et à l'Est, jusqu'auprès de la ville d'Avaire, où vous mouillez l'ancre à deux, trois ou quatre brasses d'eau. Il ne faut point risquer à entrer en cette rivière sans pilote ;

:ar quelquefois les bancs y changent. *Les marées y sont au Nord-Est quart Est, et au Sud-Ouest quart Ouest.*

Tout le long de la côte, à une lieue au large, on ne trouve que neuf et dix brasses d'eau; et le fond est par-tout plat et uni jusqu'à Mondego. On peut approcher si près et si loin de terre qu'on veut; elle est fort nette.

Mondego.

DE la barre d'Avaire jusqu'à la pointe ou cap de Mondego, la côte court au Sud Sud-Ouest, 7 lieues : ce sont encore toutes basses terres au bord de la mer; mais dans les terres ce sont des montagnes. Auprès du cap de Mondego les montagnes commencent à s'approcher du bord de la mer; le cap de Mondego est assez haut. A l'extrémité du cap il y a une pointe de roche sous l'eau qui s'avance en mer bien un demi-quart de lieue, à quoi il faut donner tour.

Rivière de Mondego.

DU cap de Mondego à la rivière de Mondego, la côte court au Sud Sud-Est, deux lieues; c'est toute terre de moyenne hauteur. Sur l'entrée de la rivière de Mondego, du côté du Nord, est un château nommé *Sainte-Catherine;* et au-dehors de ce château, une demi-lieue, il y a un gros bourg avec une citadelle sur le bord de la mer, devant laquelle on mouille à six ou sept brasses d'eau, fond de sable : ce bourg se nomme *Bouarques* ou *Bouarcos;* c'est le lieu où l'on prend des Pilotes pour entrer dans la rivière de Mondego; car c'est une rivière de barre, où il n'entre que des navires tirant neuf ou dix pieds d'eau, et l'entrée en est fort difficile, à cause des bancs qui changent, ce qui fait que l'on n'en peut écrire. *La Lune au Nord-Est et Sud-Ouest y fait pleine mer.*

Rade de Péniche.

DE la rivière de Mondego jusqu'au cap de Péniche, la côte court au Sud-Ouest, 13 lieues : c'est toute basse terre au bord de la mer; mais deux ou trois lieues au-dedans, les terres sont plus hautes. Environ à moitié chemin de l'une à l'autre, il y a une petite baie ou anse, nommée *la Pidernaire,* où il y a fort bon mouillage : c'est un endroit où l'on fabrique souvent des navires pour le roi de Portugal; mais quand ils sont faits, il vient des navires de Lisbonne pour les remorquer jusques dans la rivière de Lisbonne pour les équiper. Pour connoître cet endroit, il faut remarquer que dans cette anse, il y a une petite montagne longue, sur

laquelle est une haute église avec un clocher pointu, et il n'y a
que celle-là le long de toute cette côte ; ce qui la rend facile à
connoître. Depuis Mondego jusqu'à Péniche, il y a fort bon
mouillage le long de la côte, à tant et si peu d'eau que l'on veut.
Entre la Pidernaire et Péniche, il y a encore une petite rivière
nommée *Syfis*, dans laquelle il entre des navires tirant huit ou
neuf pieds d'eau. Ce lieu est difficile à sortir, c'est pourquoi

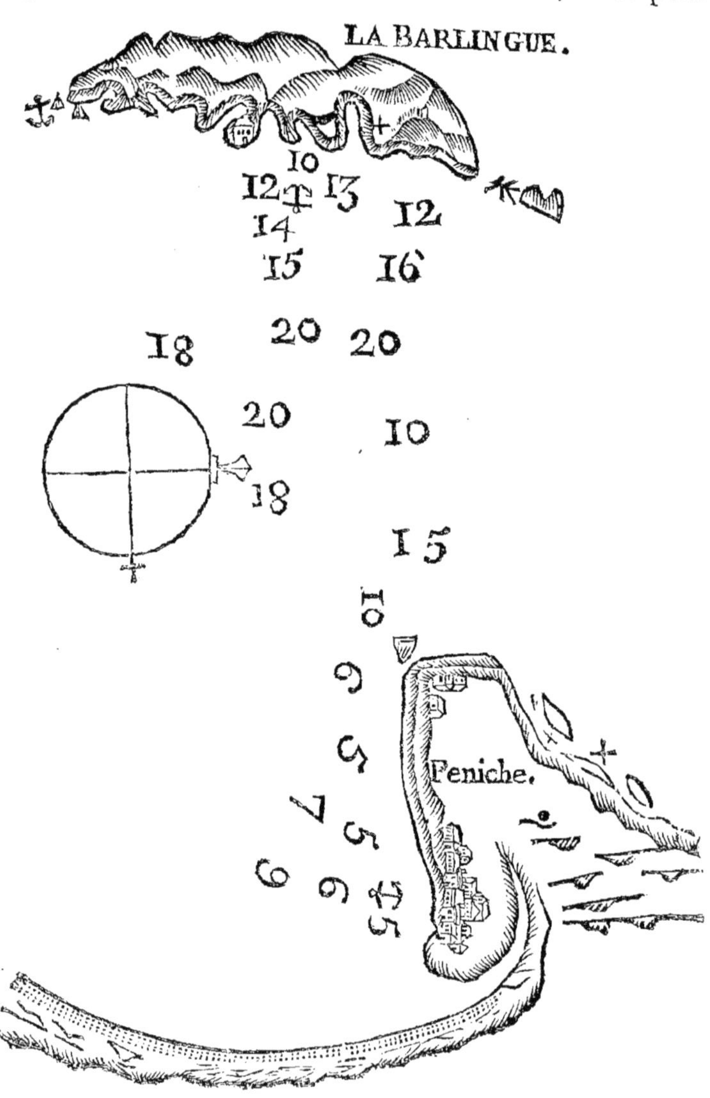

il n'est guère fréquenté ; et les Portugais ont un proverbe, à l'égard de cette rivière, qui dit : *Sylis facile à entrer, et impossible à en sortir.*

La pointe, au cap de Péniche, est moyennement haute et escarpée tout autour : il y a au haut de ce cap un corps-de-garde, avec une batterie de canons, et à l'extrémité de ce cap un rocher haut comme une tour, qu'on peut ranger de si près que l'on veut ; car cette pointe est fort saine. Quand vous êtes doublé ce rocher, la terre refuit en dedans du côté de l'Est jusqu'à la ville de Péniche, qui est distante de ce cap d'une petite lieue ; ce sont encore toutes petites falaises entre les deux, qu'on peut ranger de près, car elles sont fort nettes. La ville de Péniche a une fort bonne citadelle au bord de la mer, sous laquelle on mouille : le fond y est presque par-tout rocheux, mais les eaux y sont fort claires. Quand on veut mouiller en cette rade, on tient une grande arche de pierres, qui est au bord de la mer sous la citadelle, entièrement ouverte, en sorte qu'on puisse voir tout au travers : alors on laisse tomber son ancre à 6 ou 7 brasses d'eau, fond de sable. Derrière la ville de Péniche, il y a un petit canal, où il peut entrer de pleine mer de petits caravellons tirant quatre ou cinq pieds d'eau. Du côté du Nord de la pointe de Péniche, le long de la terre, il y a plusieurs rochers dessus et dessous l'eau ; mais ils sont tous près de terre.

Isle Barlingue.

Deux grandes lieues à l'Ouest du cap de Péniche, est l'isle Barlingue, sous laquelle il y a bonne rade du côté de l'Est, droit sous le château, à quinze brasses d'eau : on y est à couvert des vents de Sud-Ouest, d'Ouest Nord-Ouest, et même de Nord. Il y a quantité de rochers et islets autour de cette isle, qui mettent bien deux lieues en mer du côté de l'Ouest, et dont il se faut garder. Il y a fort bon passage en terre de Barlingue : car le canal y est assez large et net, ayant 18, 20 à 25 brasses de profondeur. Il y a toujours bonne garnison au château de Barlingue, et l'on y est à couvert des insultes des Corsaires, étant mouillé proche le château.

Ces deux figures se doivent joindre ensemble par les lettres BB.

et c'est la démonstration des terres de Portugal, depuis Mondego jusqu'à Barlingue, quand on les côtoie quatre ou cinq lieues.

Cap de la Roque.

DE Péniche au cap de la Roque, la côte court au Sud 14 lieues : ce sont toutes terre de moyenne hauteur proche la mer ; mais sur la terre ce sont montagnes doubles et assez hautes. A moitié chemin de la Roque à Péniche, sur une petite éminence auprès de la mer, est une petite ville nommée *Hérissaire;* il y a un château au pied, devant lequel on peut mouiller quand on est poursuivi des pirates : pour y être plus en sûreté, on peut mouiller fort près de terre. Depuis ce château à la Roque, il se trouve encore deux autres petits châteaux, dont le premier est éloigné de Hérissaire de deux grandes lieues : il s'appelle *Sainte-Susanne,* où il y a encore mouillage. Le second est éloigné du troisième de deux lieues, où l'on peut encore mouiller; tous ces châteaux n'ont été faits qu'à cause des corsaires Turcs. La Roque est une montagne fort haute, où l'on voit du côté du Nord, en descendant de la montagne, une petite ville nommée *Sintre,* où il y a une tour assez haute, et qui paroît au-dessus des maisons. Droit au bout du cap de la Roque, à une grande longueur de câble de terre, est une roche nommée *Brocère :* il reste environ huit ou neuf pieds d'eau dessus de basse mer, et l'on s'en doit donner de garde quand on va à Lisbonne.

Quand le cap de la Roque est au Nord-Est de vous six ou sept lieues, il paroît ainsi.

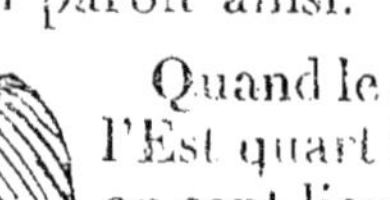

Quand le cap de la Roque est à l'Est quart Sud-Est de vous six ou sept lieues, il paroît ainsi.

Ces trois figures se joignent ensemblent, mettant les lettres.

semblables l'une avec l'autre, et c'est la démonstration des terres depuis Péniche jusqu'au cap de la Roque, quand on a la haute terre de Péniche au Sud.

Ainsi paroît le cap de la Roque, quand il est au Sud quart Sud-Est de vous, étant tout près de terre.

Cascaye.

Du cap de la Roque jusqu'à Cascaye, la côte court à l'Est Sud-Est deux lieues, il y a plusieurs anses de sable entre les deux, sur lesquelles on a fait des forteresses où l'on se peut mettre à couvert quand on est poursuivi des Turcs. Cascaye est dans une grande anse qui refuit au Nord : sur la pointe de l'Ouest, est une fort bonne citadelle qui commande la rade, et même la mer du côté de l'Ouest : on mouille dans l'anse de Cascaye à l'Est Nord-Est de la citadelle, à douze ou quatorze brasses d'eau fond de sable. On y prend des pilotes si l'on veut pour aller à Lisbonne.

Rivière de Lisbonne.

De Cascaye au château de S.¹-Julien, nommé par les Portugais *Saint-Gean*, la côte court à l'Est quart Nord-Est deux lieues ; il y a cinq forteresses entre Cascaye et ce château, la côte est fort saine tout du long, si ce n'est à un petit quart de lieue à l'Ouest de Saint-Julien où il y a une roche sous l'eau, sur laquelle il ne reste que 12 à 13 pieds d'eau de basse mer ; elle est entre les Cachoupes et la terre, mais beaucoup plus près de terre que des Cachoupes. Le château de S.¹-Julien est sur une pointe de rochers qui avance un peu en mer ; c'est un des plus forts châteaux de Portugal ; il est distant de la pointe de l'Est des Cachoupes d'une portée de mousquet : quand on passe entre ce château et les Cachoupes, il faut ranger le château, en sorte qu'on puisse parler aux personnes de cedit château : il est fort net, il y a auprès cinq brasses d'eau.

Les Cachoupes sont un banc de roches long de trois grands quarts de lieue et large d'une demi-lieue, il s'étend depuis une portée de mousquet au Sud du château de S.¹-Julien, jusqu'à trois quarts de lieue à l'Ouest Sud-Ouest. laissant un canal du côté du Nord entre la terre et lui, large d'un grand quart de lieue : il faut toujours ranger la terre de près, si ce n'est à un quart de lieue du fort de S.¹-Julien, qu'il faut s'éloigner de deux longueurs de câble, à cause de la roche dont nous avons parlé, cela s'entend avec un grand navire et qu'il fût basse mer, car de pleine mer il n'y a rien à craindre; quand vous êtes à l'Est du château de S.¹-Julien, il n'y a rien à craindre du côté du Nord ni dans le mi-canal; mais il ne faut pas encore approcher le côté du Sud, à cause des sables qui y sont.

Au Sud de S.¹-Julien, une grande lieue, est un château rond, que les Français nomment *le fort de Bois;* ce fort est bâti dans la mer à une grande demi-lieue de terre et davantage : les Portugais l'appellent *Bougie.* Entre ce fort et les Cachoupes, est encore un passage nommé *la Passe Royale* ou *grande Passe;* elle est large d'une demi-lieue Sud-Est et Nord-Ouest, et longue d'une lieue Nord-Est et Sud-Ouest. Quand on vient du Nord, on court à l'Est Sud-Est, en mettant la pointe de la Roque par Cascaye, et courez ainsi jusqu'à ce que vous ayez le clocher qui paroît au-dessous de Bélen, par un couvent blanc qui est le plus éloigné de Bélin, qui se nomme *Sainte-Catherine,* et alors vous faites le Nord-Est et Nord-Est quart Nord, jusqu'à ce que le château de Saint-Julien vienne au Nord Nord-Ouest; alors vous suivez la côte du Nord jusqu'au-dedans du château de Bélen, à qui vous donnez un peu de tour, à cause d'une petite pointe qui sort de ce château; et l'ayant passée, vous mouillez où il vous plaît. Vous pouvez entrer et sortir par les marques ci-devant spécifiées.

Si vous venez de l'Ouest ou du Sud, il ne faut pas encore approcher de trop près la terre, que vous n'ayez la pointe de Cascaye par la Roque, puis courir de rechef à l'Est Sud-Est jusqu'à ce que vous ayez les deux couvens, dont nous venons de parler, l'un par l'autre, et courir sur ces marques, qui sont le Nord-Est et Nord-Est quart Nord, jusqu'à ce que l'on soit au-dedans du château de Saint-Julien: et alors on court le long de la côte du Nord jusqu'au-dedans du château de Bélen, et mouillez où il vous plaît, ainsi qu'il a été dit ci-devant. Il faut de nécessité mouiller près de ce château, pour y faire voir votre lettre de santé afin d'avoir vos dépêches, pour ensuite aller sous la ville : on mouille sous la ville de Lisbonne, à tant et si peu d'eau que l'on veut.

Si, en entrant dans la rivière de Lisbonne, il arrivoit que vous ne puissiez point voir la ville de Lisbonne, ni les églises dont nous avons parlé ci-devant, mettez la baie qui est au-dedans de la pointe de S.¹-Julien à l'Est Nord-Est de vous; puis faites le Nord-Est et le Nord-Est quart Est, en conduisant le côté du Nord ou des Cachoupes, par les huit ou neuf brasses, jusqu'à ce que vous soyez au-dedans du château de Saint-Julien, et alors vous cinglez le long de la terre du Nord, ainsi qu'il a été dit ci-devant.

Si vous êtes obligé de louvoyer, soit en entrant ou en sortant dans ladite passe, amenez le clocher le plus en terre des deux marques dont nous avons parlé ci-devant, une longueur de navire au Nord de S.te-Catherine et mettez à l'autre bord, puis chassant à l'autre bord jusqu'à ce que vous ayez ledit clocher une longueur de navire au Sud de Sainte-Catherine ; il faut aussi revirer, ne faisant pas de plus longues bordées, que jusqu'à ce que vous ayez ledit clocher une longueur de navire au Nord, et une longueur de navire au Sud de Sainte-Catherine.

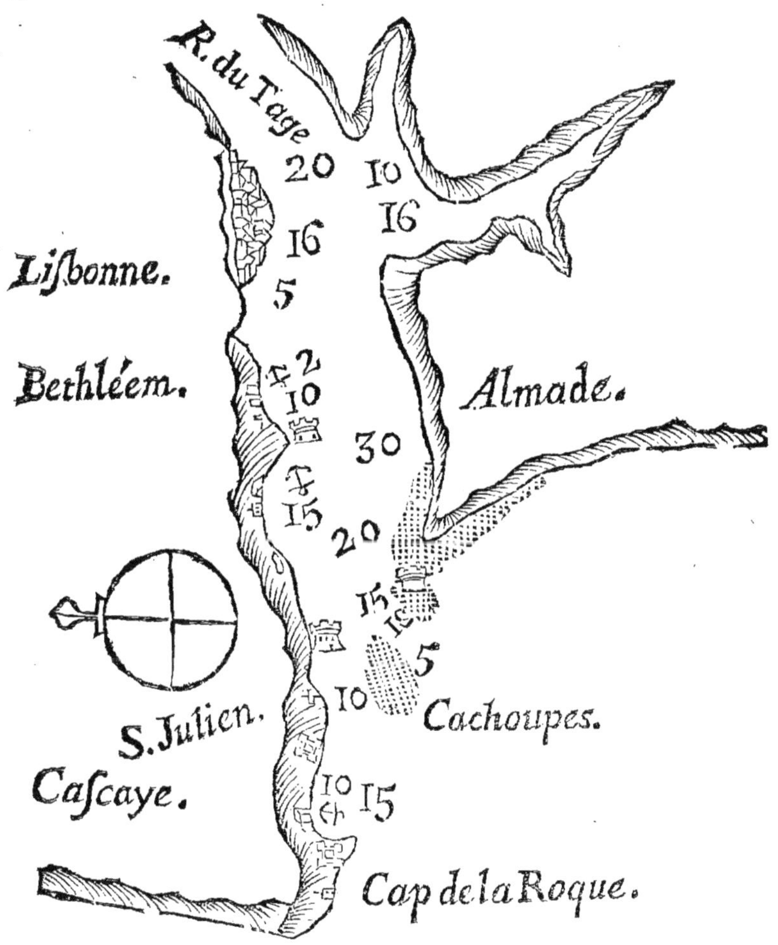

Mais sur-tout donnez-vous de garde de sortir de cette rivière de calme, à cause des grands courans qui portent sur les Cachoupes, et sur les bancs qui sont au Sud, au large ou à l'Ouest et à l'Ouest Sud-Ouest du fort de Bois ou Bougie ; ils sont fort dangereux, et sont longs de près d'une lieue, et il est bon de n'entrer ni sortir de cette rivière, sans pilote de Cascaye ou de Lisbonne, quand on en peut avoir. *Les marées en cette rivière sont de trois heures et demie à quatre heures, le jour de la nouvelle et pleine Lune.*

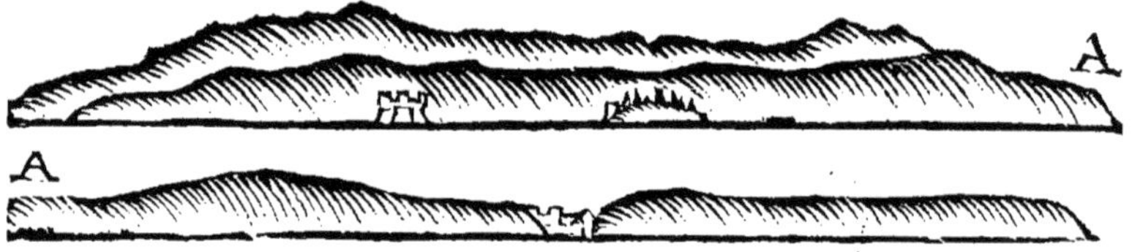

Ces deux figures se mettent ensemble, mettant les A A l'un avec l'autre, et c'est la démonstration des terres depuis la Roque jusqu'auprès de Bélen ou Bethléem.

Cap de Spichel.

DE la Roque au cap de Spichel, la route est au Sud Sud-Est, 11 lieues, et des Cachoupes ou de l'entrée de la rivière de Lisbonne au cap de Spichel, la côte court au Sudquart Sud-Est neuf lieues, ce sont toutes terres de moyenne hauteur, et à moitié chemin de l'une à l'autre, il y a une rivière que les Portugais appellent *la Lagonne*, qui vient se perdre dans la mer, et cette rivière se bouche quelquefois ; quand on passe le long de cette côte, il y paroît un grand défaut de terre entre deux montagnes où est cette rivière, il semble que c'est un port ou une baie ouverte, mais quand on en est près, on voit que ce n'est que continuation de basses terres de sable, et qu'il n'y a nulle entrée.

Le cap de Spichel est assez haut et escarpé tout autour, ayant une montagne ronde dessus.

Ainsi paroît la côte entre la rivière de Lisbonne et le cap de Spichel.

Le cap de Spichel étant à l'Est quart Nord-Est de vous, six ou sept lieues, paroît ainsi.

Ainsi paroît le cap de Spichel, quand il est au Nord-Est de vous, cinq ou six lieues.

Ainsi paroît le cap de Spichel, étant au Nord Nord-Est de vous, six ou sept lieues.

Rade de Sinzembre.

A une grande lieue à l'Est du cap de Spichel, est l'anse de Sinzembre, dans laquelle il y a fort bon mouillage par les douze ou quinze brasses d'eau : on y mouille devant un village de pêcheurs qui est près de la mer. Sur le haut de la montagne il y a un château qui rend cette rade facile à connoître.

Rade de Rabeda.

Deux petites lieues à l'Est quart Nord-Est de Sinzembre, il y a une fort bonne rade nommée *Rabeda :* on y mouille à l'Est Nord-Est d'une pointe qui la couvre ; elle a une pointe de sable qui s'avance un quart de lieue en mer du côté de l'Est, dont il se faut donner de garde. Quand on vient de l'Ouest, on est à l'abri de tous vents en cette rade, à la réserve des vents de Sud; et l'on y mouille à cinq, six ou sept brasses d'eau, avant cette pointe dont nous avons parlé au Sud-Ouest, et les bancs de l'entrée de Setuval à l'Est et au Nord-Est.

De la barre et rade de Setuval.

Du cap de Spichel à l'entrée de Setuval, la route est l'Est quart Nord-Est et l'Est Nord-Est, six grandes lieues. L'entrée de Setuval est large de quatre à cinq lieues, mais toute remplie de bancs, ne laissant rien qu'un canal où les navires entrent et sortent en se servant des marques suivantes. Au pied de la haute terre il y a un château blanc, et lorsqu'il est au Nord-Est de vous, vous êtes à l'ouvert de l'entrée de Setuval.

Quand vous partez du cap de Spichel ou Sinzembre, faites l'Est et l'Est quart Nord-Est, jusqu'à ce que le château de Palmelo, qui est au-dessus des montagnes de Setuval, vienne par une vallée qui est droit à l'opposite du château blanc qui est au bord de la mer, ensuite faites le Nord Nord-Est jusqu'à ce que vous veniez près ledit château, qui est sur le bord de la mer ; et puis suivez la côte du Nord à la longueur d'un câble jusqu'au-devant de la ville de Setuval, où vous mouillez à six ou huit brasses d'eau. *Les marées y sont Est Nord-Est et Ouest Sud-Ouest ;* et il ne faut entrer en cette baie que de pleine mer ou de mi-flot : c'est un lieu de pilotage, aussi-bien que la rivière de Lisbonne et que tous les autres lieux de Portugal ; cependant on peut entrer en ce port, aussi-bien que dans la rivière de Lisbonne, sans pilote ; mais quand on peut en avoir, c'est encore le meilleur. Les marques que nous avons données pour entrer à Setuval, servent aussi pour en sortir.

Rade de Sinis.

DE Setuval jusqu'au cap de Saint-Vincent, la côte court au Sud Sud-Ouest, et il y a de l'un à l'autre environ 30 lieues : ce sont toutes hautes terres. A dix lieues de Setuval, est une petite rivière nommée *Sinis*, devant laquelle il y a fort bon mouillage ; mais il n'y peut entrer aucun navire ni barque. Il y sur le bord de la mer une forteresse, sous laquelle on mouille à huit, dix ou quinze brasses d'eau, fond de sable.

Rade de la Rufane.

A six lieues au Sud Sud-Ouest de la rade de Sinis, est une grande anse nommée par les Portugais *la Rufane*, et par les Hollandais *Salines*. Il y a à l'entrée de cette baie un grand rocher, qui paroît comme un navire, il est accompagné de plusieurs autres ; mais ils ne sont pas si hauts que celui-là. On mouille dans cette anse ou baie sous la forteresse, qui est à 8, 10 ou 12 brasses d'eau.

Saint-Vincent.

DEPUIS la rade de Rufane jusqu'au cap de Saint-Vincent, la côte court au Sud Sud-Ouest ; et il y a de l'un à l'autre 14 lieues : ce sont toutes terres hautes et escarpées. Au Nord Nord-Est du cap de Saint-Vincent, le long de la terre, il y plusieurs rochers dessus et dessous l'eau, qui s'éloignent de terre une ou deux longueurs de câble, au-dedans du cap de S.-Vincent, sous les hautes montagnes de Monsic, autrement *les Figures*, sont deux montagnes rondes près l'une de l'autre, qui paroissent du côté de l'Ouest et du côté de l'Est du cap de Saint-Vincent, et on les voit de 12 ou 15 lieues en mer de quel côté qu'on puisse venir pour chercher le cap de Saint-Vincent ; le cap de Saint-Vincent est une pointe fort escarpée, sur laquelle est un monastère fortifié, qui a de fort bons canons, et si on étoit poursuivi des Turcs, on pourroit se sauver dessous : on peut approcher ce cap avec un navire à longueur d'aviron, car il est fort écore ; au bout de ce cap, droit sous le couvent, il y a un gros rocher ou islet qui en est éloigné d'une petite longueur de câble : on dit qu'il a passé des navires entre cet islet et le cap, étant poursuivis des Turcs.

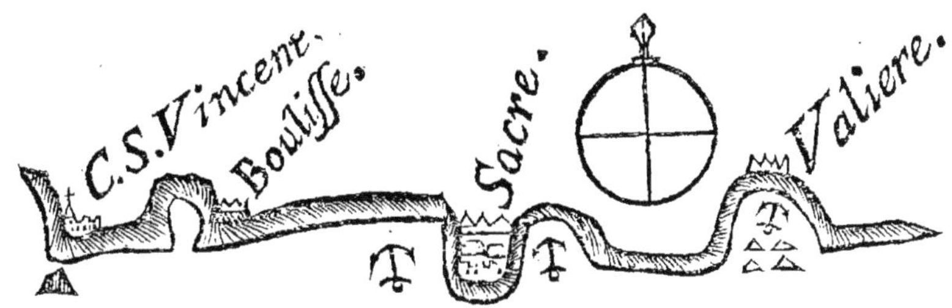

Boulisse.

Au détour du cap de S. Vincent à une petite demi-lieue de lui à l'Est Nord-Est dans un grand recrocq, est encore une forteresse nommée *Boulisse*, sous laquelle on peut mouiller, si on étoit poursuivi des Turcs, mais il y faut être mouillé tout près de terre : on a de la peine à voir cette forteresse, quand on passe devant ce cap, parce qu'elle est droit au détour dans le fond d'une petite anse.

Sagre.

A deux petites lieues du cap de Saint-Vincent à l'Est Sud-Est est une petite pointe de terre qui est presqu'isle ; cette pointe est fort haute et escarpée tout autour : dessus est la forteresse de Sagre, qui est garnie de fort bons canons, elle est entre deux grandes anses, dans lesquelles on peut mouiller : dans celle l'Ouest pour les vents d'Est, et dans celle de l'Est pour les vents d'Ouest : mais quand les vents viennent au Sud, il n'y fait pas bon : tous ces mouillages ne sont que pour la nécessité, et pas ordinaires. Nous avons fait une petite démonstration de ces mouillages ci-dessus, en cas qu'on fût obligé d'y aller mouiller.

Ainsi se montre la terre aux environ du cap de Saint-Vincent, quand on la côtoie en venant du Nord.

Quand le cap de Saint-Vincent est au Nord quart Nord-Est, ou au Nord Nord-Est, sept ou huit lieues de vous, il paroît ainsi.

Quand les montagnes de Monsic, autrement nommées *Figuers,* sont à 12 ou 13 lieues de vous au Nord Nord-Est, elles paroissent ainsi.

Quand les montagnes de Monsic sont au Nord Nord-Ouest de vous neuf ou dix lieues, elles paroissent ainsi.

Rade la Vallière.

A une petite lieue à l'Est-Nord-Est de Sagre est une grande anse, dans laquelle sont plusieurs rochers ou isles, et à terre une petite forteresse que l'on nomme *la Vallière ;* il y a mouillage dans cette anse : on passe en dedans des rochers ou isles, et on y mouille l'ancre à cinq ou six brasses d'eau, et l'on porte une amarre à terre sur lesdites isles ou rochers.

De la pointe de Sagre à la pointe de Lagos, la côte court à l'Est Nord-Est et au Nord-Est quart d'Est cinq lieues : ce sont toutes terres de moyenne hauteur au bord de la mer ; mais dans les terres elles sont hautes ; il y a mouillage à moitié chemin des deux pointes, sous un village nommé *Desaviers,* où il y a une petite forteresse.

Proche la pointe de Lagos, à l'Ouest, est encore un mouillage sous un petit château nommé *Nossa Seignora du Luz ;* tous ces petits châteaux ou forteresses ont été faits à cause des Turcs.

Lagos.

DE Notre-Dame de Clarté ou *Nossa Seignora da Luz* à Lagos, il y a une petite lieue à l'Est Nord-Est. Lagos est au défaut d'une pointe blanche : au Nord d'elle la rade est fort bonne, mais on mouille assez loin de terre, car le fond y est plat ; on y est pourtant toujours sous la force du canon du château ; le mouillage est à l'Est de la ville, à six, sept ou huit brasses d'eau, fond de sable, il y a un petit port sous la ville de Lagos, dans lequel, de pleine mer, il peut entrer des navires ou barques, tirant huit ou neuf pieds d'eau, mais non pas de plus grands. *Les marées y sont de trois heures le jour de la nouvelle et pleine Lune.*

Villa-Nova.

DE Lagos jusqu'à Villa-Nova, la côte court à l'Est trois petites lieues : ce sont toutes basses terres au bord de la mer ; mais dans le pays ce sont toutes montagnes : environ le travers d'un petit Village nommé *Alcoreda*, il y a une roche sous l'eau, qui est à un quart de lieue de terre, il faut y donner tour ; elle est distante d'une lieue de Villa-Nova à l'Ouest. La ville de Villa-Nova est dans une petite rivière de marée, dans laquelle vous ne devez entrer que de pleine mer, ou deux tiers de flot, on y entre avec les marques suivantes : au-dedans de la rivière de Villa-Nova, il y a un rocher sur lequel est une petite tour, et au-dedans d'elle, sur la terre de l'Est, est un mât qui a un baril au bout ; vous mettez ces marques l'une par l'autre, et entrez ainsi en cette rivière jusqu'au-dedans, en rangeant la terre de l'Est de plus près que celle de l'Ouest, car elle est fort plate ; vous rangez ce rocher de près, le laissant à stribord de vous, et quand vous êtes au-dedans, vous gouvernez au Nord-Ouest jusques sous la ville, où vous mouillez à trois ou quatre brasses d'eau, fond de sable et vase : ce lieu est un lieu de pilotage, quoique pourtant on y entre sur les marques susdites. *Les marées y sont Nord-Est et Sud-Ouest, c'est-à-dire, de trois heures le jour de la nouvelle et pleine Lune.*

Terre d'Albefores à Sainte-Marie.

DE Villa-Nova au cap de Sainte-Marie, la côte court Est et Ouest, mais le cap de Sainte-Marie avance un peu plus vers le Sud : entre les deux ce sont toutes fort belles terres de moyenne hauteur auprès de la mer ; mais une lieue ou deux dans le pays, ce sont toutes montagnes assez hautes : tout le long de cette côte le fond est beau et uni, à une et deux lieues de terre vous n'avez que 25 brasses d'eau, fond de sable, et plus vous approchez de terre, plus il vous hausse : environ à moitié chemin de Villa-Nova au cap de Sainte-Marie, est un grand village sur le bord de la mer, qui a un petit château, sous lequel on peut mouiller ; ce village se nomme *Albefores* ; le cap de Sainte-Marie est fort plat et uni, et est insulé par un petit bras de mer qui est entre Farao : et ce cap, que l'on nomme *la Bareta Farao*, est sur la terre ferme : on le voit de tous les bords du cap Sainte-Marie, à cause que la terre qui est au-devant est fort basse ; mais au derrière, ou au Nord, ce sont toutes montagnes ; entr'autres il y en a une qui est toute ronde, que les Portugais nomment *le Mont aux Figues* ; et c'est celui-là que les étrangers nomment *le cap Sainte-Marie*, mais elle est plus de deux lieues dans les terres ; car le cap de Sainte-Marie n'est qu'une isle fort basse, qui n'a aucune montagne ; et au bout de la pointe du Sud de cette isle qui est le cap de Sainte-Marie, il y a une pointe de banc qui s'avance une demi-lieue en mer. La barre de Farao est au Nord-Est de ce cap une grande lieue et demie : le petit bras de mer dont nous avons parlé, qui est entre Farao et la terre du cap de Sainte-Marie, est nommé *la Bareta* : il est peu profond, il n'y peut entrer ni sortir que des barques. Farao est une ville qui paroît toute rouge, à cause que les maisons y sont couvertes de tuiles, elle a aussi deux clochers qui sont un peu plus hauts que les maisons ; ce qui en facilite la connoissance.

Ainsi paroît la terre depuis Lagos jusqu'à Albefores, quand on est le travers de Villa-Nova.

Ainsi paroît la terre depuis Albefores jusqu'au cap de Sainte-Marie, quand on la côtoie.

Ainsi se montre la terre du cap de Sainte-Marie, étant au Nord-Est, et au Nord-Est quart Est de vous neuf ou dix lieues.

Quand

Quand le cap de Sainte-Marie est au Nord Nord-Est et Nord-Est quart Nord de vous, il paroît ainsi.

Rade de Farao.

Du cap de Sainte-Marie à la rade de Farao, la terre court au Nord-Est, une lieue et demie : mais il faut se donner de garde des bancs qui sont au-devant de la barre de Farao, qui mettent bien une grande demi-lieue au large; c'est pourquoi, quand vous venez du cap de Sainte-Marie, il ne vous faut point approcher la terre de plus près que d'une lieue, jusqu'à ce que vous ayez le château de Farao au Nord Nord-Ouest de vous : alors vous courez droit dessus et y mouillez l'ancre par les cinq ou six brasses d'eau, fond de sable et vase. Ce château est sur une basse terre, qui est à l'Est de la barre de Farao; quand on veut entrer à Farao, on prend un pilote du lieu, on range le côté de l'Est, et l'on court à l'Ouest et à l'Ouest quart Nord-Ouest jusques sous la ville, qui est distante de la rade de deux grandes lieues : ce havre est de marée, dans lequel on ne doit entrer que de pleine mer, il y a à demi-flot deux brasses d'eau, mais de pleine mer trois brasses ou trois brasses et demie : quand on est sous la ville de Farao, on y mouille l'ancre à trois ou quatre brasses d'eau. *Les marées y sont Sud-Ouest quart Sud, et Nord-Est quart Nord.*

Tavilla.

Du cap de Sainte-Marie à l'entrée de la rivière de Tavilla, la route est le Nord-Est quart Est environ six lieues, et de la rade de Farao jusqu'à l'entrée de ladite rivière de Tavilla, la côte court au Nord-Est quart Est, quatre petites lieues; il ne faut point trop approcher l'ouverture de la rivière de Tavilla; à cause des bancs qui avancent de plus d'une demi-lieue en mer; vous mouillez à l'ouvert de cette rivière pour attendre des pilotes, car l'entrée en est fort longue et sujette à changer, ce qui fait qu'on n'en peut bien écrire, joint qu'elle est aussi ordinairement peu profonde, et l'on n'y entre que de pleine mer. *Les marées y sont Sud Sud-Ouest et Nord Nord-Est.*

Les terres entre le cap de Sainte-Marie et Tavilla sont fort basses au bord de la mer, mais sur le pays ce sont toutes montagnes; la ville de Tavilla est bien deux lieues en terre, et les navires mouillent plus d'une grande lieue au-dessous, à trois ou quatre brasses d'eau.

CÔTES D'ESPAGNE,

En dehors et dans le Détroit, depuis Aymonte jusqu'au cap de Quiers.

CHAPITRE VIII.

Aymonte.

DE l'entrée de Tavilla à l'entrée de la rivière d'Aymonte, la côte court à l'Est Nord-Est, cinq lieues ; c'est encore basses terres tout le long du bord de la mer ; mais sur le pays ce sont encore montagnes, non pas fort hautes ; à l'entrée d'Aymonte il y a plusieurs bancs qui mettent bien une petite lieue au large, qu'ils faut éviter : quand on veut aller à Aymonte, il faut s'éloigner de terre jusqu'à ce que vous ayez un arbre qui est à l'Est de l'entrée dudit havre par la ville d'Aymonte, alors vous courez sur ces marques, qui sont environ le Nord, jusqu'à ce que vous soyez près de terre, alors vous rangez la terre de l'Est, gouvernant à l'Ouest Nord-Ouest, et quand vous êtes au-dedans vous mettez le cap au Nord Nord-Est, si vous voulez aller à Aymonte en suivant le mi-canal, et venez ainsi jusques devant la ville, où vous mouillez à cinq ou six brasses d'eau ; mais si vous voulez aller à Sainte-Marie ou Castromarin, vous gouvernez au Nord-Ouest jusqu'auprès de Castromarin : la barre d'Aymonte est la meilleure de toutes celles qui sont entre Saint-Luc et le cap Saint-Vincent ; elle est profonde de quatre brasses de pleine mer, et de trois brasses à mi-flot. *Les marées y sont Sud Sud-Ouest et Nord Nord-Est.* Le long de la terre de l'Ouest d'Aymonte, il y a encore un petit passage en rangeant la terre tout du long ; mais il est fort étroit et peu profond, n'ayant de pleine mer que huit ou neuf pieds d'eau. La rivière d'Aymonte fait la séparation d'Espagne au Portugal, car Aymonte est aux Espagnols, et S.te-Marie aux Portugais.

Baie de Lèpe.

DE l'entrée de la rivière d'Aymonte jusqu'à l'entrée de Lèpe, la côte court à l'Est quart Nord-Est cinq lieues ; ce sont toutes terres de moyenne hauteur entre les deux ; le fond y est fort uni tout le long de la côte, car à une lieue de terre on ne trouve que 10 ou 12 brasses d'eau. Lèpe a plusieurs entrées qui sont fort sujettes à changer, c'est pourquoi l'on n'en peut pas bien écrire : il y a plusieurs isles à l'entrée de cette rivière. Le premier de ces passages est entre la pointe de l'Ouest et l'isle du milieu ; le second est entre cette isle et les isles de l'Est, et le troisième est près de la terre de l'Est du côté de Saint-Michel. Quand on veut aller à Lèpe, on mouille au-dehors de la rivière, jusqu'à ce qu'on ait des pilotes à bord pour vous mettre dedans, car on ne doit point y entrer sans pilote. Quand on est au-dedans, on mouille devant la ville de Tarron à quatre ou cinq brasses d'eau. *Les marées y sont Sud Sud-Ouest et Nord Nord-Est.*

Baie de Guelve et de Palos.

De la pointe de l'Ouest de Lèpe à l'entrée de l'Est de la baie de Guelve et de Palos, la côte court droit à l'Est onze lieues : ce sont toutes terres de moyenne hauteur entre les deux. A l'ouvert de cette baie de Guelve, il y a une grande isle qui la couvre presque tout-à-fait : il y a une petite passée entre cette isle et la terre de l'Ouest ; mais elle n'est que pour des barques. La véritable entrée de Guelve est du côté de la terre de l'Est. Quand on vient de l'Ouest, il ne faut point s'approcher de terre que d'une lieue ou lieue et demie, jusqu'à ce qu'on ait la falaise blanche qui est à l'Est de Palos au Nord de vous, ou bien prenez un grand arbre touffu qui est un peu à l'Ouest des falaises, par une dune rouge qui est près de la mer ; alors vous gouvernez sur ces marques qui sont Nord et Sud : allez ainsi jusqu'à ce que vous soyez près de terre à deux longueurs de câble ; alors vous mettez le clocher d'Odier, qui est sur la terre de l'Ouest de la baie de Guelve, par la pointe de l'Est de l'entrée de cette baie, et gouvernez sur ces marques jusqu'à ce que vous soyez en-dedans de ladite pointe de l'Est. Ces marques sont environ le Nord-Ouest ; et étant dans la baie, vous gouvernez au Nord jusques devant Palos, si vous voulez y aller : et si vous voulez aller à Guelve, vous gouvernez au Nord-Ouest jusqúes par le travers d'Odier, où vous mouillez l'ancre à trois ou quatre brasses d'eau, mais devant Palos à quatre ou cinq brasses. Dans l'entrée de Guelve, sur le plus haut, on trouve trois et demie à quatre brasses d'eau, de pleine mer, *et les marées y sont Sud quart Sud-Ouest et Nord quart Nord-Est.*

Hors l'entrée de Guelve, il y a un banc qui est bien à une lieue de terre : il y a passage entre ce banc et le banc qui tient à l'isle, lequel s'avance fort loin au Sud-Est de l'isle ; mais ce passage est fort difficile et étroit, et on n'y entre point sans pilote. Quoique le passage de terre ou de l'Est, dont nous avons traité, soit fort bon, on fait encore bien de prendre des pilotes pour y entrer, quand on en peut avoir.

Depuis l'entrée de Guelve et Palos jusqu'à la rivière de Séville la côte court au Nord-Est 8 lieues : ce sont toutes terres de dunes rouges, si ce n'est près de Guelve ou de Palos qu'il y a une falaise blanche : les Espagnols appellent ces dunes *Arennos-Gardos* ou *les gros Sables*. Cette côte est fort plate et nette ; à une lieue de terre vous avez huit ou dix brasses d'eau, fond de sable et vase.

Ces trois figures se doivent joindre ensemble par les lettres semblables, et c'est la démonstration des terres depuis Guelve jusqu'à la rivière de Saint-Luc.

Rivière de Séville ou de Saint-Luc.

QUAND vous venez de l'Ouest et que vous voulez entrer dans la rivière de St-Luc, cinglez le long des dunes ou des *Arennos Gardos*, jusqu'à ce que vous ayez la ville de St-Luc en belle vue au Sud-Est de vous, et courez ainsi jusqu'à ce que vous voyiez les marques suivantes : à l'Est de la ville de Saint-Luc, il y a un cloître blanc, qui est près de la haute terre, et un grand arbre sur le sommet : amenez cet arbre par le côté du Nord du cloître, en sorte que vous puissiez à peine voir entre deux ; mais ne l'ouvrez pas trop, à cause de la pointe du Nord-Ouest de la rivière, où il y a des roches qui mettent un peu au large, mais tenez toujours ledit arbre par le long du cloître au Nord de lui, et allez sur ces marques jusqu'auprès dudit cloître ; alors vous

llez au Nord Nord-Ouest, et mouillez où il vous plaît à 6, 8 ou
10 brasses d'eau. Quand vous cinglez sur les marques dont nous
venons de parler, qui sont l'Est quart Sud-Est, et que vous avez
l'église de Sipione, commençant à venir avec le château de
Sipione, vous êtes par le travers du banc de pierres qui est dans
la rivière, et quand vous les tenez entièrement l'un par l'autre,
alors ledit banc est au Sud Sud-Ouest de vous.

Quand vous venez du Détroit ou de Cadix, et que vous voulez
aller à la rivière de Saint-Luc, il ne faut point approcher la terre
le plus près que d'une grande lieue, à cause des roches de
Sipione qui mettent bien une petite lieue au large ; et quand
vous les avez doublées, vous gouvernez au Nord-Est jusqu'à ce
que vous ayez l'arbre qui est sur la haute terre dont nous avons
déjà parlé, par le bout du Nord du cloître blanc qui est à l'Est
de Saint-Luc, et vous gouvernez ainsi qu'il a été dit ci-devant.
Dans le plus haut de cette entrée, on ne trouve pas moins que
trois brasses d'eau de basse mer, quatre et demie à cinq brasses de
pleine mer. *Les marées y sont Sud Sud-Ouest et Nord Nord-Est.*

Il y a un moulin à l'Est de la ville de Saint-Luc ; si vous
l'ameniez par le cloître rond qui est à l'Est de la ville, près de
la mer, vous viendriez droit sur le banc de roches qui est au
milieu de la rivière. Il vous faut toujours tenir ce moulin ouvert,
ou au Nord dudit cloître, la longueur de deux ou trois brasses :
on peut aussi entrer le long de la terre de Sipione ; mais c'est une
entrée fort difficile et étroite, et il n'est nullement nécessaire de
s'y risquer, il vaut mieux prendre le tour des roches de Sipione.

De la pointe de Sipione à l'entrée de la baie de Cadix, la terre
court au Sud-Est et au Sud-Est quart Est sept lieues : il n'est pas
bon de ranger cette terre de trop près, à cause de quelques roches
qu'il y a tout le long, qui mettent bien deux longueurs de câble
au large. Environ à moitié chemin est la ville de Rotte, qui a
une pointe de roches fort dangereuse, mettant bien un grand
quart de lieue au large, les terres entre Sipione et Cadix ne sont
que des dunes de sable, et le fond entre Sipione et Cadix est fort
plat et uni : car à une lieue et demie ou deux lieues de terre, on
ne trouve que 17 ou 18 brasses d'eau, fond de sable vaseux.

Baie de Cadix ou Calix.

LA baie de Cadix est facile à connoître ; car quand vous venez
de l'Ouest ou de la mer, et quand vous apercevez la montagne
des Grenadiers, elle paroît toute ronde et plus haute que toutes les

autres: mettez-la à l'Est Nord-Est et Est quart Nord-Est de vous, et courez dessus; vous ne manquerez point à venir à l'ouvert de la baie de Cadix. Quand vous approchez de Cadix, vous apercevez la ville qui est sur une pointe fort plate. Cette ville a plusieurs clochers qui se font voir de bien loin, ainsi que la tour de Saint-Sébastien, qui est sur la pointe du Sud-Ouest de Cadix. Depuis cette

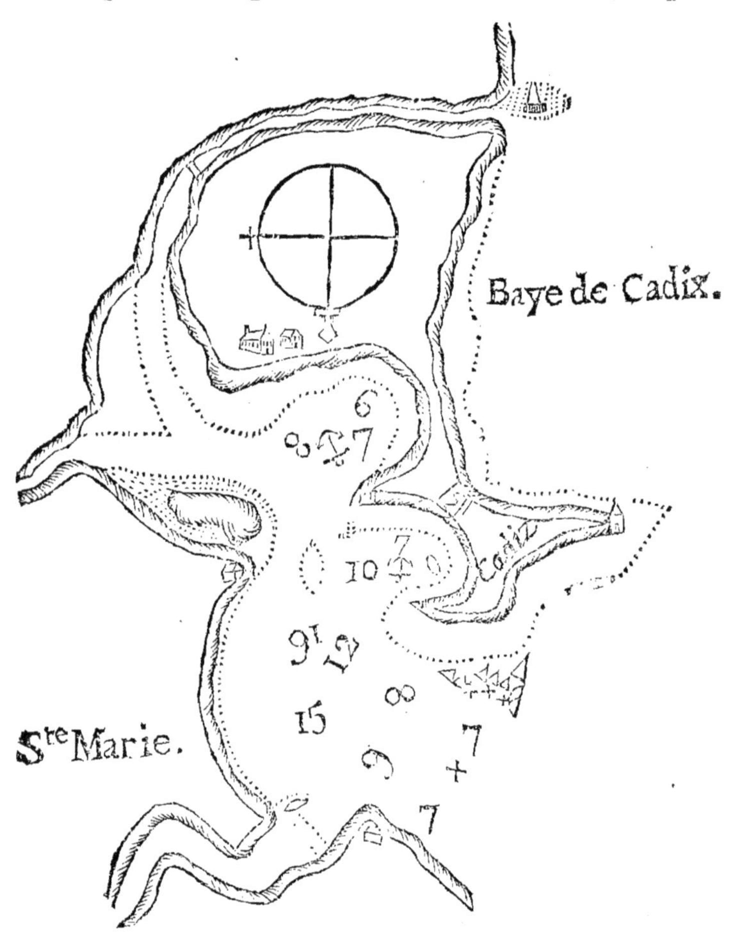

pointe jusqu'à la pointe du Nord-Est ou du Nord Nord-Est, qui fait aussi l'entrée de la baie de Cadix, ce sont toutes roches dessus et dessous l'eau, qui mettent bien un quart de lieue au large; et à la pointe du Nord de Cadix, au-dehors de toutes les roches dont nous venons de parler, est encore une grande rangée de roches sur

'eau, lesquelles on nomme *les Porques*. Quand on entre dans la
baie de Cadix, on court sur ces roches jusqu'à deux ou trois longueurs de câble d'elles; puis on gouverne à l'Est jusqu'au-
dedans de la pointe de Cadix, et alors vous venez droit sur la
rade où sont les navires, et mouillez l'ancre où vous voulez,
à 5, 7, 8, 10 ou 12 brasses d'eau, fond de sable et vase. Droit
au Nord-Est quart de Nord des Porques, à mi-canal, est un
rocher sous l'eau nommé *le Diamant;* si vous mettez la chapelle
de Sainte-Catherine, qui est sur la terre du Nord, au-dehors de
la rivière de Sainte-Marie, à l'Est Nord-Est de vous, vous êtes
alors auprès dudit rocher, sur lequel, de basse mer, il ne reste
que deux brasses d'eau, et de pleine mer quatre brasses.
Depuis qu'il y a eu un Navire d'Espagne perdu dessus, on
a mis une tonne sur ce rocher; c'est pourquoi il est facile à
éviter. Il y a aussi fort bon passage au Nord de ce rocher, et
même on y peut louvoyer: mais il ne faut pas trop approcher
de terre. Si vous voulez aller à la rade de Cadix au Pontal, il
vous faut gouverner au Sud Sud-Est, en rangeant de plus près
la terre du Nord que celle de Cadix, à cause d'un petit banc
qui est plus près de la terre de Cadix que de celle du Nord, et
vous gouvernez ainsi, passant entre la forteresse du Pontal et
celle de Montagordos; et quand vous êtes au-dedans d'elle, vous
gouvernez au Sud Sud-Ouest et même au Sud-Ouest: vous y mouillez où vous voulez, à quatre, cinq, six ou sept brasses d'eau, fond
de sable et vase. *Les marées en la baie de Cadix, sont Nord Nord-
Est et Sud Sud-Ouest.* Nous avons mis ci-devant la démonstration
de cette baie pour se pouvoir mieux gouverner.

Quand la montagne des Grenadiers est à l'Est de vous, elle
paroît ainsi: c'est une montagne qui est fort loin en terre à l'Est
de Cadix.

Quand Cadix est au Nord-Est de vous six ou sept lieues, les
montagnes des Grenadiers paroissent ainsi.

Depuis la pointe de S. Sébastien, qui est celle du Sud-Ouest
de Cadix jusqu'au cap de Trafalgar, la route est le Sud Sud-Est
neuf lieues; mais la terre fait de grandes anses le long de l'isle de

Cadix, et il ne faut point trop approcher de terre, à cause que tout du long, jusqu'à l'isle de S. Pedro ou S. Pierre, il y a des roches qui mettent un demi-quart de lieue au large, et c'est toute basse terre jusqu'à ladite isle. Cette isle est environ deux tiers du chemin de S. Sébastien au cap de Trafalgar. Droit à l'ouvert du petit canal qui passe entre l'isle de Cadix et la terre ferme, il y a une tour sur elle, et elle a une pointe de roche qui met bien une demi-lieue au large du côté de l'Ouest, laquelle il faut éviter. Environ une lieue et demie au Sud Sud-Est de cette isle, est la rade de Connil, où on mouille l'ancre à 10 ou 12 brasses d'eau, droit devant le village du même nom ; quand vous allez en cette rade, il faut en éviter le côté du Nord, à cause des rochers qui y sont, mais celui du Sud-Est est sain. De Connil au cap de Trafalgar, il y a environ une lieue et demie ; il y a encore mouillage au Sud-Est du cap de Trafalgar, dans une anse où on mouille à 12 ou 15 brasses d'eau. Les terres depuis l'isle de S. Pierre jusqu'au cap de Trafalgar, sont fort hautes, et de-là, en allant dans le Détroit, encore plus hautes : environ une lieue au Sud-Ouest quart Ouest du cap de Trafalgar, est une roche sous l'eau, sur laquelle il ne reste pas plus de 12 ou 13 pieds d'eau de basse mer : il y a passage entre elle et la terre, en rangeant la terre de près ; mais le meilleur est au large. Cette roche est fort dangereuse quand on va de Cadix au Détroit, ou du Détroit à Cadix, car elle est droit en route, et plusieurs navires ont touché dessus.

Ainsi paroît la côte d'Espagne, quand vous venez de l'Ouest et que vous entrez dans le Détroit.

Ces deux figures se joignent ensemble, et c'est la démonstration des terres d'Espagne, depuis Cadix jusqu'au Détroit, quand la pointe du Nord du Détroit est au Nord quart Nord-Est, et celle du Sud au Nord-Est six ou sept lieues.

Ainsi paroît l'ouverture du Détroit venant de l'Ouest.

Ainsi paroît le cap Spartel, qui est du côté du Sud de l'entrée du Détroit du côté de l'Ouest, quand il est à l'Est quart Sud-Est de vous six ou sept lieues.

Ainsi paroît le cap Spartel, quand il est au Sud-Est quart Est de vous.

Du cap de Trafalgar à l'isle de Tarifa, la route est Est Sud-Est, et à l'Est quart Sud-Est trois grandes lieues. On va tout le long de la terre ; ce sont toutes terres fort hautes, il y a mouillage entre l'isle de Tarifa et la terre, droit devant la ville du même nom, sous un petit château, il y a aussi une tour sur l'isle : on ne passe point entre cette isle et la terre ferme à cause des bancs qui sont entre deux. Il y a aussi des bancs au bout de l'Ouest de l'isle de Tarifa, qui vont près de deux lieues en mer droit à l'Ouest Sud-Ouest, lesquels sont fort dangereux quand on veut entrer dans le Détroit en venant de l'Ouest.

Celui qui part de Cadix pour aller au Détroit, doit faire le Sud quart Sud-Est, jusqu'à ce qu'il ait le cap de Trafalgar au Nord-Est de lui, à cause de la roche qui est le travers dudit cap de Trafalgar, et après faire le Sud-Est jusqu'à ce qu'il soit près de la côte de Barbarie, ou au moins à mi-canal des deux terres, à cause des bancs qui sont au bout de l'isle de Tarifa, dont nous avons déjà parlé, et qui sont fort dangereux.

Baie de Gibraltar.

Si de l'entrée du Détroit, étant entre le cap Spartel et la côte d'Espagne à mi-canal, vous voulez aller à Gibraltar, vous pouvez faire l'Est Nord-Est et Nord-Est quart Est, jusqu'à ce que vous soyez à l'ouvert de la baie de Gibraltar : c'est une grande baie ouverte qui s'étend droit au Nord ; on mouille en dedans des deux côtés ; à l'Ouest sous le vieux Gibraltar, à 16, 18 ou 20 brasses d'eau : mais il ne faut pas trop s'approcher de la terre de ce côté-là, à cause de plusieurs rochers qui y sont ; ou bien on peut aller mouiller sous Gibraltar neuf, qui est du côté de l'Est : au pied de la montagne de Gibraltar, on y mouille à tant et si peu d'eau que l'on veut, et on y est à couvert de tous les vents.

Gibraltar est le bout de l'Est de l'embouchure du Détroit sur les côtes d'Espagne ; il y a au Sud de lui, tout sur le bord de la mer, une fort haute montagne toute seule, qui se peut bien voir de 15 à 16 lieues étant dans le Détroit : cette montagne est séparée de toutes les autres hautes montagnes qui sont sur la côte d'Espagne, dont elle n'est contiguë que par une petite langue de terre fort basse, c'est pourquoi quand on vient le long de la côte d'Espagne pour sortir du Détroit, et que le temps n'est pas trop clair, on croit que cet abaissement qui est entre la montagne de Gibraltar et les montagnes qui en sont au Nord, est l'entrée du Détroit, et dans cette croyance plusieurs navires y font naufrage : c'est pourquoi quand on vient du Détroit ou de l'Est, il faut bien prendre garde de ne se point méprendre, et ne point prendre Gibraltar pour le mont aux Singes, ni le mont aux Singes pour Gibraltar ; car si on prenoit le mont aux Singes pour Gibraltar, on porteroit aussi risque de se perdre dans la grande baie de Tetouan ; car entre le mont aux Singes et les autres montagnes de Barbarie qui en sont au Sud, il y a un grand abaissement qui paroît encore comme le Détroit, où plusieurs navires se sont encore trompés. Gibraltar, ainsi que nous avons dit, est une fort haute montagne toute seule, et le mont aux Singes est encore une fort haute montagne sur la côte de Barbarie, qui de loin paroît toute seule, à cause qu'elle est plus haute que toutes les autres montagnes qui en sont proches. Quand on vient de l'Est, et qu'on a connoissance de ces deux montagnes, le mont aux Singes et Gibraltar, on peut donner assurément entre les deux, et passer ainsi le Détroit par le mi-canal, ou ranger la côte de Barbarie de plus près que celle d'Espagne : elle est fort nette. La ville de Centa est un peu au dehors de la pointe de l'Est du Détroit à l'Ouest d'elle dans un fond : à l'Est, sur petite montagne, il y a une muraille fort longue qui paroît comme une forteresse.

Ainsi paroît Gibraltar, quand il est à l'Ouest quart Sud-Ouest de vous, neuf ou dix lieues.

Quand Gibraltar est à l'Ouest Sud-Ouest de vous, 12 ou 13 lieues, il paroît ainsi.

Quand Gibraltar est au Sud-Ouest quart Ouest de vous, il paroît ainsi.

Quand Gibraltar est au Sud-Ouest de vous, à la vue, il paroît ainsi.

Quand le Mont aux Singes est au Sud-Ouest de vous huit ou neuf lieues, il paroît ainsi.

Ainsi paroît l'entrée du Détroit avec le mont de Gibraltar et le mont aux Singes : quand Gibraltar est à l'Ouest Sud-Ouest et le mont aux Singes au Sud-Ouest de vous : B est Gibraltar, et A est le mont aux Singes.

Estepone.

De l'entrée du Détroit jusqu'à Estepone, la côte court au Nord Nord-Est sept lieues ; entre les deux est la Male, baie qui est l'abaissement dont nous avons déjà parlé, qui est entre le Mont de Gibraltar et les autres montagnes. Estepone est une petite ville sur le bord de la mer, devant laquelle il y a un bon mouillage à 14 ou 15 brasses d'eau, fond de sable ; il y a aussi bon mouillage tout le long de la côte d'Espagne, depuis Gibraltar jusqu'à Estepone : les terres au bord de la mer sont basses, mais un peu dans le pays ce sont toutes hautes montagnes doubles.

Ainsi paroît la terre depuis le Détroit jusqu'à Estepone.

Marbella.

D'Estepone jusqu'à Marbella, la côte court au Nord-Est six lieues, ce sont toutes terres de moyenne hauteur au bord de la mer ; mais sur le pays ce sont toutes montagnes ; on mouille devant Marbella à 9, 10 ou 12 brasses d'eau fond de sable, mais le fond n'est pas bon par-tout, et le meilleur est quand vous tenez la porte de la ville de Marbella entre deux grandes maisons et une tour carrée, qui est à l'Est de la ville.

Frangerole.

De Marbella à Frangerole, la côte court au Nord-Est quart
Est cinq lieues; ce sont encore toutes belles terres au bord de la
mer; mais un peu au-dedans, ce sont toutes montagnes doubles.
Frangerole est un gros château rond près de la mer, devant
lequel il y a un bon mouillage à 10 ou 12 brasses d'eau, fond de
sable, le cap de Mole est deux petites lieues à l'Est de Frangerole;
c'est une pointe fort basse, qui fait le côté de l'Ouest de la
grande anse de Malaga.

Ainsi paroît la terre de l'Ouest de Malaga.

Ainsi paroît la terre depuis Marbella jusqu'à Malaga.

Malaga.

Du cap de Mole à Malaga, la côte court au Nord-Est environ
trois lieues: c'est toute terre fort basse et unie au bord de la mer;
mais sur le pays, environ une lieue, c'est continuation de hautes
terres doubles: quand on vient du cap de Mole on voit la ville
de Malaga au bord de la mer, et au-dessus, sur une montagne,

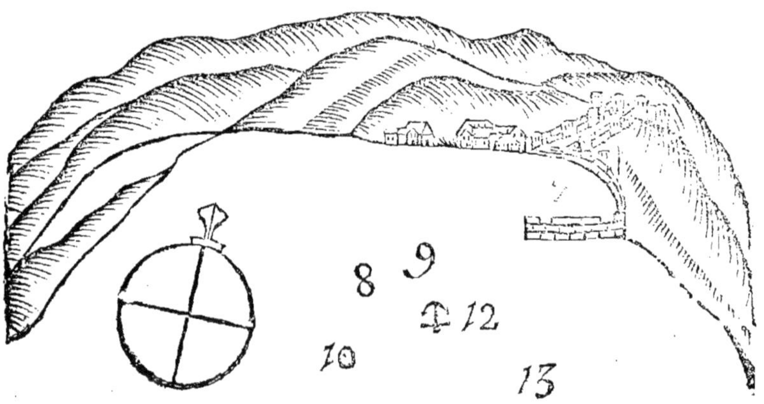

un gros château, qui a une double muraille qui va jusqu'à la ville ; on mouille devant Malaga à 9, 10 ou 12 brasses d'eau, fond de sable ; il y a un petit mole sous la ville, mais il n'y peut entrer que des navires tirant seulement neuf ou dix pieds d'eau. Nous avons mis ci-dessus la démonstration de Malaga.

Velez-Malaga ou Visse-Malaga.

De Malaga à Visse-Malaga, la côte fait comme un demi-rond du côté de l'Est, et il y a de l'un à l'autre environ sept lieues : Visse-Malaga est dans une anse enfoncée, et est distante du bord de la mer d'une lieue ; mais sur le bord de la mer il y a des magasins, devant lesquels on mouille à 8, 10, 12 ou 15 brasses d'eau, fond de sable ; entre Malaga et Visse-Malaga, il y a fort bon mouillage tout le long de la côte, à 10 ou 12 brasses d'eau : à l'Ouest de Visse-Malaga, à une lieue, il y a un petit château, sous lequel on peut mouiller aussi à 10 ou 12 brasses d'eau.

Almunecar.

De Visse-Malaga jusqu'à Almunecar, la côte court à l'Est environ 16 lieues ; ce sont toutes hautes montagnes entre les deux sans aucunes basses terres : on voit dessus plusieurs villages et maisons avec plusieurs petites tours où l'on fait du feu. Almunecar est dans une grande anse, devant laquelle il y a un islet avec un petit château dessus ; on mouille au-devant de cet islet à douze ou quatorze brasses d'eau, fond de sable : environ trois ou quatre lieues à l'Ouest d'Almunecar, sur une pointe escarpée, il y a une tour, et un village devant lequel on peut aussi mouiller par les 10 ou 12 brasses d'eau : ce lieu se nomme *Porte de Tores.*

Salbrune.

D'Almunecar jusqu'à Salbrune, la côte est Est Sud-Est et Ouest Nord-Ouest, faisant une pointe, et il y a de l'un à l'autre quatre lieues : ce sont toutes hautes terres entre les deux. Salbrune est une petite ville où chargent beaucoup de navires ; il y a un château auprès sur une montagne ; devant Salbrune il y a une petite isle, on y mouille à l'Ouest à 15 ou 16 brasses d'eau, fond de sable ; on pourroit, par nécessité, passer aussi à terre de cette isle, avec un petit navire, car il y a 13 à 14 pieds d'eau entre la terre et elle ; on peut mouiller aussi à l'Est, mais le fond n'y est pas si bon qu'à l'Ouest.

Motril.

De Salbrune à Motril, la côte court à l'Est environ trois lieues : la ville de Motril est à une petite lieue en terre, et on voit deux églises et quelques arbres sur le bord de la mer, avec une tour carrée qui est sur la pointe de l'Est, nommée *cap de Sacratif* : on mouille à l'Ouest de cette tour devant les deux églises et les arbres qui sont sur le bord de la mer, à 13 ou 14 brasses d'eau, fond de sable.

Ainsi paroît la côte d'Espagne depuis Almunecar jusqu'à Motril.

Castel de Ferro.

Du cap de Sacratif jusqu'à Castel de Ferro, la côte court à à l'Est Nord-Est environ cinq lieues. Castel de Ferro est sur une petite montagne au bord de la mer, devant laquelle on mouille quelquefois, et on y charge des laines et passes ; mais la rade n'est pas des meilleures, car il y a quelques pierres qui gâtent les câbles : on y mouille à 15 ou 16 brasses d'eau : les hautes montagnes de Grenade commencent près Porte-Tores, et finissent environ à ce château, elles sont toujours couvertes de neige, et paroissent bien souvent au-dessus des nuées.

Berja.

De Castel de Ferro jusqu'à Berja, la côte court à l'Est environ trois lieues : Berja est un château sur le bord de la mer, dans un plat pays, devant lequel il y a mouillage à 15 ou 18 brasses d'eau, fond de sable et roches.

Adera.

De Berja jusqu'à Adera, il y a à l'Est environ trois lieues. Adera fait le cap de l'Ouest de la grande anse d'Almerie, il y a mouillage au Nord-Est de la pointe d'Adera sous les châteaux d'Adera et Roquette à 12 ou 16 brasses d'eau, mais le fond n'y est pas des meilleurs : ces châteaux sont sur le bord de la mer, dans un plat pays ; mais plus à terre ce sont des montagnes de moyenne hauteur.

Almerie.

De la pointe d'Adera à Almerie, la côte court au Nord-Est cinq

ieues ; ce sont toutes basses terres entre les deux le long du bord
le la mer ; mais dans le pays ce sont des montagnes ; on mouille
levant Almerie mettant le château droit au Nord de vous , vous
tes à 16 ou 18 brasses d'eau , fond de sable , alors vous avez le
:ap de Gatte à l'Est Sud-Est de vous environ six lieues.

Ainsi paroît la terre depuis la Roquette jusqu'à Almerie.

Cap de Gatte.

Du cap d'Adera au cap de Gatte , la route est Est environ
neuf lieues , la terre refuit beaucoup au Nord. Entre les deux ,
c'est l'anse d'Almerie , dont nous venons de parler , le cap de
Gatte est une pointe haute et escarpée , sur laquelle il y a une
tour à feu. Au Sud-Ouest du cap de Gatte un quart de lieue , est un
petit banc de roches ; dont ont doit se garder , soit qu'on vienne
de l'Est ou de l'Ouest. A une lieue de l'Est du cap de Gatte ,
est une belle anse de sable , devant laquelle on peut mouiller à
15 ou 16 brasses , mais c'est une rade peu fréquentée.

Moxaca.

Environ onze lieues au Nord-Est quart Nord du cap de
Gatte , est la petite bourgade de Moxaca , au bord de la mer, dans
une petite anse de sable ; c'est un lieu où l'on ne va que rare-
ment , il y a pourtant bon mouillage à 15 ou 16 brasses d'eau.
Droit devant ce bourg ou village , et entre le cap de Gatte et
lui , ce sont presque toutes montagnes escarpées avec des tapions
blancs comme craie : cette côte est fort nette le long : on la peut
ranger de si près que l'on veut.

Ainsi paroît la terre du cap de Gatte , étant à six ou sept
lieues au Nord de vous.

Ainsi paroît le cap de Gatte , étant à sept ou huit lieues de vous.

Almazaron.

Du cap de Gatte jusqu'à Almazaron, le cours est Nord-Est quart Nord 19 lieues ; ce sont toutes montagnes hautes et escarpées le long du bord de la mer, à la réserve de quelques anses de sable qui se rencontrent entre les deux. Almazaron est dans une grande anse, qui a un château du côté de l'Est, et au dehors du château, il y a un petit islet sur lequel il y a une petite tour à feu. On en mouille à l'Ouest à 18 on 20 brasses d'eau, fond de sable, avec quelques roches qui gâtent les câbles.

Carthagéne.

D'Almazaron jusqu'à Carthagêne, la côte est Est Nord-Est environ sept lieues. Carthagêne est un bon port dans le fond d'une grande anse où est la ville du même nom avec un château sur une

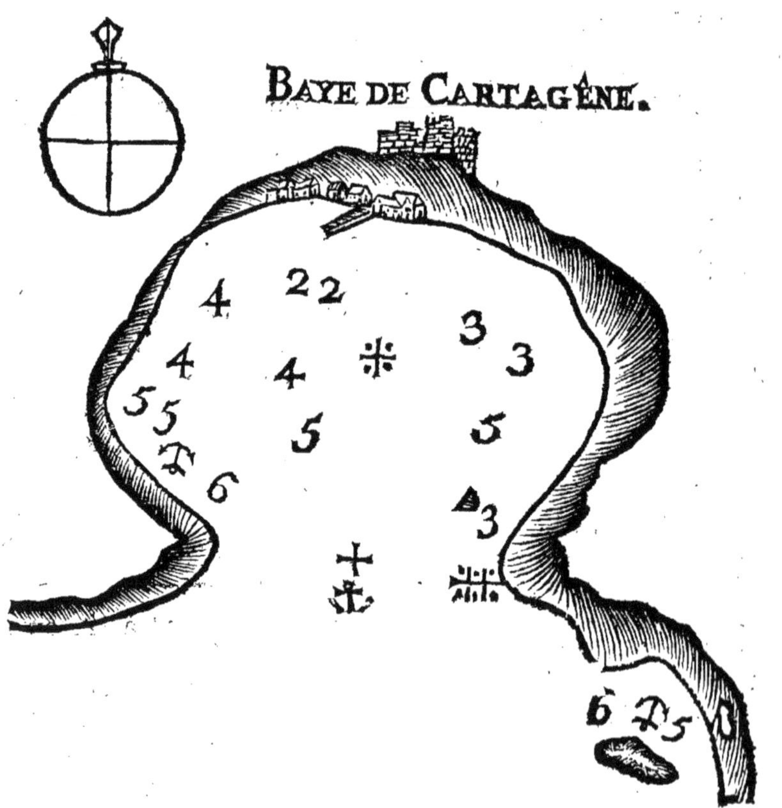

montagne ;

nontagne ; lequel est tout au fond du port droit au-dessus de la
ille : si vous désirez entrer à Cartagène, rangez le côté de l'Ouest
 discrétion jusqu'au dedans du port, où vous mouillez à cinq bras-
es d'eau fond de sable ; à l'entrée de ce port, droit à mi-canal, il
 a une roche sur laquelle il n'y a pas plus de quatre ou cinq pieds
l'eau, et du côté de l'Est, droit vis-à-vis de cette roche, est encore
ine autre roche sur laquelle il n'y a environ que trois ou quatre
ieds d'eau, au-dedans il est par-tout net, mais peu profond, n'y
yant que trois ou quatre brasses d'eau : au-dehors du havre de
Cartagène du côté de l'Est, est une fort belle anse devant un grand
slet qui y est : on peut faire de l'eau en cette anse dedans un
etit étang, et la rade est fort bonne : on y mouille l'ancre à
5 ou 16 brasses d'eau, entre cette isle et la terre. Nous avons
nis ci-devant la démonstration de Cartagène, sur laquelle on se
pourra gouverner.

Cap de Palos.

De Cartagène au cap de Palos, la côte court à l'Est quart Sud-
Est, environ six lieues ; entre les deux ce sont toutes hautes montagnes, et la plupart escarpées au bord de la mer : le cap de Palos
est aussi fort haut et escarpé, ayant une tour à feu ; sur icelui, à
l'Est de ce cap une demi-lieue, il y a deux hauts rochers sur l'eau,
qui paroissent de loin comme des navires, et entre ces deux
rochers est un autre rocher sous l'eau : on dit qu'il y a passage
en terre de ces rochers, mais il est bien étroit, et on n'y doit
point risquer un navire que par une grande nécessité, et le
meilleur est toujours de passer au large : du côté de l'Est du
cap de Palos, est un mouillage en terre d'une petite isle nommée *Isle grosse*, mais ce mouillage est peu fréquenté, attendu
que tous ces endroits sont peu peuplés, car ce sont toutes
terres fort arides.

Ainsi paroît la terre depuis Cartagène jusqu'au cap de Palos.

La Matte.

Du cap de Palos jusqu'à l'isle de S. Paul, la côte court environ
au Nord Nord-Est 18 lieues. L'isle de S. Paul est fort basse et longue
environ d'une demi-lieue : elle a plusieurs roches au Sud-Est, qui
s'avancent bien une demi-lieue en mer, c'est pourquoi il n'est pas
bon de la ranger de ce côté-là : elle est éloignée de la pointe de
l'Est de l'anse de la Matte d'une petite demi-lieue. Cette pointe est

aussi la pointe de l'Ouest de la grande baie d'Alicante. On peut passer entre l'isle de S. Paul et la terre ferme, en rangeant la terre ferme, à cause d'une roche sous l'eau droit en mi-canal. Au Nord-Ouest de cette isle est l'anse de la ville de Matte, qui a un château sur une petite montagne blanche. On mouille devant ce château à quatre, cinq, six ou sept brasses d'eau, fond de sable et vase : c'est un lieu où l'on charge quantité de sel blanc. Les terres entre le cap de Palos et l'isle de S. Paul sont fort basses au bord de la mer, mais sur le pays ce sont toutes hautes montagnes.

Alicante.

De l'isle de Saint-Paul jusqu'à Alicante, la route est le Nord environ quatre lieues ; ce sont toutes basses terres et unies entre les deux, mais près d'Alicante ce sont des montagnes fort hautes. Alicante est dans un plat pays au bord de la mer, ayant un château au Nord sur une montagne droit au-dessus de la ville qui a une muraille double qui y conduit : on mouille droit devant la ville, à un bon quart de lieue de terre, à

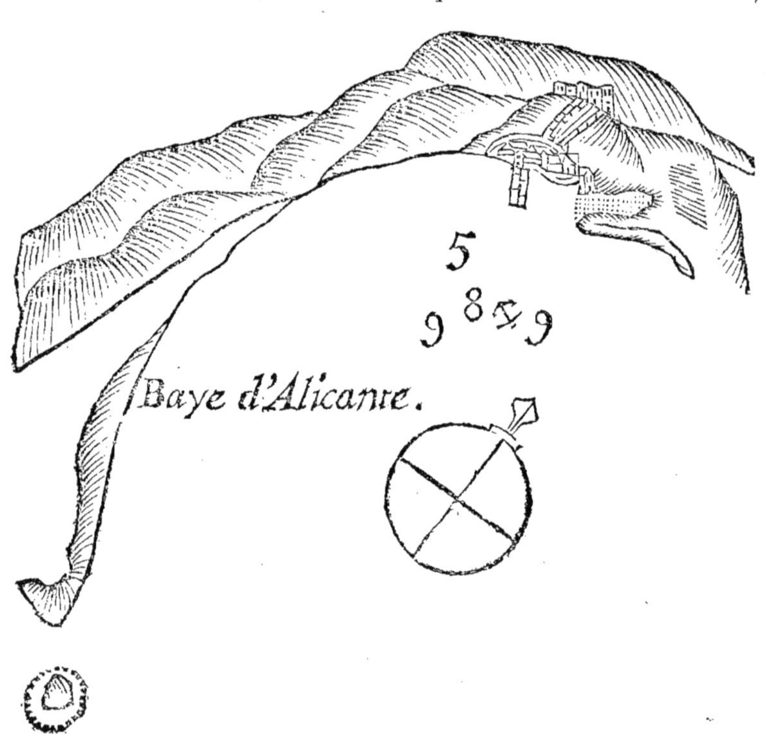

ept, huit ou neuf brasses d'eau, fond de sable. Il y a à Alicante
une petite digue de pierres qui avance en mer, derrière
laquelle les barques chargent. Alicante est un lieu où l'on charge
quantité de savon, vin de tinte, laine, soude, résine, amandes,
et plusieurs autres marchandises. Nous avons mis la figure de la
rade d'Alicante à la page précédente.

Ainsi paroît la côte d'Alicante, quand elle est au Nord de
vous sept ou huit lieues.

Cap de Saint-Martin.

D'ALICANTE jusqu'au cap Saint-Martin, la côte court au Nord-
Est quart Est environ dix lieues. Ce sont toutes hautes montagnes
entre les deux, tant le long du bord de la mer que dans le pays :
cette terre est fort hachée, et sur les plus hautes montagnes il y
a une grande fente qui semble une embrasure de canon. Environ
moitié chemin d'Alicante au cap Saint-Martin, il y a un gros islet
nommé *Benidorme*; on mouille à terre de cet islet, si l'on veut,
dessous un château nommé *Villadela*, qui est sur le bord de la
mer dans une grande anse. Le cap Saint-Martin est haché, ayant
plusieurs montagnes rondes; et dans le pays, derrière ces montagnes, le pays est fort plat et uni. Il y a plusieurs tours à feu
sur ce cap : il y a aussi un petit islet, qui est tout à terre.

Quand le cap de Saint-Martin est à l'Ouest Nord-Ouest de
vous six ou sept lieues, il paroît ainsi.

Quand le cap Saint-Martin est au Nord-Ouest de vous cinq
ou six lieues, il paroît ainsi.

P 2

ISLES D'IVICE,

Majorque , Minorque et Isles adjacentes.

CHAPITRE IX.

Isles d'Ivice et de Formentaire.

DU cap de Saint-Martin jusqu'an bout Ouest de l'isle d'Ivice, la route est Est 11 lieues : au bout Ouest de l'isle d'Ivice, à un quart de lieue au large, il y a un haut rocher fourchu qui paroît de loin comme un navire à la voile. Cette isle est de moyenne hauteur ; elle est longue de 12 lieues Nord-Est et Sud-Ouest, et large de sept à huit lieues. De la pointe de l'Ouest d'Ivice à la pointe la plus au Sud de l'isle, la côte s'étend à l'Est quart Sud-Est six lieues. A côté de l'Ouest de cette pointe, il y a une petite isle basse, et droit au bout de cette pointe tout autour, il y a un banc de sable qui avance bien une grande demi-lieue au large du côté du Sud : cette pointe est distante de la petite isle Formentaire de deux petites lieues ; c'est encore une petite isle de moyenne hauteur, elle est longue de deux lieues et large d'une lieue. Le passage entre cette isle et Ivice n'est profond que de quatre à cinq brasses, il faut suivre le mi-canal ou ranger la Formentaire de près. Il y a bon mouillage au Nord et au Sud de l'isle Formentaire : elle est inhabitée, mais on y peut bien faire de l'eau et du bois.

De la pointe Sud d'Ivice au havre de la ville du même nom, il y a deux lieues au Nord-Est, mais il ne faut approcher la terre que d'une lieue, à cause du banc de la pointe d'Ivice, dont nous avons déjà parlé, car il va jusqu'au côté Sud-Ouest de l'entrée du havre d'Ivice : c'est pourquoi quand on veut aller en ce port en venant de l'Ouest ou du Sud, il faut aller querir deux gros rochers qui sont à la pointe Est de ce havre ; vous les rangez de près en les laissant à stribord en entrant, et vous rangez toujours le côté de l'Est de ce port de plus près quecelui de l'Ouest, jusqu'à ce que vous soyez entre les deux pointes de l'entrée de ce havre, après vous suivez le mi-canal, et mouillez au-dedans de la tour qui est sur la pointe de l'Ouest dé ce port devant la ville d'Ivice. Ce havre n'est propre qu'aux petits navires, tirant dix ou douze pieds d'eau tout au plus.

Château de Saint-Hilaire.

QUATRE lieues au Nord Nord-Est du havre d'Ivice, est le château de Saint-Hilaire, dans une grande anse de sable : il y a bon mouillage en cette anse. A la pointe Est sont deux petits islets auxquels il faut donner tour, à cause d'une roche sous l'eau qui en est au large plus de deux longueurs de câble. De-là jusqu'au bout de l'Est d'Ivice, il y a deux grandes lieues : c'est une pointe basse qui a encore une petite isle qui en est détachée ; et au Nord-Ouest d'elle dans une grande anse, il y a mouillage ; mais il ne faut pas approcher le côté Sud de cette anse, à cause d'une roche sous l'eau : on mouille à 12 ou 15 brasses d'eau.

Les côtes du Nord et de l'Ouest de l'isle d'Ivice sont nettes et sans aucun danger, et il y a mouillage presque tout autour de cette isle : et à la pointe du Nord-Ouest, il y a un gros et haut rocher en terre, auprès duquel on peut bien mouiller l'ancre, car le fond y est bon et net par-tout.

Majorque.

DU bout Nord-Est de la pointe d'Ivice à l'isle Dragonère qui est à la pointe de l'Ouest de l'isle de Majorque, la route est Nord-Est quart de Nord 14 lieues : l'isle Dragonère est fort haute, comme aussi la pointe de Majorque, et il y a mouillage entre les deux. Depuis cette pointe jusqu'à la pointe du Nord-Ouest de l'entrée de la baie de Majorque, la côte court au Sud quart Sud-Est, et il y a de l'un à l'autre sept grandes lieues ; ce sont toutes hautes montagnes entre les deux, et même jusques près la ville de Majorque. La ville de Majorque est dans une grande baie ouverte, à une petite lieue au Nord-Ouest de cette ville : au fond de la baie est le port de Majorque nommé *Porto-Pino* ; à la pointe de ce havre, il y a une tour sur laquelle on fait du feu les nuits ; c'est en ce havre où se mettent tous les grands navires. Il y a aussi un môle sous la ville de Majorque, mais il n'y entre que des galères et autres petits navires. Entre la ville de Majorque et Porto-Pino, il y a un château sur une petite montagne ; on mouille d'ordinaire sous ce château, à cinq ou six brasses d'eau, et l'on porte une amarre à terre sous ce château du côté de l'Est de la ville de Majorque : c'est toute basse terre sur laquelle il y a quantité de moulins. De la pointe du Nord-Ouest de la baie de Majorque jusqu'à l'isle Cabrère, la route est le Sud-Est neuf lieues. Cette petite isle est distante de la pointe du Sud-Est de l'isle de Majorque d'une grande lieue et demie : il y a fort bon mouillage sous cette petite isle, et aussi entre la terre de Majorque et elle, à huit, dix ou douze brasses, selon que l'on est près de la pointe de Majorque. Sur l'isle de Cabrère il y a un vieux château, et cette isle et la pointe de Majorque, sont terres basses.

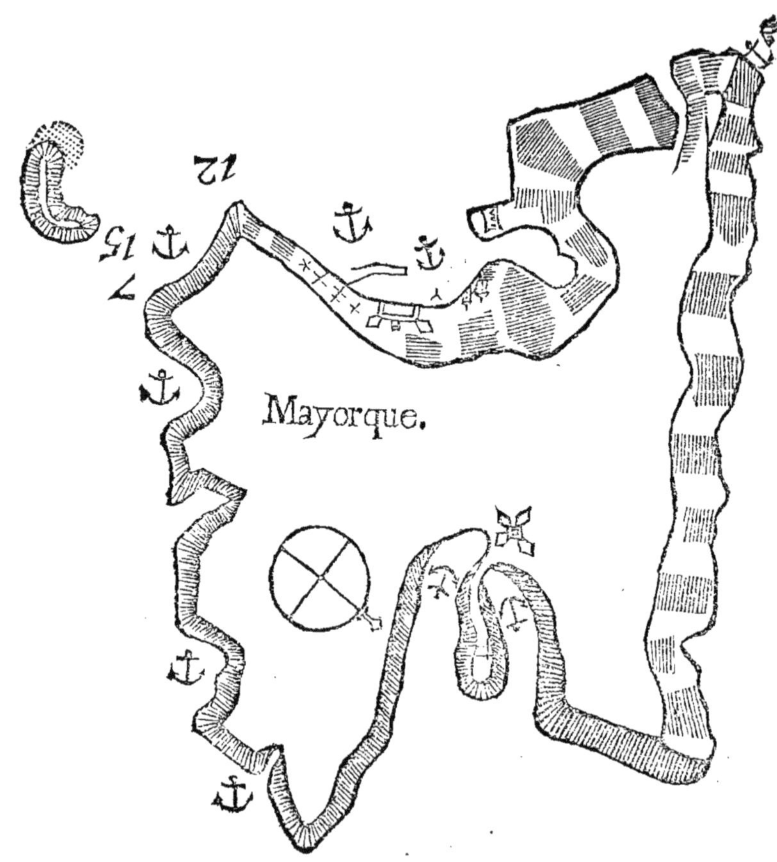

Depuis la pointe de la Cabrère jusqu'au cap de Lapédra, la côte s'étend au Nord-Est quart de Nord 14 lieues : ce sont toutes belles terres basses tout au long de la mer, sur lesquelles on voit quantité de maisons. Tout au long de cette côte, il y a plusieurs anses de sable, dans lesquelles il y a bon mouillage.

De la pointe de Lapédra jusqu'à la grande baie d'Alcudia, il y a trois lieues au Nord-Ouest quart de Nord. Cette baie est large de quatre grandes lieues et profonde d'autant. Au-dedans de cette baie il y a une grande pointe qui avance en mer, qui a une haute montagne, sur laquelle il y a une tour où l'on fait du feu quand on voit des navires : cette pointe ou péninsule sépare cette baie en deux, et fait deux bonnes rades des deux côtés dans lesquelles on mouille, et on y est à couvert de tous les vents. La ville d'Alcudia est droit au bout de cette péninsule ou pointe au-dedans d'elle, et les deux rades ou havres aboutissent contre cette ville d'Alcudia : ces deux baies sont fort nettes, et il n'y a rien à craindre du tout ; on y mouille à tant et si peu d'eau qu'on veut.

De la baie d'Alcudia jusqu'au cap Formentelly, la côte court au Nord Nord-Ouest six lieues ; ce sont toutes hautes terres escarpées, contre lesquelles un navire pourroit aborder comme contre un quai, et ne trouveroit point de fond au pied.

Depuis le cap Formentelly à l'isle Dragonera, la côte court au Sud-Ouest quart d'Ouest, et il y a de l'un à l'autre 19 lieues : ce sont toutes montagnes entre les deux, et il n'y a nul mouillage tout le long de cette côte.

A 13 lieues à l'Ouest du cap de Formentelly, et neuf lieues au Nord Nord-Est du cap de Dragonera, est un petit banc sur lequel il n'y a que 11 à 12 pieds d'eau : ce banc est éloigné de terre de quatre lieues. Nous avons mis le plan de l'isle de Majorque ci-contre pour se mieux gouverner.

Minorque.

Du cap de Formentelly, qui est la pointe du Nord-Ouest de l'isle de Majorque jusqu'au cap de Bajolis, qui fait la pointe Nord-Ouest de l'isle de Minorque, la route est Est Nord-Est neuf lieues. L'isle de Minorque est de moyenne hauteur ; elle est longue de 13 lieues Sud-Est et Nord-Ouest, et large de cinq bonnes lieues : cette isle a deux bons ports ou havres ; le principal se nomme *Port-Mahon*, qui est au Sud-Est de l'isle, dans lequel est la ville de Minorque : ce port est fort net et profond, et entre fort avant en terre : on y est à couvert de tous les vents. A l'entrée de ce port, sur chaque pointe, il y a une tour ; on passe entre les deux pour y entrer, en suivant le mi-canal, ou bien en rangeant le côté du Sud-Ouest de plus proche que celui du Nord-Est.

Au côté du Nord-Est de cette isle, est l'autre port nommé *Porto-Frenelly* ou *Port Frenelle* ; ce port est fort ouvert, et les vents de Nord donnent droit dedans, hors cela on y est à couvert de tous les vents ; cette isle est nette tout autour, à la réserve du côté du Sud-Ouest qu'il y a quelques roches qui s'écartent un peu au large : il y a encore bon mouillage au côté de l'Ouest de cette isle, sous des petits châteaux qui y sont.

Bancs sous l'eau.

Douze ou 13 lieues au Nord-Est de la pointe du Sud-Est de Minorque, il y a une roche sous l'eau, sur laquelle il n'y a que huit ou neuf pieds d'eau.

Vingt lieues à l'Ouest du cap de Casse en Sardaigne, il y a une grande rangée de rochers, sur lesquels il y a quatre ou cinq brasses d'eau ; ils sont longs de plus de 15 lieues Est et Ouest, et de mauvais temps la mer y est extrêmement impétueuse, ce qui a causé la perte de plusieurs navires qui s'y sont trouvés de mauvais temps : le bout de l'Ouest de ces rochers est éloigné de l'isle de Minorque, de 30 lieues à l'Est Nord-Est.

Cabea.

Du cap de Saint-Martin à Cabea, il y a environ deux lieues au Nord-Ouest ; entre les deux, c'est toutes terres hautes et fort unies. Cabea est dans une grande anse, dans laquelle on mouille à 12 ou 15 brasses d'eau, fond de sable : entre la ville de Cabea et le cap Saint-Martin, il y a plusieurs tours sur la terre, sur lesquelles on fait du feu toutes les nuits, quand on voit des navires en mer.

Denia.

Environ deux lieues au Nord-Ouest de Cabea, est la grande anse de Denia qui a un petit havre, dans lequel il y a neuf à dix pieds d'eau ; on mouille devant ce havre pour avoir un pilote : le mouillage est à six ou sept brasses d'eau, fond de sable : sur le cap de Saint-Antoine qui est au Sud-Est de Denia, il y a une haute tour, ce qui facilite à connoître le havre de Denia, quand on vient de la mer.

Gandia et Covillera.

De Denia à Gandia, la côte court au Nord-Ouest six lieues, et de Denia à Covillera, aussi Nord-Ouest huit lieues : on mouille devant ces deux villes, mais le fond y est très-mauvais étant mêlé de roches : ces deux villes sont près le bord de la mer, et entre les deux sont plusieurs tours à feu.

Rade de Crao, ou l'entrée de la rivière de Valence.

De la pointe de Covillera à la rade de Crao, la côte court au

Nord quart Nord-Ouest cinq lieues. Crao est la pointe de l'Est de l'entrée de la rivière de Valence ; c'est où les navires mouillent à 8, 9 ou 10 brasses d'eau, fond de sable : cette ville est au bord de la mer ; mais Valence est bien trois lieues en terre, et les navires n'y peuvent aller : cette ville est la capitale du Royaume du même nom.

Cap d'Oropesa.

De la rade de Crao au cap d'Oropesa, la côte court au Nord quart Nord-Est 15 lieues ; ce sont toutes hautes montagnes entre les deux, et l'on y voit plusieurs villes le long du bord de la mer ; la première, qui est à l'Est à cinq lieues de Crao, se nomme *Movedra ;* c'est une grande ville devant laquelle l'on ne mouille guère, parce que le fond y est mauvais. A quatre lieues de Movedra est encore la petite ville de Casteloy, devant laquelle on ne mouille point non plus : mais du côté de l'Ouest du cap d'Oropesa, dedans une grande anse ou baie, il y a fort bon mouillage à 10 ou 12 brasses d'eau, fond de sable et vase : on y est à l'abri de tous vents, si ce n'est de ceux du Sud-Est, Sud et Sud Sud-Ouest qui y soufflent à plein. Le cap d'Oropesa est un haut cap qui avance beaucoup en mer du côté du Sud-Est, et au côté de l'Ouest de ce cap, il y a un château rond, ce qui le rend facile à connoître : au Sud de ce cap il y a une roche sous l'eau, de laquelle on se doit donner de garde, elle met bien une demi-lieue en mer.

Rade de Peniscola.

Du cap d'Oropesa au cap Peniscola, la côte court au Nord-Est faisant une grande anse entre les deux ; mais il n'y entre point de Navires : entre les deux ce sont toutes hautes terres dans le pays, mais au bord de la mer elles sont plus basses. Ce cap paroît de loin comme si c'étoit une isle, et au-dedans de ce cap, du côté de l'Est, est la ville du même nom, sous laquelle on mouille à 10 ou 12 brasses d'eau, fond de sable : votre ancre demeure au large, et vous portez d'ordinaire une aussière ou câble à terre. Voilà la manière dont on s'affourche en cette rade.

Alfaques.

Du cap de Peniscola aux Alfaques de Tortoza, la côte court au Nord-Est quart Est environ quatre lieues : entre les deux c'est toutes basses terres le long du bord de la mer, mais un peu sur le pays ce sont toutes hautes montagnes : entre Peniscola et Alfaques, sur le bord de la mer, il y a deux villes, la première qui est à une lieue de Peniscola, s'appelle *Benicalen*, et la seconde *Videros* : il n'y a nul mouillage devant ces deux villes, mais les Alfaques font une très-bonne rade, en laquelle on est à l'abri de tous les vents, on y mouille l'ancre à cinq, six ou sept brasses d'eau fond de sable ; les terres du Sud et de l'Est de cette rade sont fort basses, et couvrent en partie de la mer quand il fait mauvais temps : on fait sur ces basses terres quantité de sel ; quand on veut entrer aux Alfaques de Tortoza, il faut s'éloigner des basses terres, et ranger la terre du Nord de plus près que celle de l'Est, à cause de quelques pointes qui avancent en mer.

Montes - Collibres.

SEPT lieues au Sud Sud-Est des Alfaques, sont les isles nommées *les Montes-Collibres*, ils sont bien 15 ou 16 hauts islets tout près l'un de l'autre ; il y a fort bon passage tout autour de ces islets, car il n'y a rien à craindre que ce qui paroît sur l'eau.

Ainsi paroît la terre de Valence avec les Montes-Collibres, quand vous êtes au Sud d'eux.

Anpulla.

DES Alfaques à Anpulla, la côte court premièrement à l'Est quart Nord-Est, puis au Nord Nord-Est jusqu'au cap d'Anpielle, et il y a de l'un à l'autre environ six grandes lieues : ce sont toutes terres fort basses, desquelles il est bon de s'éloigner un peu ; le cap d'Anpulla est aussi extrêmement bas. Quand on est au bout de ce cap au Nord Nord-Est de lui, il faut gouverner à l'Ouest, et mouiller entre lui et la terre ferme ; car le cap n'est qu'une isle, comme aussi toutes les terres depuis Alfaques jusqu'à Anpulla, ce n'est que des isles fort basses, lesquelles font plusieurs canaux, où la rivière de Tortoza se dégorge à la mer ; on mouille devant Anpulla à six ou sept brasses d'eau, fond de sable : la ville de Tortoza est quatre lieues en terre, sur la rivière du même nom ; cette rivière sépare le Royaume de Valence d'avec la Catalogne.

Rade de Miramar.

DE la rivière d'Anpulla à la rivière de Miramar, la terre court au Nord-Est neuf lieues ; ce sont toutes belles terres le long du bord de la mer ; mais sur le pays ce sont toutes hautes montagnes ; la pointe de Miramar est fort blanche et escarpée, et il y a dessus un vieux château ; on mouille à l'Ouest à huit ou dix brasses d'eau ; entre Anpulla et ce mouillage, il y a deux villes sur le bord de la mer, la plus proche d'Anpulla se nomme *Saint-Georges*, et la seconde *Balaguer* : cette dernière a une pointe qui avance beaucoup en mer, sur laquelle il y a deux tours à faire du feu.

Taragone.

DE Miramar à Taragone, la côte court à l'Est Nord-Est quatre lieues, ce sont encore toutes montagnes dans le pays, mais au bord de la mer le pays est fort beau. Taragone est une ville de guerre, mais elle n'est pas sur le bord de la mer, elle est environ un quart de lieue en terre : proche la ville il y a une tour carrée sur une montagne, que l'on met à l'Ouest de soi ; quand on veut mouiller à Taragone, on y mouille à 10 ou 12 brasses d'eau, fond de sable.

Barcelone.

DE Taragone jusqu'à Barcelone, la côte court au Nord-Est quart Est 18 lieues ; les terres tout le long du bord de la mer sont assez belles, et on voit en les côtoyant, plusieurs villes ou châteaux, et plusieurs tours où l'on fait du feu ; mais il n'y a point de rade d'ordinaire le long de cette côte, cependant il a plusieurs endroits où l'on pourroit mouiller par nécessité. La ville de Barcelone est la capitale de Catalogne, et celle où se fait le plus grand négoce ; elle est située au bord de la mer dans une grande anse ; les grands navires y mouillent environ un quart de lieue de terre à 8 ou 10 brasses d'eau, fond de sable, et les petits navires mouillent près de terre à l'abri d'une digue de pierre qui met droit à la mer, sur laquelle ils s'amarrent, ayant une ancre au large du côté de l'Ouest : il y a au-dessus de la ville une haute montage, sur laquelle est un château que l'on voit de fort loin, ce qui facilite beaucoup la connoissance de Barcelone.

Ainsi paroît la ville et la terre de Barcelone, quand on est au Sud et au Sud-Est.

Palamos.

DE Barcelone à Palamos la côte court à l'Est Nord-Est environ 18 lieues ; c'est toutes hautes terres dans le pays, mais sur le bord de la mer ce sont presque toutes basses terres où l'on voit quantité de villes et châteaux auprès de la mer, et des tours à feu. Palamos a son entrée à l'Est Sud-Est, et à environ la portée du canon d'un moulin qui est sur la pointe du Nord-Est, il y a une roche sous l'eau fort dangereuse, sur laquelle il n'y a que huit pieds d'eau ; elle a fort peu d'étendue, ayant tout à l'entour 12, 15 et 20 brasses. Lorsqu'on est sur le haut de cette roche, le moulin dont nous venons de parler, reste au Nord Nord-Est pour une marque, et pour l'autre il faut voir une maison qui est sur une petite éminence, presqu'au milieu de la plage, entre deux rochers noirs, et que ces rochers vous restent au Nord-Ouest. Du côté de l'Ouest de ce havre, est une montagne sur laquelle il y a une tour qui le rend facile à connoître, il n'y a dans le môle que deux, trois et quatre brasses d'eau, fond d'herbe et vase.

Cap d'Agofredi ou Dragonis.

DE Palamos au cap d'Agofredi, la terre court à l'Est Nord-Est trois lieues, c'est toute fort belle terre et unie proche de la mer, néanmoins assez haute ; et sur cette terre unie il y a quelques petites montagnes roides, qui font connoître ledit cap, ainsi qu'une haute tour à feu qui en facilite encore plus la connoissance, d'autant qu'on ne voit plus d'autres terres du côté de l'Est.

Cap de Palafiguel.

DU cap d'Agofredi jusqu'au cap de Palafiguel, la côte court au Nord quart Nord-Ouest trois petites lieues ; ce cap fait le côté du Sud-Ouest de l'entrée de la baie de Roses ; on voit sur ce cap une petite ville avec deux petites isles sur lesquelles il y a une tour sur chacune.

Quand le cap d'Agofredi est au Nord de vous, il paroît ainsi.

Quand le cap d'Agofredi est au Nord-Ouest de vous, il paroît ainsi.

Baie de Roses.

LE cap de Palafiguel est à l'entrée de la baie de Roses du côté
du Sud-Ouest, ainsi qu'il a été dit ci-devant : c'est une grande
baie qui a bien deux lieues de large à son entrée : les deux pointes
sont Nord Nord-Est et Sud Sud-Ouest l'une de l'autre, et cette
baie est profonde de trois à quatre lieues au Nord-Ouest. La ville
de Roses est au côté du Nord ; on mouille par-tout où l'on veut
en cette baie, à six, huit ou dix brasses d'eau, fond de sable : on
y est à l'abri de tous les vents, à la réserve des vents de Sud et
Sud-Est qui y donnent à plein.

CÔTES DE FRANCE,

Depuis le cap de Quiers jusqu'à Nice.

CHAPITRE X.

Cap de Quiers ou Cap de Créos.

DE l'entrée de la baie de Roses jusqu'au cap de Quiers, la
côte court au Nord quart Nord-Est cinq bonnes lieues, ce
sont toutes terres de moyenne hauteur entre les deux. Sur le cap
de Quiers, il y a une haute tour qui en rend la connoissance facile.
Environ quatre lieues à l'Ouest du cap de Quiers est la baie de
l'Ansan, dans laquelle il y a bon mouillage sous la ville du même
nom : on y mouille à six, dix, quinze ou 20 brasses d'eau, selon
que l'on est loin ou près de terre ; et à une petite lieue au Nord-
Ouest de l'Ansan est la rade de Porte-Veneri, où l'on mouille
à dix, quinze ou vingt brasses d'eau, sous la ville du même nom.

Depuis le cap de Quiers jusqu'à Narbonne, toute la côte est
Nord et Sud ; c'est toutes terres de moyenne hauteur, et l'on
peut mouiller tout le long d'elles : on peut aussi mouiller devant
Narbonne : mais toutes ces rades ne sont guères bonnes ; car
des vents de Sud-Est et Est la mer y est impétueuse ; c'est
pourquoi on n'y mouille que par nécessité.

Cette.

DE Narbonne à Cette, la route est Est Nord-Est 11 lieues ; la terre fait une grande anse entre les deux ; et c'est toutes terres de moyenne hauteur ; à deux lieues de Cette à l'Ouest est un rocher nommé *Brefcon*, qui est entouré de bancs tout autour un demi-quart de lieue ; le cap de Cette est facile à connoître par une montagne toute ronde qui est dessus, et au Nord-Est de lui ce sont toutes basses terres, lesquelles sont à l'uni de l'eau ; il y a un petit port sous le cap de Cette à la ville du même nom, dans lequel il peut entrer des navires tirant huit ou dix pieds d'eau ; depuis Cette jusqu'au Bouc ou à Martigue, la terre est aussi basse que la mer, faisant plusieurs isles par où le Rhône se dégorge dans la mer ; environ à moitié chemin de Cette à Bouc, est la ville d'Aigues-Mortes, elle est sur le bord de la mer, mais on n'y va guères mouiller à cause des bancs qui sont aux environs de ces terres : on doit éviter l'approche de ces terres, autant qu'il est possible, car les marées bien souvent portent sur la terre et sur les bancs. Quand on part du cap d'Agofredi pour aller à Marseille, et que le vent est Est Sud-Est ou Sud, il faut se donner de garde d'être transporté dans le golfe d'Aigues-Mortes par les courans qui portent au Nord et au Nord-Ouest avec violence, ce qui fait que plusieurs navires y font naufrage : c'est pourquoi, quand on va du cap d'Agofredi à Marseille, avec vent de Sud - Est ou de Sud-Ouest, et qu'il est nuit ou qu'il fait de la brume, il ne faut point épargner la sonde, car à deux ou trois lieues de terre dedans ce golfe on trouve le fond à 30 ou 40 brasses d'eau, et quand vous trouverez le fond, revirez aussitôt pour aller du côté de Catalogne, car le long de la côte des Pyrennées orientales ou de Catalogne, les marées portent au Sud le long de la terre. Il est à remarquer que les marées font tout le tour du golfe, portant au Nord le long de la côte des Bouches du Rhône ; à l'Ouest le long des côtes de l'Aude et de l'Hérault et au Sud le long de la côte de Catalogne ; et quand les vents sont Nord-Ouest, qu'ils appellent *Mistrau, les marées sont tout au revers, car le long de la côte de Catalogne, elles portent au Nord, à l'Est le long de la côte de l'Aude et de l'Hérault, et au Sud et Sud Sud-Est le long de la côte des Bouches du Rhône.*

Martigue.

DU cap d'Agofredi à Marseille, la route est environ 45 lieues au Nord-Est quart Est : du côté du Nord-Ouest de la baie de

Marseille, environ 4 ou 5 lieues de Marseille, est le havre de Martigue, dans lequel il peut entrer de grands navires ; à l'entrée de ce port est une grosse tour nommée *la Tour du Bouc ;* quand on vient de la mer ou du Sud-Est, et que l'on veut entrer dans le havre de Martigue, il faut ranger la terre ferme de près jusques dedans ledit havre, à cause des bancs qui sont au bout des isles Piquets, qui mettent plus d'une grande lieue en mer, et ces isles sont fort basses : on voit une tour blanche sur une de ces isles, qui paroît comme un navire à la voile.

Marseille.

DE la pointe de Martigue à Marseille, la côte court à l'Est Sud-Est environ cinq lieues : ce sont toutes terres brûlées et grises entre les deux. La pointe de Martigue est basse, et vient en s'élevant peu à peu en venant à Marseille ; car auprès de Marseille ce sont toutes hautes montagnes. La ville de Marseille

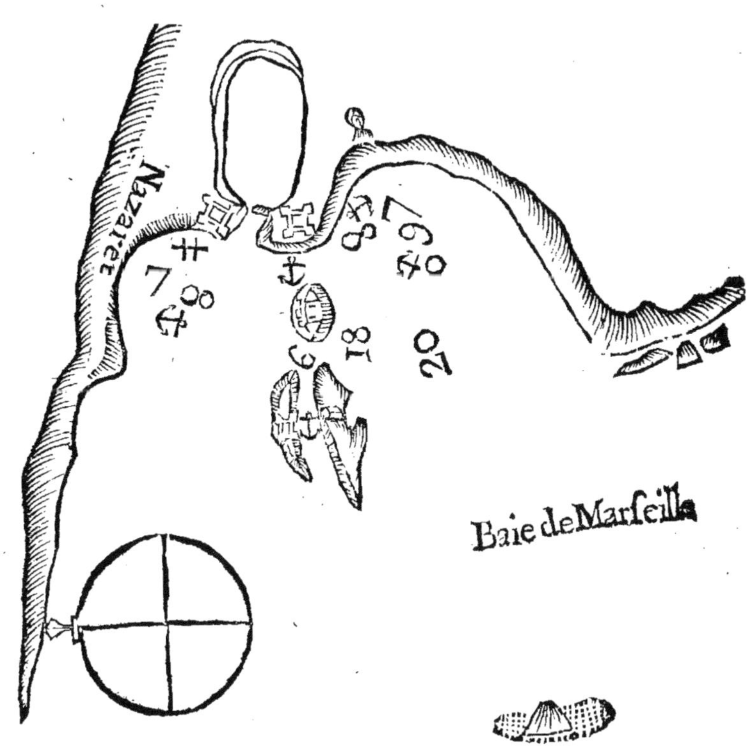

ne paroît point de la mer ; on voit seulement des citadelles qui sont à l'entrée du port, dont l'une est du côté du Nord et l'autre au Sud sur une petite montagne : la baie de Marseille est fort grande, et il y a dans cette baie trois isles assez grandes, au milieu desquelles on mouille, mais le mouillage ordinaire est entre les deux plus grandes nommées *Saint-Jean* et *Bâtonneau;* elles ont chacune une petite forteresse : la troisième qui est entre ces isles et la terre est la plus considérable, à cause qu'il y a un bon château dessus nommé *Château d'If,* il y a fort bon passage entre toutes ces isles ; mais entre le château d'If et la terre de Marseille, il y a une roche qui est droit au milieu du canal, quand on va à Marseille par ce passage, il faut ranger le château d'If de près, jusqu'à ce qu'on soit passé ladite roche, après on court sur la ville, et on va mouiller l'ancre à l'entrée du port, car on n'entre point dans le port de Marseille à la voile. Il y a encore deux petites isles vis-à-vis du château d'If qui sont tout près de terre, devant lesquelles on mouille à huit ou dix brasses d'eau ; et on peut aussi mouiller entre elles et la terre, en s'amarrant sur lesdites isles, ayant aussi une ancre du côté de Notre-Dame de la garde : de Marseille au cap de Crossette, qui est le cap le plus au Sud de l'entrée de la baie de Marseille, la côte court au Sud Sud-Ouest deux lieues : à l'Ouest Sud-Ouest de ce cap à deux lieues, est une petite isle platte entourée de bancs de roches tout autour, sur laquelle on a fait une tour que l'on voit de loin auparavant de voir ladite isle ; car elle est à l'uni de l'eau : cette isle se nomme *le Planier ;* il y a mouillage presque par-tout dans la baie de Marseille, et nous en avons mis la démonstration ci-devant sur laquelle on se peut gouverner.

'Ainsi se montre la terre depuis la tour du Bouc jusqu'à Marseille.

La Ciotat.

Du cap de Crossette jusqu'à la Ciotat, la côte court à l'Est Sud-Est cinq lieues, ce sont toutes hautes terres brûlées et escarpées, à moitié chemin de ce cap à la Ciotat est le bourg de Cassis, lequel a aussi un petit havre. La ville de la Ciotat est dans le fond d'une grande anse, devant laquelle est une petite isle : au dedans d'elle

est

est le mouillage de la Ciotat, à huit ou dix brasses d'eau ; du côté de l'Est de cette isle, il y a un banc sur lequel il n'y a que neuf ou dix pieds d'eau : c'est pourquoi quand on entre par ce côté-là, il faut laisser les deux tiers de l'eau du côté de l'isle, puis quand vous êtes au-dedans, il faut rapprocher l'isle, et mouiller près d'elle à huit ou dix brasses d'eau, fond de sable et vase : le côté de l'Ouest est le plus beau passage, mais il est néanmoins encore bon de ranger la terre ferme de plus près que l'isle, car il est plus profond : il y a un mole à la Ciotat, où les navires se mettent à l'abri quand ils sont déchargés, mais ils n'y peuvent aller avec leur charge à cause du peu d'eau.

Toulon.

De la Ciotat à Toulon, la côte court au Sud-Est six grandes lieues ; ce sont toutes terres basses le long de la mer, faisant plusieurs anses ; mais en terre ce sont toutes montagnes sèches et arides, si ce n'est sur le coupeau qu'elles sont couvertes de bois ; il y a plusieurs rochers dessus et dessous l'eau le long de cette côte ; c'est pourquoi il fait bon de tirer un peu au large, et ne la ranger pas de trop près, il y a néanmoins deux petits havres ; savoir : *Glendotte* et *Senary*, mais ils ne sont fréquentés que des gens des environs, et ce sont des lieux où ils ne se fait aucun commerce. Le cap de Toulon est fort haut et escarpé, ayant deux petits islets ou rochers, que l'on nomme *les deux frères ;* au pied de ce cap du côté de l'Est il y a une grande anse de sable, qui est fort basse, quand on passe par-devant, on voit la ville de Toulon et les navires qui sont en rade, de sorte qu'on croiroit que ce seroit l'entrée de Toulon, mais elle est encore à une demi-lieue à l'Est de cette anse : la baie de Toulon est large de deux lieues, profonde aussi de deux ou trois : du côté du Nord-Ouest elle fait comme une anse en serpentant, ce qui fait qu'elle est fermée entièrement, car les pointes se couvrent l'une et l'autre ; quand on est devant Toulon, on ne voit point la mer, si ce n'est par-dessus l'anse qui est près du cap de Toulon, dont nous avons déjà parlé. La baie de Toulon est nette par-tout, si ce n'est à la pointe de la grosse tour où il y a un petit banc qui s'avance un peu en mer : il y a bon mouillage par-tout en cette baie, mais celui d'ordinaire est entre la grosse tour et la ville que l'on nomme *la petite Rade ;* on y mouille à six ou sept brasses d'eau, fond de vase, et on y est à couvert de tous les vents. Nous avons mis ci-après la démonstration pour se pouvoir mieux gouverner dessus.

Q

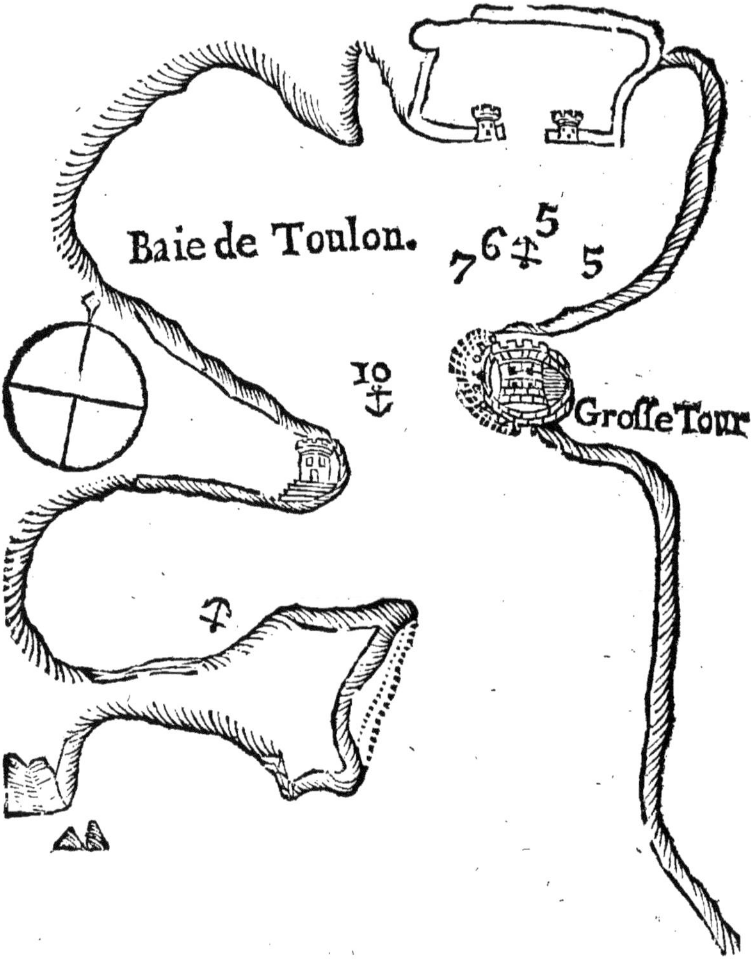

Ainsi paroît le cap de Toulon, quand il est au Nord-Ouest de vous six ou sept lieues.

Quand le cap de Toulon est à l'Est de vous cinq ou six lieues, il paroît ainsi.

Isles d'Hyères.

DE la baie de Toulon aux isles d'Hyères, la route est le Sud-Est environ quatre lieues; ces isles sont au nombre de cinq, toutes assez hautes, la première qui est la plus près de Toulon, se nomme *l'isle Rabadin,* sur laquelle il y a un petit château : cette isle n'est pas pourtant entièrement insulée, puisqu'elle est contiguë à la terre ferme d'Hyères par une langue de terre fort basse, sur laquelle il y a plusieurs Salines, ainsi il n'y a point de passage entre cette isle et la terre ferme ; mais entre cette isle et l'isle de Porquerolles qui est à l'Est de la précédente, il est profond de neuf ou dix brasses : près l'isle de Porquerolles, il y a un petit banc qui avance un peu au Nord-Ouest, c'est pourquoi il faut ranger l'isle Rabadin de plus près, ou bien suivre le mi - canal. L'isle Porquerolles a un château où il y a une bonne garnison et bon mouillage dessous ; comme aussi par-tout, quand on est entré dans la baie d'Hyères allant vers la ville de ce nom, à dix ou douze brasses d'eau ; la ville d'Hyères est au Nord Nord-Ouest de l'isle Porquerolles : à l'Est de cette ville environ deux lieues, est la pointe de Bregançon, qu'il ne faut pas approcher de trop près, à cause de quelques roches sous l'eau qui en sont au large bien un grand quart de lieue; il y a un château sur cette pointe qui porte le même nom, sous lequel il y a fort bon mouillage du côté de l'Ouest : à l'Est de l'isle Porquerolles environ une grande lieue , sont encore trois isles, dont la plus grande est la plus à l'Est ; elle se nomme *Bouenne :* il y a passage entre toutes ces isles ; mais à la pointe de l'Est de l'isle de Bouenne, il y a plusieurs roches sous l'eau qu'il faut éviter, car elles sont bien un grand quart de lieue au large ; du côté du Nord-Est de la pointe de Bouenne au cap de Larde, la route est le Nord Nord-Est environ deux lieues ; et à moitié chemin de l'un à l'autre, mais un peu plus à l'Est que la route, il y a une roche sous l'eau, qui est fort dangereuse ; c'est pourquoi, quand on vient de l'Est et que l'on veut aller mouiller à Hyères, il faut approcher le cap de Larde de plus près que l'isle de Bouenne, jusqu'à ce qu'on soit à l'Ouest du cap de Larde, alors on navigue par où l'on veut : il est par-tout profond de 40 à 50 brasses, jusqu'à ce qu'on soit au-dedans du château de Bregançon : entre le cap de Larde et celui de Bregançon, il y a un gros rocher dessus l'eau, et sous le cap de Larde, il y a plusieurs petites isles ou rochers, et au nord du cap de Larde il y a bon mouillage à 15 ou 16 brasses d'eau.

Q 2

Saint-Tropès.

Du cap de Larde à la pointe de Saint-Tropès, la côte court au Nord environ trois lieues, il y a quantité de rochers le long de la côte dont la plupart sont sous l'eau, il y a aussi deux gros rochers sous l'eau, lesquels sont au large de tous les autres; Saint-Tropès est du côté du Sud du golfe ou *baie de Grimaut*, dans laquelle baie il y a fort bon mouillage à six ou huit brasses d'eau.

Baie de Fréjus.

De la pointe de Saint-Tropès à la pointe de l'entrée de la baie de Fréjus, la côte court au Nord Nord-Est trois petites lieues, ce sont toutes hautes terres entre les deux, à la pointe de l'Ouest de l'entrée de la baie de Fréjus, il y a un banc de roche qui s'avance du côté de l'Est jusqu'à la moitié de l'entrée de cette baie, et entre l'extrémité de ce banc et la terre de l'Est, il y a deux petites islettes, au milieu desquelles on passe pour aller à Fréjus : on mouille dans la baie de Fréjus à 10 ou 15 brasses d'eau, selon que l'on est dans ladite baie, et on y est à l'abri de tous vents à la réserve des vents de Sud.

Cap Roux.

De l'entrée de la baie de Fréjus jusqu'au cap Roux, la côte court au Sud Sud-Est environ quatre lieues, ce sont toutes hautes terres entre les deux, et le cap Roux est fort haut, escarpé et aride, paroissant tout couvert de gros rochers rouges et entre - coupés.

Quand on est au Sud de la baie de Fréjus quatre ou cinq lieues au large, la terre paroît ainsi.

Rade de Sainte-Marguerite et Gourjean.

Du cap Roux aux isles Sainte-Marguerite et St-Honorat, la côte court au Nord-Est quart de Nord environ cinq lieues ; ce sont toutes hautes terres montagneuses et arides ; les isles de Saint-Honorat et Sainte-Marguerite sont fort plates et unies ; l'isle de Saint-Honorat est la plus petite et la plus au large ; elle n'est point habitée, mais celle de Sainte-Marguerite est habitée, et a une bonne citadelle ; elles sont fort nettes, à la réserve de l'isle Saint-Honorat qui a une pointe de roche qui avance beaucoup en mer du côté du Sud, et à laquelle il faut donner une grande demi-lieue de tour, et on peut passer tout autour d'elles pour aller dans la baie de Canne, ou pour mouiller sous la forteresse, qui est du côté du Nord, le fond y est par-tout bon.

De cette isle de Sainte-Marguerite à la pointe du Gourjean, la côte court au Nord-Est une lieue, faisant une fort grande anse ou baie dans laquelle il y a fort bon mouillage : la pointe de Gourjean est de moyenne hauteur, ayant une chapelle au-dessus, qu'on nomme *Notre-Dame de la Garde*; de cette pointe il sort une roche sous l'eau qui s'avance en mer une grande longueur de câble et davantage, dont il faut se donner de garde; et entre l'isle de Sainte-Marguerite et la pointe de Gourjean, droit en route, est encore une autre roche sur l'eau : elle est autant éloignée de l'isle de Sainte-Marguerite que de la pointe de Gourjean : on mouille en toutes ces rades à six, sept ou neuf brasses d'eau, fond de sable.

Antibes.

ENVIRON demi-lieue au Nord-Est de la pointe de Gourjean, est la ville d'Antibes, qui a un havre, dans lequel il y a 13 ou 14 pieds d'eau : au dehors de ce havre est un petit banc de roches, sur lequel il n'y que 10 pieds d'eau, il couvre presque ce havre, et on ne peut passer entre la terre de l'Ouest et lui; mais il faut s'écarter à l'Est, et ranger le côté de la terre de l'Est de plus près que celui de l'Ouest. Antibes est une ville de guerre, qui a une bonne citadelle.

Ainsi paroît la terre entre le Gourjean et Antibes.

CÔTES DE SAVOIE ET D'ITALIE,

Depuis Nice jusqu'au Phare de Messine, et des Isles adjacentes.

CHAPITRE XI.

Nice.

D'ANTIBES à Nice, la route est le Nord-Est quatre lieues; c'est toutes basses terres le long de la mer, mais sur le pays ce n'est que des montagnes. Nice est situé tout sur le bord de la mer, et

Il y va peu de navires parce qu'il est par-tout trop profond. On mouille devant Nice à 30 brasses d'eau, et on y est si près de terre, qu'on amarre d'ordinaire une aussière à terre aux murailles de la ville. Cette ville est la première de Savoie du côté des Bouches du Rhône.

Villefranche.

De Nice à Villefranche, la côte court à l'Est Sud-Est environ une demi-lieue : ce sont toutes hautes terres entre les deux. Villefranche est dans une grande anse ou baie entre deux montagnes, laquelle avance bien une demi-lieue en terre du côté du Nord, et cette baie est large d'un bon quart de lieue, étant exposée droit au vent de Sud Sud-Est, mais de tous les autres vents on y est à l'abri. Cette baie est nette tout autour, et il n'y a aucune chose à craindre en y entrant. La ville de Villefranche est à l'Ouest d'elle, devant laquelle les navires mouillent à 10 ou 12 brasses d'eau, fond de sable, et on s'amarre d'ordinaire à quatre amarres en cette rade, ayant deux ancres du côté de la mer, deux amarres à terre ; il y a aussi un petit mole de pierre, mais il n'est que pour des galères ou autres bâtimens qui demandent peu d'eau. Sur la pointe de l'Ouest de l'entrée de Villefranche, est une tour où l'on fait du feu, et sur la montagne entre Nice et Villefranche, est un château, ce qui rend cette terre facile à connoître.

Quand Villefranche est au Nord-Ouest de vous, étant à une lieue de terre, elle paroît ainsi, avec la terre qui est à l'Est.

Les terres du bord de la mer, entre Nice et Saint-Souspiers, paroissent ainsi, et Villefranche est dans la seconde vallée.

Saint - Souspiers.

De Villefranche à Saint-Souspiers, la côte court à l'Est Nord-Est environ deux lieues : Saint-Souspiers est dans une anse qui a son ouverture droit à l'Est Nord-Est : c'est un lieu où il ne va que de petits navires, car les grands ne peuvent s'y mettre à couvert, attendu qu'ils ne peuvent entrer au-dedans des pointes, y ayant peu d'eau, joint que le fond y est fort mauvais, et les vents d'Est et Est Nord-Est y donnent à plomb, comme aussi le vent de Sud-Est fait la mer extrêmement grosse : ce lieu n'est aussi guère fréquenté.

Monaco.

DE Saint-Souspiers à Monaco, la côte court à l'Est Nord-Est, et il y a environ deux lieues. Monaco est une petite ville de guerre appartenante à la Sardaigne, qui est située sur une haute pointe escarpée : elle a un petit havre pour de petites barques, mais non pour des navires. La rade de Monaco est aussi fort mauvaise, à cause du fond, et elle est fort découverte, et on n'y est à l'abri que des vents de Nord-Ouest, Nord et Nord-Est : tous les autres vents y battent à plomb, et y font la mer extrêmement grosse, joint que l'on y mouille fort près de terre à 20 ou 25 brasses d'eau.

Menton.

DE Morgue à Menton, la côte court à l'Est Nord-Est environ une grande lieue ; c'est encore une autre ville de guerre apparnante à la principauté de Monaco. Il y a un mouillage devant cette ville à 12 ou 15 brasses d'eau, mauvais fond, et l'on n'y est pas plus à l'abri qu'à la rade de Monaco.

Côte de Savoie.

DE Menton au cap d'Elmelle, la côte court à l'Est Nord-Est, et même depuis Saint-Souspiers audit cap d'Elmelle, et il y a de l'un à l'autre environ six lieues ; c'est une terre de moyenne hauteur au bord de la mer, mais sur le pays ce sont fort hautes montagnes, faisant trois ou quatre doubles de terres. Il y a plusieurs petites villes entre les deux, sous lesquelles il y a mouillage à 15, 18 ou 20 brasses d'eau ; mais tous ces mouillages ne sont guères bons, et il n'y a nul abri que des vents de Nord-Ouest, Nord et Nord-Est. La ville la plus près se nomme *Vintimilia*, la seconde *Bourdignera* et la troisième *Saint-Resme* : c'est la plus près du cap d'Elmelle, et c'est un lieu où l'on charge quantité de fruits. Ces trois villes sont de la dépendance de Gènes. Le cap d'Elmelle est une pointe basse au bord de la mer, mais un peu sur le pays elle est fort haute.

Quand le cap d'Elmelle est au Nord de vous, il paroit ainsi.

. Ainsi paroît le cap d'Elmelle étant à l'Ouest Nord-Ouest de vous, cinq ou six lieues.

Rade d'Arassa ou l'Arasse.

Du cap d'Elmelle à la rade d'Arassa ou *l'Arasse*, la côte court au Nord Nord-Est environ deux petites lieues : devant la ville d'Arassa, il y a un petit islet sur lequel est une petite tour : on mouille entre cet islet et la terre à l'Ouest de l'islet, devant une belle anse de sable où est située ladite ville, le fond y est fort bon, et on mouille à dix ou douze brasses d'eau fond de sable : c'est un lieu où l'on charge quantité de marchandises.

Noly.

Du cap d'Elmelle au cap de Noly, la côte court à l'Est Nord-Est environ douze lieues : ce sont toutes belles anses de sable le long du bord de la mer, mais un peu sur le pays ce sont toutes fort hautes montagnes, on voit plusieurs petites villes le long de la mer, devant lesquelles il y a fort bon mouillage : la plus proche du cap d'Elmelle après Arasse, c'est *Aberga* après *Laon*, puis château de pierre ou *Petra Castel*, et *Final* qui est aux Gênois, puis Noly qui est presque sur la pointe du cap, devant lequel il y a un petit islet. La rade de Noly est au Nord-Est du cap de Noly, l'on y mouille assez près de terre à huit ou 10 brasses d'eau, fond de sable, c'est un lieu où l'on charge beaucoup de marchandises, comme aussi tout le long de la côte : on nomme toute cette côte *la Rivière de Gênes*, parce qu'ils sont presque tous sujets au duché de Gênes.

Savonne.

Du cap de Noly à Savonne la côte court au Nord-Est, et il y a de l'un à l'autre environ 6 lieues : ce sont toutes belles anses de sable entre les deux, mais un peu sur le pays, c'est toute continuation de hautes montagnes, et jusqu'à Gênes la côte est toujours presque semblable : entre Noly et Savonne, environ à moitié chemin de l'un à l'autre, est la petite ville de Vay, sous laquelle il y a fort bon mouillage. Savonne est une des meilleures villes que possèdent les Gênois : elle est dans tout le fond du golfe de Gênes : cette ville a un grand mole, mais peu profond, et il n'y peut entrer que des petits navires tirant seulement dix ou douze

pieds d'eau ; et encore ne peuvent-ils point aller jusques sous
la ville, car au-dedans des moles, il n'y a que sept à huit
pieds d'eau : quand on veut entrer en Savonne, il faut ranger
la terre de l'Est de plus près que le mole, car il y a plus profond, et quand on est environ moitié chemin de la pointe du
mole à la ville, on laisse tomber son ancre à 12 ou 14 pieds
d'eau, et on porte une amarre à terre sur le mole, si ce n'est
avec des petits navires qui ne demandent que cinq ou six pieds
d'eau, alors ils vont jusques sous les murailles de la ville où ils
sont à l'abri de tous les vents ; mais ceux qui mouillent entre la
terre et le mole sont exposés droit au vent de l'Est qui y fait la
mer assez grosse. *Dans tout le golfe de Savonne les courans
sont quelquefois bien forts, et portent presque toujours avant le
vent, de quoi il se faut donner de garde, et si on n'a point
affaire à Savonne, il est bon de tenir toujours le large.*

Génes.

De Savonne à Gênes, la côte court droit à l'Est environ huit
lieues, ce sont toutes montagnes un peu dans le pays, mais sur

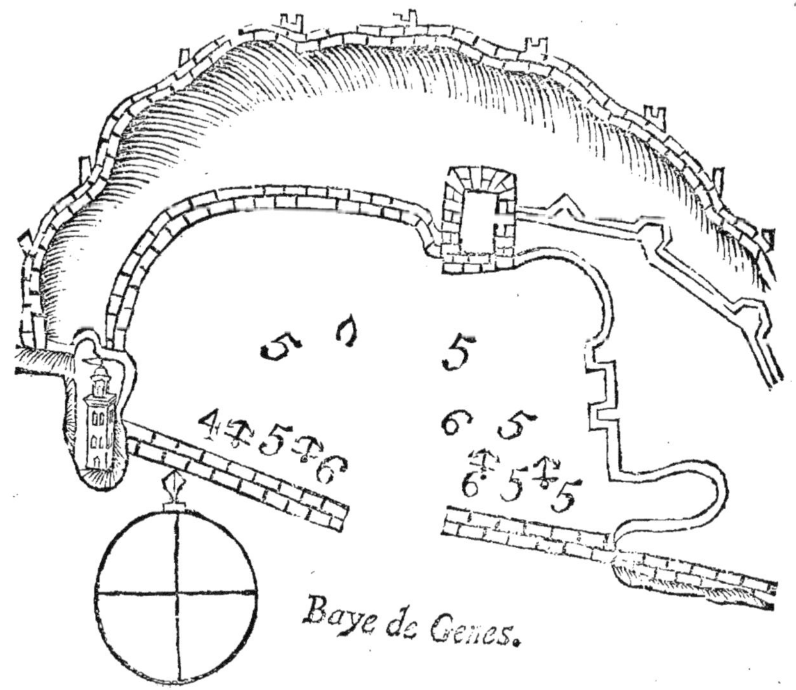

Baye de Gênes.

bord de la mer le pays est assez beau , et on voit quantité de villes et châteaux le long du rivage : du cap d'Elmelle à Gênes la route est Nord-Est vingt bonnes lieues ; Gênes est située sur le bord de la mer au pied d'une montagne , qui a une grosse muraille, laquelle a bien trois lieues de tour, et qui paroît de la mer quand on en approche. Ladite ville de Gênes va toujours en descendant jusqu'au bord de la mer. Cette ville a une grande encourbure du côté de l'Ouest, où on a bâti deux moles ; savoir, un à la pointe de l'Est qui part de la ville, et est bien loin de trois ou quatre longueurs de câble, mettant à l'Ouest Nord-Ouest ; on nomme ce mole, *Mole vieux*, à cause qu'il est le premier bâti, et l'autre part de la pointe de l'Ouest où est la Tour du fanal, et s'avance en mer du côté Est Sud - Est bien deux longueurs de câble : on le nomme *le Mole neuf*, parce que c'est le dernier fait ; ces deux moles forment une entrée assez étroite , et les navires entrent au-dedans , et mouillent à trois , quatre ou cinq brasses d'eau : on s'y amarre avec deux ancres du côté de terre , et deux amarres sur le mole et on y est à l'abri de tous vents, la mer ne laissant pourtant pas d'y être un peu grosse quand les vents viennent du côté du Sud. Nous avons mis ci-devant la démonstration du port de Gênes.

Ainsi paroît la terre entre le cap de Noly et Gênes, quand on la côtoie à trois ou quatre lieues de terre.

Ainsi paroît la côte de Savonne , quand on la côtoie.

Ainsi paroît Gênes et la terre des environs.

Porto-Fin.

DE Gênes à Porto-Fin , la côte court Est Sud-Est environ huit lieues ; c'est toutes hautes montagnes doubles entre les deux : le cap de l'Ouest de Porto-Fin, est une haute pointe escarpée, sur laquelle il y a une tour où on fait du feu toutes les nuits; on peut aussi mouiller à l'Ouest de cette tour à 15 ou 16 brasses d'eau, mais il faut être tout près de terre : on y est à couvert des vents d'Est, Nord-Est et Nord Nord-Ouest, mais les autres vents y battent droit à plomb. Porto-Fin est au nord de la pointe où est le fanal, ou la tour où on fait du feu; ainsi quand on veut entrer dedans, il faut ranger la terre de près jusques dans ledit port, où on mouille à sept ou huit brasses d'eau fond de sable; la terre à l'Est de Porto-Fin, fait une grande anse, qui refuit au Nord, et dans cette anse les terres sont de moyenne hauteur : on voit sur la terre plusieurs maisons et villes, mais il n'y a point de mouillage dans cette anse, même jusqu'à Porto-Spezzia.

Porto-Spezzia.

DE Porto-Fin jusqu'à Porto-Spezzia, ou golfe de Spezzia, la côte court à l'Est Sud-Est, il y a de l'un à l'autre 12 lieues; ce sont presque toutes terres escarpées entre les deux, et on voit le long de cette côte plusieurs villages et maisons. Porto-Spezzia est facile à connoître, car sur la pointe de l'Ouest il y a un château, et au Sud-Est de cette pointe sont deux petites isles, dont la plus grande est la plus au large, et a une tour où l'on fait du feu; il y a passage entre elle et l'autre qui est plus à terre; environ à trois brasses d'eau, mais entre la terre de l'Ouest et l'isle la plus près, il n'y a point de passage, et le meilleur est de passer à l'Est des deux isles : quand on a l'isle où est la tour à l'Ouest, on peut gouverner au Nord; dans Porto-Spezzia tout au fond de ce golfe, ou port de Porto-Spezzia à Via-Regio, la côte court à l'Est Sud-Est huit lieues. Via-Regio est une très-mauvaise rade pour les vents d'Ouest, Sud et Sud-Est, joint que l'on y mouille fort près de terre et le fond y est très-mauvais; c'est pourquoi on n'y va guère : les navires qui y vont lèvent l'ancre aussitôt que le vent vient de la mer, et se sauvent à Porto-Spécia ou à Livourne. Environ à deux lieues de Via-Regio, au Nord-Ouest, est une grande baie nommée *Port de Lune*, mais il n'y a ni entrée ni mouillage, c'est pourquoi il seroit inutile d'en parler.

Livourne.

DE Porto-Spezzia à Livourne, la route est Sud-Est quart Sud; mais en faisant cette route on viendroit sur un banc qui part de la pointe de Pisa, et qui s'étend au Sud Sud-Ouest quatre grandes lieues ; c'est pourquoi il ne faut point faire cette route à cause dudit banc; mais quand vous partez de Porto-Spezzia, il faut faire le Sud Sud-Est, et même le Sud quart Sud-Est, à cause dudit banc, et vous courez ainsi jusqu'à ce que vous ayez l'isle Gourgonne au Sud-Ouest de vous ; alors vous gouvernez à l'Est quart Nord-Est, pour passer au Sud de la roche Mélore : cette roche est sur le banc dont nous venons de parler ; elle est haute sur l'eau comme un bateau démâté, et c'est une bonne marque pour éviter ledit banc ; on en passe au Sud à 12 ou 15 brasses d'eau, et aussitôt que vous êtes au-dedans, vous avez 16 ou 20 brasses d'eau. Quand vous êtes à une portée de canon de l'isle où est le fanal, alors vous gouvernez au Nord jusques sous la ville où vous mouillez où il vous plaît à six ou huit brasses d'eau ; il ne faut pas aussi trop approcher l'isle du Fanal, à cause des rochers qui s'en écartent, lesquels il faut éviter ; il y a aussi un petit passage sur le banc entre la roche Mélore et la terre, mais ce n'est que pour des petits bâtimens, car il est étroit et peu profond.

Isles Gourgonne et Capraya.

L'isle Gourgonne est distante de Livourne environ sept lieues Sud-Ouest quart Ouest, c'est une haute isle, laquelle sert d'une bonne marque pour aller à Livourne ; elle est longue environ d'une lieue et large de même ; au Sud Sud-Est de cette isle environ six lieues, est l'isle de Capraya qui est environ de la même grandeur de l'isle de Gourgonne ; c'est aussi une haute isle où il y a une rade du côté de l'Est devant une grande anse de sable : on y est à couvert des vents d'Ouest, Sud-Ouest et Nord-Ouest.

Piombino ou Plombin.

De Livourne à Piombino ou Plombin, la route est le Sud Sud-Est environ 16 lieues ; la terre fait une grande anse entre les deux, dans laquelle sont plusieurs villes et villages, mais sans aucune bonne rade ; quand on part de Livourne pour aller à Piombino ou Plombin, en faisant le Sud Sud-Est, on court risque d'un petit banc de pierre qui est environ à moitié chemin de l'un à l'autre, sur lequel il n'y a que six ou sept pieds d'eau, c'est pourquoi il faut tirer plus au large jusqu'à ce qu'on soit passé ledit banc ; alors on gouverne sur la pointe de Piombino où est la ville du même nom, c'est une ville de guerre qui appartient au Roi de Naples : il y bon mouillage devant Piombino, mais le fond n'y est pas des meilleurs.

Isle d'Elbe.

DE la pointe de Piombino à Porto-Ferraïo, qui est au côté du Nord-Est de l'isle d'Elbe, la route est le Sud-Ouest quart Ouest environ quatre lieues; entre les deux il y a deux petits islets, sur chacun desquels il y a une tour où on fait du feu la nuit pour faire signal quand on voit des navires. Porto-Ferraïo a un fort bon château qui est du côté du Nord-Ouest de l'entrée de ce port, et on le laisse à stribord en entrant, puis on mouille au-dedans, on met une ancre au large, et on porte une amarre à terre sur un petit mole qui y est, et on y est à couvert de tous les vents. L'isle d'Elbe est longue de six ou sept lieues, Sud-Est et Nord-Ouest, et large de quatre lieues, elle est haute du côté du Sud-Ouest, mais du côté du Nord-Est elle est assez unie et basse; du côté du Sud-Est de cette isle est encore un autre port nommé *Porto-Longan*, qui a un fort bon château ou citadelle; ce port est encore fort bon, et il n'y a que des vents du Sud-Est qui y peuvent faire mal : cette isle dépend de Naples.

Planose.

L'ISLE Planose est éloignée de l'isle d'Elbe de trois lieues au Sud-Ouest; et du cap de Corse 19 lieues à l'Est Sud-Est; cette isle est nommée *Planose*, parce qu'elle est toute unie, et au niveau de la mer, c'est pourquoi elle est fort dangereuse de nuit, car on seroit dessus sans la voir; elle est longue d'une grande lieue et large d'une demie.

Monte - Christe.

CINQ lieues au Sud-Est quart de Sud de la Planose, est l'isle de Monte-Christe; c'est une isle fort haute, qui a une montagne qui excède en hauteur les autres de ladite isle, et c'est d'où lui vient le nom de Monte-Christe; cette isle est longue de deux lieues Est Nord-Est, et Ouest Sud-Ouest, et large d'une demi-lieue; au bout de l'Est Nord-Est de cette isle, il y a un petit islet qui est distant de terre d'une petite portée de canon.

Fremis ou Formigos.

QUATRE lieues à l'Ouest Nord-Ouest de Monte-Christe, et aussi au Sud quart Sud-Ouest de la pointe du Sud-Est de la Planose, comme aussi 21 lieues au Sud-Est quart Est, prenant un peu plus au Sud-Est du cap de Corse qui est le plus au Nord de l'isle de

Corse, sont les rochers nommés *Fremis* ou *Formigos*, ils sont longs d'une demi-lieue et larges d'autant. Une partie de ces rochers sont sous l'eau, et quelques-uns dessus, hauts de deux ou trois pieds; ils sont fort dangereux quand on passe par-là de nuit : il faut s'en donner de garde, particulièrement à cause des marées, qui le plus souvent portent avant le vent.

Porto – Hercule.

Dix-huit lieues au Sud-Est quart Est de Piombino, est le Monte-Argentade, c'est une haute montagne qui avance beaucoup en mer : entre Piombino et Monte-Argentade, les terres sont de moyenne hauteur, il y a le long de la côte beaucoup de villes et villages, mais il n'y a aucune bonne rade pour des navires : environ cinq lieues au Nord-Ouest de Monte-Argentade, est la petite isle nommée *Formigos*, qui a deux petits islets du côté du Sud-Est, et à l'Ouest de Monte-Argentade deux lieues et demie, est une autre petite isle nommée *Gigio*, et au Sud quart de Sud-Ouest dudit Monte-Argentade quatre lieues, est encore une isle nommée *Sanuty*: toutes ces isles sont inhabitées, et cette dernière est plus grande que les deux autres : quand on est près de Monte-Argentade et qu'on veut aller à Porto-Hercule, il faut ranger la terre tout le long, gouvernant à l'Est Sud-Est, jusqu'à ce qu'on soit à l'ouvert de Porto-Hercule, alors on court au Nord Nord-Est dans ledit port, et on mouille à cinq ou six brasses d'eau, fond de vase et sable ; ce port a deux châteaux à son entrée, et l'on passe entre les deux pour y entrer du côté de l'Ouest Nord-Ouest de Monte-Argentade : il y a encore bon mouillage pour les vents d'Est et de Sud-Est ; on y mouille à 10 ou 15 brasses, selon qu'on est près de terre.

Civita-Vecchia.

De Porto-Hercule à Civita-Vecchia, la côte s'étend à l'Est Sud-Est neuf lieues, les terres entre deux sont de moyenne hauteur. Civita-Vecchia a une jettée ou digue de pierre qui couvre presque entièrement le port : cette muraille ou digue a une tour sur le bord Est, dans laquelle on fait du feu toutes les nuits, il faut ranger le bout Est de cette digue pour entrer à Civita-Vecchia, en la laissant à bâbord de vous, droit vis-à-vis de cette digue ; à la pointe de l'Est de l'entrée du havre de Civita-Vecchia, il y a une pointe de sable sous l'eau qui s'avance en mer du côté de la digue, et qu'il faut éviter en rangeant la digue de près, ainsi qu'il a été dit ci-devant : quand on est au-dedans, on laisse tomber son ancre à quatre ou cinq brasses d'eau, et l'on porte une amarre sur la digue, ou bien on va jusques sous la ville où l'on s'amarre à terre : il y a aussi passage à l'Ouest de ladite digue entre elle et la terre de l'Ouest, mais ce n'est que pour les petits bâtimens et non pas pour des grands navires.

Ostie.

DE Civita-Vecchia jusqu'à Ostie, la côte court à l'Est Sud-Est, et il y a de l'une à l'autre huit lieues. Ostie est à l'entrée du Tibre qui est la rivière qui passe dans Rome ; c'est un lieu auquel il ne peut aller que des petits navires ou barques : il y a une petite isle à l'entrée de cette rivière, et on passe à l'Est de cette isle pour aller à Ostie, en la laissant à bâbord quand on y entre.

Cap d'Antion.

D'OSTIE au cap d'Antion, la côte court au Sud-Est quart Sud sept lieues ; un peu à l'Est du cap d'Antion est la ville de Neptuno, devant laquelle on peut faire rade, mais le fond n'y est guère bon. Deux lieues à l'Est Sud-Est du cap d'Antion est la petite ville d'Astura, devant laquelle on peut mouiller : mais la rade n'y est non plus guère bonne.

Monte - Cercelle.

DU cap d'Antion à Monte-Cercelle, la route est le Sud-Est quart Sud environ huit lieues ; le Monte-Cercelle est une pointe fort haute, qui paroît comme une isle à cause que les terres du dedans sont fort basses ; sur le bord de ce cap est un château nommé *Saint-Félix*, comme aussi trois ou quatre tours où on fait du feu : environ trois lieues à l'Est Nord-Est de Monte-Cercelle, est la ville de Taracine, devant laquelle on peut mouiller, il y a aussi mouillage des deux côtés de Monte-Cercelle, mais toutes ces rades ne sont guère bonnes. Cinq lieues à l'Est de Monte-Cercelle, est encore la petite ville de Fondi ; il y a un petit havre qui n'est que pour des barques, et on peut mouiller au-dehors à 12 ou 15 brasses d'eau, mais le fond n'y est guère bon non plus.

Gajetta.

DE Monte-Cercelle à Gajetta, la route est Est quart Sud-Est dix lieues ; sur la pointe de Gajetta est une montagne sur laquelle est un château nommé *Sainte-Trinité* ; au-dedans de cette pointe, du côté du Nord-Est, est une grande baie que l'on nomme

Baie de Gajetta; elle est nette par-tout, et on y mouille l'ancre où on veut à six ou huit brasses d'eau ; on y est à couvert de tous vents, à la réserve du Sud-Est qui y donne à plein ; la ville de Môla est du côté du Nord-Est de la baie de Gajetta, devant laquelle on peut aussi mouiller si l'on veut.

Isle de Palmerole.

ONZE lieues au Sud Sud-Ouest de Monte-Cercelle est l'isle de Palmerole; cette isle est longue d'une grande lieue Sud Sud-Ouest et Nord Nord-Est, et large de trois quarts de lieue : elle est assez haute et nette tout autour, ainsi il n'y a nul danger de l'approcher.

Isle Pontia.

A onze lieues entre le Sud et le Sud quart Sud-Est de Monte-Cercelle, et à trois lieues à l'Est de Palmerole est l'isle Pontia ; c'est une grande isle qui a deux grandes lieues et demie de long Est Sud-Est et Ouest Nord-Ouest. Au bout de l'Est de cette isle est un petit islet éloigné d'un quart de lieue de terre qu'on nomme *Botto*, il y a une fort bonne rade en cette isle dans une grande anse de sable qui est du côté du Nord Nord-Est.

Isle Ventoticule.

DROIT au Sud de la pointe de Gajetta, neuf grandes lieues, sont les deux petites isles nommées *Ventoticule;* elles sont de moyenne hauteur et fort nettes tout autour.

Isle Ichia.

ONZE lieues au Sud-Est quart de Sud de Gajetta, est le bout du Nord-Ouest de l'isle Ichia ; cette isle est assez haute et longue de quatre bonnes lieues Est Sud-Est et Ouest Nord-Ouest, et large de deux lieues, et distante de terre ferme d'une grande lieue; on ne passe guère entre cette isle et la terre ferme : du côté de l'Est de l'isle Ichia est la ville du même nom, qui a un bon château sur un islet qui est près de l'isle Ichia ; on y va par un pont qu'on a fait pour avoir communication de la ville à ce château, il y a fort bon mouillage à l'Est Sud-Est de ce château, à 10 ou 12 brasses d'eau; entre ce château et la terre ferme sont encore deux petites isles qui ferment presque toute l'ouverture qu'il y a entre l'isle Ichia et la terre. De la pointe Est d'Ichia à la pointe du Mont-Missenus, qui est la pointe de l'Ouest de l'entrée de la grande baie de Napolis ou *Naples,* il y a au Nord-Est deux lieues, c'est une pointe
qui

qui avance beaucoup en mer , et qui est fort nette du côté du Sud , mais du côté du Nord-Est elle est sale ; car tout le long de la terre jusqu'à Puzolle il y a des bancs qui mettent bien un grand quart de lieue en mer , et qu'il faut éviter en s'écartant de terre.

Isle Nixita.

Du cap Mont-Missenus à la petite isle Nixita, la route est Nord Nord-Est quatre lieues; il faut un peu s'écarter du Mont-Missenus, à cause des bancs qui y tiennent, dont nous avons déjà parlé : il y a mouillage tout autour de l'isle Nixita, à trois ou quatre brasses d'eau; comme tout le long de la côte jusqu'à Puzolle; mais à la terre ferme de l'Est de l'isle Nixita, il y a une pointe de banc qui avance du côté de l'isle qu'il faut éviter en rangeant l'isle de près.

Baie de Naples.

Quand on part de la pointe du Sud-Est de l'isle Ichia pour aller à Naples , il faut faire la route du Nord-Est quart Est jusqu'à ce qu'on soit près de Monte-Grego ; c'est une montagne qui est double, et qui paroît comme deux pains de sucre, laquelle est distante de l'isle Ichia de huit lieues; quand on est près de cette montagne, on dresse alors son cours au Nord, jusqu'à ce qu'on soit au-dedans des moles de Naples, où on mouille à quatre ou cinq brasses d'eau, et on s'amarre à terre, si l'on veut, ou bien on peut demeurer sur les ancres sans s'amarrer à terre , il y a de Monte-Grego à Naples deux lieues au Nord quart Nord-Ouest.

Du côté du Sud de Monte-Grego est la petite ville de Castel-Lamar, qui a un bon havre et aussi un fort bon château ; on mouille en ce havre au-dedans du quai ou mole à trois ou quatre brasses d'eau , fond de vase et sable.

Isle Capry.

De Naples à l'isle Capry , la route est Sud quart Sud-Ouest , et il y a de l'une à l'autre six lieues ; cette isle fait le côté de l'Est , de l'entrée de la baie de Naples, et celle d'Ichia le côté de l'Ouest ; et d'Ichia à l'isle Capry, il y a de l'un à l'autre quatre lieues Est et Ouest. L'Isle Capry est distante du cap d'Almafry d'une petite lieue, et entre elle et le cap est encore une petite isle ; les navires ne passent point entre l'isle Capry et le cap d'Almafry pour aller à Naples, mais entre l'isle Ichia et l'isle Capry.

Almafry et Salerne.

De l'isle Capry jusqu'à Almafry , la côte court encore à l'Est

Nord-Est ; et il y a de l'un à l'autre cinq lieues ; on mouille devant Almafry à 15 ou 18 brasses d'eau ; c'est une rade où il n'y a nul abri que de vent de terre.

D'Almafry à Salerne la côte court encore à l'Est Nord-Est ; et il y a deux lieues de l'un à l'autre ; il y a une fort belle rade devant Salerne pour les vents de terre ; on y mouille à 12 ou 15 brasses d'eau, fond de sable.

Cap de Licosa.

DE Salerne jusqu'au cap de Licosa , la côte court au Sud-Est quart d'Est , et il y a de l'un à l'autre neuf lieues : ce sont toutes basses terres entre les deux , lesquelles sont peu fréquentées des étrangers , et il n'y a point de mouillage.

Golfe de Policastro.

DU cap de Licosa jusqu'au cap de la Foresta , qui fait le côté Ouest de l'entrée du golfe de Policastro , la côte court à l'Est Sud-Est , il y a de l'un à l'autre dix bonnes lieues ; entre les deux ce sont toutes hautes terres sans aucun bon mouillage que pour les vents de terre , et encore faut-il être tout près de la terre ; car tous ces lieux sont beaucoup profonds , et les fonds n'y sont guère bons ; c'est pourquoi on n'y mouille presque point , mais dans le golfe de Policastro il y a bon mouillage par-tout le long de la terre , particulièrement sous la ville du même nom , qui est au-dedans du cap de la Foresta : au Nord de lui , on y est à couvert presque de tous les vents , à la réserve des vents de Sud ; il y a aussi bon mouillage à l'entrée du golfe de Policastro au-dedans de la pointe du Sud devant la ville de Sirelle ; ce golfe est large de quatre lieues Sud Sud-Est et Nord Nord-Ouest.

Golfe de Saint-Eufémia.

DU cap de la Foresta au cap de Savora , la route est le Sud Sud-Est et Nord Nord-Ouest , il y a de l'un à l'autre 16 lieues ; tout le long de cette côte il n'y a pas bon mouillage , car il faut être tout près de terre pour y avoir fond ; on ne laisse pourtant pas d'y mouiller , mais on y tarde le moins que l'on peut , car joint que toutes ces côtes sont fort profondes , le fond n'y est guère bon. Le cap de Savora est la pointe du Nord de l'entrée du golfe de Saint-Eufémia : de ce cap , sous la ville de S.¹-Eufémia , il y a à l'Est cinq lieues ; on mouille sous cette ville à 15 brasses d'eau , mais la rade n'y est guère bonne , non plus qu'à tous les autres endroits de ce golfe ; car, comme il est déjà dit, il y est par-tout fort profond, et les fonds n'y sont guère bons.

Cap de Baticane.

Du cap de Savora jusqu'au cap de Baticane, qui fait la pointe du Sud du golfe de Saint-Eufémia, la route est le Sud quart Sud-Est, neuf lieues ; et du cap de Baticane jusqu'à l'entrée du Phare de Messine, la côte court au Sud, prenant un peu de l'Ouest, et il y a de l'un à l'autre dix grandes lieues, sans aucunes bonnes rades entre les deux.

CÔTES DES ISLES DE SICILE,

De Malte et autres isles adjacentes.

Faro ou Phare de Messine.

LE Phare de Messine est large d'une petite lieue sur le côté de la Sicile que l'on nomme *pointe du Phare*, il y a une tour sur laquelle on fait du feu toutes les nuits ; ce passage est fort difficile à cause des grandes marées ; joint qu'on y est fort sujet à y avoir des calmes : il n'y a point de fond du tout en ce passage ; c'est pourquoi les marées vous y transportent souvent où il leur plaît, sans que vous puissiez apporter de remède. Les Messinois ont des pilotes qui vont à bord des navires qui se présentent en ce passage pour les piloter, à cause qu'ils connoissent la chute des courans, et ainsi ils s'en donnent garde.

Port de Messine.

DEUX lieues au Sud-Ouest de la tour du Phare est le havre de Messine ; c'est un havre grand, spacieux et fort net, on y entre ordinairement par le milieu du canal entre le château de Saint-Salvador et la ville : quand on est dedans, on mouille où l'on veut, et on y est à l'abri de tous les vents.

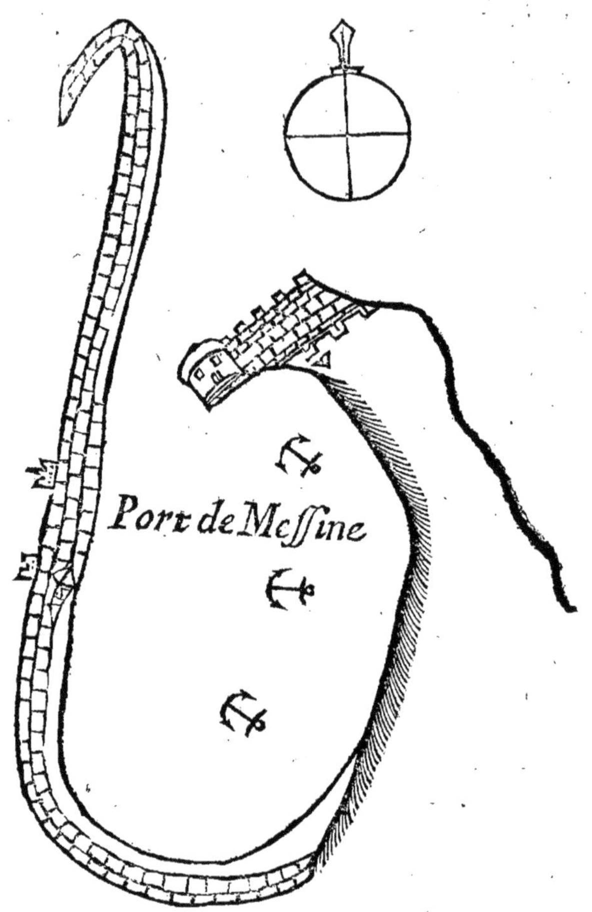

Cap de Lerme.

Du Phare jusqu'au cap de Lerme, la côte court au Sud, et il y a de l'un à l'autre neuf lieues: à moitié chemin des deux, est la ville de Rézo, sur le bord de la mer; il n'y a aucun mouillage le long de cette côte, si ce n'est auprès de la ville de Rege, mais il faut être tout contre la terre, c'est pourquoi on n'y mouille guère.

Rade de Melasso.

De la pointe du Phare qui est une pointe de sable fort basse, sur laquelle est la tour du Phare de Messine, qui marque de nuit l'entrée de ce détroit, parce qu'on y fait du feu, jusqu'à la pointe de

Melasso, la route est Ouest, prenant un peu du Sud-Ouest, et il y a de l'un à l'autre environ 10 lieues; la pointe de Melasso avance beaucoup en mer, et il y a fort bon mouillage des deux côtés, à l'Est derrière ladite pointe, et à l'Ouest sous la ville de Melasso, qui est sur une montagne au-dessus de cette pointe.

Isle au Nord de Sicile.

Huit lieues au Nord quart Nord - Est de la pointe de Melasso est l'isle de Strambouli : cette isle est longue d'une lieue, et environ large d'autant; elle a une fort haute montagne qui brûle incessamment ainsi que le Mont-Gibel qui est près de Catania : à l'Ouest Sud-Ouest de cette isle environ trois lieues, sont les petits islets nommés *Pannaci*; ils sont quatre en nombre près les uns des autres.

Isles nommées Vulcano, Saligny, Lipary, Ystica, Felieur et Alieur.

Au Nord-Ouest quart d'Ouest de la pointe de Melasso six ou sept lieues, sont trois isles nommées *Vulcano* qui est la plus au Sud, *Lipary* qui est la plus au Nord, et *Saligny* qui est la plus à l'Ouest; elles sont toutes près les unes des autres, et sont longues chacune de deux lieues, et larges d'une demi-lieue, il y a bon mouillage sous Strambouli, mais il faut s'amarrer à terre, ayant une ancre au large; on mouille aussi sous les isles Lipary, Vulcano et Saligny, mais il faut être tout près de terre pour y avoir fond; à l'Ouest de l'isle de Saligny quatre lieues, est la petite isle de Felieur, et à l'Ouest d'elle cinq lieues est l'isle Alieur; elle est aussi droit au Nord du cap Cisalu environ neuf lieues : et droit au Nord du cap Cisalu environ neuf lieues : et droit au Nord du cap de Gallo dix lieues, est encore une isle nommée *Ustica* : elle est la plus à l'Ouest de toutes les isles qui sont du côté du Nord de l'isle de Sicile ; toutes ces isles sont fort nettes tout autour et inhabitées.

Palerme.

Du cap de Mélasse jusqu'au cap de Bongerbino, la côte court à l'Ouest demi-quart Sud-Ouest, et il y a de l'un à l'autre environ 27 lieues; il y a beaucoup de caps et de baies entre les deux; mais il n'y a aucuns bons mouillages, et du côté de l'Est du cap de Bongerbino, il y a une bonne rade pour les vents de l'Ouest; proche de ce cap est un petit islet ou haut rocher, sur lequel est une tour à faire du feu. Environ trois lieues à l'Ouest Sud-Ouest du cap de Bongerbino, est la ville de Palerme dans une grande baie ; sous la ville il y a un grand mole fait en équerre ; on entre dedans, et on mouille à l'abri dudit mole entre la ville et lui, et on y est à couvert de tous les vents ; on laisse tomber son ancre à six brasses d'eau, et si on veut, on mouille tout près le mole à trois brasses d'eau, et on s'amarre par derrière audit mole.

Cap de Gallo.

De Palerme au cap de Gallo, la route est le Nord-Ouest quatre grandes lieues ; c'est un cap qui avance beaucoup en mer, et sur l'extrémité est la petite ville de Mondelle.

Environ sept lieues à l'Ouest Sud-Ouest du cap de Gallo, est le cap de Saint-Vic ; entre ces deux caps est une fort grande baie, mais il n'y a point de rade.

Trapano.

Du cap de Saint-Vic à Trapano, la côte court à l'Ouest Nord-Ouest sept lieues. Trapano est une terre fort basse au bord de la mer, sur laquelle est une ville du même nom ; mais un peu dans le pays les terres sont assez hautes, et on voit sur la montagne qui est au-dessus de Trapano, une ville qui paroît toute rouge à cause des couvertures des maisons qui sont de tuiles, et cette ville se nomme *Trapano Vechia* ou *Vieille Trapano :* environ une lieue au Nord-Est quart Est de Trapano, à un quart de lieue de terre et davantage, est un petit banc à l'uni de l'eau, dont il faut se donner de garde quand on vient le long de cette côte.

Trois grandes lieues au Nord-Est quart Nord de Trapano, et trois lieues et demie à l'Ouest du cap de Saint-Vic, est encore un petit banc de roches sous l'eau, qui est aussi fort dangereux ; et à trois lieues droit au Nord-Ouest de Trapano, est encore un autre petit banc sous l'eau ; ce dernier banc est aussi droit au Nord de la pointe de l'Est de l'isle de Levenzo, qui est à l'Ouest de Trapano environ deux lieues : cette isle a une montagne sur laquelle est un petit château, et au Sud de cette isle environ une lieue, est l'isle Favagnane : elle a aussi une montagne sur laquelle est encore un autre château, mais le bord de la mer de cette isle est un beau plat pays, et il y a fort bon mouillage entre les deux isles, on y est à couvert presque de tous les vents ; au bout de l'Est de l'isle Favagnane sont encore deux petites isles, et deux petites lieues à l'Ouest de l'isle de Levenzo est l'isle Martino ; ce n'est qu'une haute montagne dans l'eau, qui est escarpée de tous les bords et il est très-difficile d'y aller. Au bout de la ville de Trapano, il y a trois petites isles, et sur celle qui est la plus à l'Ouest est un château : on mouille au Sud-Est à quatre ou cinq brasses d'eau fond de vase. A l'Est de la ville de Trapano il y a une grande baie pleine de bancs, et ainsi on n'y peut aller : les terres du Sud de Trapano sont extrêmement basses au bord de la mer, mais un peu sur le pays elles sont hautes.

Mazara.

DE Trapano au cap Coco la route est Sud, et il y a de l'un à l'autre quatre lieues : sur le cap est la petite ville de Marsella. Du cap de Coco au cap Faro, la route est encore le Sud trois lieues ; à l'Est Sud-Est du cap Faro environ une lieue, est la ville de Mazara ; c'est une petite ville devant laquelle on peut mouiller, mais il faut être bien près de terre, et encore cette rade n'est guère bonne.

Sergento.

DU cap de Fare ou cap de Mazara à Sergento, la côte court au Sud-Est quart Est, et il y a de l'un à l'autre 16 lieues ; les terres qui sont aux environs de Mazara, sont basses durant cinq ou six lieues, mais après ce sont toutes hautes terres jusqu'à Sergento, où il y a une fort bonne rade : on y mouille à 12 ou 15 brasses d'eau, fond de sable. La ville de Sergento est dans une séparation de montagnes : à moitié chemin de Sergento au cap de Mazara, au dessous des hautes montagnes, est la petite ville d'Exaca.

Cap de Leocatta.

DE Sergento au cap de Leocatta, la côte court au Sud-Est quart Sud, il y a de l'un à l'autre environ sept lieues ; sur ce cap est la ville de Leocatta sur une montagne : au bout de ce cap il y a une pointe de roches, qui s'écarte au large bien une demi-lieue, et tout le long de la côte de Sicile jusqu'au cap de Scaramis, il y a des roches qui mettent bien un quart de lieue au large, et du cap de Leocatta jusqu'au cap de Scaramis, la côte court à l'Est Sud-Est, il y a de l'un à l'autre 14 lieues : ce sont toutes hautes terres doubles entre les deux.

Cap Passaro.

DU cap Scaramis au cap Passaro, la côte court à l'Est quart Nord-Est, et il y a de l'un à l'autre environ 17 lieues ; les terres entre les deux sont de moyenne hauteur, et on voit plusieurs villes le long de la côte, mais sans aucun mouillage qui soit bon : le cap

Passaro est fort bas et sale, ayant plusieurs rochers et aussi plusieurs petits islets: sur l'extrémité de ce cap, il y a une tour où on fait du feu la nuit quand on voit des navires: il n'y a point de mouillage sous le cap de Passaro, à cause que le fond y est plein de roches.

Saragossa.

Du cap Passaro à Saragossa, il y a au Nord quart Nord-Ouest six lieues: la terre est basse entre les deux, faisant une grande anse: le havre de Saragossa est large et spacieux, et on y peut entrer sans rien craindre: on y est à l'abri de tous les vents, et on y mouille à tant et si peu d'eau qu'on veut.

Catania.

De Saragossa à Catania il y a de l'un à l'autre dix lieues: la terre entre les deux fait plusieurs grandes anses dedans; il y a mouillage, mais on n'y va guère. Catania est du côté du Nord d'une grande baie ou golfe; on y mouille devant la ville à tant et si peu d'eau que l'on veut, et on y est à l'abri presque de tous les vents, le mont Gibello est au Nord-Ouest de la ville environ deux lieues: c'est une haute montagne qui brûle incessamment.

Du cap de la Moline, qui fait le côté du Nord de l'entrée de Catania jusqu'à Messine, la côte court au Nord Nord-Est, et il y a de l'un à l'autre 15 lieues: la terre entre les deux est de moyenne hauteur sans aucun bon mouillage: le havre de Messine est grand et large sans nulle chose qui puisse faire mal: on y mouille à tant et si peu d'eau que l'on veut, et on y est à l'abri de tous les vents, on s'amarre aussi au quai, si on le souhaite, car il y a par-tout assez d'eau.

Malte.

Du cap Passaro jusqu'à Malte, la route est Sud-Ouest 18 lieues: cette isle est aussi éloignée du cap Scamaris de 12 lieues droit au Sud, et du cap Bon 50 lieues à l'Est Sud-Est: c'est une belle isle presque toute plate, elle est longue de 10 bonnes lieues, Est Sud-Est et Ouest Nord-Ouest, et large environ de cinq lieues; cette isle a plusieurs bons mouillages, mais le principal est du côté du Nord environ aux deux tiers de la longueur de l'isle en allant vers l'Est sous la ville de Malte, qui est une des fortes places du monde: elle est située sur une péninsule entre deux bons et grands havres, dont celui où l'on charge et décharge est à l'Est de la ville, ce havre va droit au Sud; puis, lorsqu'on est dedans du côté de l'Est, il y

a trois grands bras de mer, dans lesquels les navires mouillent, et
ils sont à couvert de tous les vents ; entre les deux premiers bras de
mer, il y a une ville nommée *le Burgo*, et sur l'extrémité de cette
ville, sur la pointe la plus près de la ville de Malte nommée
Cita-Nova, est un fort château appellé *Saint-Angel*; et droit vis-
à-vis de ce château, sur la pointe d'une autre ville qui est entre le
second et le troisième bras de mer, est encore une forteresse nommée *l'Isle*; le mouillage le plus ordinaire est au-dedans de ces deux
forteresses, dans le second bras de mer ; c'est en ce lieu où on

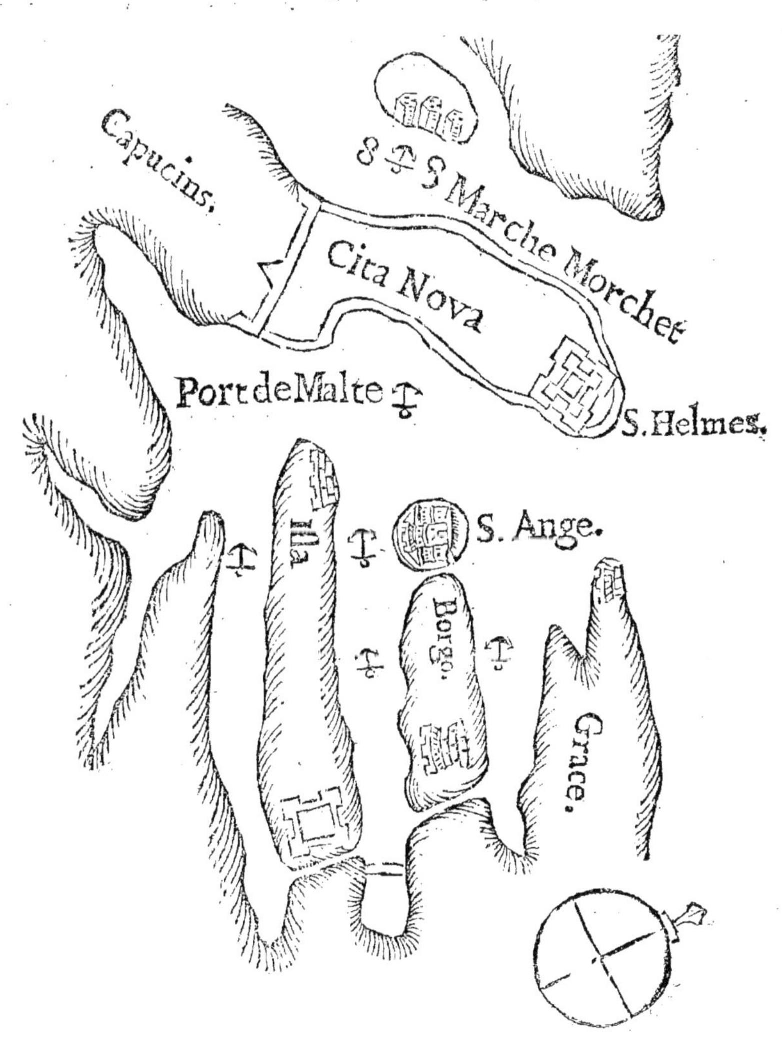

charge et décharge tous les navires : on y mouille à tant et si peu d'eau que l'on veut, selon que l'on est avant dedans du côté de l'Ouest de la ville de Malte ; sous les murailles de la même ville, est encore un fort bon havre nommé *Marche-Morchet :* ce havre est fort grand, ayant une isle dans le milieu où il y a plusieurs grands magasins où les navires déchargent leurs marchandises pour les faire éventer, car c'est le lieu où ils font leur quarantaine quand ils viennent du Levant : on mouille entre ces magasins et les murailles de la ville à sept ou huit brasses d'eau, fond de sable et vase. Sur la pointe de la ville de Malte, il y a un château nommé *Saint-Elme*, on le laisse à bâbord quand on entre dans le havre de Marche-Morchet, et à stribord quand on entre dans le havre de Malte ; au-dedans de la ville, environ deux lieues sur une petite montagne, est la vieille ville de Malte : on la voit avant la ville neuve, quand on vient de la mer.

Au bout de Ouest de l'isle de Malte, sont trois petites isles, les deux plus petites sont les plus près de Malte, elles se nomment *Cumeto* et *Cormin ;* mais la plus grande qui est la plus à l'Ouest, se nomme *le Goze* de Malte ; elle a un fort bon château, sous lequel il y a bon mouillage, il est au côté de l'Est de l'isle de Goze, il y a encore une autre petite isle du côté du Sud de l'isle de Malte, que l'on nomme *Folfolo*, et à la pointe du Sud-Est de ladite isle de Malte, sont encore plusieurs petites isles et rochers ; mais ils sont tout proches de terre. Nous avons mis la démonstration du havre de Malte ci-devant, pour s'en servir au besoin.

Isle Linosa.

Du bout de l'Ouest de Malte à l'isle Linosa, la route est Ouest quart Nord-Ouest 17 lieues. Linosa est une petite isle inhabitée, qui a deux montagnes fort hautes qui paroissent comme deux pains de sucre.

Lampidoza.

Six lieues au Sud-Ouest quart Ouest de l'isle Livre, est l'isle Lampidoza, c'est encore une isle inhabitée, sous laquelle il y a bon mouillage, et on peut y faire de l'eau : cette isle est de moyenne hauteur, couverte de petits bois et toute unie.

CÔTES DE BARBARIE,

Depuis l'isle Chercheny jusqu'au détroit, avec celles des isles de Sardaigne, Corse et isles adjacentes.

CHAPITRE XII.

Chercheny.

DOUZE lieues au Sud-Ouest quart Ouest de Lampidoza, est l'isle Chercheny, qui est tout près de la côte de Barbarie, et est toute entourée de rochers bien une lieue au large, et il n'y a point de passage. Entre cette isle et la terre de Barbarie, est la pointe d'Africa qui est sur la côte de Barbarie, éloignée de la pointe du Nord-Est de l'isle Chercheny, environ huit lieues à l'Ouest quart Nord-Ouest; c'est une pointe basse qui a un château au bout : entre les deux pointes il y a quantité de rochers, et il faut s'en éloigner autant qu'on pourra.

Comingère.

DU cap d'Africa jusqu'au cap de Comingère, la route est le Nord Nord-Ouest cinq lieues; c'est une grande anse entre les deux dans laquelle il n'y a point de mouillage : le cap de Comingère a une petite ville sur une montagne, et droit au bout de ce cap sont deux petites isles fort basses.

Souza.

DU cap de Comingère à la ville de Souza, la côte court au Nord Nord-Ouest quatre lieues : la ville de Souza a une bonne rade, on y mouille devant la ville à 10 ou 15 brasses d'eau ; cette ville est du côté du Sud de l'entrée du golfe de Mahomet. A la pointe de l'Ouest de la rade de Souza sont plusieurs petites isles, et au-dedans est le golfe de Mahomet, dans lequel il y a bon mouillage ; au fond de ce golfe est une petite isle, qui est toute entourée de rochers.

Cap de Cupia.

DE la rade de Souza au cap de Cupia, la route est Nord-Est quart Nord 17 lieues ; c'est un cap de moyenne hauteur qui avance beaucoup.

Isle Pantalaria.

DU cap de Cupia à l'isle Pantalaria la route est Est, et ils sont distans de l'un à l'autre de douze grandes lieues ; cette isle est droit au Sud quart Sud-Est de la pointe de Mazara en Sicile, éloignée d'environ 15 lieues : elle est de moyenne hauteur, et elle se peut voir de six ou huit lieues ; elle est presque toute unie.

Cap Bon.

DU cap de Cupia au cap Bon, la côte court au Nord Nord-Ouest, et il y a de l'un à l'autre environ sept lieues ; les terres entre les deux sont assez hautes et se peuvent bien voir de 8 ou 10 lieues.

L'isle Zombino.

DU cap Bon jusqu'à l'isle Zombino la route est Ouest, et il y a de l'un à l'autre environ six lieues ; cette isle est fort basse, ayant plusieurs rochers du côté Sud-Ouest, et aussi du côté Est, qui mettent bien un grand quart de lieue au large, et qu'il faut éviter.

Chibry Aquels.

DOUZE lieues au Nord Nord-Ouest du cap Bon, sont les rochers nommés *Chibry Aquels*; c'est une grande rangée de rochers, qui a bien une lieue de long Est et Ouest, et presque autant de large : une partie d'eux sont sur l'eau la hauteur de trois ou quatre pieds, et les autres dessous l'eau ; ils sont fort dangereux de nuit quand on passe par-là, mais le jour on les peut voir de deux ou trois lieues, la mer y brise incessamment dessus ; ces rochers sont aussi distans de l'isle Maritimo de 16 lieues Ouest Sud-Ouest, et de la pointe de Mazara 20 lieues à l'Ouest : ils sont fort écores, car à un quart de lieue d'eux on trouve 40 à 50 brasses d'eau.

Baie de Tunis et de Porto-Farine.

DU cap Bon jusqu'à la Goulette qui est l'entrée du Lac qui va à la ville de Tunis, la côte court au Sud-Ouest, et il y a de l'un à l'autre environ 13 lieues, les terres entre les deux sont de moyenne hauteur, les navires ne peuvent entrer au-dedans de la Goulette, car il y a trop peu d'eau, et il n'y va que des barques qui vont jusques auprès de la ville de Tunis, qui est de l'autre côté du Lac entre les deux montagnes : les navires qui vont à Tunis mouillent d'ordinaire sous le cap de cartage, qui est au Nord Nord-Ouest de la Goulette, éloigné environ deux petites lieues, ou bien ils vont à Porto-Farine qui est quatre lieues au Nord-Ouest du cap de Cartage ; c'est un bon port où les navires sont à couvert de tous les vents ; c'est le lieu où les corsaires de Tunis se mettent. Au-dehors de Porto-Farine, au Nord de lui environ une lieue, sont plusieurs petites isles, et tout à l'entour il y a quantité de rochers sous l'eau qui partent de la terre ferme, et mettent bien une grande lieue au large.

Et à l'Ouest Sud-Ouest de ces rochers une lieue, est la petite isle Gamelora ; elle est tout près de terre, et fort nette tout autour.

Port de Biserte.

Huit lieues à l'Ouest quart Nord-Ouest de l'isle Gamelora, est le port de Biserte ; la terre entre les deux, environ moitié chemin fait un gros cap qu'il faut doubler quand on va à Biserte, et entre ce cap et le port de Biserte sont deux petites isles, qui sont toutes entourées de roches, et qu'il ne faut point approcher que d'un grand quart de lieue ; le passage en terre de ces isles est fort étroit et dangereux, et le meilleur est de passer au large ; quand on est passé ces isles, on voit un grand abaissement de terres ou dunes de sable, et dans ce grand abaissement où est le havre de Biserte, c'est le lieu où se mettent les galères de Tunis, et il ne peut en ce havre que des petits navires.

Le cap de Marabout est distant du havre de Biserte de trois lieues Ouest Nord-Ouest ; entre les deux ce sont presque toutes dunes de sable, mais le cap Marabout est assez haut, ayant une montagne toute ronde, ce qui facilite beaucoup à connoître l'entrée de Biserte.

Cap Nègre, et les Frères, rochers.

Du cap de Mirabout jusqu'au cap de Nègre, la côte s'étend à l'Ouest, et il y a de l'un à l'autre environ neuf lieues, ce sont toutes terres de moyenne hauteur, faisant plusieurs belles anses de sable, devant lesquelles on pourroit mouiller par nécessité.

Environ trois lieues Ouest Nord-Ouest du cap Mirabout à une petite lieue de terre, sont trois grands rochers, le plus à l'Est est une pointe comme un clocher, celui du milieu est plus gros et percé par le milieu, et le troisième, qui est le plus à l'Ouest, est le plus petit et le moins haut ; et un peu à l'Ouest de ce dernier, est une roche sous l'eau , il y a beau passage en terre de ces rochers , mais il est encore meilleur de passer au large.

Isle Galitte.

Du cap Nègre à l'isle Galitte , la route est Nord-Ouest , sept grandes lieues ; l'isle Galitte est fort haute et montagneuse : elle est longue d'une petite lieue Est et Ouest , et large d'une demi-lieue : il y a fort bonne rade du côté du Sud de cette isle ; à neuf, dix ou vingt brasses d'eau fond de sable : au bout Ouest il y a plusieurs gros rochers ou islets et aussi à la pointe de l'Est ; il faut passer en dehors des susdits rochers , soit que l'on vienne de l'Est ou de l'Ouest , et quand on est passé les susdits rochers , on approche l'isle Galitte si près que l'on veut , et on mouille devant une grande anse de sable à huit , dix ou vingt brasses d'eau , ainsi qu'il a été dit ci-devant , cette isle est stérile et inhabitée ; il y a une montagne sur le bout Est de l'isle Galitte qui est pointue comme un pain de sucre ; au Sud-Ouest de l'isle Galitte une lieue et demie , il y a des roches sous l'eau desquelles il se faut garder.

Mouillage sous le cap Carbonnera.

Du cap Nègre au cap Carbonnera qui est le cap Est de l'isle de de Sardaigne du côté du Sud, il y a environ vingt-cinq lieues : droit au bout du cap Carbonnera est l'isle Cartelazo ; c'est une isle rocheuse et de moyenne hauteur, ayant un vieux château au-dessus, mais on ne le voit que quand on en est près ; au Nord-Est de cette isle sont encore trois autres petites isles ; elles sont toutes le long de la terre, faisant une fort bonne rade entre la terre et elles, quand on vient du Sud ou du Sud-Ouest, on vient ranger le cap de Carbonnera de près ; c'est un haut cap escarpé , sur lequel il y a d'ordinaire une croix : quand on est au-dedans de ce cap, au Nord-Est de lui, on trouve deux grosses roches, qui sont environ un pied ou deux au-dessus de l'eau ; on les laisse à bâbord en entrant , passant entre l'isle Cortelazo et lesdites roches, et quand on est environ un quart de lieue au-dedans de ces roches, on voit une fort belle anse de sable, devant laquelle on mouille à sept ou huit brasses d'eau fond de sable ; les isles Serpentaires sont à l'Est de vous, et vous êtes à couvert de tous les vents ; on peut aussi sortir de cette rade de Nord-Est, en passant entre la terre et les isles Serpentaires : au bout du Sud de l'isle Cortelazo une bonne longueur de câble , il y a quelques roches sous l'eau, c'est pourquoi il faut ranger le cap Carbonnera.

Baie de Cagliari.

Du cap Carbonnera au cap Zuart, la route est Ouest Nord-Ouest six grandes lieues ; ce cap s'avance beaucoup en mer , et paroît comme une haute isle , car il n'est contigu à la terre que par une langue de terre fort basse ; au-dedans de ce cap à l'Est de lui , est une fort belle anse , dans laquelle il y a bon mouillage , à quatre , cinq , six , sept ou huit brasses d'eau , fond de sable , et tout le long de la terre , depuis le cap Carbonnera jusqu'au cap Zuart , il y a aussi bon fond à huit ou dix brasses. Environ deux lieues du cap Carbonnera , tout près de soi , sont plusieurs gros rochers , il les faut laisser à terre de terre : au bout du cap du Zuart une petite portée de canon , est une roche sous l'eau qu'il faut éviter , et un peu au-dedans il y en a encore une autre sur l'eau : sur le cap Zuart il y a plusieurs tours à feu.

Un peu au Nord-Ouest du cap Zuart est la ville de Cagliari ; c'est la capitale de l'isle de Sardaigne : il y a haute et basse ville ; la basse ville est au bord de la mer , et la haute est sur une petite montagne : il y a deux moles à Cagliari , au-dedans desquels mouillent les petits navires , à deux ou trois brasses d'eau , mais les grands mouillent au large à cinq , six , huit , dix ou douze brasses d'eau , fond de sable ; c'est une grande baie où le fond y est par-tout bon.

Cap de Saroc.

Environ cinq lieues au Sud Sud-Ouest de Cagliari , est le cap de Saroc qui paroît comme une petite isle , il y a deux petites montagnes sur ce cap , et sur chacune est une tour de signal où on fait du feu la nuit quand on voit des navires.

Cap Pulo.

Cinq lieues au Sud-Ouest du cap de Saroc , est le cap de Pulo ; c'est une pointe basse et rocheuse , sur laquelle est une petite tour de signal ; à l'Ouest Nord-Ouest de ce cap , environ deux petites lieues , est le cap de Féronia : entre ces deux caps il y a quantité de rochers sous l'eau.

Isle Rousse.

Trois lieues Ouest Nord-Ouest du cap Féronia est le cap Tolar ; entre les deux est une grande baie , au fond de laquelle est une petite isle rocheuse qu'on nomme l'*isle Rousse* , à cause qu'elle est aussi de couleur rousse. Cette isle est déserte , et il n'y croît que des choux sauvages ; cette isle est fort nette tout autour , et il n'y a rien à craindre, à moins que de l'aborder, non plus qu'à la terre de Sardaigne : on mouille entre cette isle et la terre à 12 ou 15 brasses d'eau ; on y est à couvert de tous les vents, mais les rafales y sont bien fortes : le cap de Talar est un haut cap escarpé, mais celui de Fénoria est un peu plus bas, ayant une tour à feu dessus, les terres au-dedans de l'isle Rousse ne sont presque point habitées, et il n'y a aucune forteresse en cette baie, c'est pourquoi toutes sortes de navires peuvent aller soit de paix ou guerre.

Isle Palma de Sol. Vaca et Tors, rochers.

Trois lieues au Sud-Ouest du cap de Tolar, est l'isle ou rocher nommé *Tors* ou *le Taureau*; au Nord Nord-Ouest de ce rocher, environ deux lieues et demie, est l'isle de Palma-Sol : cette isle est longue d'une grande lieue au Sud-Est et Nord-Ouest, et assez haute ; une demi-lieue à l'Ouest de cette isle, est un gros rocher ou isle nommée *la Vaca* ou *la Vache*.

Isle Saint-Pierre.

Une grande lieue au Nord-Ouest de Palma de Sol, est l'isle S. Pierre, c'est une haute isle rocheuse, qui paroît rouge et grise, et toutes ces isles sont inhabitées ; du côté de l'Ouest de l'isle S. Pierre, sont plusieurs petites isles et rochers, mais ils sont tout proches de terre : il y a aussi quelques rochers sous l'eau au large de ces petites isles, c'est pourquoi il ne les faut pas trop approcher. La rade de l'isle S. Pierre est au Nord-Est de ladite isle, on y est à l'abri de tous les vents, mais on n'y est guère en sûreté pour les corsaires de Barbarie, qui viennent souvent pour y faire de l'eau et du bois, il y a fort bon passage en terre de toutes ces isles, et il n'y a nulle chose à craindre que ce que l'on voit.

Cap Argentero.

Du cap Tolar au cap Argentero qui est trois lieues au Nord-Est de l'isle S. Pierre, la côte s'étend Nord-Ouest quart Nord, et il y a de l'un à l'autre 10 grandes lieues : c'est toutes terres de moyenne hauteur entre les deux, qui se peuvent voir de 8 ou 10 lieues.

Baie de Napoly ou Oristan.

Du cap Argentero jusqu'au cap de S. Marc, la côte court au Nord, et il y a de l'un à l'autre environ 10 lieues, le cap de S. Marc fait l'entrée du Sud de la baie de l'Oristan ou de *Napoly*; c'est une grande baie où il y a fort bon mouillage par-tout, sans rien qui

puisse

puisse faire du mal : on y mouille à tant et si peu d'eau que l'on veut ; excepté les vents d'Ouest, on y est à couvert de tous les autres vents.

Du cap de S. Marc au cap de Napoly, il y a au Nord Nord-Ouest deux lieues et demie : ce cap fait le côté du Nord de la baie de l'Oristan ; au large de ce cap il y a quelques petites isles et quelques roches sous l'eau qui sont bien une petite lieue en mer, du côté de l'Ouest il faut passer au large, car le passage de terre en est dangereux.

Cap de la Cassa.

Du cap de Napoly au cap de la Cassa, la route est Nord quart Nord-Ouest, et il y a de l'un à l'autre 13 lieues ; ce sont toutes hautes terres entre les deux ; la terre refuit beaucoup à l'Est, au Sud de ce cap, car depuis ce cap jusqu'au port de Conte, il y a à l'Est quatre grandes lieues : il y a bon mouillage devant Porto de Conte, à 10 ou 15 brasses d'eau, fond de sable, mais les vents de Sud et Sud-Ouest y donnent à plomb, ce qui rend la mer extrêmement grosse ; près le cap de Cassa il y a un gros islet ou rocher tout près de terre, et il faut passer au large.

Isle Asmara.

Du cap de la Cassa au cap de Taramana, il y a au Nord-Ouest quart Nord quatre lieues, et du cap de Taramana à la pointe du Sud-Ouest de l'isle Asmara, il a sept lieues au Nord quart Nord-Est ; cette isle est éloignée de la terre de Sardaigne d'une demi-lieue, elle est longue de trois lieues Nord-Est et Sud-Ouest, et large d'une lieue, et il y a mouillage au Sud-Est de cette isle, mais il faut être tout près de terre, et encore le fond n'y est guère bon.

Pointe Réparata.

De l'isle Asmara à la pointe Réparata, qui fait l'entrée du détroit entre Sardaigne et Corse, la route est Est Nord-Est, et il y a de l'un à l'autre environ huit lieues : la terre fait une grande anse entre les deux, et ce sont toutes terres fort hautes.

Corvio.

Et de la pointe Réparata à Corvio, il y a à l'Est quart Nord-Est huit lieues ; entre les deux sont plusieurs petites isles le long de la côte de Sardaigne.

S

Golfe de Bonifacio et côtes de Corse.

Du cap de Passimera au cap de S. Amanzo, qui est sur l'isle de Corse, il y a au Nord Nord-Est deux lieues ; c'est le plus étroit du détroit qui est entre Sardaigne et Corse : à l'Ouest du cap Saint-Amanzo environ une lieue, est le golfe de Bonifacio, dans lequel il y a bon mouillage.

Isles Monaquy.

Du golfe de Bonifacio aux isles Monaquy, il y a à l'Ouest Nord-Ouest trois lieues ; ce sont toutes terres fort hautes entre les deux, comme aussi par-tout en ce détroit, et il est fort dangereux d'y passer, tant à cause des grands courans que des calmes et rafales de vent qui sont en ce canal. Les isles Monaquy sont une demi-lieue éloignées de l'isle de Corse ; il ne les faut point trop approcher, car il y a des roches autour une grande demi-lieue au large.

Cap Négro.

Des isles Monaquy au cap Négro, la côte court au Nord-Ouest quart Nord, et il y a de l'un à l'autre cinq lieues : entre les deux, il y a plusieurs grandes baies ou anses, dans lesquelles il y a bon mouillage, particulièrement dans le golfe de Calabo qui est au Sud-Est du cap Négro.

Cap de Monte-Rossa.

Du cap Négro au cap de Monte-Rossa, la route est le Nord Nord-Ouest trois lieues : entre les deux est la ville d'Ajaza, dans une grande baie où il y a bon mouillage ; il y a plusieurs isles du côté du Sud de cette baie, qu'il faut laisser à stribord en entrant, et mouiller au-dedans d'elles ; du cap de Monte-Rossa s'étendent les isles de Sagnara, elles sont sept ou huit, et vont bien deux petites lieues à l'Ouest Sud-Ouest : on peut bien passer entre ces isles, mais le meilleur est d'en passer au large.

Golfe de Ganarca.

Du côté du Nord du cap de Monte-Rossa, est le golfe de Ganarca, dans lequel est encore bon mouillage pour les vents de terre ; au côté du Nord de ce golfe, il y a des roches sous l'eau qui mettent bien un quart de lieue au large, lesquelles il faut éviter en s'approchant de la terre du Sud, ou bien suivre le mi-canal.

Cap Scardola.

Du cap de Monte-Rossa au cap de Scardola, la côte court au Nord quart Nord-Ouest dix lieues ; entre les deux il y a plusieurs baies ou anses dans lesquelles il y a mouillage ; la baie Alon est au Sud du cap de Scardola, dans laquelle il y a bon mouillage sous la ville du même nom.

Cap de Rivela et Port de Calvy.

Du cap Scardola au cap Rivela, la côte court au Nord sept lieues, ce sont toutes hautes terres entre les deux : à l'Est du cap Rivela est le port de Calvy, et la ville du même nom ; c'est un des meilleurs ports de l'isle de Corse, il est grand et net par-tout.

Isle Rossa.

Au dehors de ce port, du côté de l'Est de l'entrée, est l'isle Rossa, sous laquelle il y a bon mouillage en terre, et on y est à couvert de tous les vents ; une lieue Est Sud-Est de l'isle Rossa sont plusieurs rochers dessus et dessous l'eau, qu'il faut éviter en rangeant l'isle de près ; elle est nette tout autour.

Golfe de Fiorenza.

De l'isle Rossa au cap Martella, la côte court Est quart Sud-Est, et il y a de l'un à l'autre cinq lieues ; c'est encore toute haute terre entre les deux, il faut un peu tirer au large, quand on part de l'isle Rossa, à cause des rochers qui sont à l'Est Sud-Est, desquels nous avons déjà parlé. Le cap de Martella est l'entrée de la baie de Fiorenza du côté de l'Ouest, c'est une grande baie, qui est large de deux lieues, et profonde de trois lieues : à l'extrémité est la ville de Fiorenza, capitale de l'isle de Corse, on mouille par-tout où l'on veut dans cette baie, à tant et si peu d'eau qu'on veut, selon que l'on y avance, comme nous avons déjà dit : le cap de Martella fait le cap de l'Ouest de l'entrée de cette baie, et le cap de Minerve la pointe de l'Est, et ils sont distans l'un de l'autre de deux grandes lieues Nord-Est et Sud-Ouest.

Cap de Corse.

Du cap Minerve au cap de Corse, la côte s'étend au Nord-Est, il y a de l'un à l'autre cinq bonnes lieues ; c'est toute haute terre entre les deux, avec des falaises blanches près de la mer : à l'Est du cap de Corse, il y a bon mouillage entre ce cap et un petit islet qui y est.

S 2

Cap Sagri.

Du cap de Corse au cap Sagri, la côte court au Sud-Est
faisant plusieurs pointes et baies, dans lesquelles on peut
mouiller pour les vents d'Ouest Sud-Ouest et Sud.

Cap Sino.

Du cap Sagri au cap Sino, la côte s'étend Sud Sud-Est, et
il y a de l'un à l'autre environ 17 lieues : le cap Sino est bas au
bord de la mer, mais sur le pays ce sont toutes terres fort hautes ;
quand on navigue le long de la côte de Corse entre ces deux caps
on y voit plusieurs tours et villages : une bonne lieue et demie au
Nord-Est quart Nord du cap de Sino, est un rocher sous l'eau
qui est fort dangereux, dont on doit bien se garder.

Golfe Arsiaro.

Du cap Sino au golfe Arsiaro, ou Porto-Véchio, la côte
court Sud Sud-Ouest, et il y a de l'un à l'autre environ 11 lieues ;
ce sont encore toutes basses terres au bord de la mer, avec
quelques petites isles basses près de terre ; mais dans le pays,
ce sont toutes hautes montagnes ; il y a fort bon mouillage dans
le golfe Arsiaro à douze ou quinze brasses d'eau, fond de sable.
À la pointe du Sud de ce golfe nommée *cap Cigli*, il y a plusieurs
petites isles qui mettent bien une lieue au large du côté de l'Est,
et au-dehors de ces isles il y a une roche sous l'eau, dont il faut
se donner de garde.

Sardaigne.

Du cap de Cigly au cap de S. Amanzo, la côte court au Sud-
Ouest quart Sud, et il y a de l'un à l'autre environ six lieues :
du même cap de Cigly à Scardony qui est sur l'isle de Sardaigne,
la route est Sud quart Sud-Est, et il y a de l'un à l'autre sept
lieues.

Cap de Scardo.

De Scardony au cap Scardo, la côte court au Sud-Est quart
Est, et il y a de l'un à l'autre environ six lieues ; une lieue au
Nord-Ouest du cap Scardo le long de la terre, il y a une petite
isle qui est nette tout autour ; à l'Ouest Sud-Ouest du cap Scardo
est le port Scardo et la petite ville du même nom ; où il y a fort
bon mouillage : droit devant le port à l'Est quart Sud-Est
environ une grande lieue, et une bonne demi-lieue du cap de

Scardo, à l'Est Sud-Est, est la petite isle de Tolaro ; elle est longue d'une lieue Nord-Est et Sud-Ouest, on passe entre elle et la terre : elle est fort nette du côté de la terre ; mais du côté du Sud-Est elle est pleine de rochers sous l'eau qui s'en écartent un bon quart de lieue.

Du cap Scardo au cap de Cavaillo , la route est Sud deux grandes lieues et demie ; ce cap fait le côté Sud de la baie de Larde : du côté Sud de ce cap , il y a plusieurs petits islets.

Cap Honun.

Du cap Scardo au cap Honun, la route est Sud Sud-Est, et il y a de l'un à l'autre environ 13 lieues ; c'est toute haute terre entre les deux, faisant plusieurs baies ou grandes anses, elles ne sont guère fréquentées ; il y a pourtant plusieurs villes et bourgades le long de cette côte, mais peu de bons mouillages.

Golfe Aquilastro.

Du cap Honun au cap Aquilastro, la route est Sud , et il y a de l'un à l'autre huit lieues : au Nord quart Nord-Ouest de ce cap est une petite isle toute proche de terre , qui est fort nette , et du côté du Sud-Ouest de ce cap , est le petit golfe ou baie Alicastro où est la ville du même nom , mais elle est bien deux lieues en terre , sur le bord d'une rivière qui se dégorge dans le golfe ; au-devant de cette rivière est une petite isle fort nette , on peut passer tout autour ; il y a bon mouillage entre cette petite isle et la terre du Nord : mais les vents Est , Nord-Est et Sud y donnent à plein et y font la mer extrêmement grosse , car il n'y a nul abri.

Bout du Sud-Est de Sardaigne.

Du cap d'Aquilastro jusqu'au bout du Sud-Est de l'isle de Sardaigne ou à l'isle Serpentaire , la côte court au Sud , faisant plusieurs anses tout le long de cette côte , et il y a de l'un à l'autre vingt lieues.

Cinq lieues au Nord de l'isle Serpentaire , le long de la terre , il y a une petite isle où est une tour à feu ; il y a mouillage au Sud de cette tour pour les vents d'Ouest , mais quand les vents viennent du côté du levant , il n'y a point du tout d'abri.

Isle Tabarque en Barbarie.

Du bout Sud-Est de Sardaigne jusqu'au cap Nègre , la route

est Sud Sud-Est en prenant un peu Sud, et il y a de l'un à l'autre
27 lieues, et du cap Nègre à l'isle Tabarque, la côte court au Sud-
Est, et il y a de l'un à l'autre onze lieues ; cette isle est tout près
de la côte de Barbarie ; elle est fort sale tout autour, et en terre
il ne peut passer que des barques qui ne demandent que quatre
ou cinq pieds d'eau, encore il faut qu'ils s'y connoissent bien,
car le côté de terre de cette isle est tout plein de bancs et de
rochers : cette isle appartient aux Génois. Le mouillage le plus
ordinaire de Tabarque est du côté Est de l'isle, on suit le mi-
canal ou bien on range la côte de Barbarie de plus près que
ladite isle, et quand on est à l'Est des magasins, on mouille à
cinq ou six brasses d'eau, fond de sable, il se trouve aussi quelquefois en cette rade des rochers qui coupent les câbles, c'est
pourquoi il les faut flotter afin qu'ils ne touchent point le fond :
si on veut aller jusques sous les magasins étant à l'Est du château
qui est au-dessous, il faut faire Ouest droit sur le château jusques
près de terre, où vous mouillez à trois brasses d'eau, vous êtes
entre deux bancs de roches, dont une partie sont sur l'eau et
l'autre dessous ; l'isle de Tabarque est à l'Est quart Sud-Est du
cap de Roze à quatre lieues loin : ce cap est fort haut, ayant
une grosse montagne presque toute ronde.

Cap Mabra.

Du cap de Roza au cap de Mabra, la route est Ouest prenant
un peu du Sud, et il y a de l'un à l'autre neuf lieues ; c'est toute
haute terre entre les deux, faisant un grand golfe dans lequel
est la ville de Bôna. Le cap de Mabra est fort escarpé tout du
long, et plein de tapions blancs, mais au-dessus c'est toutes
hautes montagnes : ce cap est long de cinq lieues Est et Ouest ;
à l'Ouest de lui est la baie de Pétra de Lara, ce cap en fait la
côte de l'Est, et le cap de Ferro, celui de l'Ouest : cette baie
est large de trois bonnes lieues.

Cap de Ferro.

Le cap de Ferro est long de sept lieues ; c'est toute terre escarpée, qui paroît toute blanche au bord de la mer ; mais au-
dessus de ce cap, ce sont toutes hautes terres couvertes de bois.

Cap de Bugaronie.

Du cap Ferro jusqu'au cap de Bugaronie, la route est Ouest
quart Sud-Ouest, et il y a de l'un à l'autre 13 lieues : entre les
deux c'est un fort grand golfe, dans lequel est la ville de Colle.

Pointe de Gigeri, ou Gigiari.

Du cap de Bagaronie à la pointe de Gigeri ou Gigiari, la route est Ouest Sud-Ouest 11 lieues, c'est toute haute terre entre les deux, et du cap de Bugaronie à la pointe de Bougia, la route est Sud-Ouest quart Ouest, et il y a de l'un à l'autre 17 lieues ; entre les deux est un grand golfe, et au Sud Sud-Est de ce cap quatre lieues, est la ville de Bougia, qui a un bon havre, il y a aussi une bonne rivière, par laquelle descend la plus grande partie du bois dont les Algériens fabriquent leurs navires.

Cap Carbon.

De la pointe de Bougia au cap Carbon, la route est Ouest quart Nord-Ouest, ayant de l'un à l'autre environ sept lieues : entre les deux est encore une grande anse ou golfe ; ce cap a deux petites isles aux deux côtés qui sont nettes, et on les peut ranger de si près que l'on veut, ce cap escarpé avec plusieurs tapions blancs qui semblent de loin être des navires sous la terre.

Cap de Buinget.

Du cap de Carbon au cap Buinget, la route est Ouest, et il y a de l'un à l'autre dix lieues ; la terre fait plusieurs grandes anses entre les deux, à moitié chemin est la ville Dédelle, devant laquelle il y a bon mouillage.

Alger.

Du cap de Buinget jusqu'au cap de Metiffore, la route est Sud-Ouest six grandes lieues ; ce cap est le côté Est de l'entrée de la baie d'Alger, et celui Caxinne celui Ouest ; ils sont distans l'un de l'autre de neuf lieues, Ouest Sud-Ouest et Est Nord-Est, et entre les deux il y a fort bon mouillage par-tout à 20 ou 30 brasses d'eau fond de sable. Sous la ville d'Alger il y a un grand mole derrière lequel les navires sont à couvert de tous les vents : quand on passse devant cette ville, elle paroît toute blanche étant en descendant d'une montagne, elle est étroite par le haut et large par le bas ; quand on la voit de loin, il semble que c'est une marque blanche sur la terre. Nous avons mis la démonstration de la baie et port d'Alger ci-après, pour pouvoir s'en servir au besoin.

Quoique le mole d'Alger soit presque tout-à-fait clos, la mer ne laisse pas d'y être bien grosse quand le vent vient du Nord, et pour ce sujet les Algériens le nomment *le Maître d'Arches Majorquin ;*

ou charpentier de Mayorque, à cause des débris que les navires font l'un contre l'autre.

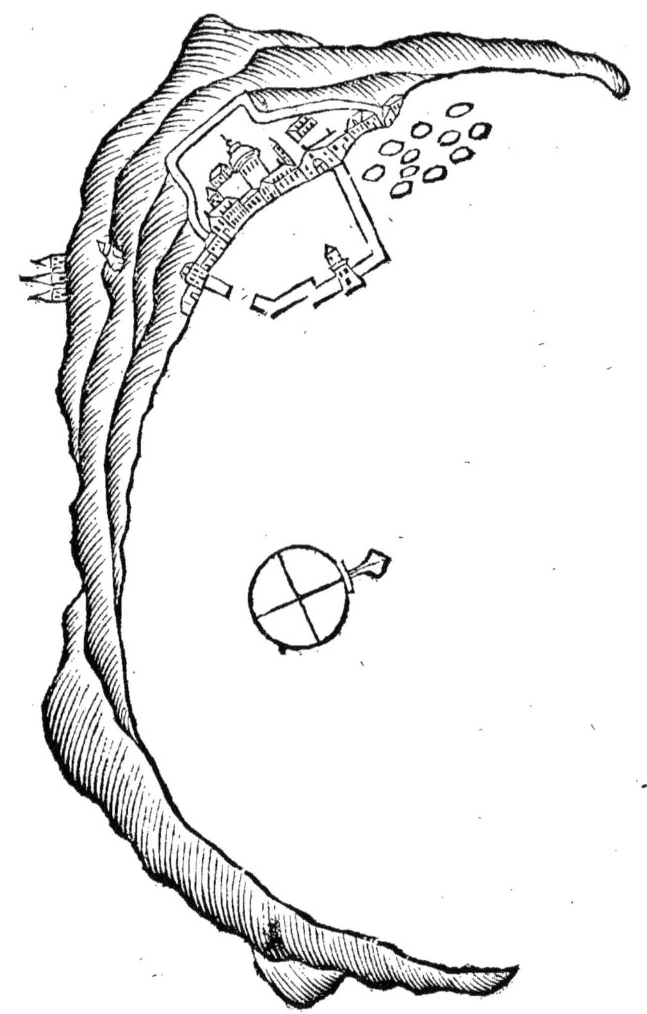

Cap de Tennes.

Du cap de Caxinne au cap de Tennes, la route est Ouest quart Sud-Ouest, il y a de l'un à l'autre 24 lieues : ce sont toutes hautes terres entre les deux, la plupart escarpées au bord de la mer, mais fort hautes au-dessus et couvertes de bois. Environ à moitié chemin l'un de l'autre est le cap de Bâter qui avance beaucoup en mer, faisant une grande anse du côté Ouest, dans laquelle il y a bonne rade sous la ville de Cercelle; il y a encore mouillage à l'Est de Tennes sous un vieux château nommé *Ancol.* Le cap de Tennes est fort haut, ayant une grosse montagne double au-dessus, et du côté Ouest, il y a un petit banc qui avance un quart de lieue au large: au Sud Sud-Ouest de ce cap, environ deux lieues, est la petite ville de Tennes au bord de la mer.

Cap Ivy.

Du cap de Tennes au cap Ivy, la route est Ouest Sud-Ouest 15 lieues; ce sont toutes hautes montagnes entre les deux : environ cinq lieues Est de ce cap est une petite isle basse, qui a une roche sous l'eau qui est une demi-lieue au large : au Nord, un peu à l'Ouest de cette isle, est la petite ville de Guilleto; le cap Ivy est fort haut, et à l'Ouest sont les villes de *Mostagan, Masagran,* et plusieurs autres petites villes et châteaux tout le long de cette côte.

Cap Férat.

Du cap Ivy au cap Férat, la route est Ouest Sud-Ouest, entre les deux, la terre fait une fort grande anse : ce cap est sale, ayant des roches plus d'une demi-lieue au large, ainsi que tout le long de la côte de l'Est jusques dans la rivière d'Arzeny.

Cap Falcon.

Du cap Férat au cap Falcon, la route est Ouest quart Sud-Ouest neuf lieues : au-dedans du cap Falcon, du côté de l'Est, dans une grande anse, est la ville d'Oran, appartenante aux Espagnols, devant laquelle il y a bon mouillage, à dix ou 15 brasses au-dedans d'un gros rocher ; à la réserve des vents de Nord, on y est à couvert de tous les autres vents.

Cap Fégalo.

Du cap Falcon au cap Fégalo, la côte court Sud-Ouest, et il y a de l'un à l'autre 11 lieues, entre les deux il y a plusieurs petites isles le long de la terre, il ne faut point approcher de trop près le cap de Fégalo, à cause de quelques roches, et qui mettent bien un bon quart de lieue au large.

Cap de Hone.

Du cap de Fégalo au cap de Hone, la route est Sud-Ouest quart Ouest dix grandes lieues ; entre les deux la terre fait un grand golfe ou baie, nommé *golfe Zarenie :* il y a plusieurs villes dans ce golfe, mais les mouillages n'y sont guère bons. Environ quatre lieues Est du cap de Hone un peu à l'Est de la ville du même nom, sont plusieurs roches sous l'eau qui mettent une demi-lieue au large.

Cap de Très-Forças.

Du cap de Hone au cap de Très-Forças, la route est Ouest quart Nord-Ouest 22 lieues ; la terre entre les deux fait un grand golfe qui entre plus de huit lieues en terre : du côté Sud dans ce golfe, droit au fond, environ à moitié chemin des deux caps, de Hone et de Très-Forças, sont les isles Zafarinos ; devant la ville du même nom, il y a mouillage sous ces isles, mais les vents de Nord-Ouest et Nord et Nord-Est battent à plomb en cette rade ; environ sept lieues à l'Ouest des isles Zafarinos, et huit lieues Sud Sud-Est du cap de Très-forças, est le château de Mélilla appartenant aux Espagnols ; du côté Sud Sud-Est du cap de Très-Forças, il y a quelques pointes de bancs qui s'écartent bien une demi-lieue au large et qui vont bien trois lieues le long de la terre ; ce cap est de moyenne hauteur ayant une tour à son extrémité : six lieues au Nord est l'isle d'Alboran, c'est une isle basse et inhabitée, longue de deux lieues Est et Ouest.

Buzemas.

Dix-huit lieues Ouest Sud-Ouest du cap Très-Forças dans une petite baie, est la ville de Buzemas appartenante encore au roi d'Espagne ; c'est un lieu où il ne peut aller que de petits navires ; cette baie est pleine de petits islets ou rochers sur l'eau, les Espagnols nomment aussi cette ville *Albuzemas.*

Pennon de Vellez.

De Buzemas à Pennon de Vellez, la côte court Ouest quart Sud-Ouest 12 lieues ; la terre entre les deux est fort haute. Pennon de Vellez est un château sur une petite isle qui appartient à l'Espagne ; cette isle est dans une grande anse dans laquelle il y a bon mouillage.

Rivière de Tetouan.

De Pennon de Vellez jusqu'à la rivière de Tetouan, la côte court Ouest Sud-Ouest, il y a de l'un à l'autre 20 lieues; la rivière de Tetouan est dans une grande anse ou baie où il y a bon mouillage, où on est à l'abri des vents de Sud et Ouest, même de Nord-Ouest, Est et Nord-Est; la mer y est extrèmement grosse; on y mouille à 10 ou 15 brasses d'eau, selon qu'on est proche de terre; il ne peut entrer dans la rivière de Tetouan que des barques tirant six ou sept pieds d'eau; la ville de Tetouan est bien deux lieues sur les terres au pied d'une montagne.

Pointe de l'Est du Détroit ou pointe de Ceuta.

De la rivière de Tetouan à la pointe de l'Est du détroit nommée *Pointe de Ceuta*, à cause de la ville de Ceuta qui est à l'Ouest; il y a au Nord quart Nord-Est six grandes lieues: à moitié chemin de Tetouan à la pointe de Ceuta est le cap de Porque qui avance beaucoup en mer; c'est toute terre basse entre la rivière de Tetouan et Ceuta, ce qui fait que beaucoup l'ont pris pour le détroit, dans la croyance que le Mont-au-Signe étoit Gibraltar; à l'Ouest de la pointe du détroit est la ville de Ceuta, dans un fond au bord de la mer; cette ville est au roi d'Espagne: il y a mouillage sous cette ville, mais il faut être tout proche de terre: sur la pointe qui est à l'Est de Ceuta, il y a une grande muraille avec plusieurs jardins qui sont aux Espagnols: le Mont-au-Signe est à l'Ouest de Ceuta environ deux bonnes lieues, et Gibraltar au Nord environ cinq lieues.

Tanger.

De Ceuta à Tanger, la côte court Ouest quart Sud-Ouest six lieues, Tanger est une ville qui appartenoit aux Portugais, après aux Anglais qui l'ont abandonnée en l'an 1684; il y a une bonne rade à l'Est de cette ville où on mouille à 10 ou 12 brasses d'eau, fond de sable.

Cap de Spartel.

A l'Ouest est le cap de Spartel, qui est le premier cap, quand on entre dans le détroit en venant de l'Ouest, il est distant de Cadix de quinze lieues au Sud quart de Sud-Est; ce cap est passablement haut, et se peut voir de 10 ou 12 lieues.

Quand le cap de Spartel est au Sud-Est quart Est huit ou neuf lieues, il paroît ainsi.

Quand le cap de Spartel est à l'Est quart Sud-Est de vous cinq ou six lieues, il paroît ainsi.

CÔTES DE BARBARIE,

Depuis le Détroit jusqu'au cap Verd.

CHAPITRE XIII.

Arzille.

DU cap de Spartel à Arzille, la côte court Sud quart Sud-Ouest six petites lieues; au défaut du cap de Spartel, sur la basse terre, il y a une petite éminence blanche qui paroît comme un château : toute la terre, entre le cap de Spartel et Arzille, est de moyenne hauteur; la côte est assez saine tout le long, et on y peut mouiller. La ville d'Arzille est située au bord de la mer du côté du Sud d'un petit havre de marée, où il ne peut entrer que des barques; ce havre est couvert de plusieurs grands rochers qui sont devant, qui laissent deux passages; savoir : un par le Nord, et l'autre par le Sud : celui qui est au Nord est le plus étroit et le plus profond, mais ni l'un ni l'autre ne valent guère, ainsi que nous l'avons déjà dit.

La Rache.

D'ARZILLE à la Rache, la côte court au Sud quart Sud-Ouest huit lieues; la terre entre les deux est plus haute qu'entre le cap de Spartel et Arzille : quand on range la côte, on voit plusieurs naisons et tours, et environ à moitié chemin de l'un à l'autre, il y a une petite falaise blanche qui facilite la connoissance de cette terre, ainsi que plusieurs grands arbres au Sud de cette falaise.

La ville de Rache appartient à l'Espagne, elle est située sur le bord du Sud d'une rivière de marée, où il peut entrer des navires; l'entrée est d'ordinaire du côté du Sud, en rangeant la pointe du banc qui barre entièrement cette rivière, ne laissant qu'un passage au côté du Sud, et encore il est sujet à changer. *La Lune au Nord-Est et Sud-Ouest y fait pleine mer.* La Rade de la Rache est au Sud de la ville, on y mouille à 15, 16 ou 18 brasses d'eau.

Ces deux figures se joignent ensemble par les lettres AA; c'est la démonstration depuis le cap de Spartel jusqu'au de-là de la Rache, quand le cap de Spartel est Est quart Nord-Est de vous sept ou huit lieues.

Vieille Mamora.

De la Rache jusqu'à la vieille Mamora, ou *Out Mamora*, la côte court Sud quart Sud-Ouest sept lieues; c'est toute terre basse de sable blanc, qui n'a aucune marque pour se faire connoître. Vieille Mamora a une petite rivière, mais elle n'est point navigable pour aucuns bâtimens.

Ainsi paroît la terre entre vieille Mamora et la Rache, quand elle est à l'Est de vous cinq ou six lieues.

Mamora.

De vieille Mamora à Mamora, la côte court Sud quart Sud-Ouest six lieues; ce sont toutes terres basses au bord de la mer, mais bien loin en terre il y a des montagnes, et quand vous êtes devant Mamora, vous ne les pouvez point voir, même on a de la peine à voir la rivière, et on ne la pourroit pas reconnoître, si ce n'étoit la ville de Mamora qui est un peu au-dedans, et l'on voit sur elle un grand mât qui vous marque que vous êtes au travers de cette rivière ; c'est une rivière de barre dans laquelle il peut néanmoins entrer de grands navires de pleine mer, mais l'entrée est sujette à changer, c'est pourquoi on n'y doit point entrer sans pilote du lieu : cette ville appartenoit aux Espagnols, mais en l'an 1680 ils l'abandonnèrent, et les Maures en sont en possession. La rade de Mamora est bien une lieue de terre à 18 ou 20 brasses d'eau.

Ainsi paroît la terre entre vieille Mamora et Mamora, quand vous êtes environ à quatre lieues de terre à l'Ouest.

Salé.

DE Mamora à Salé, la côte court Sud Sud-Ouest sept lieues ; ce sont toutes basses terres de sable au bord de la mer ; mais loin en terre, elles y sont hautes et fort unies et faisant plusieurs doubles les unes sur les autres, mais toutes fort unies et égales ; le long de la côte on voit quantité de rochers ; quand on est à quatre ou cinq lieues de Salé, de quelque bord que l'on vienne, on voit la grosse tour d'Assen qui est au-dedans de la rivière de Salé.

Salé a deux villes, une du côté du Nord et une autre de celui du Sud de la rivière, et sont toutes deux sur le bord de la mer ; celle du Sud a un fort bon château qui est sur une pointe de rochers qui fait presque une isle, ce qui le rend très-fort ; il commande dans la rivière à la ville et à la mer.

La rivière de Salé est difficile à entrer, parce que les bancs qui sont à l'entrée changent, ce qui fait que l'on n'en peut pas écrire : quand on veut aller à Salé, on mouille à la rade à 15, 20 ou 25 brasses d'eau, puis on tire un coup de canon, et on met le pavillon blanc, et les Turcs viennent à bord vous parler : la meilleure rade de Salé est en mettant le château par la tour d'Assen, et vous mouillez à tant et si peu d'eau que vous voulez, le fond y est de sable vaseux.

Ainsi paroît la terre entre Mamora et Salé, quand elle est à cinq ou six lieues de vous à l'Est ou au Sud-Est.

Isle de Fédalle.

De Salé à l'isle de Fédalle, la côte court Sud-Ouest quart Sud
environ neuf lieues ; c'est toute terre basse au bord de la mer,
avec quantité de rochers le long du rivage, mais un peu au-
dedans du pays, ce sont toutes hautes terres doubles et fort
unies, ce qui fait qu'elle est difficile à connoître ; entre Salé et
Fédalle, on voit quelques vieilles ruines de maisons, mais il faut
être près de terre ; les premières que l'on voit en partant de Salé,
est *Almanzor*, qui est sur la terre haute : puis au Nord de Fédalle
à une lieue, sont les vieux vestiges de la ville de Monsor, qui
a été abandonnée. On voit aussi sur la basse terre environ à deux
lieues au bord de Fedalle un bouquet d'arbres qui paroît comme
une grande maison ; quand vous êtes près de terre, il vous paroît
sur la haute côte, mais étant éloigné on voit bien qu'il est sur
le plat pays.

L'isle de Fédalle est longue d'une lieue Nord et Sud, elle est
basse et accompagnée de bancs de roches tout autour ; le bout du
Sud est fort près de terre, et entre la terre et lui il n'y a nul passage,
à cause des bancs qui vont de l'un à l'autre, de même qu'une petite
isle qui est au milieu des deux, mais il y a fort beau passage par le
bout du Nord de l'isle, en suivant le mi-canal ou rangeant l'isle de
plus près que la terre ferme, et vous y pouvez mouiller à cinq, six
ou huit brasses d'eau, selon que vous êtes dedans ; il y a belle largeur, car le bout du Nord de l'isle Fédalle est éloigné de la terre
ferme de trois quarts de lieue : il y a des pointes de sable le long de
la terre ferme qui avancent un peu en mer : c'est pourquoi on ne la
doit point approcher de trop près non plus que l'isle, car il y a des
roches qui avancent aussi en mer, le meilleur est de suivre le mi-
canal ; quand vous venez du Nord, et que vous êtes près de Monsor, il faut ranger la terre à une petite demi-lieue, et aller ainsi
jusqu'au dedans de l'isle Fédalle : les terres commencent à s'élever
davantage allant au Sud de Fédalle avec plusieurs fentes dans les
montagnes : la rade de Fédalle n'est pas des meilleures à cause du
grand ressaque ou *ressiage* qu'il y a, c'est pourquoi on n'y va
guère. Depuis Fédalle jusqu'à Salé le fond est fort plat, et à
une lieue de terre il n'y a que 20 brasses d'eau.

Ainsi paroît la terre entre Salé et l'isle Fédalle, quand elle
est au Sud-Est de vous quatre ou cinq lieues.

Terres de Fédalle à Azamor.

DE Fédalle à Azamor, la côte court au Sud-Ouest 23 ou 24 lieues : ce sont presque toutes hautes terres sur le pays, mais au bord de la mer il y a encore des basses terres : à deux ou trois lieues de Fédalle, étant près de terre, on voit une ville ruinée, qui est tout sur le bord de la mer ; cette ville étoit autrefois nommée *Anse*, mais à présent on l'appelle la ville des *Fourmis*, parce que ces insectes on fait abandonner cette ville, et il n'y peut demeurer personne.

Tout le long de cette côte on voit quantité de falaises rouges qui sont par taches, qu'on prendroit de loin pour des maisons : environ à moitié chemin de la ville des Fourmis à Azamor, on voit encore une ville ruinée nommée *Liones*.

Azamor est une ville située sur une petite éminence du côté Est d'une pointe qui avance en mer, et hors de cette pointe sort encore une pointe de sable sous l'eau, qui met bien trois quarts de lieue au large, à laquelle il faut donner tour ; à l'Ouest d'Azamor est une rivière, mais elle n'est point navigable : on voit quantité de maisons et de tours aux environs de cette rivière ; on peut aussi mouiller l'ancre devant, à 15, 16 ou 20 brasses d'eau, fond sable : ce lieu n'est guère fréquenté.

Ainsi paroit la terre au Sud de Fédalle, quand on la côtoie de près.

Mazagan.

A cinq lieues au Sud-Ouest d'Azamor, sur une falaise blanche, est située la ville de **Mazagan** qui appartient aux Portugais : elle paroît comme une tache blanche le long des côtes ; il y a bon mouillage devant cette ville à 10 ou 15 brasses d'eau, mais il faut être un peu à l'Est de la ville, car à l'Ouest il y a un banc de roches qui couvre de pleine mer, et qui met bien trois quarts de lieue ou une lieue au large.

Cap blanc.

TROIS grandes lieues à l'Ouest Sud-Ouest de Mazagan est le cap blanc, c'est toutes hautes terres doubles entre les deux ; le cap blanc est une falaise escarpée et blanche qui avance en mer, c'est pourquoi

pourquoi on nomme ce lieu le *Cap blanc* ; à moitié chemin de ce cap à Mazagan, on voit une ville ruinée qui a une haute tour, qui paroît de bien loin : environ une lieue à l'Ouest du cap blanc est la petite isle de Deuxales, qui est éloignée de terre d'une petite demi-lieue.

Ainsi paroît la terre entre Azamor et le cap blanc, quand on la côtoie.

Cap Cantin.

Du cap Blanc au cap Cantin, la côte court Ouest Sud-Ouest dix lieues ; entre les deux, le long du bord de la mer, cette terre est de moyenne hauteur, mais sur le pays c'est terre haute et double ; environ quatre lieues à l'Est de ce cap, est une grande anse de sable, qui est fort unie, et aussi le long de cette côte en la côtoyant de près, vous apercevez plusieurs tours et maisons, mais le cap de Cantin est une pointe unie qui vient toujours en baissant : en allant au bord de la mer au cap Cantin, il y a un banc de roches qui met bien une demi-lieue en mer, qu'il faut éviter : et au Sud de ce cap une grande lieue et demie, est encore une rangée de rochers sous l'eau, qui met bien une petite lieue au large : au Nord-Est du cap Cantin cinq ou six lieues, est un havre nommé *la Gouladie* ; les Turcs de Salé vont d'ordinaire dans ce port se rafraîchir : il est meilleur que la rivière de Salé, mais il n'est guère habité.

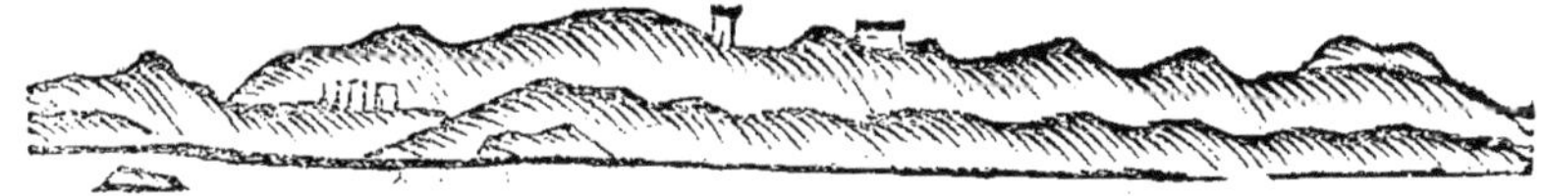

La terre, depuis le cap Blanc jusqu'au cap Cantin, paroît ainsi, quand on navigue le long de la côte.

Du cap Cantin au cap du Nord de Saffis.

Du cap Cantin au cap du Nord de la baie de Saffis, la côte court Sud quart Sud-Ouest huit lieues ; entre deux c'est toutes hautes terres sans aucune baie de sables, et tout le long de cette côte il y a quantité de rochers, mais la terre quoique haute est fort unie par-dessus ; il y a à ce cap du Nord de Saffis, des pointes

T

de sable qu'il faut éviter, car elles s'avancent bien un petit quart de lieue en mer.

Ainsi paroît la terre entre le cap Cantin et le cap du Nord de Saffis, quand elle est éloignée de vous à l'Est Sud-Est.

Quand le cap Cantin est au Nord-Est quart Est de vous huit ou neuf lieues, et la pointe de Saffis cinq lieues à l'Est Sud-Est, la terre paroît ainsi.

Quand la pointe du Nord de Saffis est à six lieues de vous au Sud-Est, elle paroît ainsi.

Rade de Saffis.

DEUX grandes lieues au Sud-Est quart Est du cap du Nord de Saffis, est la ville de Saffis sur un côteau, devant laquelle on mouille l'ancre à 15, 16 ou 20 brasses d'eau ; à l'Ouest Sud-Ouest de la

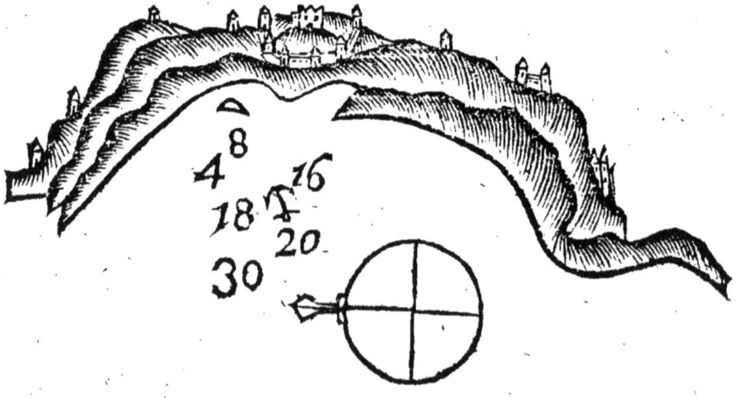

ville, le fond est de sable fin, et c'est la rade commune pour l'été, mais pour l'hiver il faut mouiller à l'Ouest de la ville, à 28 ou 30 brasses d'eau, fond de gros sable.

Pointe du Sud de Saffis.

De la ville Saffis à la pointe du Sud de la baie de Saffis, la côte court au Sud-Ouest quart de Sud quatre lieues; ce sont toutes hautes terres entre les deux, mais cette pointe est fort basse, et à trois lieues de-là au Sud-Ouest, est encore une haute pointe escarpée, qui est fort rocheuse: de l'autre côté de cette pointe est la rivière de Tansit que l'on dit descendre de Maroc: la pointe du Sud de la baie de Saffis, a une pointe de sable qui s'avance en mer bien une portée de fusil, dont il faut se garder.

Isle Mogodor.

De la pointe du Sud de Saffis à l'isle de Mogodor, la côte court Sud-Ouest quart de Sud huit ou neuf lieues; mais de la pointe du Nord de Saffis jusqu'à ladite isle de Mogodor, la route est le Sud quart Sud-Ouest 15 ou 16 lieues, on peut mouiller entre l'isle Mogogor et la terre ferme à trois ou quatre brasses d'eau; ou plus au-dedans et à une ou deux brasses et demie d'eau: la tenue y est fort bonne, mais la ressaque y est grande, car la mer y roule incessamment, ce qui fait qu'on n'y va guère.

Le long de la terre ferme il y a plusieurs rochers sous l'eau, mais au large il y en a dessus l'eau, qui sont les plus proches de l'isle, et on passe entre eux et l'isle; quand on les a doublés, il faut rapprocher la terre et mouiller ainsi qu'il a été dit ci-devant: au Sud de cette isle, entre la terre et elle, il n'y a nul passage à cause des roches qui sont entre deux: comme aussi d'un banc qui part de la terre ferme et qui s'écarte bien une lieue au large et davantage; c'est toute terre haute entre Saffis et cette isle.

Ainsi paroît la terre au Sud-Ouest de la pointe du Sud de Saffis, quand elle est à trois ou quatre lieues de vous à l'Est Sud-Est.

Quand on est par le travers de Mogodor à trois lieues, la terre paroît ainsi.

T 2

Cap de Tafelane.

De l'isle Mogodor au cap de Tafelane, la côte est Sud-Ouest quart Sud environ 15 lieues ; la terre est assez haute et double entre les deux : mais près du cap de Tafelane, il y a un défaut de terre qui paroît comme l'ouverture d'une grande rivière, et ce n'est qu'une basse terre de sable blanc, qui est fort basse, et le cap de Tafelane aussi vient fort en baissant.

Ainsi paroît la terre entre l'isle Mogodor et le cap de Tafelane, quand on la côtoie de près.

Cap de Géer.

Du cap de Tafelane jusqu'au cap Géer, la côte s'étend au Sud quart Sud-Ouest 10 lieues, la terre entre les deux est fort haute, et fait une grande anse où il y a fort bon mouillage à 10, 12, ou 13 brasses d'eau fond de sable : du cap de Géer s'étend un banc de sable qui met bien une demi-lieue au large.

Ainsi paroît la terre entre le cap de Talefane et le cap de Géer, quand le cap de Talefane est Nord-Est de vous deux ou trois lieues.

Quand le cap de Géer est au Nord Nord-Est de vous deux ou trois lieues, il se montre ainsi : la baie de Sainte-Croix est alors à l'Est quart Sud-Est de vous.

Sainte-Croix.

Du cap Géer à Ste.-Croix, la côte s'étend au Sud-Est cinq à six grandes lieues : le cap Géer n'est guère haut à son extrémité, mais il va en montant peu-à-peu, laissant ensuite des hautes montagnes qui continuent jusqu'à la ville Sainte-Croix. Environ moitié chemin de Ste.-Croix au cap de Géer, est la ville de Tamara sur une haute montagne, mais on ne mouille point devant, parce que le fond y est rocheux, mais devant Ste-Croix le fond y est de beau sable fin, et la tenue fort bonne. La ville est sur une montagne avec une muraille double qui vient au bord de la mer, et deux petits châteaux qui sont contigus auxdites murailles, dont l'une est au bord de la mer, et l'autre à moitié de la montagne; ainsi Sainte-Croix est très-facile à connoître, joint à ce que du côté du Sud les terres sont très-basses et sablonneuses, ce qui ne se voit point du côté du Nord : on y mouille à 10, 9, 8 ou 7 brasses d'eau, par-tout bon fond. *Les marées y sont de trois heures, et la mer n'y monte et descend qu'une brasse ou environ.* Nous en avons mis la démonstration ci-après.

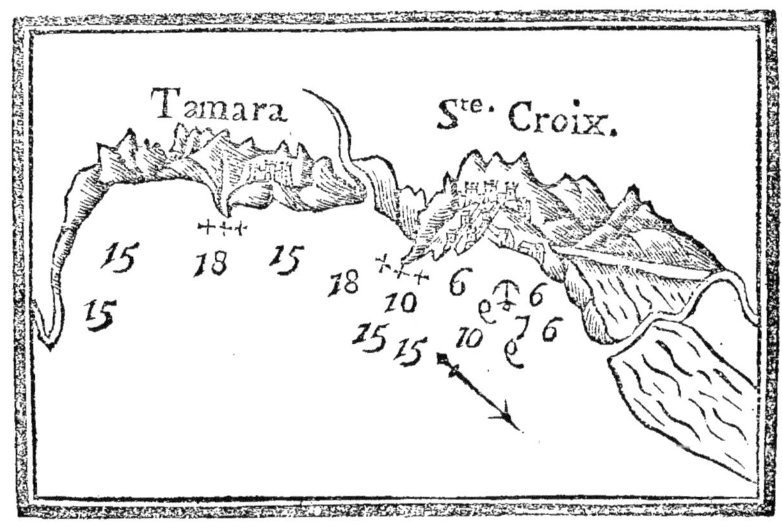

Cap de Gillon.

De S^te.-Croix au cap de Gillon, la route est Sud-Ouest quart Sud 15 lieues; ce sont toutes terres hautes et doubles entre les deux, mais la terre refuit beaucoup en-dedans, faisant une grande anse quand on part de Sainte-Croix.

Cap de Non.

Du cap Gillon au cap de Non, la côte court au Sud Sud-Ouest 17 lieues; les terres entre les deux sont de moyenne hauteur : le cap de Non avance beaucoup en mer, et au Sud est la rivière d'Orado, devant laquelle il y a bon mouillage, à huit ou dix brasses d'eau fond de sable.

Cap de Bojador.

Du cap de Non au cap Bojador, la route est Sud-Ouest quart Ouest 82 lieues : les terres tout le long de cette côte sont hautes et doubles, dont la plupart font plusieurs baies, mais elles sont toutes peu connues, n'étant fréquentées que par des barques des Canaries, qui vont y faire la pêche des Sardes et autres poissons qu'ils salent.

Cap de Barbas.

Du cap de Bojador au cap de Barbas, la côte court Sud-Ouest quart Sud, prenant quatre degrés au Sud : il y a de l'un à l'autre cent lieues ; la côte entre les deux est peu fréquentée, si ce n'est des barques espagnoles et portugaises qui y vont aussi faire la pêche des Sardes et autres poissons.

Cap blanc.

Du cap de Sardes au cap blanc, la côte court Sud quart Sud-Ouest 26 lieues ; c'est toute basse terre de sable blanc fort uni : tout le long de cette côte il y a peu d'eau, car à une lieue de terre on n'a que dix ou douze brasses d'eau ; à deux ou trois lieues vingt à vingt-cinq brasses : toute cette mer est fort pleine de poisson ; à trois lieues de terre au Nord-Ouest du cap blanc, il y a un islet fort bas, qui a des sables tout-au-tour, c'est pourquoi on y doit bien prendre garde ; on peut en passer à terre quand on veut aller au Cap blanc ou à Arguin : si vous voulez aller à Arguin, il faut ranger le Cap blanc à une lieue, et doubler en faisant Est quart Sud-Est, et ainsi faisant, vous ne manquerez pas à aller trouver ledit islet d'Arguin, il en faut passer au Nord, car le côté du Sud est plein de bancs de sable ; quand vous êtes au-dedans, vous mouillez où il vous plaît à sept ou huit brasses d'eau : si vous voulez aller plus au Sud le long de cette côte, il vous faut prendre un maure pour vous piloter, parce qu'il y a quantité de bancs et d'écueils le long.

Banc Del-Grase et Sénégal.

Deux lieues Sud Sud-Ouest du Cap blanc est la pointe du Nord d'un banc nommé *Séché Del-Grase ;* ce banc est fort dangereux, et un navire ne peut passer dessus ; il y a des endroits où il y a une brasse d'eau, à d'autres, deux, parfois cinq ou six, et d'autres qui viennent à fleur d'eau ou à sec. Ce banc est long de 36 à 38 lieues Nord et Sud, et large presque d'autant ; il est de figure triangulaire. Quand on part du cap blanc pour aller au Sénégal , il faut faire Ouest Sud-Ouest 15 ou 16 lieues , et après faire le Sud droit debout jusqu'à la latitude de 18 deg. 30 min. puis faire le Sud-Est pour aller trouver la grande Palme , et après vous côtoyez la côte en faisant le Sud ; ce sont toutes dunes de sable. Environ 8 ou 10 lieues de la grande Palme est encore une autre Palme qui est un grand arbre , mais non pas si haut que la grande , et à huit ou dix lieues Nord de la barre de la rivière de Sénégal , on voit encore un bouquet d'arbres avec un Palmiste , ce qui facilite à trouver l'entrée de cette rivière , car l'ouverture ne paroît nullement de la mer , et ces terres n'ont presque point de lieux de remarque.

Cap Verd.

Du Sénégal au cap Verd , la côte court Sud-Ouest vingt-quatre à vingt-cinq lieues ; ce cap est nommé *le cap Verd* , parce qu'il est toujours verd ; il est fort haut, escarpé et plein d'arbres au-dessus : un peu au Nord-Est de ce cap, il y a deux hautes montagnes rondes qui aident beaucoup pour la connoissance du cap Verd , il y a une roche audit cap qui met bien une lieue au large : dudit cap Verd au cap Manuel, la côte court Sud-Est six lieues , c'est toutes terres escarpées et couvertes d'arbres au-dessus : il y a deux ou trois isles le long de la terre qui sont des rochers escarpés. Le cap Manuel est celui qui fait l'entrée de la rade du cap Verd, où est l'islet de Gorée ; cet islet est au Nord-Est quart Est du cap Manuel deux bonnes lieues ; il est long d'une demi-lieue, ayant une petite montagne ,

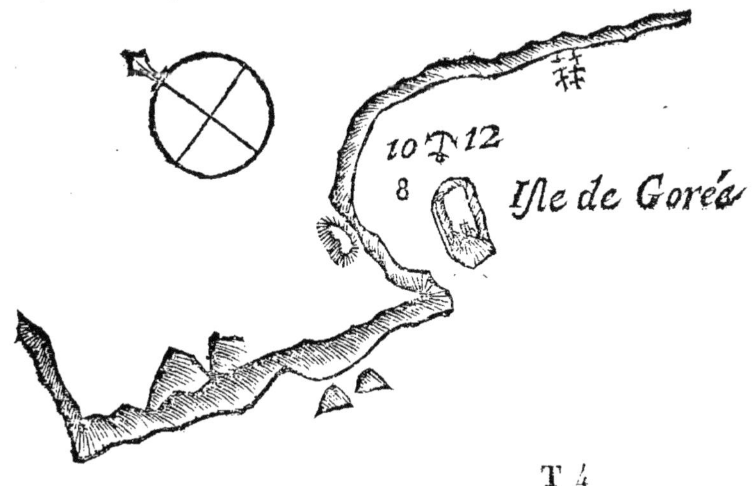

sur laquelle il y a une forteresse ; au pied, sur le plat pays,
il y en a encore une autre : quand on veut mouiller en cette rade,
on passe au Sud de cet islet, et l'ayant doublé, vous gouvernez
au Nord-Est pour venir mouiller entre la terre et lui à 10 ou 12
brasses d'eau, fond de sable gris. Le village des Nègres est au
Nord Nord-Ouest de l'islet sur la terre ferme ; on fait de l'eau
auprès de ce village à un petit étang dans le sable, qui est à 30
ou 40 pas du bord de la mer.

RADE ET VILLE D'ANGRA,

En l'isle Tercère.

L'ISLE Tercère est la troisième isle des Açores qu'on rencontre
en venant de Portugal allant à l'Ouest : pour ce sujet les
Portugais qui l'habitent lui ont donné le nom de *Tercère ;* c'est
la mieux habitée de toutes les isles des Açores, et où réside le vice-
roi ; elle est aussi la plus fréquentée des étrangers, et la plus fertile
en tout ce qui est nécessaire à la vie, ayant aussi la meilleure rade
de toutes les isles des Açores, située sous la ville d'Angra. Cette
ville est par la latitude de 39 degrés 30 minutes Nord, et par la
longitude occidentale, de 29 degrés 33 minutes, prenant son
premier méridien à l'observatoire de Paris. Cette isle est assez
haute, et on la peut voir de 12 ou 15 lieues de beau temps ; la
rade est du côté du Sud sous la ville d'Angra : elle est dans une
grande anse de roches ou falaises fort escarpées, ce qui fait que de
mauvais temps on n'y peut pas descendre : du côté de l'Ouest de
la ville, il y a une pointe avec deux fort hautes montagnes, sur
lesquelles il y a un petit château où l'on fait signal quand on voit
des navires au pied de ces montagnes ; au Sud il y a un petit
château sur un roc nommé *Saint-Antoine,* et à l'Est de la ville
sur une pointe de rochers fort elevés est un bon château nommé
le fort Saint-Sébastien ; entre ces deux pointes est la rade de
Tercère, où on mouille depuis 10 brasses jusqu'à 40 brasses
d'eau, fond de sable : quand les vents viennent au Sud-Ouest
ou au Sud, ou au Sud-Est et à l'Est, il faut lever l'ancre et
mettre à la voile, car la mer est épouvantable en cette rade, et
si le navire venoit à la côte, il n'y auroit nulle sauveté de corps
c'est pourquoi, quand ceux de terre voient que le mauvais temps
veut venir, ils sonnent une cloche pour avertir d'appareiller ou
d'abandonner le navire, et venir à terre ; ils connoissent quand

il doit faire mauvais temps avant qu'il vienne, par les vapeurs qui sortent des montagnes, mais à la réserve des vents ci-dessus nommés, on y est à l'abri de tous les autres vents, et cette rade est fort fréquentée tant des étrangers que des navires qui viennent du Brésil et des Indes orientales, qui y touchent en allant en Portugal. Nous avons mis ci-dessous le plan de cette rade pour pouvoir mieux se gouverner.

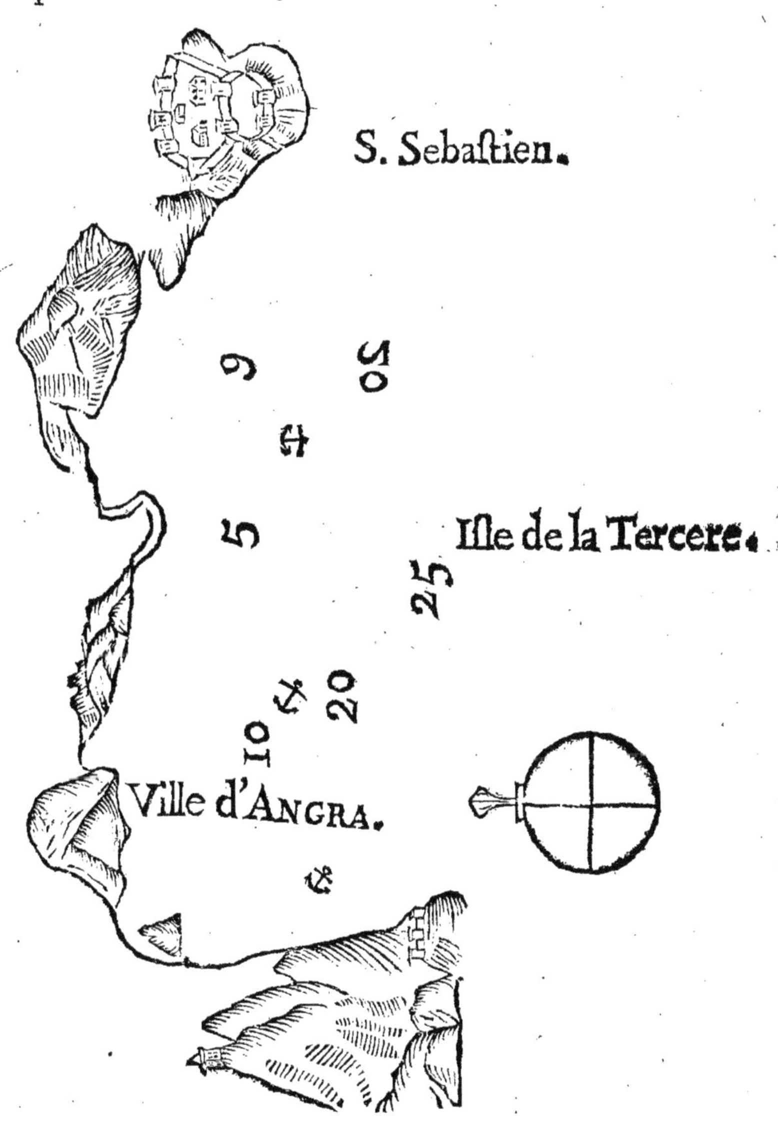

ISLE DE MADÈRE.

MADÈRE est une isle fort haute, qui se peut voir de plus de 20 lieues de beau temps, c'est une des meilleures isles de l'Europe, ayant de tout en abondance : on y charge quantité de sucre et des confitures sèches, et sur-tout quantité de vin. Cette isle est par la latitude de 32 degrés 38 minutes Nord et par la longitude de 19 degrés 16 minutes occidentale : elle a trois villes du côté du Sud, sous lesquelles on mouille ; savoir, Sainte-Croix qui est auprès de la pointe de l'Est, au-dedans des isles désertes, où on mouille à 20 ou 30 brasses d'eau.

Il y a encore un autre mouillage sous la ville de Marassillo qui est au Sud-Ouest de ladite isle, mais la meilleure rade est sous la ville de Fonchal, où on mouille depuis 20 brasses jusqu'à 40. Les petits navires peuvent mouiller au-dessous d'un gros rocher que l'on nomme *le Lion*, et s'amarrer sur ce rocher, mettant des ancres du côté de terre, mais la mer y est fort grosse de mauvais temps. Les navires qui sont en cette rade sont obligés de lever l'ancre et d'appareiller quand il fait vent de Sud Sud-Ouest ou Sud-Est. Cette isle est longue de 15 ou 16 lieues Ouest Sud-Ouest et Est Nord-Est : elle a au bout Est plusieurs petites isles nommées *les Désertes*, qui mettent bien quatre ou cinq lieues au large du côté du Sud-Est. Quand on vient de l'Est, et qu'on approche de ces isles, on voit un haut rocher tout seul près d'elles, qui ressemble vraiment à un navire, il y a passage entre Madère et ces isles, en rangeant l'isle Déserte de plus près que Madère ; la rade de Fonchal est fort fréquentée des étrangers, particu-lièrement des Français et Anglais qui y chargent du vin pour porter en Amérique, et les Portugais y en chargent aussi pour porter au Brésil et aux indes orientales. Ce vin n'aigrit jamais, et se conserve fort bien en mer. Nous avons mis ci-après la démonstration de cette isle.

Comme la rade de l'isle de Porto-Sancto est mal marquée sur toutes les cartes et livres, et qu'elle est beaucoup meilleure que celle de Madère, comme étant plus close, et qu'il n'y a que les vents Sud et Sud-Est qui battent dedans, joint que la tenue y est fort bonne, et qu'on peut faire de l'eau et autres rafraîchissemens à meilleur compte qu'à Madère, j'ai cru qu'il étoit bon d'en augmenter en cette édition, comme étant plus propre pour relâcher aux navires qui passent par cet endroit, et qui ont besoin de rafraîchissemens que n'ont pas celle de Madère, comme

je l'ai expérimenté en plusieurs voyages. J'ai mis ici la démonstration qui suit, sur laquelle on se pourra gouverner, en laissant
celle qui est sur les autres livres, puisque la démonstration n'y
est nullement conforme à la vérité ; mais ceux qui voudroient
avoir beaucoup de vin et de confitures, il faudroit aller à Madère,
car ils en trouveroient peu en cet endroit, mais beaucoup d'eau et
de viande, et avec plus de facilité et à meilleur marché qu'à Madère.

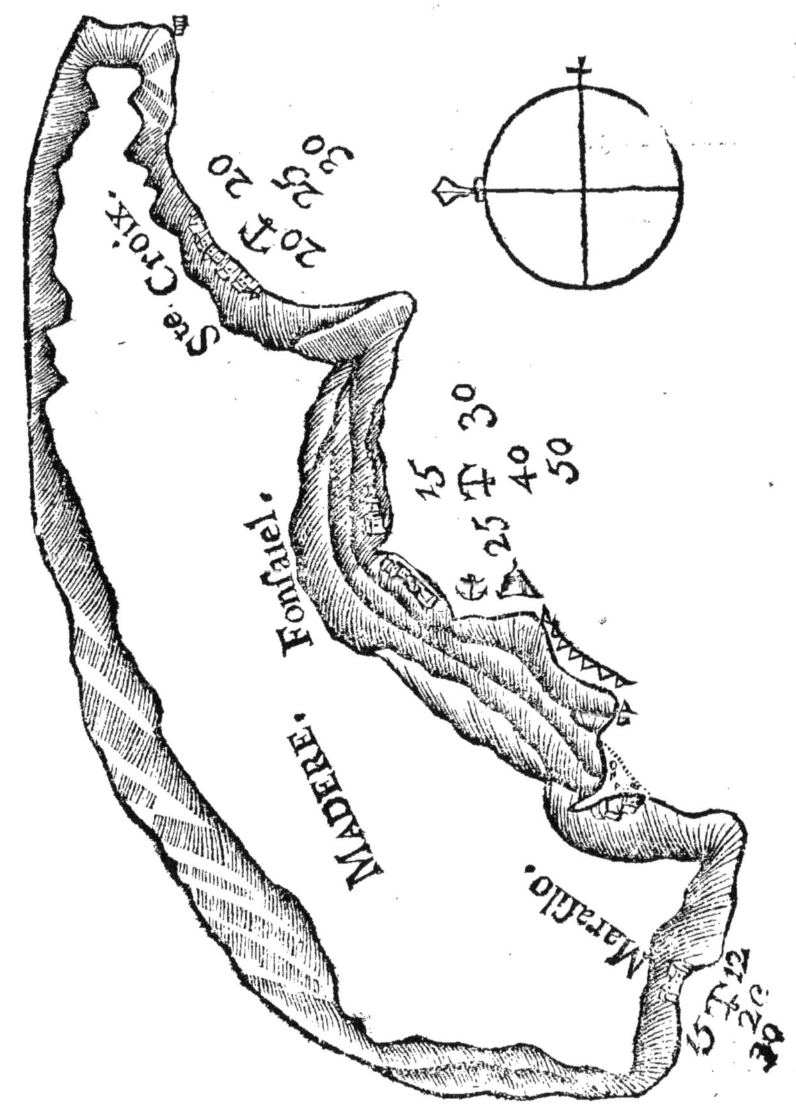

Remarque nouvellement découverte.

Le sieur François Doublet, d'Honfleur, m'a dit que lorsqu'il commandoit une petite frégate en course contre les Hollandais et Espagnols, qu'étant à trois lieues Nord-Est du milieu de l'isle de Porto-Sancto, il se seroit trouvé sur un banc de roches où il n'y avoit au plus profond que 13 pieds d'eau, et qu'il y trouva encore quelques débris d'un navire qui y avoit été perdu, et que ce banc est de la longueur d'un câble en largeur, et autant en longueur : c'est à quoi ceux qui naviguent en cet endroit doivent avoir égard.

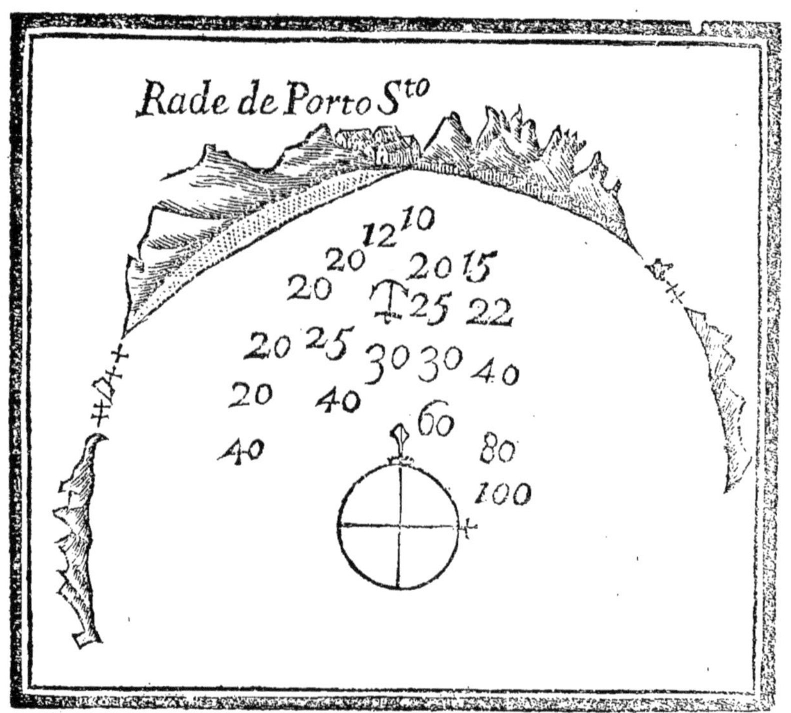

GRANDE CANARIE.

LA grande Canarie est une des meilleures isles des Canaries ; elle est située par la latitude de 27 degrés 45 minutes Nord, et par la longitude occidentale de 17 degrés 57 minutes : c'est une isle fort haute. La ville capitale où demeure l'Evêque est du côté

de l'Est dans une grande anse, qui a un château au Nord-Est
de la ville ; on mouille entre ce château et la ville à 10, 12 ou
15 brasses d'eau fond de sable : au Sud de la ville il y a quantité
de rochers sous l'eau dont on doit se garder. Nous avons mis la
démonstration de cette isle pour plus de facilité.

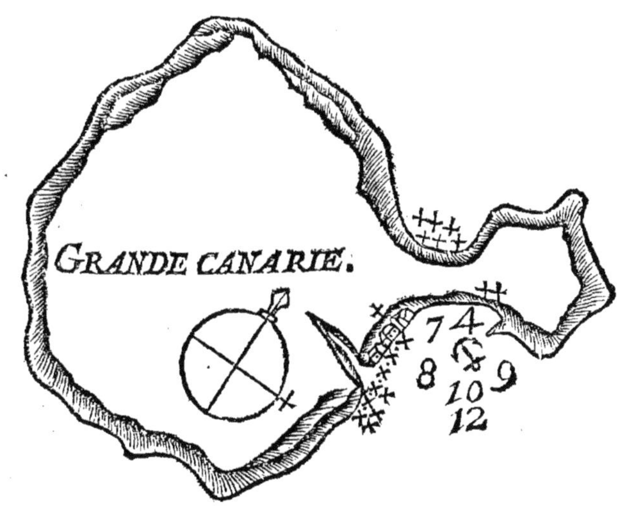

Isle de Ténérife.

Du bout de l'Ouest de la grande Canarie au côté de l'Est de
l'isle de Ténérife, il y a 12 lieues de l'une à l'autre. Ténérife est la
meilleure isle de toutes les Canaries et la plus habitée : elle a deux
bonnes villes sur le bord de la mer, la première du côté du
Nord, se nomme *Garachique ;* il y a un havre dans lequel il peut
entrer des navires de deux ou trois cents tonneaux, mais de mauvais temps la mer y est fort grosse : on y mouille à trois ou quatre
brasses d'eau. Ce havre a quantité de rochers à l'entrée des
deux côtés : on passe par le mi-canal pour y entrer. Au dehors de
ce havre, du côté Ouest de lui jusqu'à la pointe de l'Ouest de
l'isle, il y a plusieurs bancs et roches qui mettent bien au large,
desquels on se doit garder ; il ne faut pas approcher la terre d'une
grande lieue, mais au reste de ces bancs, l'isle est nette tout autour.
Il y a encore une autre ville du côté de l'Est nommée Sainte-Croix,
devant laquelle on mouille à 15, 20 ou 30 brasses d'eau fond de
sable : il y a encore plusieurs petits mouillages, mais ils sont peu
fréquentés. L'isle de Ténérife a une montagne que l'on dit être la
plus haute du monde, elle se peut voir à plus de 40 lieues, et on

la nomme *le Pic des Canaries* : nous avons mis la démonstration
de cette isle ci-après. Ténérife est par la latitude de 28 degrés
17 minutes Nord , et par 19 degrés de longitude occidentale ,
prenant le premier à Paris.

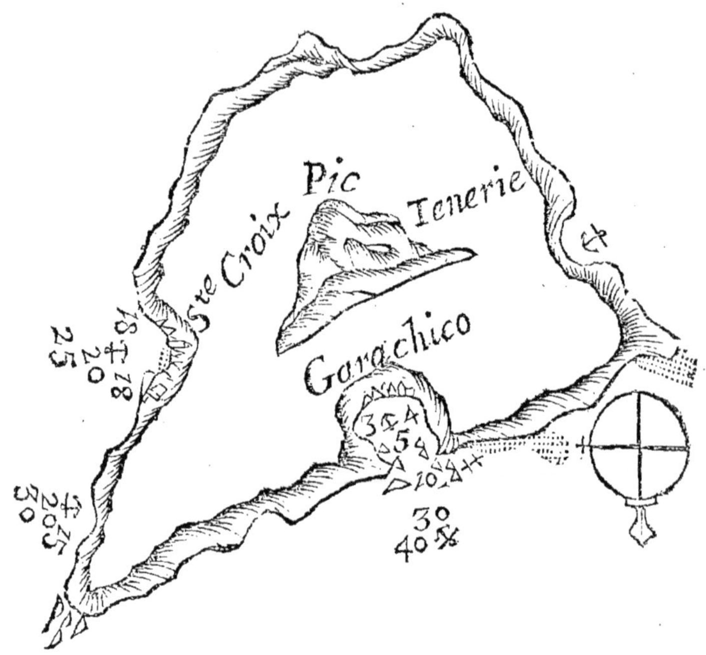

Isle de Palme.

De Ténérife à Palme il y a 18 lieues Ouest Nord-Ouest ; cette
isle est fort haute , et se peut voir de plus de 20 lieues ; elle a
une bonne rade du côté de l'Est
Sud-Est devant la ville , on y
mouille depuis 10 jusqu'à 20
brasses d'eau , on charge à
Palme quantité de vin de Passe.
Cette isle est par la latitude de
28 degrés 38 minutes Nord , et
par la longitude de 20 degrés
18 min occid. Elle est habitée
des Espagnols , comme aussi
toutes les autres isles des Canaries. Nous parlerons seulement

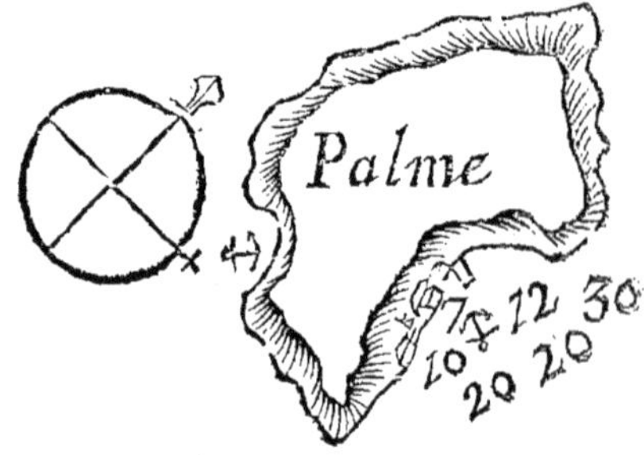

de ces trois isles , et de celle de Madère et Tercère , comme étant celles qui sont les plus fréquentées, tant des navires qui y chargent, que des navires qui vont aux isles de l'Amérique ou aux Indes orientales, qui sont souvent obligés d'y relâcher pour leurs rafraîchissements.

ISLES DU CAP VERD.

De l'isle de Bona-Vista.

L'ISLE de Bona-Vista est une des premières isles du cap Verd, quand on vient de l'Est ; elle est située par la latitude de 16 degrés 6 min. Nord, et par la longitude de 25 degrés 6 min. occidentale. Cette isle est longue d'environ six lieues et large de trois ; elle est fort haute avec plusieurs montagnes pointues, et il y a deux mouillages, savoir, un du côté de l'Ouest, vis-à-vis d'une grande saline, où on charge beaucoup de sel qui s'y fait de lui-même : devant elle il y a un islet long d'environ une demi-lieue. Il semble quand on vient de l'Est qu'il y a passage entre cet islet et la terre, mais il n'y en a point, car cet islet est fermé par le côté du Nord avec quantité de roches sous l'eau qui vont jusqu'à l'isle de Bona-Vista. Quand donc on vient de la mer ou de l'Est, il faut passer en-dehors de cet islet en le rangeant de proche à 8 ou 10 brasses d'eau fond de sable, et venir jusques sous le bout du Sud dudit islet, où vous mouillez à 6 ou 7 brasses d'eau si vous êtes dans un grand navire, car si vous étiez dans un petit, vous passeriez jusqu'au dedans de la pointe du Sud de cet islet, et mouilleriez à trois brasses et demie ou quatre

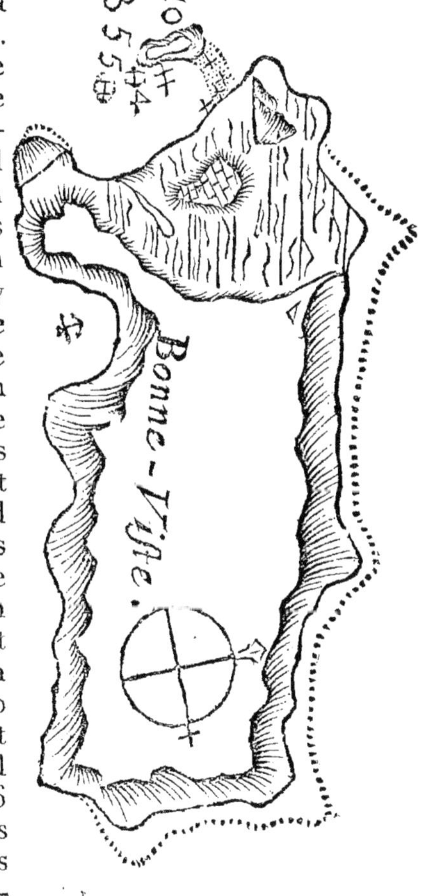

brasses d'eau ; le fond est par-tout de sable : environ à un quart de lieue de cet islet au Sud, il y a un banc de roches long de la longueur d'un câble, duquel on se doit donner de garde ; il n'est point marqué ni sur les cartes ni sur les livres de navigation, et ne laisse pas néanmoins d'être où nous le plaçons vis-à-vis de cet islet. Sur l'isle de Bona-Vista environ deux cents pas du bord de la mer, il y a une petite rivière qui se perd dans le sable ; mais on peut bien faire de l'eau auprès de sa source : cette isle est aux Portugais, et n'est habitée que de 3o ou 4o personnes, elle n'est fertile qu'en viande, étant stérile en toute autre chose. La seconde rade de l'isle est du côté du Sud dans une grande anse, où on mouille à 15 ou 16 brasses d'eau : on fait de l'eau en cette anse à un puits que les Portugais y ont fait. Cette isle est fort nette du côté de l'Ouest et du Sud, mais des côtés de l'Est du Nord-Est et du Sud-Est, elle a quantité de pointes de roches, dont quelques-unes avancent plus d'une demi-lieue en mer, dont il se faut garder. Nous avons mis ci-devant la démontration de cette ville.

Quand on part de Bona-Vista pour aller à Saint-Yago, il se faut donner de garde d'un banc de roches qui est droit en route ; il est long de deux longueurs de câble et large d'autant, et brise continuellement.

Saint-Yago.

DE Bona-Vista à S. Yago la route est Sud-Ouest et Sud-Ouest quart Sud 18 lieues ; l'isle de S. Yago est fort haute et montagneuse, et néanmoins la meilleure de toutes les isles du cap Verd, où réside le vice-roi et l'évêque ; elle est située par la latitude de 14 degrés 54 minutes, et par la longitude de 25 degrés 52 min. occidentale ; elle a deux mouillages du côté du Sud ; le premier est le port de Playe dans une grande anse ou baie qui entre bien une demi-lieue en terre, et on y mouille à huit ou dix brasses d'eau fond de sable. Cette rade est la meilleure de toute l'isle : on y fait de l'eau à un puits qui est au bord la mer. Cette baie est fort nette, n'y ayant aucune saleté qui vous puisse faire de mal ; mais à la pointe de Ouest de l'entrée, il y a un petit banc de roches qui met un quart de lieue en mer, dont on doit se donner de garde quand on va à S. Yago. La rade de S. Yago est distante de Playe d'environ trois lieues ; quand on passe par la pointe de l'Ouest de la Playe ou *Prayt*, on peut ranger la terre de près jusques sous la ville de Saint-Yago, où on mouille l'ancre à douze ou quinze brasses d'eau, fond de sable et de roches qui gâtent et coupent les câbles ; les petits navires mouillent au-dedans des

deux

deux petites isles ou ro-
chers qui sont près de
terre ; on fait de l'eau à
S. Yago tout sur le bord de
la mer auprès d'un corps-
de-garde qui est au pied de
la muraille de la ville ; mais
il est bon de n'en faire que
de nuit, à cause que cette
rivière passe par le milieu
de la ville, et que les nègres
y jettent des immondices.

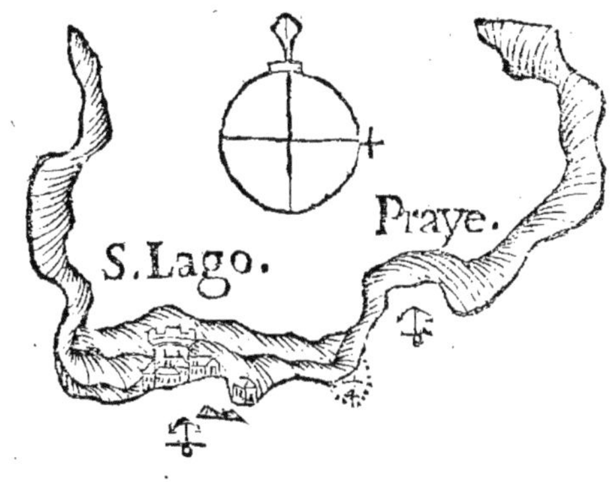

Nous avons mis la démonstration de ces deux rades ci-dessus.

Rade de Saint-Vincent et de Saint-Antoine.

SAINT Vincent et Saint-Antoine sont deux isles les plus à
l'Ouest de toutes celles du cap Verd ; elles sont par la latitude
de 17 degrés 12 minutes Nord, et par la longitude de 27 degrés
22 minutes occidentale ; il y a fort bon mouillage sous ces
isles, savoir, au côté de l'Ouest de Saint-Vincent et au côté de

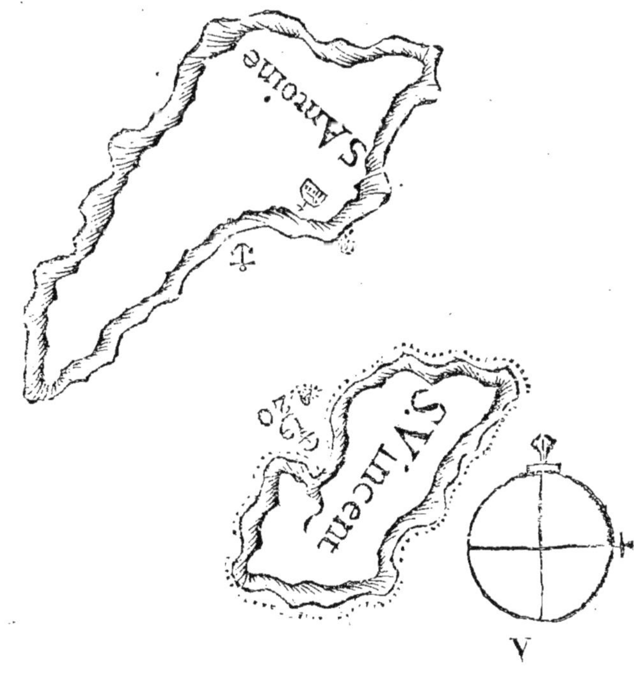

l'Est de S. Antoine : si vous voulez mouiller à S. Vincent, il vous faut ranger l'isle à un quart ou demi-lieue, jusqu'à ce que vous soyez près un gros islet ou rocher que vous laissez à bâbord, quand vous venez du Nord en distance d'un petit quart de lieue : sitôt que vous l'avez doublé, vous mettez le cap au Sud-Est dans une grande anse ou baie qui y est, où vous mouillez l'ancre à 12 ou 15 brasses d'eau, fond de sable : au fond de cette anse, il y a une petite rivière où on fait de l'eau ; tout le long de la côte de l'Ouest de Saint-Vincent il y a fort bon mouillage à 20 ou 3o brasses d'eau : cette isle est inhabitée.

Si on veut mouiller à Saint-Antoine, on range l'isle du côté du Sud-Est à une petite demi-lieue, jusqu'à ce qu'on soit devant une grande anse pleine d'arbres, et où on voit quelques maisons, on approche de terre et on mouille dans cette anse à 18 ou 20 brasses d'eau, fond de sable et de roches. Cette isle est habitée de quelques portugais et nègres qui y demeurent. J'ai inséré toutes ces rades en ce petit volume pour la facilité de ceux qui vont aux Indes et à l'Amérique, et qui sont obligés quelquefois d'y relâcher pour se rafraîchir.

PRINCIPAUX PORTS ET BAIES,

Où les navires vont d'ordinaire tant en allant qu'en revenant des Indes orientales, avec leurs démonstrations, et une table des Variations que l'on trouve tant en allant qu'en revenant desdites Indes.

Baié de Saldagne.

Environ 3o lieues au Nord du cap de Bonne-Espérance, par la latitude de 33 degrés 3o min. et par la longitude de 19 degrés 41 minutes orientale, est la baie de Saldagne, la côte entre les deux est fort haute et montagneuse, et environ à moitié chemin de l'un à l'autre est une isle inhabitée, qui a quelques rochers tout autour : il y a pourtant mouillage du côté de l'Est, à 10 ou 15 brasses d'eau, fond de sable. La baie de Saldagne est grande, spacieuse et fort nette en son entrée, si ce n'est une roche qui est le long de la pointe du Nord, mais elle est fort près de terre : à la pointe du Sud il y a une petite isle nommée *l'isle aux Margaux*, et au-dedans il y a encore deux petites isles ; savoir, une tout le long de la terre du Nord, et une tout proche de la terre du Sud, et on passe entre les deux isles

quand on entre en cette baie, on trouve 15, 18, 20 et 25 brasses
d'eau. Quand on est au-dedans de ces isles, on court à l'Est tout
le long de la terre du Sud : puis quand on est doublé la seconde
pointe, on mouille l'ancre à six ou huit brasses d'eau, et on y est
à l'abri de tous les vents : au-dedans des deux isles dont nous

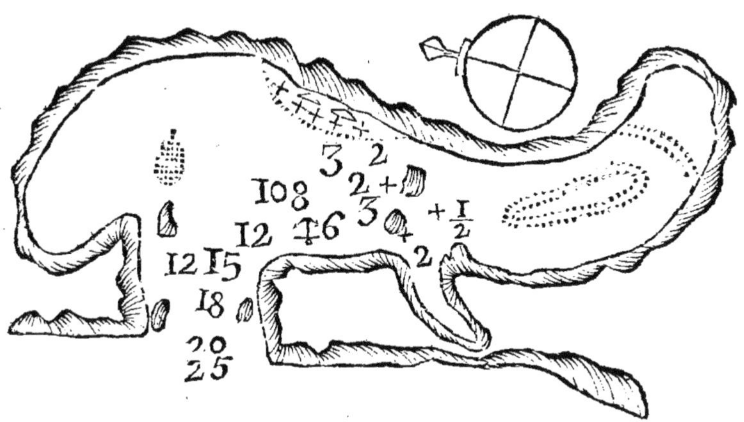

avons parlé, il y encore une isle et au bout un banc, mais vous
le laissez à bâbord, ne rangeant pas cette dernière isle de trop
près, à cause de quelques roches qui sont autour ; il y a encore
quelques autres isles et bancs au-dedans de cette baie, qui se
verront mieux par la démonstration ci-dessus que par tous les
raisonnemens que l'on en pourroit faire.

Table-Baie ou Baie de Table au Cap de Bonne-Espérance.

Le cap de Bonne-Espérance est à l'extrémité des terres d'A-
frique du côté du Sud ; il est par la latitude de 33 degrés 56
minutes au Sud de l'Equinoxial, et par la longitude de 16 degrés
quatre minutes orientale : c'est une terre fort haute autour de laquelle il y a plusieurs baies où l'on peut mouiller, mais la meilleure
de toutes est au Nord du cap de Bonne-Espérance, qui est habitée
par les Hollandais : les Anglais s'en sont emparés en 1806 : les navires y relâchent en allant et en revenant des Indes. Cette baie est
grande et spacieuse, ayant une isle au-devant nommée l'*Isle Robin,*
autour de laquelle on peut naviguer tant au Sud qu'au Nord : elle a
pourtant des roches au bout du Sud bien un grand quart de lieue
au large, mais du côté du Nord elle est fort nette, et il n'y a

nulle crainte à passer de ce côté-là, et on peut aller jusques sous
le château sans danger, et y mouiller à dix, huit ou six brasses
d'eau : on y est à couvert de presque tous les vents : à la pointe
de l'Ouest de cette baie, il y a quelques roches qui s'en écartent,
c'est pourquoi il ne faut pas la ranger de trop près ; quand on
passe par le Sud de l'isle Robin, il faut suivre le mi-canal entre
cette isle et la terre ferme, tant à cause des roches qui sont au
bout de l'isle Robin, que de quelques roches qui sont le long
de la terre ferme. Nous avons mis la démonstration de cette
baie ci-dessous, pour se mieux gouverner.

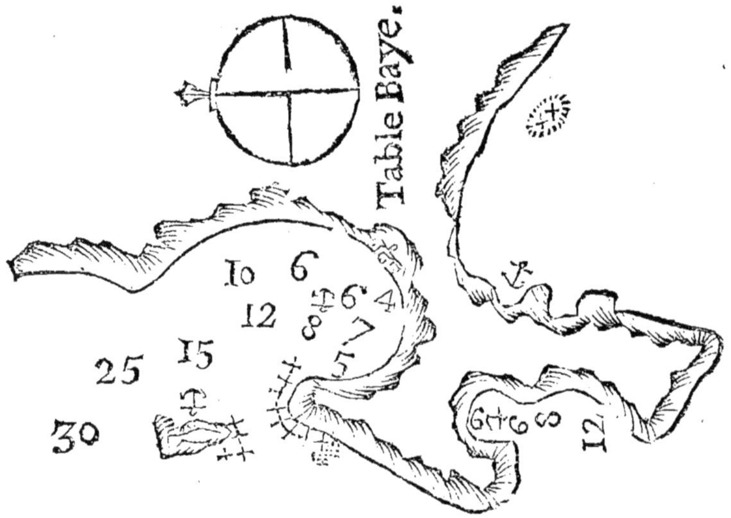

Baie de Saint-Augustin, en l'isle de Saint-Laurent.

Droit sous le Tropique du Capricorne, c'est-à-dire, par les
23 degrés 3o minutes de latitude Sud, par la longitude de 46
degrés 11 minutes orientale, est la baie de S. Augustin, sise au
côté Ouest de l'isle de Madagascar ou S. Laurent; c'est une grande
baie ouverte, où on peut relâcher pour faire de l'eau, quand on va
aux Indes ; cette baie s'avance beaucoup en terre du côté de l'Est,
et à l'entrée de cette baie à la pointe du Sud, il y a deux petites
isles plates qui sont pleines de roches tout autour bien deux
longueurs de câble à la mer ; il y a néanmoins passage entre ces
isles et la terre en suivant le mi-canal, on n'y trouve pas moins
que cinq brasses d'eau, mais le meilleur est de passer au-
dehors ; au long de la terre il y a aussi des roches qui s'avancent

en mer bien deux longeurs de câble ; ces roches continuent jusques sous une montagne pleine d'arbres, qui est bien à moitié chemin de la pointe de la baie jusqu'au fond ; alors la côte est nette, et on peut la ranger de proche sans danger. Au-dedans des isles qui sont à la pointe de l'entrée de cette baie, il y a six à sept brasses d'eau, et plus au-dedans on trouve 40, 20 ou 15 brasses d'eau, et tout au fond de la baie, on n'y trouve pas moins de 15 brasses. Il y a une isle au Sud-Est de cette baie tout proche de terre : entre elle et la terre du Sud, il y a un banc où il demeure sept ou huit brasses d'eau, et des deux côtés de ce banc 50 ou 60 brasses ; au Nord-Est de cette dernière isle, il y a un banc de roches à l'uni de l'eau : on mouille en cette baie le long de la terre du Sud, et nous avons mis la démonstration ci-dessous, par laquelle on se pourra mieux gouverner que par le raisonnement. On fait de l'eau tout au bout de cette baie dans une rivière qui y est.

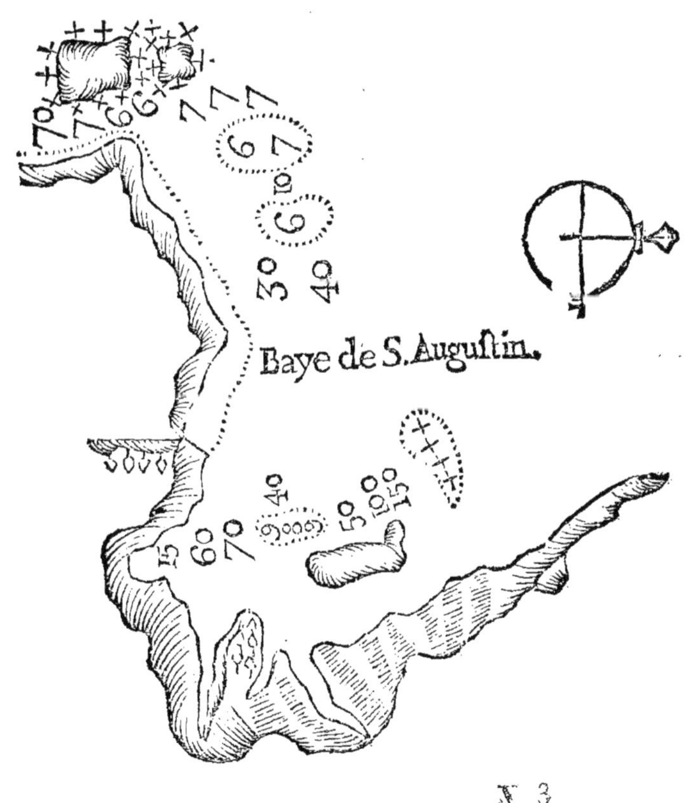

Baie de Mozambique.

Mozambique est une grande baie ouverte qui a quantité de bancs et de roches qui la ferment presque tout-à-fait ; elle a une isle au milieu possédée par les Portugais, qui y ont une fort bonne citadelle : quand on vient du côté de l'Ouest, on peut ranger la terre à une lieue ou plus proche, si l'on veut, jusqu'à la pointe de la baie, puis courir sur deux petits islets qui sont à l'Est Sud-Est de cette pointe, et n'entrer point en-dedans à

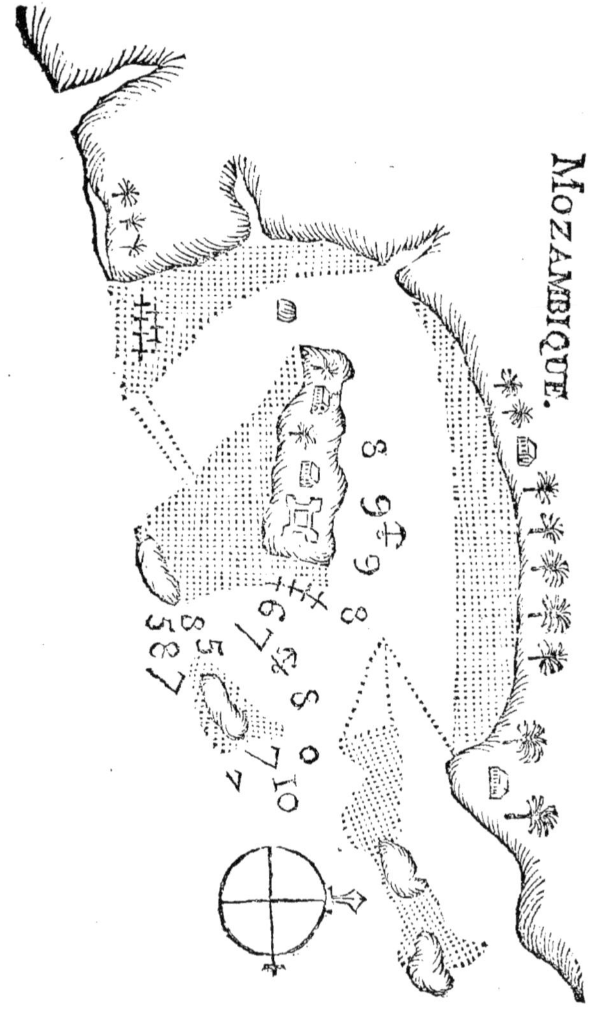

cause des bancs qui y sont ; il faut ranger ces petits islets en les laissant à bâbord de vous ; on peut passer entre les deux, si on veut, en suivant le mi-canal, car au bout de chacune de ces isles il y a des pointes de bancs qui avancent en mer ; le meilleur est de passer du côté de l'Est de la seconde isle, en lui donnant un peu de tour, à cause d'une pointe de sable qui y tient et qui s'avance en mer : quand on est au-dedans on y mouille à sept ou huit brasses d'eau, et on va à la citadelle pour avoir un pilote afin d'entrer au-dedans de la citadelle. La route de cette isle à la rade de Mozambique est environ Nord Nord-Ouest ; mais comme on passe entre deux bancs, il est bon d'avoir un pilote de terre ; quand on est au-dedans de la pointe de la citadelle au Nord-Est, il faut aller au Nord-Ouest, et mouiller l'ancre à huit ou neuf brasses d'eau. Le long de la côte du Nord il y a encore deux isles, qui tiennent l'une à l'autre par un banc qui les joint, et à l'Ouest il y a des bancs qui s'avancent jusques bien proche de la citadelle de Mozambique : il n'y a point de passage non plus entre ces deux isles et la terre du Nord. Nous avons mis la démonstration de cette baie ci-devant pour l'intelligence de ce discours.

De l'isle d'Anjuan.

L'ISLE d'Anjuan est située par la latitude de 12 degrés 6 min. au Sud de la ligne équinoxiale, et par la longitude de 42 degrés quatre minutes orientale : cette isle est longue de neuf ou 10 lieues

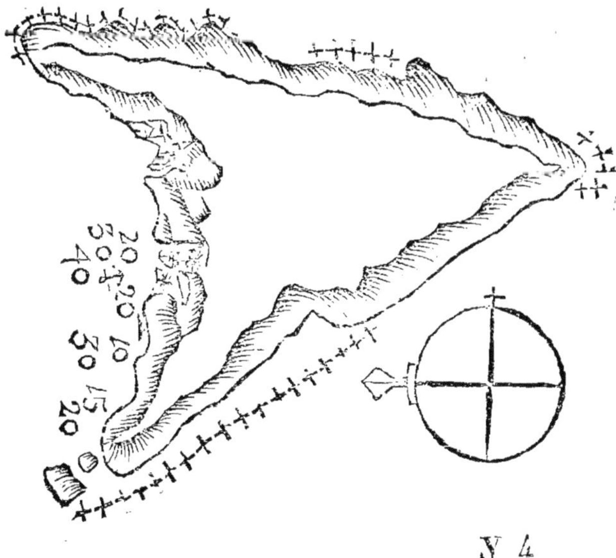

Sud-Est et Nord-Ouest; elle paroît basse du côté du Sud-Est; mais elle vient en montant peu à peu jusqu'à son milieu qu'elle est fort haute, et revient de rechef en baissant, en venant au bout du Nord-Ouest paroissant fort hachée. A cette pointe du Nord-Ouest il a deux isles assez hautes, et depuis ces deux isles jusques environ moitié chemin de la pointe du Sud-Est, le long de la terre à une grande portée de canon, il a un ressif de roches dont il se faut garder, et à ladite pointe du Sud-Est il y a des rochers qui s'avancent en mer une petite demi-lieue; mais depuis les isles qui sont à la pointe du Nord-Ouest jusqu'à la rade, qui est environ à trois lieues desdites isles à l'Est Sud-Est du côté du Nord de l'isle d'Anjuan, dans une grande baie ouverte, la côte est nette, et on la peut ranger à 15 ou 20 brasses d'eau; on mouille l'ancre à l'isle d'Ajuan au côté du Nord, ainsi qu'il est déjà dit, dans une grande baie ouverte, droit devant un petit platon de terre unie, qui est couvert de cocotiers; on laisse tomber la première ancre à 20 brasses d'eau, et la seconde à 25 ou 30 brasses : le village des Arabes est au Sud-Est de la rade : cette isle est abondante en eau et en bestiaux, elle est habitée par les Arabes. Nous en avons mis la démonstration ci-devant.

Baie de Bombaye.

BOMBAYE est une grande baie qui est à la côte des Indes, située par la latitude de 18 degrés 56 minutes Nord, et par la longitude de 70 degrés 19 minutes orientale; cette baie est large de trois lieues Nord et Sud, et profonde du côté de l'Est de deux lieues, ayant plusieurs isles tout le long de la terre : la plus grande est du côté du Nord, qui est habitée par les Anglais qui y ont une bonne forteresse; cette isle a une longue pointe de roches qui s'avancent bien une lieue au Sud-Ouest, dont on doit se donner de garde; pour entrer en cette baie, en venant de la mer, on prend le château de Sauvagy, qui est sur l'extrémité de la plus haute montagne par une église qui est sur une petite isle au fond de la baie, laquelle est aussi sur une petite montagne, et on va sur ces marques qui sont environ Est quart Nord-Est jusqu'à ce qu'on ait le coin de la forteresse par une maison blanche qui est au Nord Nord-Est de ladite forteresse, et on court ainsi jusqu'auprès de ladite forteresse, et alors on tire un peu du large, et on mouille à cinq ou six brasses d'eau, fond de sable et vase : on passe entre un banc et une roche en allant sur ces dernières marques; ce qu'on verra mieux par la démonstration qui suit.

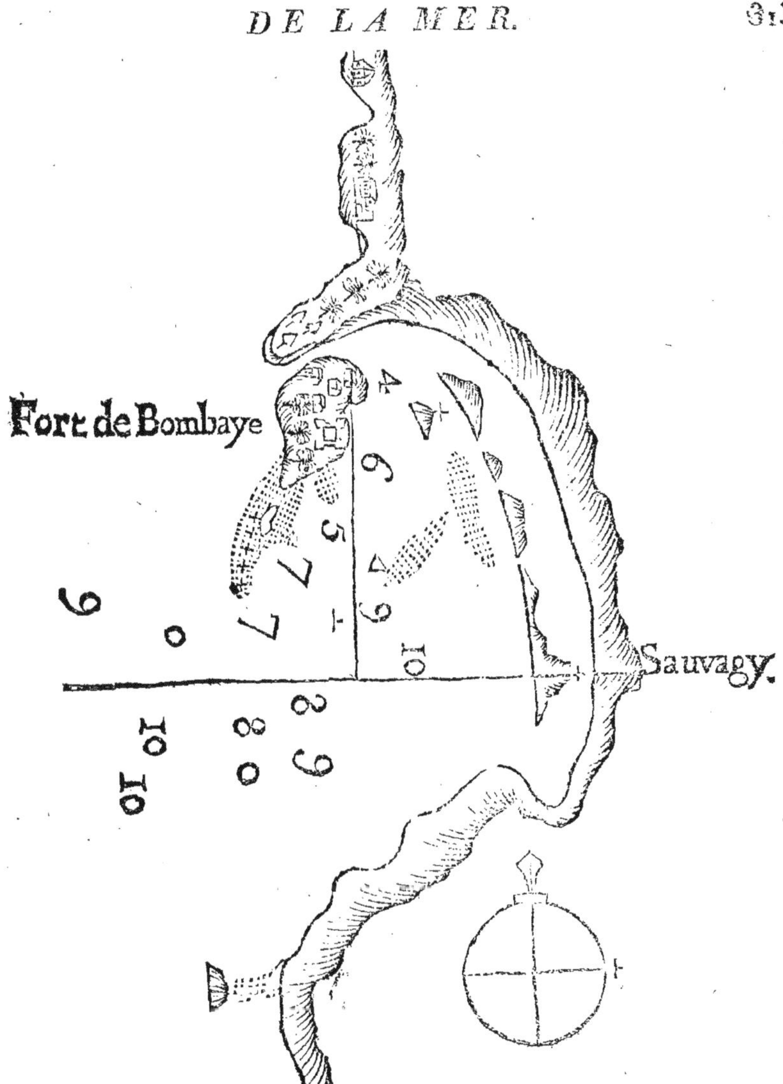

*De la Côte des Indes, depuis le Cap Saint-Jean
jusqu'à Surate.*

Depuis Bombaye, dont nous venons de parler au cap de
Saint-Jean, la côte court au Nord Nord-Ouest c'est toute haute
terre entre les deux : on peut ranger cette terre par les 10 ou 15
brasses d'eau, et même mouiller tout du long pour étaler les flots,
les èbes ou jusants, qui sont assez forts. *Et la Lune au Nord-Est
quart d'Est, et au Sud-Ouest quart d'Ouest, y fait pleine mer,*

c'est-à-dire, qu'il y fait pleine mer à trois heures 45 minutes le jour de la nouvelle et pleine Lune. Le cap de Saint-Jean est par la latitude de 20 degrés Nord, et par la longitude de 77 degrés 11 minutes orientale ; il est passablement haut par monts ou petites montagnes, et à trois ou quatre lieues en terre, il y a deux hautes montagnes pointues, que l'on nomme les *Pics d'Annon* : ces deux

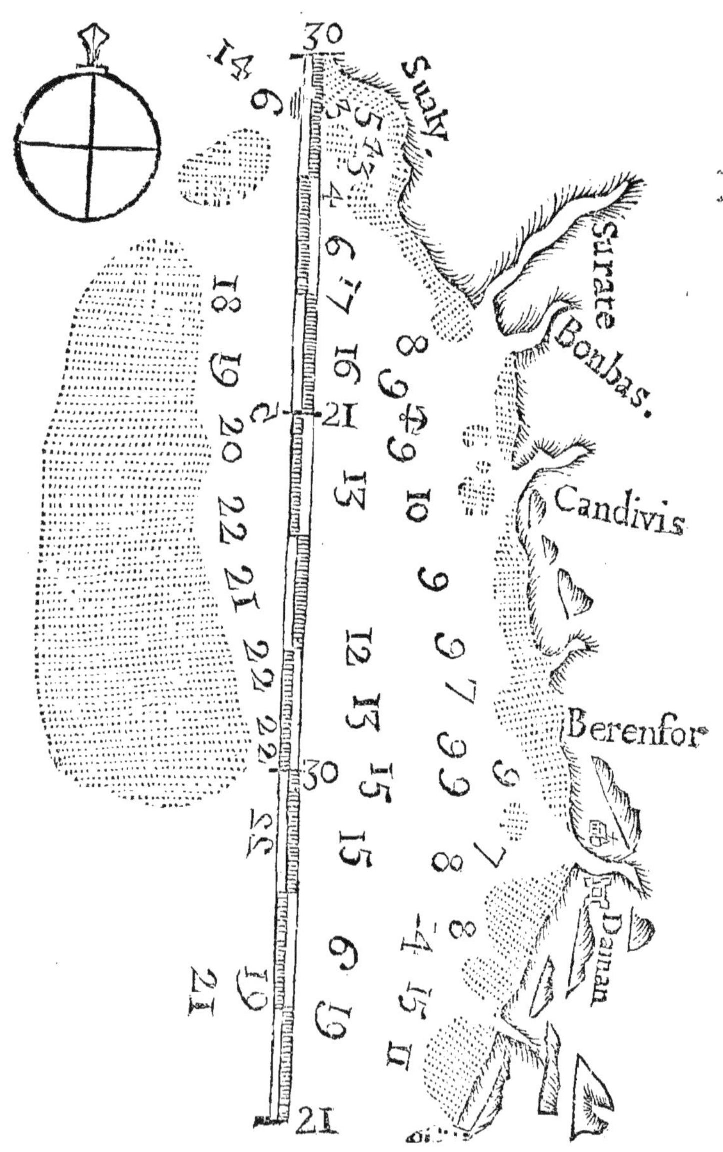

montagnes facilitent beaucoup la connoissance de ce cap : trois
ou quatre lieues au-dedans de ce cap au Nord, les terres commencent à baisser, et de-là jusqu'à Surate, la côte est fort unie
et plate : huit lieues du cap Saint-Jean est la ville d'Annon, appartenante aux Portugais ; cette ville est sur une bonne rivière, dans
laquelle il y entre des navires de 2 ou 300 tonneaux.

Ceux qui vont du cap de Saint-Jean à Surate, peuvent ranger
la terre à la sonde, conduisant toujours les 12 ou 15 brasses d'eau,
si faire se peut, n'approchant pas plus près de terre que les 10 ou
12 brasses d'eau, ni plus au large du côté de l'Ouest que les 17, 18
ou 19 brasses ; car si on alloit plus au large que les 18 ou 19 brasses,
on seroit tout étonné que l'on se trouvât sur les bancs, qui
sont fort roides, et plusieurs navires s'y sont échoués pour avoir
voulu les approcher de plus près que les 18 ou 19 brasses ; la
meilleure route est par les 14 ou 15 brasses. La route depuis le
cap Saint-Jean jusqu'à la rade de Surate est le Nord directement ;
on mouille en cette rade par les huit ou neuf brasses d'eau, fond de
vase, au Sud-Ouest de la rivière de Surate ; cette rade est presque
toujours remplie de navires, si ce n'est à l'arrière saison qu'ils se
retirent dans la rivière : si on veut aller de la rade de Surate à
Sualy, qui est à quatre lieues de la rade au Nord Nord-Ouest,
on prend des pilotes à Surate, qui vous menent au-dedans des
bancs jusques devant les magasins de Sualy, où on mouille à
huit brasses d'eau de pleine mer et quatre brasses de basse mer.
Nous avons mis la démonstration de ce canal depuis le cap de
Saint-Jean jusqu'à Sualy, afin de se mieux gouverner dessus.

Baie d'Antongil.

Par les 16 degrés de latitude Sud, et par la longitude de 54
degrés 51 minutes orientale, est la baie d'Antongil sur la côte de
Madagascar ou isle de Saint-Laurent ; cette baie est large de huit
ou neuf lieues et profonde de 15 ou 16 lieues, allant au Nord-
Ouest : la terre des deux côtés est fort haute, et au bout de cette
baie est un gros islet nommé l'*islet de la Marosse :* on mouille de
terre au Nord-Est de cet islet, à 12 ou 14 brasses d'eau fond de
sable, on y est à l'abri de tous les vents : cet islet est habité des
Nègres et à terre de lui est une grande rivière, et sur le bord est
un village de Nègres sur le plat pays du bord de la mer ; il y a
au-dehors de ce gros islet plusieurs autres petits islets hauts et
escarpés ; cette baie a beaucoup de belles rivières qui viennent
des montagnes, qui ont trois ou quatre brasses de profondeur au-
dedans ; mais elles ont toutes des barres de sable qui en bouchent

les entrées, ce qui fait que de basse mer une chaloupe a bien de la peine à y entrer. *Les marées y sont Nord-Ouest et Sud-Ouest*, et la mer y monte trois ou quatre pieds à pic par-tout: dans cette baie, il y a mouillage à 30 ou 40 brasses d'eau; mais des vents de Sud et Sud-Est la mer y est fort grosse, et il n'y a nul abri qu'en terre de l'islet, dont nous avons parlé ci-devant. Nous avons mis la démonstration ci-dessous pour la facilité de ce discours.

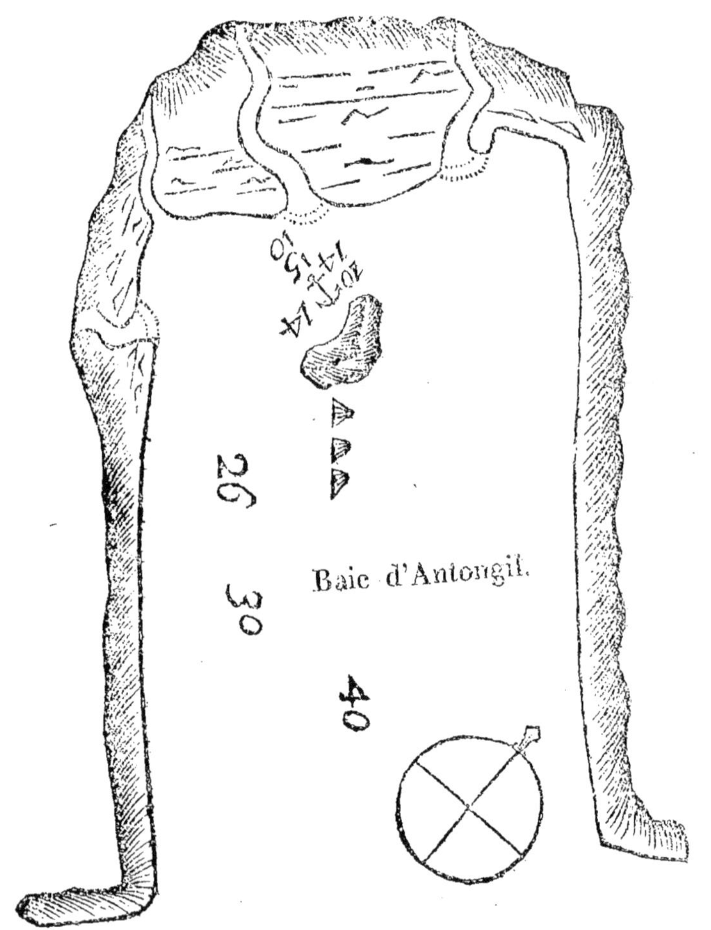

Isle de Sainte-Marie.

L'ISLE de Sainte-Marie est par la latitude de 17 degrés, et par la longitude de 54 degrés 51 minutes orientale; elle est longue d'environ sept ou huit lieues et large de deux, et éloignée d'une lieue et demie de l'isle de Madagascar ; cette isle est de moyenne hauteur, fort nette du côté du Nord, n'y ayant nul danger ; le

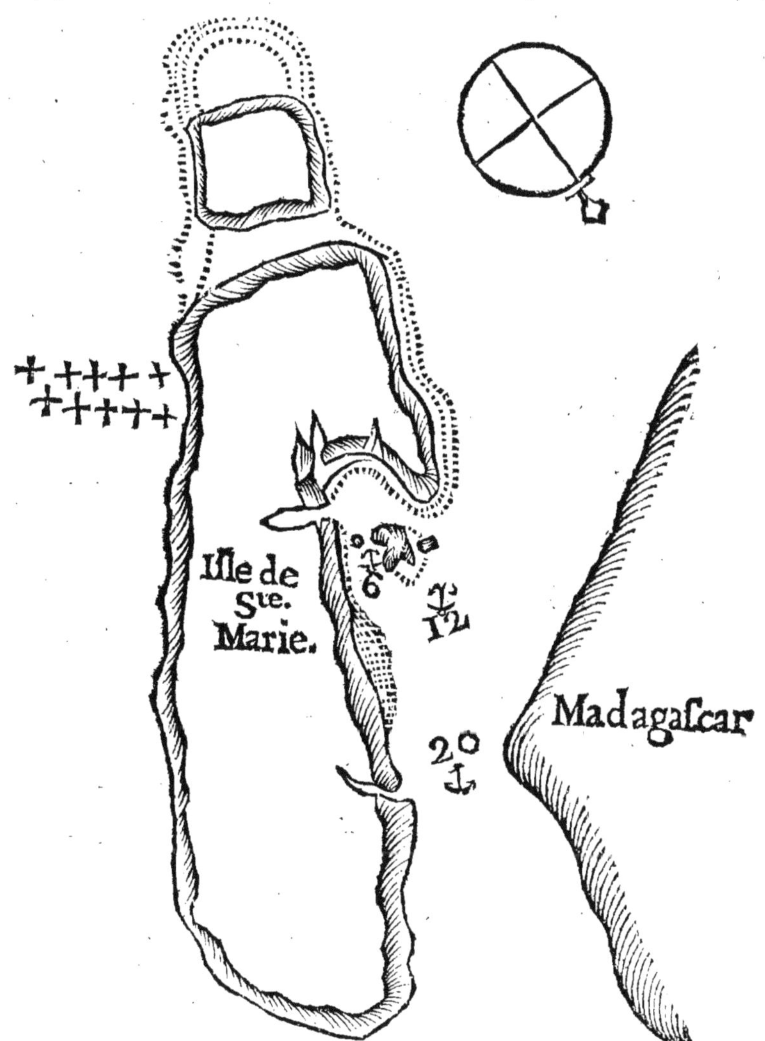

passage entre cette isle et Madagascar est fort beau, car il n'y a rien qui puisse nuire au plus étroit : il y a fort bon mouillage, et on peut faire de l'eau à une petite rivière qui est sur l'isle de Sainte-Marie, qui tombe des rochers dans la mer, et on peut remplir les barriques dans la chaloupe : quand on part de ce plus étroit pour aller au Sud, il y a un petit ressif qui va tout le long de l'isle de Sainte-Marie, et qui s'écarte environ deux longueurs de câble en mer ; il va ainsi jusqu'au bout du Sud de l'isle : environ au milieu de cette isle, du côté du Sud-Ouest est le havre de Sainte-Marie, dans une grande anse, qui a un islet au-devant, et on entre entre cet islet et la terre, laissant cedit islet à stribord de vous, et on espalme sur lui, si l'on veut ; il y a quatre à cinq brasses d'eau tout contre cet islet, et il y a une petite digue de pierres que les navires qui y ont espalmé y ont faite : au bout du Sud de l'isle de Sainte-Marie, environ une portée de mousquet, est un grand islet plat, et cet islet est contigu à l'isle par un banc qui va de l'un à l'autre, et au Sud de cet islet tient encore un banc qui va bien une demi-lieue au large, sur lequel il n'y a que deux ou trois pieds d'eau, et au Sud-Ouest de l'isle de Sainte-Marie est une grande rangée de rochers qui mettent bien deux lieues au large. Nous avons mis ci-devant la démonstration de cette isle pour s'en servir au besoin.

Baie du Fort Dauphin.

La baie du fort Dauphin est par la latitude de 24 degrés 50 minutes Sud, et par la longitude de 49 degrés 21 minutes orientale ; ce n'est qu'une grande anse toute ouverte ; à la pointe de l'Est de cette anse, à une demi-lieue de terre, est une roche sous l'eau dont il se faut garder : le fort Dauphin est du côté de l'Ouest sur une pointe escarpée, et au bout de cette pointe est une rangée de roches à fini de l'eau qui va une petite longueur de câble au Nord ; on entre au-dedans de cette pointe de roches, les laissant à bâbord en entrant, et quand vous êtes au-dedans, vous rapprochez la terre du fort où vous mouillez à quatre brasses d'eau, fond de sable : on s'y amarre avec quatre amarres, deux devant, et deux derrière ; on a toujours le cap à l'Est. La démonstration de cette baie est ci-dessous.

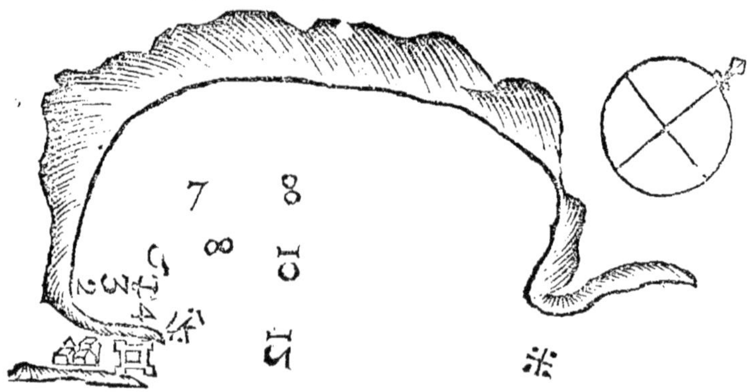

Isle de Bourbon ou Mascareigne.

L'ISLE de Mascareigne , autrement nommée *l'isle de Bourbon*, est par la latitude de 20 degrés 52 minutes Sud , et par la longitude de 53 degrés 10 minutes orientale ; cette isle est longue et est de 15 à 16 lieues, et large de 12 ou 14 : elle est fort haute, et on la peut voir de 20 à 25 lieues ; elle est fort nette tout autour, et est fort abondante en bestiaux, et en tout ce qui est

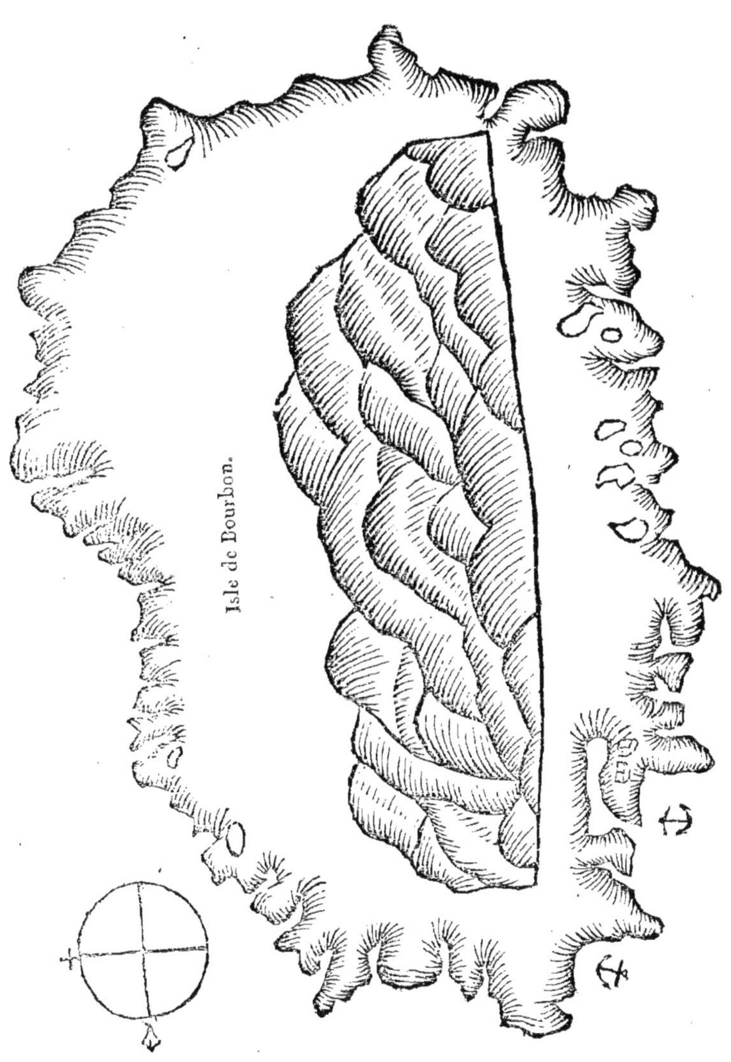

nécessaire pour la vie, ayant aussi quantité de bonnes rivières et étangs : le mouillage est au côté du Nord-Ouest dans une grande anse de sable vis-à-vis des habitations ; il y a aussi devant cette rade un grand étang qui est toujours plein de poisson et de gibier ; cette isle est encore pleine de tortues de terre et de mer, de vaches, chèvres et cochons sauvages, comme aussi une grande abondance de gibier que l'on tue à coups de bâton. Nous avons mis la démonstration ci-devant pour s'en servir au besoin.

Isle Sainte-Hélène.

L'ISLE de Sainte-Hélène est par la latitude de 16 degrés Sud, et par la longitude de huit degrés huit minutes occidentale. Cette isle est fort haute et montagneuse, ayant cinq à six petits islets ou hauts rochers du côté de l'Est, qui s'écartent environ un demi-quart de lieue de terre. Quand on vient de l'Est, on laisse tous ces petits islets ou rochers à bâbord, c'est-à-dire, au Sud de vous, puis vous rangez la terre qui est fort escarpée jusqu'à ce que vous soyez à la rade qui est au Nord-Ouest de l'isle, sous une forteresse qui est dans le milieu d'une anse entre deux montagnes, et on y mouille à 20 ou 25 brasses d'eau, fond de sable brun, à une portée de fusil de terre. Sous cette isle la variation est d'un degré 30 minutes.

Isle de l'Ascension.

L'ISLE de l'Ascension est par les sept degrés 55 minutes de latitude Sud, et par les 16 degrés 42 minutes de longitude occidentale : elle est longue de 15 lieues Nord et Sud, et large de trois lieues ; elle est fort nette tout autour, et on la peut ranger de proche, si ce n'est du côté de l'Ouest Sud-Ouest qu'il y a une pointe de banc de sable et roches qui s'avance bien une demi-lieue en mer, dont on doit se garder, et le meilleur, quand on vient de l'Est, et qu'on veut poser à la rade de l'Ascension, c'est de passer par le Nord, et venir mouiller à l'Ouest Nord-Ouest de l'isle, à 25 brasses d'eau, fond de sable pourri : on est droit devant une grande anse de sable, sur laquelle il territ quantité de tortues de mer. Cette isle est entièrement stérile, n'ayant ni herbe, ni bois, ni eau : elle est de terre brûlée, ayant de fort hautes montagnes qui se peuvent voir de quatorze à quinze lieues et davantage.

Latitude.

Latitude.		Longitude.		Variation.	
D. M.		D. M.		D. M.	
7 *Sud.* 50		11 54 *oc.*		0 30 N. Est.	
6 42		12 56 *oc.*		2 20 N. Est.	
4 35	*Rade de*	12 56 *oc.*		2 21 N. Est.	
3 41	*l'Ascension.*	15 42 *oc.*		2 0 N. Est.	
1 41		17 39 *oc.*		2 0 N. Est.	
0 38		18 39 *oc.*		2 0 N. Est.	
0 38		19 31 *oc.*		1 40 N. Est.	

PETIT TRAITÉ DES VARIATIONS

Qui se rencontrent sur la route des Indes Orientales, depuis la Ligne équinoxiale jusqu'à Surate, et de Surate jusqu'à ladite Ligne équinoxiale du côté de l'Ouest de la côte de Guinée, commençant le premier Méridien à Paris, omettant celles du Nord de la Ligne, puisqu'elles ne sont guère sensibles.

Latit. D. M.	Longit. D. M.	Variat. D. M.
0 *Sud.* 0	22 39 oc.	2 *Nord Est.* 30
1 0	22 42 oc.	2 40
2 0	22 49 oc.	3 0
2 49	22 52 oc.	3 0
3 48	23 1 oc.	3 0
4 49	23 9 oc.	3 0
5 53	23 18 oc.	3 0
6 36	23 56 oc.	3 30
8 30	24 24 oc.	3 30
10 0	24 43 oc.	4 0
12 11	25 19 oc.	4 30
13 0	25 34 oc.	5 0
15 11	26 11 oc.	5 27
16 8	26 29 oc.	7 0
17 20	26 48 oc.	7 30
17 35	26 42 oc.	8 0
18 3	26 47 oc.	8 0
19 31	28 6 oc.	8 0
21 53	28 30 oc.	8 0
23 14	28 13 oc.	8 0
25 39	27 23 oc.	9 20
26 29	26 25 oc.	9 30
27 21	25 7 oc.	10 20
27 59	24 53 oc.	11 35
28 25	23 43 oc.	10 15

Latit. D. M.	Longit. D. M.	Variat. D. M.
29 *Sud.* 35	22 13 oc.	9 *Nord Est.* 40
30 41	20 19 oc.	9 24
31 46	17 50 oc.	9 5
32 57	12 50 oc.	6 0
34 25	2 31 oc.	4 10
33 11	1 7 or.	0 30
33 37	3 26 or.	0 15
34 18	4 40 or.	1 *Nord-Ouest.* 25
35 8	6 57 or.	1 30
35 27	8 26 or.	5 45
34 44	19 4 or.	6 15
34 58	18 30 or.	6 56
35 3	19 5 or.	7 18
35 38	19 49 or.	8 18
36 13	22 2 or.	9 20
36 53	24 30 or.	11 30
37 47	28 32 or.	14 30
36 11	32 42 or.	16 15
35 16	35 7 or.	16 47
34 51	36 5 or.	16 50
33 50	27 5 or.	8 8
32 17	28 48 or.	9 7
31 16	40 6 or.	20 30
31 3c	41 44 or.	20 30
25 19	45 15 or.	

X

Latit. *Sud.* — Variat. *Nord-Ouest.*

Latit.	Longit.	Variat.	Note
D. M.	D. M.	D. M.	
22 10	45 27 or.	20 50	
20 33	44 44 or.	20 43	
19 33	44 32 or.	20 2	
18 35	44 20 or.	20 0	
16 27	43 54 or.	18 30	
14 38	44 54 or.	18 30	
13 45	45 48 or.	18 0	
12 5	47 21 or.	19 0	Sous l'isle
11 38	47 19 or.	19 0	d'Anjuan.
10 38	47 19 or.	17 15	
7 35	47 19 or.	16 27	
6 16	48 1 or.	15 50	
3 39	48 48 or.	15 50	
2 5	49 36 or.	15 56	
0 23	50 48 or.	15 50	
0 41	51 17 or.	15 50	
2 14	52 49 or.	17 0	
2 46	53 21 or.	17 0	
3 25	54 19 or.	16 40	
4 57	56 1 or.	16 32	
6 25	57 44 or.	16 13	

(Latit. bas : *Nord.*)

Latit. *Nord.* — Variat. *Nord-Ouest.*

Latit.	Longit.	Variat.	Note
D. M.	D. M.	D. M.	
6 38	58 0 or.	16 8	
6 36	59 25 or.	16 8	
8 12	60 41 or.	14 56	
10 33	64 0 or.	14 33	
12 5	65 34 or.	13 24	
13 12	66 32 or.	13 20	
14 25	68 0 or.	12 30	
15 21	68 16 or.	12 30	
16 17	68 0 or.	12 20	
16 27	68 32 or.	12 0	
16 39	68 36 or.	11 37	
17	78 35 or.	11 22	
18 18	70 34 or.	12 0	
18 14	71 28 or.	12 0	
17 56	72 34 or.	10 30	
17 49	74 43 or.	10 30	
17 40	76 48 or.	9 15	
17 35	76 11 or.	8 30	
18 3	66 51 or.	8 30	
18 30	77 16 or.	8 20	Sous
18 55	77 11 or.	8 30	le cap
20	77 11 or.	8 30	Saint-Jean.

TABLE des *Variations depuis Surate jusqu'à la Ligne.*

Latit. *Nord.* — Variat. *Nord-Ouest.*

Latit.	Longit.	Variat.	Note
D. M.	D. M.	D. M.	
19 50	76 41 or.	8 30	
19 8	76 15 or.	8 30	
18 15	75 45 or.	8 30	
16 50	74 21 or.	9 25	
15 42	73 10 or.	10 5	
14 57	72 39 or.	10 32	
13 55	71 32 or.	10 30	
11 49	71 7 or.	11 30	
10 44	71 7 or.	12 0	
9 1	71 7 or.	12 7	
7 40	71 17 or.	12 45	
6 22	71 16 or.	12 45	
4 45	71 13 or.	12 45	
3 42	71 13 or.	12 45	
4 45	70 21 or.	13 0	
1 0	70 11 or.	14 0	
0 3	70 11 or.	14 0	
1 40	70 11 or.	14 30	

(Latit. bas : *Sud.*)

Latit. *Sud.* — Variat. *Nord-Ouest.*

Latit.	Longit.	Variat.	Note
D. M.	D. M.	D. M.	
3 6	70 21 or.	14 30	
4 3	70 21 or.	15 40	
5 6	70 11 or.	16 0	
9 23	69 46 or.	16 43	
10 4	69 46 or.	16 45	
11 33	69 41 or.	17 15	
13 20	69 11 or.	18 30	
14 32	19 39 oc.	18 30	
15 23	66 31 or.	19	Vue
16 35	66 1 or.	20	de l'isle
17 3	64 57 or.	20	Carajos.
18 23	63 51 or.	20	
19 12	63 41 or.	20 25	
19 19	63 31 or.	20 45	
20 10	62 11 or.	21	
21 47	59 42 or.	22 30	Vue
22 53	58 31 or.	23 15	de l'isle
24 19	56 51 or.	23 41	Maurice.

Latit. (Sud)		Longit.			Variat. (Nord-Ouest)	
D.	M.	D.	M.		D.	M.
25	29	55	38 or.		23	40
26	12	54	11 or.		23	30
26	52	52	51 or.		23	12
27	49	51	15 or.		23	
28	53	49	51 or.		22	25
30	16	47	51 or.		21	51
31	43	42	51 or.		21	37
32	41	39	51 or.		19	20
33	41	39	21 or.		17	
34	7	38	51 or.		16	30
34	46	38	21 or.		16	
35	45	32	51 or.		12	45
35	44	32	51 or.		12	38
36	4	31	54 or.		12	38
38	8	28	41 or.		11	

Latit. (Sud)		Longit.			Variat. (Nord-Ouest)	
D.	M.	D.	M.		D.	M.
36	18	28	41 or.		11	
35	53	27	11 or.		10	40
35	54	26	46 or.		10	30
36		26	31 or.		10	30
36		26	20 or.		10	30
36	37	23	45 or.		10	
35	30	20	36 or.		6	56
34	19	19	21 or.		6	54
32	57	18	35 or.		6	12
32	4	17	29 or.		5	41
31	9	16	47 or.		4	50
26	46	11	46 or.		3	31
21	15	5	22 or.		2	
16		3	29 or.		1	12

INSTRUCTION

Pour aller chercher la Barre de Bayonne, et entrer dans la Rivière.

Marées.

L'Heure de la pleine mer est sujette à varier sur la *Barre de Bayonne*, les jours de nouvelle et pleine Lune, selon les changements que cette barre éprouve, ainsi que d'après la plus ou moins grande durée des vents qui ont régné, leur direction et leur force.

En Décembre 1814, la mer y étoit pleine, les jours de nouvelle et pleine Lune, à 3 heures 45 minutes par un beau temps et des vents, depuis le Nord-Ouest jusqu'à l'Est Sud-Est. Lorsque la mer est belle et que le vent souffle avec assez de force depuis le Sud jusqu'au Ouest Nord-Ouest, on peut encore venir chercher la barre à 4 heures 15 minutes; la mer pourra avoir baissé, mais le courant n'aura pas reversé et entrera encore en rivière.

X 2

Quantité d'eau qu'il y a sur la barre.

Lors des grandes marées ordinaires et dans l'état actuel de la passe, il y a de pleine mer, depuis 13 pieds jusqu'à 14 pieds 3 pouces d'eau; et dans les mortes eaux, il n'y a que 9 à 10 pieds d'eau.

Les navires tirant 13 pieds d'eau peuvent donc entrer dans le port de Bayonne, lors des grandes marées; mais il faut que la mer soit belle.

Route pour aller chercher la barre.

On doit, lorsqu'on vient prendre connoissance de la barre de Bayonne, avoir la plus grande attention à se tenir dans le Nord de cette barre, toutes les fois que les vents auront régné pendant plusieurs jours, depuis le Nord Nord-Ouest jusqu'à l'Est; et à s'en tenir au contraire dans le Sud, lorsque les vents auront soufflé pendant cinq ou six jours, depuis le Sud jusqu'à l'Ouest Nord-Ouest.

Par des vents du Nord Nord-Ouest à l'Ouest.

L'expérience a prouvé que, dans le premier cas, les courants portent au Sud-Ouest, et qu'ils ont entraîné sur les côtes d'Espagne des bâtiments qui étoient venus chercher Bayonne, sans prendre cette précaution.

Par des vents du Sud à l'Ouest Nord-Ouest.

Dans le cas des vents du Sud à l'Ouest Nord-Ouest, les courants portent au Nord-Est; les bâtiments sont exposés à être entraînés dans le Nord de la barre, où ne trouvant pas d'abri et ne pouvant s'éloigner de terre, ils sont obligés de faire côte entre le *Cap Breton* et le *Vieux Boucaut.*

Par des vents de Nord Nord-Ouest au Nord-Ouest.

Lorsque les vents sont du Nord Nord-Ouest au Nord-Ouest, on peut venir directement à l'ouverture de la rivière.

Avis aux bâtiments qui viennent en longeant les côtes d'Espagne.

Lorsqu'un bâtiment destiné pour Bayonne, se trouve, par des vents d'Ouest, de Ouest Sud-Ouest et de Ouest Nord-Ouest, près de la côte d'Espagne et à une distance qui lui fait présumer de ne pouvoir pas entrer dans la rivière le même jour, il doit louvoyer avec beaucoup de voile pour se maintenir contre l'effet des courants qui filent jusqu'à quatre à cinq nœuds au Nord-Est, et portent dans le cul-de-sac toutes les fois que les vents, depuis l'Ouest Nord-Ouest jusqu'au Sud, ont soufflé pendant quelques jours : il doit aussi faire ses efforts pour se conserver un port de relâche sous le vent, afin de pouvoir s'y réfugier le lendemain, dans le cas où le vent viendroit à forcer. Si l'on s'est assuré que les courants portent au Nord-Est, comme on vient de le dire, on peut sans risque courir pendant deux heures la bordée du Nord ou du large, et pendant trois la bordée du Sud ou de terre : l'expérience des navigateurs les plus expérimentés a confirmé ce fait important à connoître, si l'on ne veut pas s'écarter de la côte.

Il faut reconnoître les signaux.

Dans tous les cas, on n'approchera la barre qu'à une distance qui permette de distinguer les signaux que l'on fait à l'embouchure de la rivière, pour indiquer si l'on peut y entrer, ou si l'on doit s'éloigner de la côte.

Signaux faits à terre.

Lorsqu'un pavillon hollandais sera hissé à une balise placée au Sud de la tour et sur une dune de sable, le signal exprimera que les bâtiments d'un fort tirant d'eau doivent faire servir, s'ils sont en panne, ou forcer de voiles pour profiter de la marée. Lorsqu'ils seront à portée de distinguer le pavillon rouge placé sur la tour qui est au bout de la jetée du Sud, ils devront observer avec beaucoup d'attention les mouvements de ce pavillon, qui serviront à leur indiquer la route qu'ils doivent suivre.

Toutes les fois que le pavillon rouge sera incliné au Nord ou au Sud, ce signal indiquera le côté où l'on doit porter le cap du bâtiment, et non la barre du gouvernail; d'où il suit que la barre du gouvernail doit toujours être mise à l'opposé du signal. Lorsqu'on dressera le pavillon, le bâtiment continuera de faire route à l'aire de vent où il avoit le cap à l'instant que ce pavillon a été redressé, et il ne s'en détournera que lorsqu'on lui fera de nouveaux signaux avec le même pavillon.

Exemples.

Ainsi, lorsqu'un bâtiment se trouve dans le Nord-Ouest de la barre, gouvernant au Sud-Est pour venir la chercher, alors le pavillon sera incliné au Sud, et ce bâtiment devra revenir successivement au Sud Sud-Ouest et même au Sud-Ouest, tant que le pavillon restera incliné de ce côté. Du moment où l'on dressera le pavillon, il gouvernera à l'aire de vent où il avoit le cap à cet instant : dès-lors, si on le redresse lorsqu'il a le cap au Sud Sud-Ouest, il se maintiendra à cette route, sans revenir davantage du côté de l'Ouest.

Il en sera de même lorsqu'un bâtiment se trouvera dans le Sud-Ouest de la barre, avec des vents de Sud-Ouest; alors on inclinera le pavillon du côté du Nord, et ce bâtiment devra venir successivement du Nord-Est, où l'on suppose qu'il a le cap, jusqu'au Nord Nord-Est, au Nord et même au Nord Nord-Ouest. Lorsqu'on redressera le pavillon, il gouvernera comme dans le cas précédent, à l'aire de vent où il avoit le cap à cet instant, jusqu'à ce que l'on incline le pavillon vers le Sud, pour le faire changer de route.

Distinguer le bâtiment auquel s'adressent les signaux.

Lorsqu'un bâtiment, en donnant sur la barre, sera suivi de près par un second bâtiment, il doit faire attention que, dès qu'il sera en dedans des lames, les signaux que l'on fait en inclinant le pavillon, ne s'adressent plus à lui, mais sont pour le bâtiment qui vient immédiatement après.

Signal qui indique que la barre est impraticable.

Dans le cas où l'on viendroit pour entrer dans la rivière avec des vents foibles et une mer fort agitée, les capitaines sont prévenus que, si la barre est dangereuse et qu'il y ait risque de se perdre, on hissera et on amenera trois fois de suite le pavillon rouge placé sur la tour de la jetée du Sud; ce signal exprimera que l'on ne peut entrer sans courir les plus grands dangers. Il est nécessaire de prévenir que cet avis n'est donné qu'après une délibération des pilotes, qui se trouvent réunis avec le directeur des mouvements de la barre, sur une des jetées.

Avis aux navires d'un fort échantillon.

Comme il y a des bâtiments d'un fort échantillon, et assez solides pour supporter un fort coup de mer, on aura soin de leur annoncer s'ils peuvent entrer dans la rivière, malgré le signal précédent, et on hissera le pavillon hollandais à la balise placée au sud de la tour, sur une dune de sable. Dès qu'ils l'auront aperçu, ils feront route et se dirigeront ainsi qu'il a été dit, d'après la position que l'on donnera au pavillon rouge de la tour.

Manœuvre dans le cas où l'on ne peut entrer.

Dans le cas où le pavillon hollandais n'est pas hissé, la barre n'est praticable pour aucun bâtiment; tous doivent s'en éloigner et manœuvrer de manière à se maintenir à l'entrée du port, en attendant la marée du lendemain, s'ils croient pouvoir tenir la mer : dans le cas contraire, ils iront relâcher dans un port d'Espagne, ainsi qu'il va être dit plus bas.

Avis pour le cas où le courant du flot ne se fait pas sentir.

La rivière de Bayonne est sujette à des crues d'eau considérables, qui refoulent le courant du flot et l'empêchent de se faire sentir à son entrée. Le courant, dans ses circonstances, porte toujours en dehors ; mais il est facile de le connoître par les eaux de la rivière, qui se font remarquer à une lieue au large, et même au-delà. On ne doit pas s'exposer alors à entrer dans la rivière, parce que le courant qui porte en dehors augmenteroit la difficulté de franchir la barre : cependant, si le vent est violent, et que le pavillon hollandais soit hissé, on pourra s'y risquer : mais il faut recommander de faire le plus de voile possible pour fuir les coups de mer de la barre, qui sont alors très-dangereux. Il est nécessaire, dans une pareille circonstance, de se tenir prêt à entrer, au moins une heure et demie avant la pleine mer.

Avis pour les navires qui entrent par un gros temps ou vent arrière.

En général, lorsqu'on se trouve serré par un gros temps, et que la mer est forte sur la côte, il faut franchir la barre avec toute la voile que le bâtiment peut porter. Si l'on entre vent arrière, on conservera les focs hauts et bordés à plat contre les étais. Cette précaution est indispensable ; car, si la lame force le bâtiment à venir sur l'un des deux bords, ils est nécessaire, dans un passage aussi resserré, que les focs puissent sur-le-champ l'aider à se remettre en route.

Port de relâche, lorsqu'on ne peut pas entrer.

Les bâtiments qui, dans un gros temps, n'auront pas pu franchir la barre, doivent, si le vent le permet, aller relâcher au port du *Passage* en Espagne. Un pilote lamaneur leur sera envoyé avec des instructions du directeur du pilotage, pour les conduire à Bayonne. Il n'y a pas d'exemple, depuis quatorze ans, qu'un navire ait été forcé de retourner au port de relâche après en être sorti.

Mouillages des environs de Bayonne.

Dans un beau temps, les bâtiments pourront rester à l'un des mouillages suivants.

Bourg du Cap Breton.

Il n'y en a qu'un dans le Nord de la barre, sous le fort du *Bourg du Cap Breton*. On doit relever ce fort à l'Est Sud-Est, à la distance de deux encâblures par trente-quatre brasses, fond de vase. Cet endroit est très-dangereux, lorsque les vents battent en côte.

La Sablière.

La côte offre plusieurs mouillages au Sud de la barre. Le premier est celui qu'on appelle *la Sablière*; on mouille à un quart de lieue de terre, lorsqu'on relève le village de Biaritz à l'Est quart Sud-Est 5 degrés Sud, par quatorze à quinze brasses, sable fin et vaseux.

Socoa.

Depuis le village de *Biaritz* jusqu'à *Socoa*, il n'y a de mouillage que la rade de *Socoa* même. Elle a environ six encâblures d'ouverture, et à peu près autant de profondeur. Il y a, presque au milieu de cette ouverture, un petit banc de roches sur lequel la mer brise souvent, quoiqu'il y reste cinq brasses d'eau de basse mer. On est certain de l'éviter, en passant au tiers de la largeur de la passe, soit du côté de la jetée de *Socoa*, soit de celui de la pointe de *Sainte-Barbe*. Ensuite on viendra, en s'avançant dans la baie, se mettre à l'abri des vents de Nord-Ouest par les jetées du port : on mouillera par six et sept brasses. Le fond est de sable mêlé de roches; il faudra y faire flotter les câbles. Ce mouillage est dangereux, lorsque le vent souffle du Nord au Nord-Ouest.

Fontarabie.

On peut aussi laisser tomber l'ancre près de *Fontarabie*, par douze à quinze brasses d'eau, fond de terre grasse et vaseuse. On y est en sûreté par des vents du Sud Sud-Ouest à l'Ouest Nord-Ouest; mais du moment où ils passent au Nord, on y court le plus grand danger.

Au Dépôt général des cartes et plans de la marine et des colonies, le 19 Janvier 1815.

Vu : *le Vice-amiral, Directeur général,*

Comte DE ROSILY.

Le Directeur adjoint,

Chevalier DE ROSSEL.

DE L'IMPRIMERIE DE L. HOVIUS. 1817.

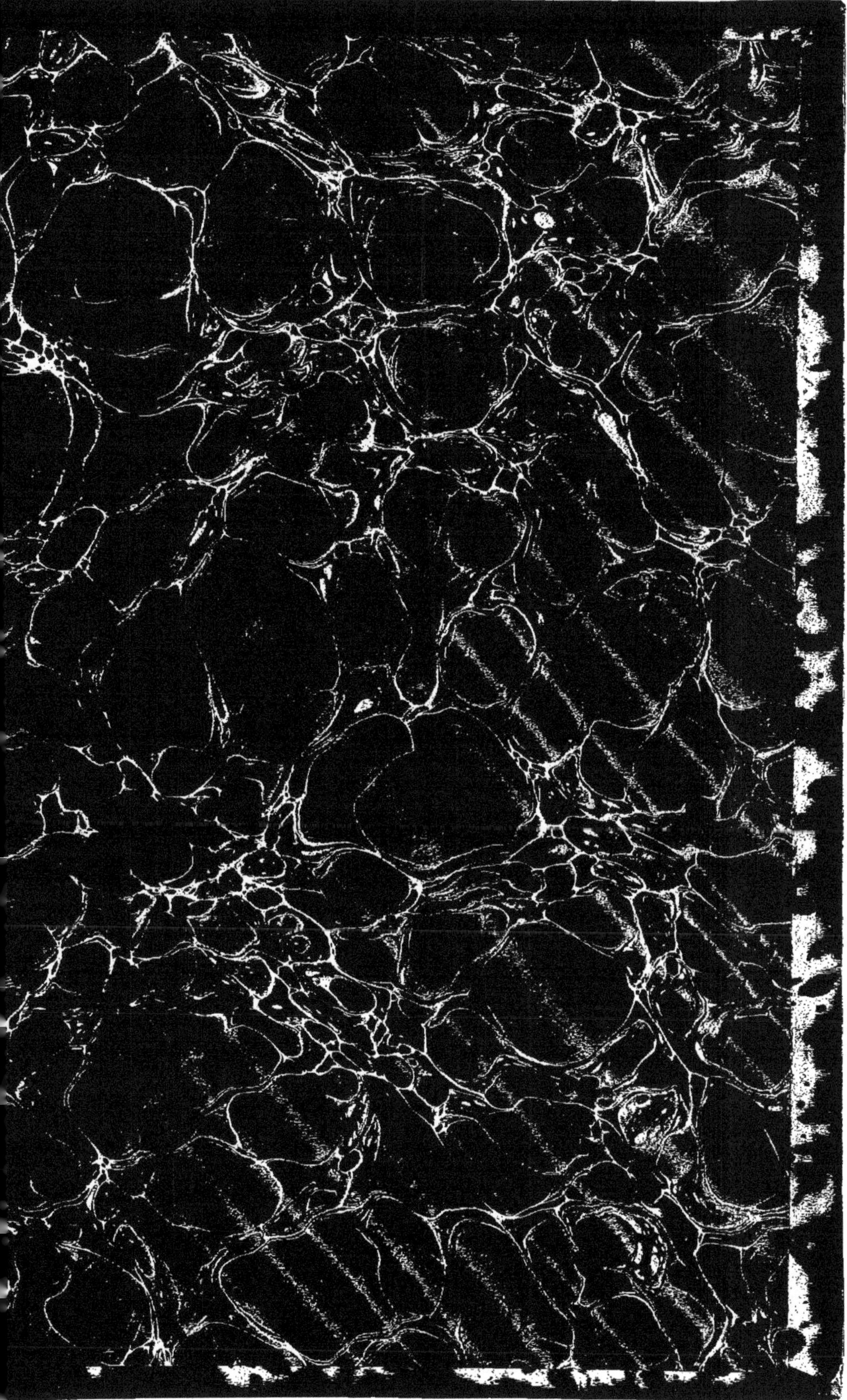

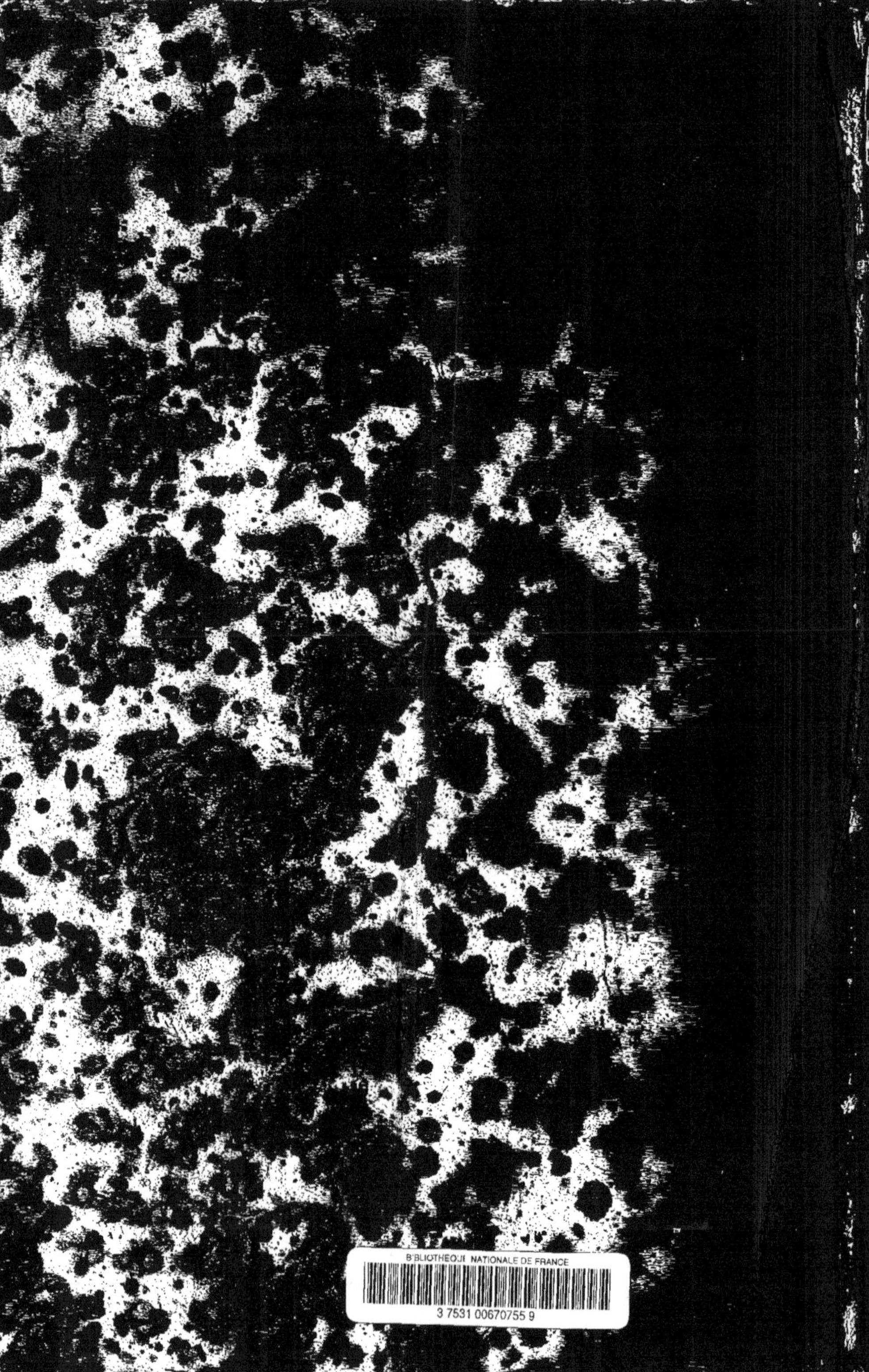